新闻宣传丛书

# 古都溯往

GUDU SUWANG

北京市政协宣传中心◎编

中国文史出版社

# 目录

## 第三辑　溯源：不可不说的京城往事

## 第四辑　隽忆：这些人，那些事儿

## 第五辑　图寻：清清淡淡的悠远流长

## 第六辑　缅怀：北京，我心中的圣城

第一辑

漫念：城市变迁印记

北京政协

# 记忆中的西安市场

母国政

　　东安市场，作为北京王府井繁华商业区中的一景，早已名动中外，而在老北京西城中，尚有一个与它相对应的市场——大概就鲜为人知了。

　　1947年，我随同母亲从辽宁锦西迁居北京，住入西四北大街小糖房胡同甲四号。这个小院落位于胡同路北的最东端，胡同口上，与我家东南角院墙相接处，立有一座不高的灰砖牌楼，上刻"西安市场"四个大字，自右向左，楷书，每个字约尺半见方，端庄凝重；左下方有一行小字——遗憾的是，在那里住了二十年，我始终未曾留意那是书法家的名款，还是建立牌坊的时间。

　　牌楼后面，即西安市场。市场呈长方形，东西窄，南北长。北端在我家向东的延长线上，南端临马市大街，我估算得差不离的话，其面积约有足球场的三分之一左右。

　　西安市场历史悠久。据说，明清两代这里以卖鹌鹑闻名京城，而那时宫廷里的太监多以饲养鹌鹑为乐，就像今人养小猫小狗一样。西安市场在皇城根儿西边，距皇宫不远，也就成为众多太监常来常往之地了。逊清之后，太监们作鸟兽散，不知是否从那时起，鹌鹑生意便一蹶不振了？总之，到民国期间，这里已经像天桥一样，聚集了不少的民间艺人，各占一块场地，唱大鼓，变魔术，拉洋片，说相声，成了底层市民的游乐场所。那期间，几间茶馆也应运而生。不同的茶馆有不同的经营特色，有的请评书演员献艺，有的接待京剧爱好者清唱自娱，据说，其中一间茶馆聚集了不少谜语爱好者，并结成了诗社，定期活动，其成员多为饱学之士，他们设计的谜面均来自烂熟于心的学养，四书五经，诗词歌赋，时调俚曲，民俗掌故，无所不及。想来那是一群智慧不凡的雅士吧！

　　我结识西安市场时，它已失去了往日的风光。

　　市场西墙下，以及市场正中部位，盖了四排房子，未免堂皇了些，说是棚屋，更为准确。它们一间紧挨一间地拥挤着，那么低矮，那么破旧。屋顶没有遮挡风霜雨雪的瓦片，只铺了薄薄一层灰泥。为了扩大使用面积，从屋檐下伸出的长长的棚子几乎遮挡住了全部阳光，每间屋子都黑黢黢的。出来进去的人，面目污秽，衣服上打着一块又一块补丁，一脸的沉郁，一脸的缄默。每当我从那两条狭窄的、坑洼不平的通道中走过，便有难以喘息的感觉，仿佛有谁催迫着我，不得不加快脚步。这里居住的肯定都是城市贫民，他们依靠何种谋生手段糊口养家，我一直不清楚。

在市场正中心的两排棚屋里面，尚有一片空场，有两个篮球场大吗？差不多，那里疏疏落落地排列着十几张厚重的大木案子，每张木案边，都支着一根大木杠子，杠子上套着几个黑黢黢油亮亮的大铁钩子。天麻麻亮时，这些大铁钩子都挂上整扇儿的猪肉，放眼望去，市场上虽无"酒池"，却实实在在是一片"肉林"。西城大大小小饭馆里来采购的厨师便在这里闹哄哄地讲价还价。待天大亮时，猪肉批发商们就收摊儿了。这期间，也有不少穿着大褂儿，夹着包袱的银元贩子，吆喝着"买两块，卖两块……"手上一摞银元掂动着，哗啷啷响，很清脆，很动听。

每逢春节期间，肉贩子们歇业，这里便呈现出一抹零落的节日景象。又有一些民间艺人来了，他们把彩绘的兔儿爷、木刀、木枪、花脸儿和亮晶晶的嘡嘡镗儿，摆在切肉的木案子上，当然也少不了花生、瓜子、橘子糖、关东糖。在木案子的间隙，地上摆着花花绿绿的瓷瓶、泥人、纸烟、兔儿爷，那是套圈儿的。孩子们买十个竹圈儿，一个一个地套。有的大人则满天花雨，十个八个一齐往前扔。抬眼看看，整个市场总共也就四五个摊子吧，远不成气候。

市场东边，还保留着一间茶馆，很宽敞，很干净。每逢夏天，店主便在茶馆前用苇席搭起一座凉棚，并搬出几张茶桌，供客人纳凉。我以为这间茶馆是不错的——有艺人说书，有象棋备客人对弈，还提供简单的饭食，诸如炸酱面——经营不谓不善，但在我的印象中，茶馆里总是冷冷清清，落落寞寞，一副半死不活的样子。想必是时局动荡，很少有人能悠哉悠哉地坐茶馆了。

当时西安市场最大的亮点是建国西堂电影院。它坐落在市场的西北角上，几乎和我家毗邻。它常常设连环场，观众可随时买票进去，没看到前半截儿，没关系，散场之后不必出去，等下一场放映时再补上。如果你愿意，可以坐到半夜，想看几场看几场。影院的经营状况大概也不甚佳，因为它有时停放电影，改演京戏。每逢那时，咚咚锵锵的锣鼓声，便飞进我家院子里，大约在20世纪60年代前后，建国西堂迁至马市大街路北，那便是今天的胜利电影院。

北京解放后，很长一段时间里，西安市场没有什么变化。好像在"文革"前夕，市场正中央的两排棚屋拆掉了，改建为一座三四层高的简易楼。而市场西边的棚屋和东边的茶馆仍在。那时，我已离开小糖房胡同了。

自20世纪80年代初，我由东城马家庙迁至北三环中路，已有二十多年不曾去西安市场，我想，跟随着北京前进的豪迈步伐，如今它一定已是另一番模样。

# 谈"市场文化"

方 成

看《北京观察》2005年第4期文《记忆中的西安市场》,也引起我的回忆。

1931年,我读初中一年级时,我家从西四北搬到西四东的大拐棒胡同。出胡同南口往西一拐,就是路北的西安市场。一早上学路过,就在市场门口的早点摊上买吃的。记得像是一担挑的,一边是一口锅分装着豆浆和杏仁茶,另一边是烧饼。市场外有卖肉的,也有其他摊子,卖菜也在那里。记得西四东那一小段,似乎叫"马市大街"。

有人问到我从科研工作改画漫画,是受什么影响时,我说"市场文化"对我影响很明显。这"市场"指的就是这"西安市场"。

那时上初中,课外作业不多,晚上做一个多小时就够了。平时放学后和假期间,我常到西安市场里玩耍。市场是个小广场,靠南面有个小书店,买卖新旧书。对面是小茶馆。有许多小吃摊子,卖北京小吃扒糕、凉粉、灌肠、豆汁之类,夏天卖甜水冷冻制的"雪花酪",这都是供贫民和小孩子们享用的廉价食品。有几个摊子是曲艺和杂技表演场地,有上面盖着布棚的。摊子四周有两排长凳可坐。我常带着几个铜板坐在长凳上听鼓书,那是敲着小鼓有说有唱的,听的是《北宋杨家将》的故事。还爱看变戏法、打弹弓、撂跤、练单杠和耍钢叉的。那位耍钢叉的演员年纪大,在解放后我还在北京看过他的表演。那时他已白发苍苍,身体仍健。我最爱听相声,但那位外号"大头鱼"的相声艺人说得不好,我总是骑车到西单商场看几位著名相声艺人高德明、张杰尧(外号张傻子)、汤金澄(近视,外号汤瞎子)、绪得贵和朱阔泉(很胖,外号大面包,侯宝林的师傅)的表演。茶馆里有皮影戏,我也常看。

父亲送我一部《西游记》,我很感兴趣,看得入迷。他怕我耽误学习,再也不给我买小说了。我发现西安市场里的小书铺收买旧书,就用这部线装的《西游记》在那里换一部较薄的小说。看完之后,又添一点钱去换另一部小说。那时除了线装小说之外,还有盗版的,以原价一折八扣出售,很便宜。我的零用钱很少,就靠这个来回换书的小书铺,天天看小说,《西游记》很滑稽,引人爱看。

换来滑稽的《济公传》和《徐文长故事》这些书。《聊斋志异》有趣，也是我爱看的。此外，看的都是《三国演义》《水浒传》《说岳精忠传》《北宋杨家将》以至写清朝的《雍正剑侠图》《施公案》之类武打小说。在读初中的三年里，我把这家小书铺的旧小说看个遍。后来我从事艺术工作，我的文学知识和历史知识，很多得益于这些小说。我患近视就是看小说不知保护眼力得来的。

迷上小说，对学校功课放松了。在读初一时，年终考试两门功课不及格，差点留级。我父亲是在铁路局任课员（即科员）的，家教很严，吓得我不敢再误功课了。初中毕业时，成绩还是及格的。上高中时，为准备考大学，我很用功学习，没时间看小说了。

我从小喜欢画，看小说之后就画小说中的故事和人物。又爱看小报上的连环漫画和打油诗。还爱积攒香烟盒里附送的小画，那时我们叫"洋画儿"，为此常到市场去买。喜欢斗蛐蛐（蟋蟀），也在市场里买。那些曲艺和杂耍表演中，常有逗人笑的说词，都很能引起我们这些初中学生的兴趣。在寒暑假期中，有时我和弟弟一起坐在长凳上听唱鼓书，一坐下就不愿走动了。在市场里接受民间曲艺的熏陶，虽然为时不很长，而影响是深刻的。后来我除漫画创作之外，也写相声和喜剧性的小品，写打油诗，很明显是和那几年的生活经历有关系。所以我说"市场文化"对我后来的工作，其影响是很明显的。

# 要对得起朋友

## ——寻觅几位法国友人在京足迹

### 舒 乙

我说的法国人，是指铎尔孟、圣·琼·佩斯、贝熙业这几位，都是20世纪初在北京长住或待过的，一辈子和中国有不解之缘，为中国做过许多好事，是值得纪念的远方朋友。

铎尔孟的名字是和《红楼梦》联系在一起的，是当代最著名的法国汉学家。

我知道铎尔孟的名字是通过李治华先生。李治华和他的夫人雅歌用了27年的时间翻译了曹雪芹的《红楼梦》。翻译的最后十年李治华是和铎尔孟在一起的。李治华的头衔是"译"，而铎尔孟的头衔是"校"。当时恰值1954年，铎尔孟被迫离开北京，返回巴黎，无事可做，正好有校审《红楼梦》法文译本的事，一忙就是十年，其间每个星期两次李治华赶来和他见面，风雨无阻，不分节假日，两人埋头共同切磋定稿，直到全书校审完毕。这个活儿也是铎尔孟赖以生存的经济来源。本来，他还想再校审第二遍，只是生命已近终点，无法实现。

2001年，我应驻法大使吴建民的邀请，去为我驻法使馆人员讲演。在国庆招待会上，我遇见老朋友李治华先生，他约我第二天午餐时详谈。这次接触让我有机会去了一次李治华在里昂乡下泊郎驿的别墅。由那儿我取回了《红楼梦》法译手稿，12大册，约30斤，整整装了一箱，共4231页。此稿现存中国现代文学馆。详情我已写在《去法国小镇取宝》中，里面有这么一段：

"《世界文学名著》丛书的翻译体例规定：除译者外，必须有另一名专家任校对。《红楼梦》的法文校审由铎尔孟教授担任。此人是中法大学的创始人之一，清朝时就来到了中国，教授法国诗歌戏剧及中译法课程，用毕生精力研究中国古典诗词，在中国待了49年，50年代初才返回法国。他在生命最后十年，足不出户闭门修润李治华翻译的《红楼梦》，把全部精力和时间都贡献给了这项工作。他和李治华每周见面两次，暑假则住在一起一两个月，不断切磋，非常认真，一丝不苟。全部手稿的每一页的每一行都留下了铎尔孟教授的修改笔迹。就手稿来说，不论从什么角度看，它都是一份弥为珍贵的文物，如此精益求精，如此敬业负责，如此精诚合作，给人一种非常惊心动魄的感觉。"

这个故事还有下集，而且这个下集又分上下两场。头一场是我力主法国政府应为李治华先生的文化功勋授勋，为此，我建议中国驻法大使馆文化处从侧面积极配合促成此事，经过一段酝酿，果然成功，李先生继巴金、盛成、艾青等先生之后，成为法国政府颁发的荣誉勋章的华人、华裔获奖人之一。此后，我代表中国现代文学馆出面邀请李治华、雅歌夫妇访华，在文学馆召开了隆重的"李治华、雅歌文库"落成典礼，并借此机会热烈庆祝李先生获法国勋章。先生再一次重返母校中法大学两个旧址参观，大大地热闹了一番，那年李治华已高龄八十有八。

铎尔孟先生在《红楼梦》法译手稿上留下的修改手迹，每一行每一句都有，而且页页如此，惊人啊，给我、给每一位有机会见到手稿的人，都留下了震撼性的印象，于是，又导致了第二场故事的发生。那就是出现了一本专门描写此事的小说，作者叫郑碧贤，书名叫《红楼梦在法兰西的命运》，像接力赛似的，她用了两年多的时间在我将《红楼梦》法译手稿接回中国之后，连续追踪采访李治华夫妇及其子女，并挖掘出不少有关铎尔孟先生的资料，特别是她在书中首次披露铎尔孟在华、在法的珍贵照片。这本书2005年在国内出版，由我写序，后来又出了法译本。我出席了该书在北京的首发式。

书中有三张照片特别惊人。

其中一张是铎尔孟回法国后居住的地方，一个叫华幽梦的地方，离巴黎45公里，那儿有一座圣·路易国王在1228年创建的修道院，铎尔孟在这里生活和工作了最后的十年，直到去世。这里有很大的院子，有森林，有湖，有古堡，有教堂，有别墅，有圣·路易卧室。经过18世纪法国大革命的洗礼，教堂已残破不堪。教堂的一座钟楼被砸得只剩下高高的一角，孤伶伶地立在那里，像一把利剑刺向蓝天。照片把这个充满悲愤的利剑似的残楼表现得让人非常震撼。顿感在这里翻译《红楼梦》倒是在气氛上十分搭调。

另外两张是1925年铎尔孟在北京时的留影，是在他的家里，一张表现伏案工作，另一张正坐着看书，均在同一间房子。陈设除一张单人沙发外，清一色的全是中式古典家具，桌上是中国瓷器，地上是中国痰盂，墙上是中国画，地上铺着中国地毯。铎尔孟正手执毛笔写汉字。房子明显是北京的四合院平房，高大敞亮，但经过精心改造，有大玻璃窗，有木隔墙，保留雕花隔扇，还另开有后窗。

顶有意思的是，铎尔孟着中式长夹袄，缎子面，有大花，穿皮鞋，抽烟斗，一看就是一位酷爱中国的很有修养和学识的外国学者。

早年铎尔孟是应聘到北京教醇亲王载沣的孩子们学法文的老师，那时溥仪刚一岁。铎尔孟在醇亲王府里客气地抱过溥仪，后者还把尿殷勤地撒在了他身上。以后铎尔孟担任过北洋政府顾问，和志同道合者一起创办了中法大学，1941年以后担任中法汉语研究所所长，掩护过许多中国学者。他是个收藏家，离开中国时曾留给北京图书馆一大批藏书，带回法国的数以万计的中国典籍在他身后则藏于里昂图书馆。

现在知道那所铎尔孟生活过工作过和藏书的房子是位于北京东城区的甘雨胡同，但是究竟是多少号已无从查找，现在是否还存在，也还有待考察。

如果，有朝一日找到了它，那倒是一个很有纪念意义的地方。

铎尔孟先生如果健在，以他的成就和作用而言，同样是有资格获得法国最高荣誉勋章的，理由是他在中法文化交流上毕生做出过重大贡献，历史是不能忘记他的。

那所房子，那间客厅兼书房，像那两张照片所示，就是最好的证明。

其实，在甘雨胡同两侧进行一次小小的地毯式搜索，看看是否能发现那照片上的高大的玻璃窗户，也就不难找到那所旧居了。

但愿吧。

铎尔孟在北京有一位法国同事，叫贝熙业，同样是一位了不起的人物，他在北京的足迹同样值得一览。我有幸参加了一点点这种寻找。

有一天，在2007年年底，我接到一个电话，非常像导致一桩著名公案——美术馆后街22号院保卫战的那个求救电话，这次要我去看看北京东城大甜水井24号院的房子。

我找了个星期六下午去了一趟。发现那里的四合院已经拆除了一大片，只孤单地保留下两三个院子，其中一个门牌是大甜水井24号。

拍门进去后，居民老夫人很客气地领我在屋内观看，说电话就是她打的。听她说，这房子以前是法国医生贝熙业的住宅，也是贝大夫所建。

房子基本是中式的，但细部多处是洋式的，譬如，有专门的卫生间，有抽水马桶，地上是木板，墙上有木护板，而且压花的，房外有围成一圈的走廊。东院院内有一口井，井圈上还有文字。这大概就是那口有名的甜水井吧，胡同因此而得知。

贝熙业是法国驻华大使馆的大夫，曾在东交民巷开办法国医院，当院长，还在天主教西堂前面开过诊所，是北平的有名大夫，为许多中外患者看过病。贝大夫也是中法大学法方六大董事之一。他在城里的私人住宅就在大甜水井。他也是50年代初返回法国的。他走后，他的住宅曾分配给轻工业部部长蒋光鼐先生居住，以后是纺织工业部的副部长及其家属住在这里，现在产权还在全国纺织行业协会手里。现在这栋房子正面临被拆除的命运，据说拆除后这里将是扩宽的道路和绿化带。

海淀区妙峰山下管家岭一带有一座远近闻名的花园，人称"贝家花园"，现在是海淀区的文保单位。这个"贝"正是贝熙业大夫。他当时在这里建造了一栋别墅，假日里常到这里来休息，顺便也给当地乡民看病。在贝家花园里有一座特别的建筑物建在山坡上，是一座碉楼，三层高，是用石头垒造的，面积不大，大致每层有16平方米左右，底层是乡民候诊室，第二层是贝大夫的诊室，设有洗手池。在碉楼的底层铁门门楣上有一幅小石匾镶嵌在墙上，上面是李石曾先生题写的四个大字"济世之医"，题跋中对贝大夫的医德医术有很高的评价。抗日时期，贝大夫曾利用他的特殊身份帮助过北平的抗日抵抗活动，包括对附近的共产党领导的抗日根据地提供医疗药品和器械，他也悄悄地医治过游击队伤员和边区士兵。贝家花园是一个重要的中共京西地下情报联络点，也是许多爱国志士奔向解放区的重要通道。他们由妙峰山出发去门头沟斋堂，再沿山涧去晋察冀边区或延安。当时贝大夫已年高七十，他自己骑着自行车，驮着几十斤药品不顾道路崎岖不平，由城里骑到妙峰山下，交给地下交通员再转进根据地。当时，替他看门护院人就是我党的地下交通员。城里的地下工作者如黄浩同志，也常常通过贝大夫将购买的医疗器械和药品转运给晋察冀边区，送给白求恩战地医院等处。珍珠港事件爆发后，燕京大学英籍教授林可迈当天携带两箱无线电零件逃到贝家花园，最后成功辗转进入延安。

妙峰山山麓一度曾是在京法国人经常光顾的地方，原因是这里有许多中法大学的附属机构，如中法大学附属温泉中学，西山第三试验林场等等，贝熙业别墅建在此处绝非偶然。法国人兰荷海的别墅也在附近。他们当时都是准备在这里久居的，甚至还准备了坟地。

在20世纪初和他们经常来往的还有一位使馆的外交官，叫圣·琼·佩斯，是一位诗人，他曾和贝熙业结伴由北京出发到蒙古旅行，寻访古丝绸之路。1917年至1921年期间，他曾住在这附近一个叫"桃源"的地方的一个小道观内，创作了一部长诗，叫《阿纳巴斯》（远征），1960年荣获了诺贝尔文学奖。温家宝总理2005年12月访法期间在巴黎综合理工大学发表演讲时特别提到过这件事。他说："许多法国现代政治家、文学家对中国文化都有很深的感情。1960年诺贝尔文学奖得主，法国诗人圣·琼·佩斯的长篇杰作《远征》，就是他在北京西郊的一座道观中完成的。"

国内的圣·琼·佩斯翻译者和研究者以及文史工作者曾花了很长的时间在北京西北郊区寻找法国诗人写诗的地方。有关资料中多次提到诗人曾在离北京30公里的桃源寺、桃峪观里逗留写作。现在已大致锁定在海淀区妙峰山下管家岭一带。那里已发现一块大石头，上面刻着"桃源"二字。旁边就是法国人兰荷海的住宅，不远处有贝家花园、龙泉寺和七王坟。

我曾于2006年提过一份全国政协提案，建议在桃源附近复建一处圣·琼·佩斯的写诗处，纪念这位杰出的法国诗人，或许是一处中法交流的有趣的胜地。这份提案得到了海淀区人民政府的原则同意，说准备在条件成熟时建造。

我到管家岭村访问的时候，村干部曾对我说，他们已得知有人建议在这里兴建法国诗人的纪念点的消息，说有关部门正在筹划中。听到这，我心中暗自感到高兴。唯一要注意的是，不能搞得太商业化，毕竟这是一处文化景点，要有文化内涵和品位。

其实，大甜水井贝熙业故居、甘雨胡同铎尔孟故居（如果能找到）、贝家花园，都是可以办成博物馆的，叫作法中文化交流博物馆吧，内容都是既充实又精彩的，中国人和法国人同样都会感兴趣，一定会成为人们出出进进的观光游览胜地；而且，这么做，才对得起朋友，他们之中有的不愧是白求恩式的国际主义战士，有的是世界知名的诗人和学者，都为中西文化交流，为中国的先进文化事业的发展帮过忙，出过力，留下了宝贵的精神财富。

对这样好的朋友，理当尊重。

时机也正合适，补课还不算晚。

不过，要抓紧啊。再晚，等什么都没有了，就更对不起人了。

# 夏忆老北京

肖复兴

北京的春天很短，只要柳絮杨花一飞，春天就算是过去，夏天紧跟着就跑来了。

## 夏之必备：冰和帘子

老北京人，是很讲究节气的。立夏，是夏天到来的标志，这一天的到来，是要一定的仪式感的，绝对不能忘记这一天。在皇宫里，立夏这一天，男的要脱下暖帽，换上凉帽；女的要摘下金簪，换上玉簪。这些都是夏天到来的象征物。人体最能感受季节的冷暖变化，而装饰品则是为变化的季节镶嵌的花边。

当然，这是皇宫里才有的讲究。不过，即便是皇宫，这样的讲究也很平易了。在历史记载中，据说在周朝的时候，立夏这一天，皇帝要带领文武百官到北京南城郊外去祭祀。不过，这样隆重的传统，早已不再。在一年的二十四节气中，立夏的地位，在皇宫中已经变得家长里短起来了。

《帝京景物略》中讲："立夏启冰，赐文武大臣。"这样的传统，一直延续到清代。那时候，没有冰箱，冰的储存，是用天然的冰窖，如今北京城南北都还各存有冰窖厂胡同的地名。这样的冰窖，一直到新中国成立后，还延续用了很长一段时间。想象立夏这一天，从皇帝带领文武大臣出宫去野外祭祀，到赐冰给文武大臣，这样的变化也实在太大。不过，可以看到立夏真的是一个天人合一的节气，历史的演进，让节气接上了地气，从皇帝和文武大臣做起。

关于立夏这一日，清竹枝词有道："绿槐荫院柳绵空，官宅民宅约略同，尽揭疏棂糊冷布，更围高屋搭凉棚。"便是说立夏前后，无论官宅民宅，要在院子里搭凉棚，所谓老北京四合院讲究的"天棚鱼缸石榴树"老三样中的"天棚"。同时，要在各家的窗户前安纱帘。在没有空调的年代，凉棚和帘子是为了度过炎热的夏天的必备用品。特别是帘子，即使是再贫寒的人家，可以不搭凉棚，但是，门帘子，哪怕只是用便宜的秫秸编的，也是要准备的。

这样的传统，一直延续到20世纪的80年代甚至90年代，那时候，不少人家用塑料线绳和玻璃珠子穿成珠串，编成帘子；还有用旧挂历捻成一小截一小截，就像炮仗里的小鞭差不多大小，用线穿起来，挂历的彩色变成了印象派的斑驳点彩，很是流行一阵。当然，这是只有住四合院或大杂院才有的风景，人们搬进楼房里，这样的帘子渐渐被淘汰在历史的记忆里了。记得当年在天坛东门南边新建的一片简易楼里，还曾经见过有人家挂这样的帘子，风摆悠悠的样子，多少还有点儿老北京的风情。如今，这一带都要拆迁了，时代的变化，帘子只是其注脚之一。

窗户，对于老北京人度夏而言，更重要了。老北京，一般人家，大多不是玻璃窗，是那种纸窗，即使不可能家家都像有钱的人家换成竹帘子或湘帘子，起码也要换上一层窟窿眼儿稀疏的薄薄的纱布，好让夏天的冷风透进屋里来。这种糊纱布，即竹枝词里说的"糊冷布"。那时候，我们管它叫"豆包儿布"，很便宜。

帘子和窗布，对于北京城一般人家的重要性，要重于冰。所以，在皇宫内务府的衙门里，专门有帘子库，就跟武器库一样，有专门管帘子库的官员。新中国成立以后，前辈作家叶圣陶老先生，在东四八条住的院子，就是清时帘子库的官员留下来的。现在想想，会觉得有几分好笑，居然帘子还需要官员专门管理，而且，在夏天到来的那几天，这帮管帘子的官员要上下紧忙乎一阵呢。要是没有了帘子，慈禧太后别说夏天到颐和园避暑，就是垂帘听政，还真的有点儿麻烦了。

夏天换帘子这样的传统，一直到我小时候还存在。那时候，我住的大院里，各家都会在这几天换冷布、换纱帘。别看换冷布和纱帘这活儿简单，但弄不好会糊不平，糊不结实，容易进蚊子。所以，一般都会请裱糊匠，连窗户纸和冷布一揽子活儿。那些天，裱糊匠都忙不过来。现在，我们的大院里那些残存的旧窗户，还可以看见能够支起窗户露出纱窗的挂钩和支架。是那个逝去的年代留下的一点儿记忆的痕迹。

如果说，立夏换首饰，多少还带有一点儿对这个节气形而上的象征意义，换帽、备冰和搭凉棚、换帘子，乃至换冷布，都是彻底的形而下了，却也是地道的民生，让夏天刚刚到来的时候，接上了地气，热腾腾的，一步步逼近了人们。

## 夏之色彩：花和萤火虫

在北京，真正热起来，应该是到了芒种之后。读中学的时候，每年都要有一次下乡劳动，一般都会选在芒种季节，因为这时候北京郊区的麦子黄了，正待收割。我们中学那时候常去南磨房乡帮助老乡收麦子，吃住在那里，一干干一个麦收。在乡间，我从老农那里学到一个谚语"杏黄麦熟"，记忆特别深，因为当时我特别好奇，真的是麦子熟了杏就变黄了吗？收完麦子回家到市场一看，果然摊子上到处都有卖大黄杏的。我把学到的这个谚语"杏黄麦熟"，写进作文里，得到老师的表扬。

节气，真的神奇，像是一位魔术师，自然界的一切都逃脱不了节气变幻的色彩晕染。芒种，乡间是麦子的一片金黄，城里没有麦子，也得派澄黄澄黄的杏来诉说这个节气中的一点儿心思。如果一年四季每个季节里都有专属于自己的颜色，无疑，金黄色是北京夏天炽热的象征。

那时候，觉得南磨房乡离城里很远。现在，早已经成为了城区的一部分。我现在居住的潘家园，就位于南磨房管辖范围之中。东三环内外，远近一片林立的楼群，原来就是我读中学时候下乡收割麦子的田野。世事沧桑的变化，城市化的飞速进程，让节气变得只剩下了日历上的一个符号，起码，芒种节气中，属于北方那一片梵高才能挥洒出的金黄颜色，已经很难见到了。年轻人，大约只知道夏天，不少人已经几乎忘记了芒种对夏天的意义。

紧接着，夏至到了。夏至这个同芒种一样专属于夏天的节气，大概也被不少人遗忘或忽略了。起码，记得的，远不如情人节或愚人节那样多。

在周礼时代，夏至曾经被定为是一个伟大的节日。白天祭地，夜晚焚香，祈求灾消年丰，这是农业时代人们心底普遍的愿景。我曾经猜想，之所以在那遥远的时代，人们将夏至作为一个盛大的节日，大概是因为这时候正是丰收的时节，却也正是夏天雨涝的季节。如此，才格外祈望丰收能够延续，而灾难能够消除吧？节气里，总是蕴含着人们最为朴素的心情，那心情随老天爷阴晴变化而跌宕起伏。节气里的"气"，便不只是气候，也有人们的心气在里面。

夏至这一天，如果不下雨，就是最好的时辰。传统民谚说：夏至到，鹿角解，蝉始鸣，半夏生，木槿荣。这谚语说得非常有意思，前两句说物，鹿和蝉，一个动物，一个昆虫。鹿角成熟了，可以割角了；夏天炎热了，蝉开始叫唤了。这是典型夏至的标志，一个有形，一个有声，梅花鹿和金蝉，可以作为夏至的形象代言。

不过，我一直喜欢这个谚语的后两句，后两句说的是花，半夏和木槿都要开花了，这让夏至一下子和花木繁盛的春天有了对比和呼应。夏天并不仅是丰收的季节，也是花开的季节。如今，在城市里，半夏很少能见到，但是，木槿却是公园和住宅小区里常见的。其实，夏至之后，盛开的不仅有木槿，合欢、紫薇、玉簪……也都会相继盛开。为什么只选择了半夏和木槿作为代表，是有讲究的。不说半夏的药用价值，单说木槿，木槿在夏天长得最为茂盛，如果不加剪理，不几天就会铺展长高，有点儿夏天狂放的野性劲头。说木槿荣，一个"荣"字，用得极其好，真的是其他的花都赶不上它。玉簪小家碧玉般矮矮地守在阴凉处，紫薇有些笔管条直的拘谨，而合欢最难养活，我前几天去了一趟土城公园，二十多年前，我家住在它旁边，记得那时一进公园门是一片合欢树，夏天开满一片绯红的小绒花。这次一看，竟然一棵也不见了。

夏至的天空，和夏至的花一样，在一年四季之中，是最为绚烂的。这时候的天空，白天最长，夜晚最短。夏至的天空，白天最热，夜晚最亮。

夏至的天空，因有了鹿和蝉有了鲜花盛开，而变得活色生香。想一想，鹿摇动着美丽的犄角，从青青草地上奔跑而来，蝉在树叶间比赛似的撒了欢儿地鸣叫，再有那些夏花之绚烂，争奇斗艳，真的是奏响了一支夏至交响曲，在整个天空中激情四溢地回荡。

夏至的天空，最美的时候，在夜晚。一年四季，夏至的夜晚是最短的，却也是最明亮的。在这时候眺望夜空，星河灿烂，能够看到很多一般日子里看不到的星星。即使不懂银河系里各种星座，也可以清晰地看到北斗七星、牵牛织女星、天狼星和太白星。这对于雾霾横行的今天而言，是格外难得一见的盛景。我小时候，坐在四合院里，望着星光璀璨的夜空，认识并数着那些星星的时候，心里会分外感觉宇宙的浩瀚和生活的美妙。如果，再能够看到一次流星雨的壮观，便是额外的收获了。

那时候，整个夏天都还能够看到萤火虫。这些发光的小虫，给我们孩子带来了欢乐。轻罗小扇扑流萤，是那时候最美的情景。看萤火虫飞上天空，和星星上下呼应对话，一起扑闪着明亮的眼睛，会让我觉得夜空真的非常美丽又神奇。这应该属于整个夏天给予老北京最好的馈赠，最美的回忆了。如今，这样美丽神奇的夏日夜景，已经很难看到了。

## 夏之找乐：晒书和洗象

在北京，最热在小暑和大暑。这是老北京人最难熬的时候。老北京，别看作为都城，到了盛夏，无论皇上，还是王公大臣，和平头百姓一样难熬。最有意思的是，到了这时候，皇上要给各位大臣颁发冰票解暑。《燕京岁时记》中说："各衙门例有赐冰。届时由工部颁给冰票，自行领取，多寡不同，各有等差。"

看这则旧记，我总想笑，在没有冰箱和空调的年代里，盛夏的日子，解暑唯有靠冰，发的冰多少，居然由工部这样正儿八经的衙门颁发冰票，还得按官阶大小领取。这让现在的孩子得笑掉大牙。

在没有皇上的日子里，人们再无须由工部颁发冰票取冰，普通人家也可以到冰窖厂去买冰了。旧京都，一北一南，各有一个冰窖厂，专门在冬天结冰时藏于地下，就等着大暑时卖个好价钱。清时有竹枝词说：磕磕敲铜盏，沿街听卖冰。敲铜盏卖冰，成了那时京都一景。冰窖厂一直存活于北平和平解放之后，那里还在存冰、卖冰。炎炎夏日，拉冰的板车常出入那里，东去三里河，西去珠市口。我小时候，家离那儿不远，放学之后，我们一帮孩子常跟在车后面，手里攥着块砖头，偷偷砸下一小块冰，塞在嘴里当冰棍吃。这两个地名一直还在。只是前些日子我旧地重游，冰窖厂街已经基本拆干净了。原来的冰窖厂，新中国成立后变为了一所学校，如今，已经拆平，建成了宽敞的马路。

老北京盛夏，还有一景，如今更是见不到了，便是借太阳之烈来晾晒衣物，以防虫蠹，这很有点儿以毒攻毒的意思。老儒破书，贫女敝缊，寺中经文，都在晾晒之列。清时有诗说：辉煌陈列向日中，士民至今风俗同。不过，不少寺庙每年这时候成了晒经会之后，风俗便开始变了味儿，逐渐成为了庙会，人代替了经书，美女更是比经书养眼。《天咫偶闻》中说晒经会上"实无所晾，仕女云集，骈阗竟日而已"。

不过，这也可以看出老北京人对于生活的性情，贫也好，富也好，冷也罢，热也罢，无论在什么情况下，都能自寻其乐，用老北京话说，叫做"找乐儿"。

盛夏三伏天到来之际，老北京人找乐儿最好的去处，是宣武门外的护城河边看洗象。那时候，皇宫里养象，不是现在动物园里养的宠物，而是参与朝政的礼仪，清人书中记载"午门立仗及乘舆卤簿皆用象"。如此的非凡阵势，才让夏天洗象成为盛景。清著名诗人吴梅村专门题诗记载其盛况：京师风俗看洗象，玉河春水涓流洁。赤脚乌蛮缚双帚，六街仕女车填咽。叩鼻殷成北阙雷，怒啼卷起西山雪。将当时看洗象的人和管洗象的人，以及大象在沐浴之中仰鼻喷水如雪声震如雷的场面，都描写得极为生动。

这样的盛景一直到光绪年间，因为战乱，从越南、缅甸进贡来的大象中断而结束。清时养象的象房就在宣武门内，很近，每年盛夏，官校都要用旗鼓迎象出象房，再出城门，到护城河洗澡消暑，一路锣鼓喧天，旗帜招摇。那时候，人热象也热，象多人更多，聚在河边看洗象，成了大暑天盛大的节日，真有点儿像现在节日里看烟花盛放和花车游行一般。有钱人，会如王士祯诗中所写的那样：

玉水轻阴夹绿槐，香车笋轿锦成堆，千金更赁楼窗坐，都为河边洗象来。没有好位置的穷人们，则可以拥挤一身臭汗，在河边看热闹。想那时的情景，应该如现在看音乐会歌剧一样，阔人有包间，穷人有站票，热闹得也就不怕热了。

### 夏之吃食：过水面和果子干

在取消象房之后的清末民初之际，没有洗象的热闹可看，盛夏之际，一般人找乐儿，是去什刹海。民国有竹枝词说：消夏何如什刹海，红菱雪藕不论钱。可以说，这是一年四季里什刹海最火爆的时候，如同春节里的集市。民国年间，有唱十不闲的小曲这样唱道：六月三伏好热天，什刹海前正好赏莲。男男女女人不断，听完大鼓书，再听十不闲。逛河沿，果子摊儿全，西瓜香瓜杠口甜。冰儿镇的酸梅汤，打冰盏卖，了把子儿莲蓬，转回家园。

这样的炎夏情景，今天在什刹海还能依稀见得到。子儿莲蓬，就是嫩莲蓬，唱词不说买把子莲蓬，说是"了"，这是只有真正老北京人才能体味到的老北京话。这是卖子莲蓬的招呼顾客说的话，如果是卖酸梅汤的，招呼顾客时就会换一个词儿：闹一碗您尝尝！一个"闹"字，一个"了"字，尽显老北京市井风情。

炎热夏天里，老北京人除了吃子儿莲蓬，还爱喝荷叶粥，嚼藕的嫩芽。《酌中志》里说这样大暑节气里要："吃过水面，嚼银苗菜，即藕新嫩秧也。"

老北京人的夏天吃食，可谓五花八门，过水面只是其中一种。北京人爱吃面食，早年间，老北京是把面食统统都叫成饼，分为汤饼、炊饼和胡饼三类。胡饼是舶来品，火炉里烤的，如现在吃的烧饼；炊饼是上锅蒸的，如现在吃的馒头；汤饼便是面条，当然还包括馄饨，《长安客话》里记载："水瀹而食者皆为汤饼。"

如今，北京人已经不叫汤饼了，面条从何时叫顺了口，我不大清楚，但面条的种类已经远不如以前丰富。很多面条，如今吃不到了，手艺失传了。比如"蝴蝶面"和"温面"。《旧京记事》里说的："蝴蝶面、水滑面、手掌面、切面、挂面……"水滑面大约说的是过水面，手掌面说的是刀削面，这个蝴蝶面，我是不知道究竟是一种什么面了。《旧京记事》里还说："刑部街田家温面，出名最久，庙市之日，合食者不下千人。"这个这么多人喜欢的田家温面，究竟是一种什么样子的面，我也不知道了。

流传至今仍然让北京人有口福值得珍爱的夏天食品，在我看来，是奶酪、酸梅汤和果子干。

奶酪是牛奶的一种变体，将牛奶煮沸，加冰糖，点白酒，冰镇而成，有点儿像酸奶。这是清朝入京后带来的旗人夏天小吃，当时满语叫"乌他"，从皇宫流入市井，应该是清同治年间的事情。《同治都门纪略》里记有这样的竹枝词："闲向街头啖一瓯，琼浆满饮润枯喉，觉来下咽如脂滑，寒沁心脾爽似秋。"足以证明，那时奶酪已经是街头常见的夏天食品了。

酸梅汤，老北京卖酸梅汤以信远斋和九龙斋最出名。民国时，徐霞村先生说："北平的酸梅汤以琉璃厂信远斋所售的最好。"那时候，有街头唱词唱："都门好，瓮洞九龙斋，冰镇涤汤香味满，醍醐灌顶暑气开。"说的就是这两家。信远斋在琉璃厂，九龙斋在前门的瓮城，民国时瓮城拆除后，搬到肉市胡同北口。解放以后很长一段时间，起码到20世纪80年代，信远斋一直在琉璃厂。梅兰芳、马连良等好多京戏名角，都爱到那里喝这一口。店里一口青花瓷大缸，酸梅汤冰镇其中，现舀现卖。"文革"中，店名改了，酸梅汤还在卖，还卖一种梅花状的酸梅糕，用水一冲，就是酸梅汤。插队时，我特意买这玩意儿带回北大荒，以解思念北京之渴。九龙斋，我小时候还见过，很快就销声匿迹。前两年，九龙斋重张旧帜，派人找过我，让我带他们到前门指认老店旧址。

那时候，酸梅汤之所以被北京人认可，首当其冲的是原料选择极苛刻，乌梅只要广东东莞的；桂花只要杭州张长丰、张长裕这两家种植的；冰糖只要御膳房的……除选料讲究之外，制作工艺也是非同寻常。曾看《燕京岁时记》和《春明采风志》，所记载并不详细，却大同小异，都是："以酸梅合冰糖煮之，调以玫瑰、木樨、冰水，其凉振齿。"看来，关键在于"煮"和"调"的火候和手艺，在于细微之处见工夫。

果子干，柿饼和杏干为主料，加以藕片、梨片、玫瑰枣，用大力丸煮汤，冰镇而成。好的果子干，浓稠如酪，酸甜可口，上面要浮一层薄冰。与酸梅汤和奶酪相比，它没有那样高贵的出身和讲究，是地道平民夏天消暑的食品，既可以解渴，又可以解饱。

如今，酸梅汤和奶酪都容易买到，而且，有自己专属的品牌。奶酪，到梅园的连锁店都可以尝到。酸梅汤，信远斋和九龙斋都有各自的专卖。果子干，却不那么容易在北京的街头见到了。我只是前年在牛街的吐鲁番清真餐厅里，吃到过一回，放在高脚杯里，完全是洋范儿的了。记忆里吃的果子干最正宗的一次，是20世纪80年代末，西罗园小区刚建成，四周还是一片木板围挡的工地，在工地的简易房里，见到一家专门卖果子干的小店，夫妻两人都刚刚下岗，开了这家小店。他们从父辈那里学来的祖传手艺，那果子干做得地道，好吃不说，光看表面那一层颜色，就得让人佩服，柿饼的霜白，杏干的杏黄，枣的猩红，梨片和藕片的雪白，真的是养眼。关键是什么时候到那里吃，果子干上面都会浮着那一层透明如纸的薄冰。三十多年过去了，我再也没有见过这样漂亮可口的果子干了。

# 老北京冬日的吃食

肖复兴

冬天又到了。在老北京，即使到了这样寒冷的时候，街头卖各种吃食的小摊子也不少。不是那时候的人不怕冷，是为了生计，便也成全了我们一帮馋嘴的小孩子。那时候，普遍经济拮据，物品匮乏，说起吃食来，就像在20世纪70年代曾经流行过被称为"穷人美"的假衣领一样，不过是穷人螺蛳壳里做道场的一种自得其乐的选择罢了。

## 一

那时候，街头最常见的摊子，一个是卖烤白薯的，一个是卖糖葫芦的。

如今，冬天里白雪红炉吃烤白薯，已经不新鲜，几乎遍布大街小巷，都能看见立着胖墩墩的汽油桶，里面烧着煤火，四周翻烤着白薯。这几年还引进了台湾版的电炉烤箱的现代化烤白薯，立马儿丑小鸭变白天鹅一样，在超市里卖，价钱比外面的汽油桶高出不少，但会给一个精致一点儿的纸袋包着，时髦的小妞儿翘着兰花指拿着，像吃三明治一样优雅地吃。

在老北京，冬天里卖烤白薯永远是一景。它是最平民化的食物了，便宜，又热乎，常常属于穷学生、打工族、小职员一类的人。他们手里拿着一块烤白薯，既暖和了胃，也烤热了手，迎着寒风走就有了劲儿。记得老舍先生在《骆驼祥子》里写到这种烤白薯，说是饿得跟瘪臭虫似的祥子一样的穷人，和瘦得出了棱的狗，爱在卖烤白薯的摊子旁边转悠，那是为了吃点儿更便宜的皮和须子。

民国时，徐霞村先生写《北平的巷头小吃》，提到他吃烤白薯的情景。想那时他当然不会沦落到祥子的地步，他写他吃烤白薯的味道时，才会那样兴奋甚至有点儿夸张地用了"肥、透、甜"三个字，真的是很传神，特别是前两个字，我是从来没有听说过谁会用"肥"和"透"来形容烤白薯的。

但还有一种白薯的吃法，今天已经见不着了，便是煮白薯。在街头支起一口大铁锅，里面放上水，把洗干净的白薯放进去一起煮，一直煮到把开水耗干。白薯里吸进了水分，非常的软，甚至绵绵得成了一摊稀泥。想徐霞村先生写到的

"肥、透、甜"中那一个"透"字，恐怕用在烤白薯上不那么准确，因为烤白薯一般是把白薯皮烤成土黄色，带一点儿焦焦的黑，不大会是"透"，用在煮白薯上更合适。白薯皮在滚开的水里浸泡，犹如贵妃出浴一般，已经被煮成一层纸一样薄，呈明艳的朱红色，浑身透亮，像穿着透视装，里面的白薯肉，都能够丝丝的看得清清爽爽，才是一个"透"字承受得了的。

煮白薯的皮，远比烤白薯的皮要漂亮、诱人。仿佛白薯经过水煮之后脱胎换骨一样，就像眼下经过美容后的漂亮姐儿，须刮目相看。水对于白薯，似乎比火对于白薯要更适合，更能相得益彰，让白薯从里到外的可人。煮白薯的皮，有点儿像葡萄皮，包着里面的肉简直就成了一兜蜜，一碰就破。因此，吃这种白薯，一定得用手心托着吃。大冬天站在街头，小心翼翼地托着这样一块白薯，嘬起小嘴嘬里面软稀稀的白薯肉，那劲头只有和吃喝了蜜的冻柿子有一拼。

老北京人又管它叫做"烀白薯"。这个"烀"字是地地道道的北方词儿，好像是专门为白薯的这种吃法定制的。烀白薯对白薯的选择，和烤白薯的选择有区别，一定不能要那种干瓢的，选择的是麦茬儿白薯，或是做种子用的白薯秧子。老北京话讲：处暑收薯。那时候的白薯是麦茬儿白薯，是早薯，收麦子后不久就可以收，这种白薯个儿小，瘦溜儿，皮薄，瓢儿软，好煮，也甜。白薯秧子，是用来做种子用的，在老白薯上长出一截儿来，就掐下来埋在地里。这种白薯，也是个儿细，肉嫩，开锅就熟。

当然，这两种白薯，也相应的便宜。烀白薯这玩意儿，是穷人吃的，比烤白薯还要便宜才是。我小时候，正赶上三年的天灾人祸，全国闹自然灾害，每月粮食定量，家里有我和弟弟正长身体要饭量的半大小子，月月粮食不够吃。只靠父亲一人上班，日子过得拮据，不可能像院子里有钱的人家去买议价粮或高价点心吃。就去买白薯，回家烀着吃。那时候，入秋到冬天，粮店里常常会进很多白薯，要用粮票买，每斤粮票可以买五斤白薯。但是，每一次粮店里进白薯了，都会排队排好多人，都是像我家一样，提着筐，拿着麻袋，都希望买到白薯，回家烀着吃，可以饱一时的肚子。烀白薯，便成为那时候很多人家的家常便饭，常常是一院子里，家家飘出烀白薯的味儿。

过去，在老北京城南一带因为格外穷，卖烀白薯的就多。南横街有周家两兄弟，卖的烀白薯非常出名。他们兄弟俩，把着南横街东西两头，各支起一口大锅，所有走南横街的人，甭管走哪头儿，都能够见到他们兄弟俩的大锅。过去，卖烀白薯的，一般都是兼着五月里卖五月鲜，端午节卖粽子，这些东西也都是需要在锅里煮，烀白薯的大锅就能一专多能，充分利用。周家兄弟俩，也是这样，只不过他们更讲究一些，会用盘子托着烀白薯、五月鲜和粽子，再给人一只铜钎子扎着吃，免得烫手。他们的烀白薯一直卖到了解放以后的公私合营，统统把这些小商小贩归拢到了饮食行业里来。

五月鲜，就是五月刚上市的早玉米，老北京的街头巷尾，常会听到这样的吆喝：五月鲜来，带秧儿嫩来！市井里叫卖的吆喝声，如今也成为了一种艺术，韵味十足的叫卖大王应运而生。以前，卖烤白薯的一般吆喝：栗子味儿的，热乎的！以当令的栗子相比附，无疑是高抬自己，再好的烤白薯，也是吃不出来栗子味儿的。烀白薯，没有这样的攀龙附凤，只好吆喝：带蜜嘎巴儿的，软乎的！他们吆喝的这个"蜜嘎巴儿"，指的是被水耗干挂在白薯皮上的那一层结了痂的糖稀，对那些平常日子里连糖块都难得吃到的孩子们来说，是一种挡不住的诱惑。

说起南横街东西两头的周家兄弟，想起了小时候我家住的西打磨厂街中央的南深沟的路口，也有一位卖烀白薯的。只是，他兼卖小枣豆儿年糕，一个摊子花开两枝，一口大锅的余火，让他的年糕总是冒着腾腾的热气。无论买他的烀白薯还是年糕，他都给你一个薄薄的苇叶子托着，那苇叶让你想起久违的田间，让你感到再不起眼的北京小吃，也有着浓郁的乡土气。

长大以后，我在书中读到这样一句民谣：年糕十里地，白薯一溜屁。说的是年糕解饱，顶时候，白薯不顶时候，肚子容易饿。每读至此，我便会忍不住想起南深沟口那个既卖年糕又卖白薯的摊子。他倒是有先见之明，将这两样东西中和在了一起。

懂行的老北京人，最爱吃锅底的烀白薯，是烀白薯的上品。那样的白薯因锅底的水烧干让白薯皮也被烧糊，便像熬糖一样，把白薯肉里面的糖分也熬了出来，其肉不仅烂如泥，也甜如蜜，常常会在白薯皮上挂一层黏糊糊的糖稀，结着嘎巴儿，吃起来，是一锅白薯里都没有的味道，可以说是一锅白薯里浓缩的精华。一般一锅白薯里就那么几块，便常有好这一口的人站在寒风中，程门立雪般专门等候着，一直等到一锅白薯卖到了尾声，那几块锅底的白薯终于水落石出般出现为止。民国有竹枝词专门咏叹："应知味美惟锅底，饱啖残余未算冤。"

这时候，老北京大街上，能和卖烤白薯和煮白薯对峙的，是卖糖炒栗子的。有意思的是，卖烤白薯和煮白薯的，一般是在白天，而卖糖炒栗子的，却在晚上。《都门琐记》里说："每将晚，则出巨锅，临街以糖炒之。"《燕京杂记》里说："每日落上灯时，市上炒栗，火光相接，然必营灶门外，致碍车马。"那是清末民初时的情景了，巨锅临街而火光相接，乃至妨碍交通，想必很是壮观。而且，一街栗子飘香，是这时节最热烈而浓郁的香气了。如今的北京，虽然不再是巨锅临街，火光相接，已经改成电火炉，但糖炒栗子香飘满街的情景，依然还在。

## 二

在老北京的冬天，卖糖葫芦的，也永远是一景。糖葫芦品种很多，老北京最传统的糖葫芦，是用山里红穿起来的那种。山里红，又叫红果和山楂。北京人叫做山里红，地道的老北京人要是叫，得把山里红中的"里"字叫成"拉"的音，而且还得稍稍带点儿拐弯儿。北京西北两面靠山，自己产这玩意儿。特别是到了大雪纷飞的时候，糖葫芦和雪红白相衬，让枯燥的冬天有了色彩。如今，北京也有卖糖葫芦的，但如今的北京少雪，有时候一冬天都难得见到雪花，便也就消失了这样红白相对的明艳色彩。

在我看来，山里红对于北京人最大的贡献，是做成了糖葫芦。对于山里红而言，借助于冰糖（必须是冰糖，不能是白砂糖，那样会绵软，不脆，也不亮）的外力作用，是一次链接，是一次整容，是一次华丽的转身。入冬以后，都会看到卖糖葫芦的，以前，小贩沿街走巷卖，都会扛着一支稻草垛子或麦秸耙子，把糖葫芦插在上面，像把一棵金色的圣诞树扛在背上。那时候，糖葫芦便宜，五分钱一串，属于贫民食品，别看在平常的日子里不怎么起眼，在春节期间却会攀到高峰，在庙会上，特别是在厂甸的庙会上，一下子成为主角。那劲头儿，颇像王宝强上了银幕，从一个农民工突然之间成为了明星。

在厂甸的庙会上，卖的糖葫芦品种很多，有蘸糖的，也有不蘸糖的；有成串的，也有不成串的。更多的是穿成一长串，足有四五尺长，一串被称为一"挂"。如今这样传统一挂一挂的卖的糖葫芦，只有在过年的厂甸庙会里还可以见到。民国竹枝词说："嚼来酸味喜儿童，果实点点一贯中，不论个儿偏论挂，卖时大挂喊山红。"说的就是这种大挂的山里红。春节期间逛庙会，一般的孩子都要买一挂，顶端插一面彩色的小旗，迎风招展，扛在肩头，长得比自己的身子都高出一截，永远是老北京过年壮观的风景。

清时竹枝词有道："约略酸味辨未知，便充药裹亦相宜。穿来不合牟尼数，却挂当胸红果儿。"说的是穿成珠串，圆圆一圈，挂在胸前的糖葫芦，鲜红耀眼，犹如佛珠，沾点儿佛味儿。不过，这种传统，如今几近消失。

　　过年买糖葫芦，讲究一点，会到店里买。以前，卖糖葫芦最出名的店铺，北面数东安市场里的一品斋，南面数琉璃厂的信远斋。信远斋的糖葫芦不穿成串，论个儿卖，一个个盛在盒子里，晶莹剔透，红得像玛瑙，装进小匣子里，用红丝带一扎，是过年时候送人的最好礼品。如今，这样精致的糖葫芦，也已经绝迹。

　　老北京也有把山里红做成红果儿粘的，外面裹一层霜一样的白糖，但并不多，多的是在天津。老北京吃山里红最讲究的，是把山里红放在铁锅里，加上水和糖，还有桂花，熬烂成糊状，但不能成泥，里面还得有山里红的囫囵个儿。再一点，不能熬糊，那样颜色容易变深，必得鲜红透明，如同隔帘窥浴。然后，装进瓶子里卖，叫做炒红果，也叫温。可以说，山里红经过这么一折腾，就跟在太上老君的八卦老丹炉炼就了一番一样，成了仙，成了山里红的极品。过年的时候，不仅是讲究人家的一道凉菜，也是解酒的一剂好药。即使是一般殷实人家，也要在年夜饭的大鱼大肉之外，备好这样一个节目。以前，最地道的温，是必得去信远斋买。

　　金糕，也是老北京冬天里必不可少的一种吃食。这是用山里红去核熬烂冷凝成的一种小吃，是山里红的另一种变身。为了凝固成型并色泽光亮，里面一般加了白矾，所以过不了开春。这东西以前叫做山楂糕，是下里巴人的一种小吃，后来慈禧太后好这一口，赐名为金糕，意思是金贵，不可多得。因是贡品而摇身一变成为了老北京人过年送礼匣子里的一项内容。清时很是走俏，曾专有竹枝词咏叹："南楂不与北楂同，妙制金糕属汇丰。色比胭脂甜如蜜，鲜醒消食有兼功。"

　　这里说的汇丰，指的是当时有名的汇丰斋，我小时候已经没有了，但离我家很近的鲜鱼口，另一家专卖金糕的老店泰兴号还在。就是泰兴号当年给慈禧太后进贡的山楂糕，慈禧太后为它命名金糕，还送了一块"泰兴号金糕张"的匾（泰兴号的老板姓张）。泰兴号在鲜鱼口一直挺立到20世纪50年代末，到我上中学的时候止。那时候，家里让我去那里买金糕，一般是把它切成条，拌白菜心或萝卜丝当凉菜吃。金糕一整块放在玻璃柜里，用一把细长的刀子切，上秤称好，再用一层薄薄的江米纸包好。江米纸半透明，里面的胭脂色的山楂糕朦朦胧胧，如同半隐半现的睡美人，馋得我没有回到家就已经把江米纸舔破了。

　　如今，金糕张名号旧帜重张，依然在鲜鱼口的老地方，只是转角的八角小楼变成了四角小楼，换容一般步入新时代。而且，这样的传统金糕，也已经不再，和超市里一样，卖的都是包装好的金糕条和山楂片，千篇一律的精美面孔，包装了自己，却也很容易淹没了自己。我问金糕张店里的伙计，怎么没有原来的那种现做现卖的金糕了？他告诉我因为卫生条件的限制，不能卖这种金糕了。他笑着说：在1958年大炼钢铁的大跃进年代里，主人家把熬山楂的大铜锅都献出去了，现在还上哪儿找这传统的制作工具去？

## 三

还有两种吃食，也是老北京人冬天里常见的。一种是萝卜，一种是芸豆饼。

北京，水果在冬天里少见，萝卜便成为了水果的替代品，所以一到冬天，特别是夜晚，常见卖萝卜的小贩挑着担子穿街走巷地吆喝："萝卜赛梨！萝卜赛梨！"老北京人管这叫做"萝卜挑"，一般卖心里美和卫青两种萝卜，卫青是从天津那边进来的萝卜，皮青瓤也青，瘦长得如同现在说的骨感美人。北京人一般爱吃心里美，不仅圆乎乎的像唐朝的胖美人，而且切开里面的颜色也五彩鲜亮，透着喜气，这是老北京人几辈传下来的饮食美学，没有办法。

"萝卜挑"，一般爱在晚上出没，担子上点一盏煤油灯或电火石灯。他们是专门为那些喝点小酒的人准备的酒后开胃品。朔风纷纷的胡同里，听见他们脆生生的吆喝声，就知道脆生生的萝卜来了。那是北京冬天里温暖而清亮的声音，和北风的呼啸呈混声二重唱。民国竹枝词里也有专门唱这种"萝卜挑"的："隔巷声声唤赛梨，北风深夜一灯低，购来恰值微醺后，薄刃新剖妙莫题。"

人们出门到他们的挑担前买萝卜，他们会帮你把萝卜皮削开，但不会削掉，萝卜托在手掌上，一柄萝卜刀顺着萝卜头上下挥舞，刀不刃手，萝卜皮呈一瓣瓣莲花状四散开来，然后再把里面的萝卜切成几瓣，你便可以托着萝卜回家了。如果是小孩子去买，他们可以把萝卜切成一朵花或一只鸟，让孩子们开心。萝卜在那瞬间成为了一种老北京人称之的"玩意儿"，"玩意儿"可就是现在我们所说的可以把玩的艺术品呢。

前辈作家金云臻先生曾经专门写卖萝卜的小贩给萝卜削皮，写得格外精细而传神："削皮的手法，也值得一赏。一只萝卜挑好，在头部削下一层，露出稍许心子，然后从顶部直下削皮，皮宽约一寸多，不薄不厚（薄了味辣，厚了伤肉），近根处不切断，一片片笔直连着底部。剩下净肉心，纵横劈成十六或十二条，条条挺立在内，外面未切断的皮合拢起来，完全把萝卜心包裹严密，绝无污染。拿在手中，吃时放开手，犹如一朵盛开的荷花。"

卖萝卜的不把萝卜皮削掉，是因为萝卜皮有时候比萝卜还要好吃，爆腌萝卜皮，撒点儿盐、糖和蒜末，再用烧开的花椒油和辣椒油一浇，最后点几滴香油，喷一点儿醋，又脆又香，又酸又辣，是老北京的一道物美价廉的凉菜。这是老北京人简易的泡菜，比韩国和日本的泡菜萝卜好吃多了。

芸豆饼这种吃食，没见清末民初的竹枝词里有记载，也没见《北平风物类征》一类的书里有过描述，但在我小时候的记忆里却印象颇深。那时，特别是春节前的那些天，在崇文门护城河的桥头，常常有卖这种芸豆饼的。一般都是女人，蹲在地上，摆一只竹篮，上面用布帘遮挡着，布帘下便是煮好的芸豆。我到现在也弄不清，腊月底的寒风中，她们是用什么法子，能让芸豆一直那么热乎乎的？无论什么时候买，只要打开布帘，都冒着腾腾的热气，一粒粒，个大如指甲盖，玛瑙般红灿灿的，很得我们小孩子的心。几分钱买一份，她们用干净的豆包布把芸豆包好，在芸豆上面撒点儿花椒盐，然后把豆包布拧成一个团，用双手击掌一般上下夸张地使劲一拍，就拍成了一个圆圆的芸豆饼。也许是童年的记忆总是天真而美好，也没有吃过什么好吃的东西吧，至今依然觉得寒冬里那芸豆饼的滋味无与伦比。

当然，还必须得说一种吃食。虽然，这种吃食延续至今，不像冬天的涮锅子那样被北京人认可，已经是日渐被冷落一旁了。这种吃食，便是大白菜。不过，我一直认为，尽管这涮锅子和大白菜都是老北京冬日传统的吃食，但涮锅子不属于一般穷人，而大白菜却是贫富皆宜，谁家里也少不了。

民谚说：霜降砍白菜。从霜降之后，一直到立冬，北京大街小巷，都在卖白菜，过去叫做冬储大白菜，几乎全家出动，人们推着小车，拉着平板，一车车地买回家，堆在自家屋檐下，用棉被盖着，要吃一冬，一直到青黄不接的开春。可以说，这是老北京人的看家菜。过去人们常说：萝卜白菜保平安。

清时有竹枝词说："几日清霜降，寒畦摘晚菘；一绳檐下挂，暖日晒晴冬。"这里说的晚菘，指的就是大白菜。过去人们讲究吃霜菘雪韭，是把这种家常菜美化成诗的文人的书写。《北平风物类征》一书引《都城琐记》这样解释："白菜嫩心，椒盐蒸熟，晒干，可久藏至远，所谓京冬菜也。"这里说的是储存大白菜过冬的一种方法，即晾干菜。渍酸菜也是一种方法。这是物质不发达时代里，老北京人的吃食。如今，大棚蔬菜和南方蔬菜多种多样，四季皆有，早乱了时序与节气。冬储大白菜，已经属于北京人的记忆。不过，即便全民冬储大白菜的盛景已经消失，但是，大白菜依然是新老北京人冬天里少不了的一种菜品。一些与时令节气相关的吃食，可以随时代变迁而更改，却不会完全颠覆或丧失。这不仅关乎人们的味觉记忆，更关乎民俗的传统与传承。

（2015 年 12 月 7 日大雪写毕于布鲁明顿）

# 记忆中的东方饭店

谢保杰

人们对老北京的记忆看似无形，实际上却散落在这个城市的各个角落。在记忆的河流中，那些楼房、雕塑、街衢、遗址、标志乃至片片点缀都不再仅仅是单纯的物质存在，而是蕴涵着城市变迁印迹的文化符号与历史见证。

一

建于1917年的东方饭店，坐落在原宣武区的万明路。在民国初年，这里曾经是北洋政府规划的"香厂模范新市区"，处于"宣南文化圈"的中心，前门火车站和天桥有轨电车枢纽站举目可见，在当时便成为北京最繁华热闹的地段。上海报纸曾描述："北京香厂一带，电灯照得如同白昼一般，车如流水马如龙，宛然上海风景。"在香厂新市区圆形中心广场北面，东方饭店与"新世界"娱乐场隔街相望。与中国传统的建筑风格不同，它们都是典型的削角式建筑。这也留下了当时北洋政府仿照欧美城市打造中央商务区的深刻印记。

东方饭店于1918年2月19日开业，当时京城各大报纸都在显著位置上刊登了这一消息，首任经理由宁波人邱润初担任。当时北京的高档饭店只有北京饭店（1900年）与六国饭店（1907年），只是这两家饭店都是由外资开办、外国人经营的，客源结构也以外国人为主。东方饭店则是由中国人投资经营的高档饭店，这也是中国民族资本涉足饭店的开始。因此，就东方饭店的客源来说，这里是不愿进洋饭店的达官显贵、社会名流下榻和交际的首选场所。据史料记载，饭店服务周到，设备精良，处处表现了经营者不凡的胆识与魄力。每个房间都有电话，这在今天的人们看来不值一提。但是查阅当年的报纸就可以知道，直到1918年8月，京师警察厅还在为"给内外城冲要地方派出所装电话"而筹款。即便是六国饭店，当时也只有不到一半的客房有电话。1925年上海的《晶报》曾经报道："每房间有一电话者，始创于东方饭店，今之上海已有效之者。"由此可见，东方饭店在房间安装电话方面，远远领先于"十里洋场"的上海。东方饭店有为客人服务的轿车7辆，这在当时也是了不起的事情。查北京市政资料可知，1918年北京登记的轿车数量，包括总统、总理等政府首脑和外交使团、外国商社车辆在内，总计154辆，其中民用轿车只有45辆。

1928年以前，每逢国会会议，南方诸省进京议员多在此下榻，一时门庭若市，车水马龙。饭店经营范围也一再扩大：先是承包了津浦线列车上的餐车（西餐）；又在山东济南开设了东方饭店分号。东方饭店从一建立就步入历史上的第一次辉煌。

# 二

从历史的记载，我们可以想象当时东方饭店的奢华与兴旺。当年出入东方饭店的都是民国上流社会特别是文化界人士，和饭店相关的人与事都见证着民国历史的风云。

五四新文化运动是中国现代史上的重要事件，其重要人物陈独秀、李大钊、蔡元培、胡适、鲁迅等都是东方饭店的座上宾。1919年6月11日下午，陈独秀带着亲自起草的《北京市民宣言》，约高一涵、王星拱、程演生、邓初一行四人在东方饭店晚餐。餐后陈独秀到东方饭店对面的新世界去散发传单，因衣服兜中膨满，引起暗探注意与跟踪。当晚10点，陈独秀走出新世界时，在东方饭店门口被捕。北洋政府逮捕陈独秀在全国掀起轩然大波，社会各界声援与营救也构成了五四运动的重要组成部分。

1922年8月，苏俄政府外交特使越飞一行入住东方饭店。8月18日晚，北京大学校长蔡元培率中国教育界代表李大钊、马叙伦、蒋梦麟、胡适、罗文干等人，在东方饭店举行欢迎越飞的晚宴。宴会由李大钊主持，蔡元培和越飞分别致辞。席间，气氛热烈，有说有笑。北大法学教授罗文干向生性好酒的越飞敬酒，两人豪饮12瓶啤酒不分胜负的典故，成为一时佳话。饭后，李大钊被越飞留下，两人在越飞的房间就中国革命问题做了彻夜长谈。

在东方饭店的历史上，还发生了一件轰动全国的事件，这就是"议长大闹东方饭店"。1923年3月10日，时任中华民国参议院议长的吴景濂及随从住进东方饭店。晚上打麻将时，要求东方饭店垫付50元大洋作为陪同打牌小姐的赏钱。遭到婉拒后，吴景濂指使随从殴打店员，砸毁房间设施，还口出狂言要查封饭店。吴景濂乃民国政界炙手可热之人物，从民国元年起四次出任国会议长。大闹东方饭店时，巡警就在现场却不敢相问。吴景濂的恶劣行径引起饭店员工的极大愤慨。在股东会的支持下，饭店经理邱润初不向权贵低头，通过媒体大造舆论，揭露事实真相。京沪两地报纸连续发表文章，主张正义。东方饭店获得舆论与民众的支持，结果导致60多名议员联名对吴景濂提出惩戒案。在强大的社会声势面前，吴景濂不得不赔礼道歉，并赔偿经济损失。这是东方饭店历史上很有光彩的一笔，也见证了民国社会舆论力量的成长。

许多人都知道北伐战争，却很少知道宣布北伐战争胜利的中外记者招待会就是在东方饭店召开的。1928年5月，北伐军的四个集团军逼近京津。北洋政府最后一位执政者张作霖于6月初仓皇离京，后被日本人炸死于皇姑屯。第三集团军前敌总指挥白崇禧星夜兼程，赶在其他集团军之前，于6月10日到达京城，将行辕设在东方饭店。6月11日上午9时，白崇禧在东方饭店举行英美记者招待会，向全世界宣布了北伐战争胜利、北洋政府垮台的消息。当天下午，白崇禧又在东方饭店召开了国内记者招待会，进一步就国内和平问题谈了自己的看法。

1937年初，日本人兵临城下。北平上层人物纷纷出逃，外界与北平来往也几乎断绝，东方饭店客源锐减，饭店经理邱润初被迫将饭店卖给日本人。北平沦陷后，东方饭店一度成为日军"南城宣抚处"驻地。抗战胜利后，国民党政权接管北平，东方饭店被征用为国民党中央政府资源委员会驻北平办事处。

## 三

新中国成立后，东方饭店改为政府招待所，进入了内部接待服务的特殊历史阶段。就饭店建筑来说，由于年久失修，东楼与南楼已成危房。在50年代初，北京市政府对饭店进行了历史上第一次大规模的改造与装修。除1918年建的西楼完全保留外，其余建筑拆除后按照原有风格和规模重建。在接待服务方面，东方饭店多次接待外国援华专家以及党和国家重要会议代表。特别值得一提的是，许多文艺界的名人经常下榻东方饭店，在这里发生的故事都是共和国文艺的重要事件。

中华人民共和国成立十周年前夕，傅抱石、关山月两位画家接到上级任务，赴京绘制人民大会堂迎宾厅巨幅国画"江山如此多娇"。国画的题目是周恩来总理定的，取毛泽东词《沁园春·雪》的意境。两位画家入住东方饭店并把二楼会议大厅作为工作室，开始工作。在创作期间，周恩来、陈毅、郭沫若、齐燕铭等人经常来饭店指导工作，并帮助两位画家确定了具体的创作思路。经过三个月的埋头创作，终于完成这幅宽9米，高5.5米，面积达50多平方米的巨幅大画。装裱以后，毛泽东闻讯亲作"江山如此多娇"画题。这幅具有历史意义与艺术价值的巨幅山水画由二十多个工人从万明路的东方饭店抬至人民大会堂，悬挂于迎宾厅。傅抱石、关山月两位画家为感谢东方饭店周到的服务，又再次联手精心创作大型梅花图一幅相赠。这幅梅花图已成为东方饭店的镇店之宝，今天依然悬挂于饭店主楼二楼贵宾厅。梅花图画面左下题字为："一九五九年七月，我们在此为人民大会堂进行'江山如此多娇'国画的创作。三个月来，厚承全体工作同志的关怀与帮助，特奉此帧以留纪念。东方饭店惠存。关山月、傅抱石并记"。

"革命样板戏"是"文革"的重要标志，许多经历过"文革"的人都在60年代的时候演唱过样板戏。1967年3月，江青为树立自己"文革旗手"的地位，从上海、山东等地调京剧《智取威虎山》《海港》《奇袭白虎团》三剧组进京，与北京京剧《沙家浜》《红灯记》，舞剧《红色娘子军》《白毛女》，交响乐《沙家浜》共八剧组，在京演出。江青带领文化部负责人于会咏、各剧组负责人和头牌演员住进东方饭店。在这里，他们按照"以阶级斗争为纲"的原则，对这些作品进行改编、调整、排练等后期工作。经过三个月的推敲锤炼，终于定型，并于6月10日对外公演。当时《人民日报》发表社论："这次会演是革命文艺史上的一件大事……为无产阶级革命文艺树立了光辉的典范。""革命样板戏"从此风行全国。

"文革"后，中国著名表演艺术家赵丹多次入住东方饭店。1980年春天，赵丹因病住进北京医院。到了夏天，赵丹得知自己患上胰腺癌后，索性出院住进了东方饭店。在东方饭店的两个月里，他回顾自己的艺术生涯，对中国文艺界的发展作了深入地思考。在离开人世之前，他曾把中央分管意识形态工作的胡乔木请到病房，就"党对文艺的领导"作了一次长谈。在胡乔木的支持下，赵丹的临终谏言以《管得太具体，文艺没希望》为题发表在10月8日的《人民日报》上，这就是著名的"赵丹遗言"。文章发表以后，在文艺界引起巨大反响。许多文艺界人士纷纷表示支持，认为赵丹说出了很多人想说而说不出来的心里话。

## 四

时光变迁，岁月传承，这座将近百年的民国老饭店经历了太多的风雨，也融入了太多的历史记忆。这是东方饭店一笔无形的资产。如今东方饭店已成为中国首家民国文化主题的现代酒店。走进东方饭店，仿佛走进苍茫的民国历史中。在这里，有形的建筑与无形的文化在人们怀旧的情怀下复原为鲜活的历史时空。主楼大厅悬挂着5幅油画，讲述着民国时期在此发生的历史故事，这是东方饭店辉煌的过往。大厅一侧的展示柜里陈列着饭店当年开业时用的银盘、老式电话机、停电时用的马灯、用餐时摇的铃铛，还有美国老式收音机、中国早期的华生电扇、美国16毫米的电影放映机等等。1918年的老楼客房全部改为名人间，曾经在此下榻过的名人如陈独秀、胡适、李大钊、鲁迅、郭沫若等被命名为套间的名字，每间房的布置与摆设都采用民国时期的风格。"老房子咖啡厅"也被恢复为原初的样式与风味。除了这些民国建筑与陈设外，咖啡厅留声机里播放的一张张老唱片，电影厅上映的一部部民国时期的老电影，还有餐桌上一盘盘美味可口的民国菜肴，都散发着民国的气息，让客人在怀旧的情怀中，全方位地体验民国的生活方式。

# 北京老饭庄的前世今生

肖复兴

## 一

中国有句古语："民以食为天"，把吃饭的重要性和天放在一起。在中国人看来，天即是至高无上的神，主宰世界万物。将形而上的天和形而下的吃连在一起，饭庄在这两者之间的位置和作用，显得很特别。在北京这样一座古都，饭庄繁华和密集的程度以及菜品味道的丰富程度，是世界一些大都市无法比拟的。更重要的，北京饭庄的历史很悠久，更在世界少有。论其渊源，可以上溯到金朝。

800多年前，金海陵王1153年定北京为中都之后，便开始有了饭庄。那时候叫酒楼。这在《东京梦华录》一书里有记载。元明两代，北京的酒楼正经火红过一段，《马可·波罗游记》中有过描述。到了清朝，尤其到了清朝中叶以后，北京的饭庄愈发兴旺起来。清末民初，可以说是北京饭庄的鼎盛时期。

那么，就先讲讲北京饭庄的历史。为什么到了清末民初，北京饭庄发展到了一个高峰阶段呢？原因大致有这样几个方面：

一是金元两代，少数民族进入北京，他们曾和西域外国人打交道，带进很多和原来不一样的食材（比如黏米黏面，西红柿又叫番茄），特别是调味品（比如胡椒，这里的"胡"和"西"、"番"字都说明其外国的属性），使得做饭的材料丰富起来。这是饭庄的根基，否则就会是无源之水，无本之木。

二是明朝皇帝朱棣自永乐元年（1403年）从南京迁入北京，带来了南北人口的大流动。很多官员、百姓、各种匠人一起随皇帝来到北京，其中包括饭庄的老板和厨师，使得北京饭庄南北汇通，菜品特色兼收并蓄，愈加多样，成为了南北各种菜系的集大成的地方。

三是明朝资本主义萌芽在北京渐渐明显，市场经济打破了农业社会固有的方式，使得饭庄的经营如鱼得水，有了发展良好的客观条件和空间。特别是到清朝末年，变法于朝廷内外交错进行，八国联军打进北京城，国门大开，西洋之风吹进。人们的胃和舌尖的敏感，总是先于思想和行动的。这无形中使得饭庄中西并举。北京的西餐馆就是在那时候建立的。1905年，北京第一家西餐馆六国饭店，在中御河桥东开张（这个地方现在还在，就在前门东侧半公里）。此外，清朝灭亡前后，大量皇宫内御膳房的厨子流出宫外，无形中使得宫廷菜和民间有了一次大融合，叫做旧时王谢堂前燕，飞入寻常百姓家。

这样几个原因的累次叠加，使得北京饭庄有了得天独厚的发展。

# 二

这时候北京饭庄的分类，名堂很多，差别也很大。吃饭，到了北京人那里，学问大了去了。

北京的饭庄有约定俗成的规矩。叫堂的最大，所谓堂，是既可办宴会，又可以唱堂会，饭庄里不仅有桌椅，还有舞台和空场，很是气派。因为最早的堂都是京师官吏大型公宴或是小型私宴的地方，所以一般都在皇城周围，靠近王府官邸。比如金鱼胡同的隆福堂、东皇城根的聚宝堂、打磨厂的福寿堂、大栅栏的衍庆堂、北孝顺胡同的燕喜堂（衍、燕都是与"宴"谐音，均为宴请之意），无一不是如此。

比堂略小的才叫庄，也叫楼。北京以前有八大楼之说，八大楼包括东安门的东兴楼、王府井的安福楼、煤市街的致美楼和泰丰楼、菜市口的鸿兴楼、和平门的春华楼、肉食胡同的华北楼和新丰楼。

再次之的叫居。它们与堂很大的区别在于只办宴席，不办堂会，是一般官员或进京赶考秀才落脚之地。清末民初号称北京八大居即是如此。八大居包括：前门外的福兴居、万兴居、同兴居、东兴居，大栅栏的万福居，菜市口北半截胡同的广和居，西单的同和居，西四的沙锅居。其中福兴居的鸡丝面颇有名，光绪皇帝每次逛八大胡同（老北京的红灯区），必去那里吃鸡丝面。沙锅居做出的白肉有66样品种，地小人多，只卖半天座，过去老北京有句俗语："沙锅居的幌子，过午不候"，说的就是它的兴隆。

比居再小的就是馆了，所以，在北京凡是叫饭馆的，都是一般的大众饭馆。

北京城还有一些叫斋的饭馆，所谓斋是原来的点心铺，进而升格晋级办成的饭庄。论档次和规模是逊于堂、居、楼的。过去北京有名的致美斋是一家老店，同治年间开办的。梁实秋在北京时常去，还专门为它写过文章。致美斋的一鱼四吃和萝卜丝饼，最享盛名。鱼是在院子里鱼缸里的活鱼，你选中哪一条当场摔死去做，萝卜丝饼则属于点心，是它以前开点心铺时的保留节目了。

这里有两个问题需要说一下。

一是饭庄（包括堂）有冷饭庄和热饭庄之分。所谓冷饭庄，平日不卖座，只应承大型官宴和红白喜事。凡是冷饭庄，里边必有舞台，可以唱戏，所以办堂会要找这样的地方。冷饭庄是需要连吃带喝，外加可以听戏的。所以，冷饭庄都是在很大很气派的四合院里，而且是三进院带抄手走廊的四合院。前面介绍的福寿堂，在20世纪40年代就不办了，但那个地方现在还在，就在我小时候住过的打磨厂那条街上。前几年我还专门去过那里一次，虽然已经变成了大杂院，但昔日风格犹存，尤其是以前唱戏的舞台的样子还在。过去老北京有句谚语，叫做"头戴马聚源，身穿瑞蚨祥，脚登内联升"，说的是大栅栏的布店瑞蚨祥的孟家，帽店马聚源的马家，鞋店内联升的赵家。这三家都是腰缠万贯的人家，办堂会，请客吃饭常常到福寿堂。据说一次瑞蚨祥的孟家办酒席，将前门附近围得水泄不通，警察都来维持交通，唱戏请来的都是名角，一唱唱到第二天天亮。

二是这里所说的那样大那样有名的冷饭庄，包括前面说的八大楼八大居，为什么大多集中在前门一带？

简单讲，有这样几点原因：一是明朝将首都由南京迁到北京之后，在嘉靖三十二年（1553年），在皇城之外加修了一圈共七个城门的外城。原来的前门之外是一片郊区的田野，修了外城之后，这一片成为了城区，加速了城市的发展，自然饭庄也水涨船高跟着一起发展。二是清代律令旗人之外的官府、民宅、商号、剧院一律迁出内城，搬到前门之外的外城，商号免税三年，无疑加剧了前门外一带的经济发展。三是清末1901年北京的火车站在前门外修通，交通的便利，进一步让这一带商业发展提速。前门一带，成为了那时候的商业中心，南来北往的人，朝廷内外的人，都交叉在这里进行他们的商业活动，政治往来、私人应酬和日常生活，吃饭便是必须的，饭庄自然就会向阳花木易为春一样，在这里密集，为各种人服务。

## 三

讲一讲北京老饭庄的一些讲究。

开宴前要先上四鲜果、四干果、四蜜饯，再加八冷荤；正式开宴上头道菜一般用大海碗盛八宝果羹；然后上燕窝、鱼翅，再加上烧整猪、烤全鸭；两者之间需上中碗、大簋（带耳之盆）八味热菜；八味热菜之间需上三道点心：甜点、奶点、荤点（即饺子、春卷、烧卖之类）；最后四大汤菜、四大炒菜垫底；若是冬日加一道什锦火锅沸沸扬扬端出。

这八味热菜是重头戏，所谓八大碗，一般指的是：清汤细做的攒丝雀；肥炖清蒸糯米鸡鸭羹；去甲摘盔一寸有余的烹虾仁；苏东坡的酱油炖肉；陈眉公的栗子焖鸡；八宝烤猪；挂炉烧羊；剥皮去刺剔骨的酱糟鱼。再讲究的，正中间还要摆上对称的两大海碗，分别是参炖雏鸭和黑白鳝鱼。

当然，这只是一种说法，各大饭庄，各有高招，难以雷同，自有看家本领。菜名起的是溢彩流光，菜肴吃的是富丽堂皇。相声里有一个非常有名的段子，叫做《报菜名》，介绍了名目繁多且讲究非常的各种菜名，有兴趣的话可以找来一听。当然，这样的讲究，既说明了当时饮食文化的丰富，也说明了当时世风的奢靡。

# 四

最后讲一讲几家历史悠久老饭庄的故事，可以在品味菜肴美味的同时，品味中华饮食文化，进而品味饭庄菜品百味背后更多的人生百味。

先来说北京现存的历史最老的老饭庄，就是有名的便宜坊烤鸭店。它店铺原址在米市胡同，靠近清末戊戌变法的主将康有为曾经住过的南海会馆北面一点，旁边紧靠着一家棺材铺。经过那么多年的风雨剥蚀，这家棺材铺房檐上的雕花和刻字居然还在，所以前些年有人寻找便宜坊老店遗址，一般都会以这个棺材铺为地标，比较容易找一些。便宜坊老店也是一座二层的木制小楼，最早开办于明永乐十四年（1416年），离今年差三年整整有六百年的历史了。这家老店非常有名，据说1917年，新婚的胡适先生携夫人专程到这里吃烤鸭；第二年，1918年，李大钊请两位后来共产党的领袖赵太炎和毛泽东吃饭，也是到这里来吃的烤鸭。

便宜坊是随明朝皇帝朱棣一起从南京迁入北京的，最早只是卖熟肉的熟食店，并没有店名。南京的板鸭有名，它卖的鸭子为了适合北方人的口味，进行了改良，最后形成了它自己独到的焖炉烤鸭的制作方法。又因为卖得便宜，所以很吸引人，食客口口相传，便把它叫成了便宜坊。这个"坊"字，带有南方特点，前面讲了，北京给饭庄起名，都会叫楼、堂、居什么的，在明清两代，叫坊的，除了便宜坊没有第二家。

关于便宜坊的店名，也有另一说。说是杨继盛题写的。杨也是明朝人，是位历史上有名的忠臣。因上疏当时的大奸臣严嵩的五奸十罪，得罪了严嵩，被贬斥下朝，这一天正是明嘉靖三十三年（1554年），是便宜坊开店的三十六年之后。

　　那时候，杨住在校场口的达智桥胡同，离米市胡同很近，便郁郁不乐地走进便宜坊，借酒浇愁，吃到烤鸭，赞不绝口，一结账，非常便宜，说道："此店真便宜也！"北京的老药铺鹤年堂的一副抱柱联，就是杨所写，杨的人品书法俱佳，世间非常有名并得人心。店主人赶紧拿来笔墨，请杨书写店名，杨一挥而就，写下"便宜坊"三个大字。三年之后，杨被严嵩关进监狱严刑拷打迫害而死。杨的夫人上书皇上请求代丈夫一死，不准之后在杨死的同一天自缢而死，一样的壮烈。后人为她特意编演了一出大戏《鸣凤记》，至今还在演出。这是题外话，不多说。还接着说便宜坊，杨死后，严嵩听说杨为便宜坊题写过店名制成匾额挂在便宜坊的门前，便命老板摘匾，老板被打却至死不从，从而保下这块宝贵的匾额。当然，这都是传说，但杨继盛为便宜坊题写店名，却是确有其事，这块匾额历经五百多年的沧桑，一直保存到"文化大革命"，不幸被红卫兵砸烂。

　　说起便宜坊，就不能不说北京的另一家烤鸭店全聚德。全聚德比便宜坊要晚很多年，是在清同治十二年（1873年），在前门外的肉市胡同口开张的。这时候，便宜坊在鲜鱼口也开了店，比全聚德早十八年，是清咸丰五年（1855年）。这两家店挨得非常近，全聚德的前店和便宜坊的后厨，只有一条窄小的胡同之隔。敢在便宜坊这样的百年老店前开店，而且卖的也是烤鸭子，这等于打擂台在公开叫板，没有点儿真东西是断然不行的。两家烤鸭店明争暗斗，风波迭起，除了经营理念和方法不同之外，全聚德的烤鸭和便宜坊的烤鸭，制作的方法有了明显的区别。前面讲过，便宜坊是焖炉烤鸭，焖炉的炉火是封闭的，鸭子和火不直接接触。全聚德是明炉烤鸭，明炉的炉火是敞开的，鸭子就在火上面直接烤。焖炉出来的烤鸭，皮和肉绵软可口，鸭子本身的肉油和香味都蕴含其中。明炉出来的烤鸭，鸭子本身的油都烤了出来，滴洒在火上了，所以不那么油腻，皮也格外脆。焖炉用的是秫秸即玉米秆之类，明炉用的则是枣木桃木之类的果木，烤出的鸭子自然带一种果香。这两种烤鸭，各有千秋，但毕竟全聚德是属于后发制人，有它区别于便宜坊的真东西。所以，两家各有各的食客，用现在的话说就是拥有自己的粉丝。所以，从清朝这两家店先后在前门外开店以来，尽管竞争激烈，却是水涨船高，彼此受益，卖的鸭子都非常红火。

　　顺便说一句，便宜坊在米市胡同的老店，在第二次世界大战日本侵入北京期间就倒闭了，现在要想去便宜坊，鲜鱼口的就是它的老店了，只是店铺几经翻建，面目全非。全聚德的老店，一百多年来一直顽强屹立在那里，北京虽很多家店都叫全聚德，但正宗的老店在前门，而且，它引以为傲的是老店前脸儿的一面老墙还完整保存，匾额上"全聚德"三个大字清晰还在。私下我曾经猜想，便宜坊会不会想起自己的那块杨继盛写的老匾，为什么当年老掌柜可以冒死保护下来，后人却眼睁睁地看着它被毁？

世事沧桑，人生冷暖，命运跌宕，悲欢离合，北京老饭庄本身的味道比它们的菜肴味道还要丰富而精彩。我想，这大约应该是今天我们来讲北京老饭庄的更主要的意义所在。

# 全新政协　全新中国

——中华人民共和国诞生重要资料补遗

宗绪盛

1949年9月21日至30日，中国人民政治协商会议第一届全体会议在北京中南海怀仁堂隆重召开。这次会议，代行全国人民代表大会的职权，通过了具有临时宪法性质的《中国人民政治协商会议共同纲领》等3个重要文件，做出了关于中华人民共和国国都、国旗、国歌和纪年4个重要决议，选举了中央人民政府委员会和中国人民政治协商会议第一届全国委员会，宣告了中华人民共和国的成立。这是一个开天辟地的大事件，在中国历史上有着非同一般的划时代意义。

这次会议已经过去了一个甲子以上了，对它的重温与纪念，远不能和国庆60周年的规模相提并论。殊不知，中华人民共和国的成立，恰恰是在9月27日的政协会议上决定的，可视为新中国诞生的正式时刻。"10月1日"则是9月下旬第一届全国政协委员会第一次会议通过的向中央人民政府提出的建议案，将这一天确定为中华人民共和国"国庆纪念日"。

笔者有幸收藏到这次大会正式文件之外的一些"纸片子"，约有80余份，绝大部分都是与台盟有关的，也是我在其他书中和文章中没有见到过的。

## 会议筹备期间的三份"纸片子"

这是新政治协商会议筹备会在筹备阶段即大会正式开始前，分别于1949年8月31日和9月20日，给参加会议的团体和个人发出的一份《代电》和两份《通知》。规格为27厘米×19厘米。两份为白纸套红框，正文为竖行铅字打印，上方印有"新政治协商会议筹备会用笺"12个红字；一份为钢笔书写。

1949年6月15日至19日，新政协筹备会在北平正式成立，召开第一次全体会议，会后经过3个月的紧张筹备，9月17日筹委会召开第二次全体会议，决定将"新的政治协商会议"定名为"中国人民政治协商会议"；9月20日筹备会常委会第八次会议决定，于9月21日在中南海怀仁堂召开中国人民政治协商会议第一届全体会议。上述3份文书就是在这种情况下发出的。

第一份是《会议筹备会关于台盟参加政协会议代表名单的通知》(《代电》),这是新政协筹委会1949年8月31日发给台盟谢雪红先生的。《代电》全文如下:

台湾民主自治同盟谢雪红先生:贵盟参加中国人民政治协商会议代表名单,业经本会常务委员会第四次会议协商通过。名单如下:(一)正式代表:谢雪红、杨克煌、李伟光、王天强、田富达;(二)候补代表:林铿生。以上除田富达已另行通知按期来平外,特此通知。新政治协商会议筹备会。未艳。钤印(红色):新政治协商会议筹备会。另有发文章,钢笔填写:发文第818号,代字第17号,时间:1949年8月31日。

这份名单是根据筹备会常委会第四次会议协商决定后通知各参加单位的。经协商,参加本届大会的共有45个单位,分为党派、区域、军队、团体4类,共662名代表。其中,正式代表510人,候补代表77人,特别邀请人士75人。662名代表中,中共党员代表占44%,工农和各界无党派代表占26%,各民主党派代表占30%,非中共代表总共占56%。台盟与九三学社名额一样,都是6名,是最少的;代表人数最多的是中共、民革和民盟,都是18名。从此可以看出,这次会议的参会人员的组成具有广泛的代表性,因而可以代行全国人民代表大会的职权,也最大限度地显示出中共建立联合政府的意愿。

谢雪红(1901—1970),女,台湾彰化人。她曾任中华全国民主妇女联合会中执委、中华全国民主青年联合会副主席、第一届政协委员、华东军政委员会委员、政务院政法委员会委员。后来她在"反右"中遭到"残酷斗争","文革"中遭到"无情打击",1970年11月因患肺癌在北京逝世,享年69岁。

台盟是谢雪红与其丈夫杨克煌(1908—1978)于1947年11月在香港发起组建的,谢时任台盟第一届总部理事会主席,杨为理事会秘书长。1948年5月,台盟发表《告台湾同胞书》,响应中共五一口号,同意派出代表出席政协会议,成为参加会议的14个民主党派之一。上述"通知"正是筹委会协商研究决定后给其参会团体和人员发出的"正式通知"。

第二份"纸片子"是《会议筹备会秘书处关于会议报到时间等事项的通知》,这是1949年9月1日新政协会议筹备会秘书处发给杨克煌代表的。钢笔竖行书写,原文如下:

中国人民政治协商会议第一届全体会议订(定)于九月六日开始报到。贵单位的报到时间规定在九月七日上午九时至十二时,下午二时至十时,届时务祈各

关于发送会议代表签到卡等事项的《通知》

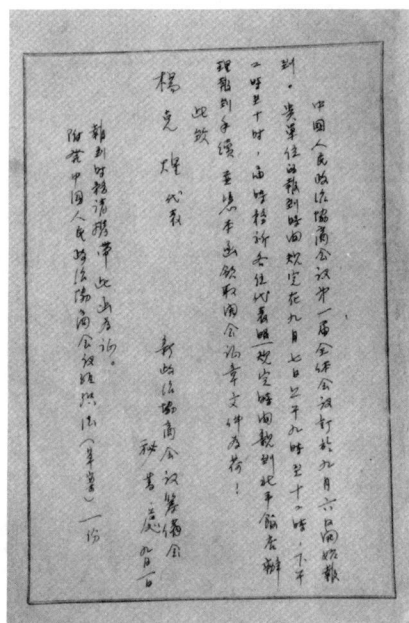

关于会议报到时间等事项的《通知》

位代表照规定时间亲到北平饭店办理报到手续，并凭本函领取开会证章文件为荷！此致，杨克煌代表。

新政治协商会议筹备会秘书处，九月一日。

附言："报到时请携带此函为证。附发中国人民政治协商会议组织法（草案）一份。"

这份《通知》是发给各参会单位联络代表的。杨克煌先生即台盟参会党派的联络代表。《通知》具体说明了报到的时间、地点、办法和领取证章等有关事项。很遗憾，笔者搜寻多年没有求到这枚证章。

据《开国盛典资料汇编》记载，根据筹委会的安排，"8月29日—31日，新政协筹备会分别正式通知各党派、各团体、各区域、人民解放军各单位及特别邀请参加人民政协会议的代表于9月10日前抵平"。

在此之前的8月28日，在邓颖超、廖梦醒的陪同下，宋庆龄于下午4时由上海抵达北平。毛泽东、朱德、周恩来、林伯渠、董必武、李济深、何香凝、沈钧儒、郭沫若等59人到车站欢迎。9月9日，湖南省军政委员会主任程潜22时抵达北平。毛泽东、朱德、周恩来、林伯渠、董必武、李济深、郭沫若等100余人前往车站迎接。规格之高，礼仪之周到，是后来所罕见的。由于当时的战争环境和国民党的百般阻挠，一些代表抵达北平的时间并非都是按时的，有的代表甚至遭到了不幸。

截至大会正式开幕前（9月21日），根据筹委会副主任周恩来的报告，662名代表，"截至本日实际到达北平的638人，未到平者24人。其中10人系经筹备会特许列名缺席，3人系缺额未补，11人可在会议期中赶到。特许列名缺席代表的杨杰将军（时为中国国民党革命委员会中央执委），不幸于本月19日在香港被国民党特务暗杀逝世"。

但所有这些，都没能阻止新政协会议的召开，没能阻挡各界精英向北京和中共的汇集。国民党的大势已去，这时已经没有人能改变这一点了。

第三份是《会议筹备会秘书处关于发送会议代表签到卡及代表席次表的通知》，这是1949年9月20日新政协筹委会秘书处发给各位代表的，使用的仍是套红专用的"新政治协商会议筹备会用笺"，竖行铅字打印。原文如下：

兹送上中国人民政治协商会议第一届全体会议代表签到卡片及代表席次表（附席次图）各一份，开会时请携带本卡片签到入场，并按照本席次表对照席次图寻找自己席位为荷，此致杨克煌代表。九月二十日。

钤印：新政治协商会议筹备会秘书处。

并注：代表证席次号码与席次表如有不一致时，以代表席次表号码为准。

钤印：新政治协商会议筹备会秘书处。

与《通知》一并发放的"签到卡及代表席次表"，笔者只藏有杨克煌先生当时的签到卡。签到卡比现今流行的名片要大一些。卡片右侧竖行印有"中国人民政治协商会议第一届全体会议代表签到卡片"蓝色字样；中间有杨克煌先生用毛笔书写的亲笔签名；左侧下方印有"席次第259号"和月、日；规格为10厘米×7厘米。

这些通知和卡片，是9月21日大会正式开幕头一天发给代表的。它既是代表身份的证明，也是一种简便易行的签到办法。之所以采取"签到卡"签到的方式，在笔者收藏的、当时发给代表们的《代表手册》中作了具体的介绍"一、每次全体会议（包括预备会、开幕式、闭幕式等），为了节省时间，代表签到，均采用卡片签到办法。二、签到卡片由秘书处印制，发给各代表。三、代表于每次莅会前在卡片上亲笔签名，于到会时交签到处以完成签到手续"。

除此之外，是否还有其他"签到簿"类的东西，就不得而知了。在笔者藏有的、1950年6月召开的中国人民政治协商会议第一届全国委员会第二次会议的《会议须知》中可以看到，会议依然采取了这种简便易行的签到办法。这些见证开天辟地时刻的"纸片子"，不知现在存世的有多少；是否在档案馆和博物馆还能见到，又是在哪一年改变了这样的签到办法，那就不得而知了。

### 全体会议期间的"纸片子"

从1949年9月21日下午7时，中国人民政治协商会议第一届全体会议在中南海怀仁堂隆重开幕，毛泽东致开幕词，到9月30日下午6时，全体代表到天安门广场参加人民英雄纪念碑奠基典礼，尔后回到会场，听取中央政府的选举结果，整个会议历时10天（其中26日、28日两天休会），共有104名代表在全体会议上发表讲话，占代表总数的1/6；代表们一致通过了《中国人民政治协商会议共同纲领》等"三大文件"和关于国都、纪年、国歌、国旗的"四个议案"；审查和通过了《中国人民政治协商会议第一届全体会议宣言》等五个代表提案；选出中国人民政治协商会议第一届全国委员会和中华人民共和国中央人民政府主席、副主席及委员；朱德最后致闭幕词，大会圆满顺利结束，在中华人民共和国历史上写下了崭新的开篇之笔。

这里，同样选取大会期间"正式文件"之外的4份"纸片子"作个补遗。

第一份是《大会秘书处关于分组讨论国旗国都纪年的通知》，这是1949年9月22日大会秘书处发给代表参加分组讨论的《通知》。使用的同样是套红专用的"中国人民政治协商会议筹备会用笺"。竖行打印，原文如下："兹定于本月二十三日上午九时，在中南海怀仁堂第四休息室举行国旗国都纪年分组讨论，召集人欧阳予倩、陈嘉庚，请准时出席，特此通知。"落款为一大红印章，竖排印有"中国人民政治协商会议第一届全体会议秘书处"字样。该小组的召集人欧阳予倩时为无党派民主人士代表，陈嘉庚为国外华侨民主人士首席代表。

与大会之前所发通知有所不同，通知的落款钤印，不再是"新政治协商会议筹备会秘书处"，而是"中国人民政治协商会议第一届全体会议秘书处"。同样是A4纸般大小、套红竖行铅字打印。从笔者收有的大会这类文书看，自9月24日开始，发文已不再使用"新政治协商会议筹备会用笺"，而改用中间印有红色"中国人民政治协商会议"会徽的"中国人民政治协商会议用笺"。会议的正式召开，标志着"筹委会用笺"使命的完结。

该《通知》讲述的，是全体大会开始后举行的第一次分组讨论。通知的当天（即22日），政协筹备会第六小组（即负责拟定国都、国旗、国徽、纪年小组，组长为马叙伦，副组长为叶剑英、沈雁冰；成员有张澜、郭沫若、陈嘉庚、马寅初、蔡畅、李立三、张奚若、廖承志、田汉、郑振铎、欧阳予倩、翦伯赞、钱三强共16人）在北京饭店召开第五次会议，对国都地点及国旗等问题进行了研究，提出初步意见，决定于23日请全体代表分组进行讨论，并指定张奚若、翦伯赞和郑振铎负责起草有关的说明。

23日上午，全体代表分为11个组对初步方案进行了热烈的讨论。据马叙伦、沈雁冰报告，经过一个月登报公开征求，截至8月20日，共收到国旗1920件、图案2992幅；国徽112件、图案900幅；国歌632件、歌词694首，社会反应非常强烈。9月24日《人民日报》、《光明日报》、《新华日报》对小组讨论情况作了报道，大多数代表同意定都北平，并改名为北京；同意采用世界大多数国家公用的纪年制度公历，不宜再用中华民国的纪年。而国旗、国歌、国徽尚无一致意见，特别是对国旗图案争论得十分激烈。会上专门印发了各式国旗图案38幅和国徽图案5幅的画册，供代表讨论参考。20世纪90年代初，笔者曾在潘家园地摊上见过这本画册，因嫌价高，失之交臂，以后再也没有见过，真是追悔莫及。

9月25日晚，毛泽东在中南海召开国旗、国徽、国歌、纪年、国都协商座谈

监票人名单（草案）

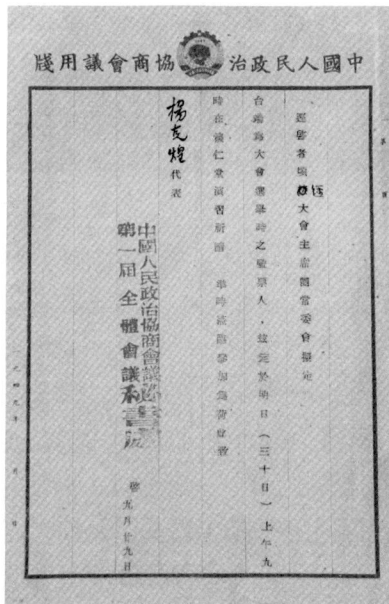

邀请杨克煌担任监票人的函

会，经过讨论，除国徽一项决定继续由原小组设计外，其他均获一致意见。9月26日，全体会议休会一天，"国旗、国徽、国歌、国都、纪年方案审查委员会"在北京饭店举行会议，对方案进行最后审查。9月27日，举行大会全体会议，讨论和通过了国都、纪年、国歌、国旗4个议案："中华人民共和国定都于北平，自即日起，改名为北京；中华人民共和国的纪年采用公元，今年为一九四九年；在中华人民共和国的国歌未正式制定前，以《义勇军进行曲》为国歌；中华人民共和国国旗为红底五星旗，象征中国革命人民大团结"等4个决议案。这时的国名已由中共1948年五一口号中提出的"中华人民民主共和国"确定为"中华人民共和国"。

所有这一切的协商酝酿、研究讨论和决议通过，形成了一种"既有统一意志，又有个人心情舒畅的局面，给人一种完全清新的民主政治"的感觉。

第二份和第三份"纸片子"分别是《大会秘书处关于杨克煌代表担任监票人的函》和《监票人名单》，这是1949年9月29日大会秘书处发给杨克煌代表担任监票人的函。该函使用的是套红专用的"中国人民政治协商会议用笺"，竖行打印，原文如下：迳启者，顷经大会主席团常委会拟定，台端为大会选举时之监票人，兹定于明日（三十日）上午九时在怀仁堂演习，祈请准时莅临参加为荷。此致，杨克煌代表。中国人民政治协商会议第一届全体会议秘书处（钤印）启。九月二十九日。该函文字不长，内容丰富。

与上函同时发给杨克煌先生的还有一份分为20组、共计60人的监票人员名单（草案）。

9月29日，政协第一次全体会议通过了《关于选举中国人民政治协商会议全国委员会和中央人民政府委员会的规定》；大会主席团会议通过了关于《中华人民共和国中央人民政府委员会选举办法》。其中，《选举办法》规定：30日"选举当日之大会执行主席即为选举总监督，负监察、稽核及指导之全责；另设监票六十人，由主席团推选代表经全体会议同意后担任之"。从此可以看出，选举是十分严肃郑重、严格依照程序进行的。总监督须由执行主席亲自担任，负监督之总责；监票人须由大会主席团从代表中推选，并经全体会议同意；正式选举前，要组织演习，以防止出错。杨克煌先生所收到的担任监票人和进行演习的函，正是在这样的情况下发出的。

据记载，9月30日下午3点，大会全体会议进行了选举，毛泽东等180人为政协第一届全国委员会委员；毛泽东为中央人民政府主席，朱德、刘少奇、宋庆龄、李济深、张澜、高岗为副主席，陈毅等56人为委员。两个选举的完成，标志着一个新的中央政府的成立，一个新的历史时代的开始。

新的中央人民政府人员的组成，更是给人们留下了"联合政府"的深刻印象。在中央政府的6名副主席和56名委员中，只有一半中共党员，其余为民主党派和其他人士，而在不久后成立的政务院中，非中共领导人一样占了很大比例，实现了中共在五一口号中提出的建立"民主联合政府"的主张，此举获得人们的普遍赞扬。

第四份是《大会招待处关于聚餐的通知》，这是大会招待处9月30日即大会最后一天发给各位代表关于聚餐的通知。白纸竖行铅字打印，规格：19厘米×10厘米，似信封般大小。原文如下：本日（三十日）散会后请到北京饭店楼下礼堂聚餐，兹送上入席证一张，请凭入席。此致敬礼。招待处。九月三十日。

与聚餐通知一起发放的还有一张入席证，似今天名片般大小，规格为：9厘米×5.3厘米，上面书写了如下内容"入席证。第一餐厅，第五排，第259号"。聚餐通知及入席证，清楚地说明了聚餐的时间、地点和座位。从标明的"259号"座位，可以看出这两份文书是发给杨克煌先生的，其号码与杨克煌先生开会的签到卡号码是完全一样的。

参加政协大会的代表们在会议期间，吃了什么，在哪儿吃的，怎么吃的，没有见到相关史料，中国文史出版社的3大册《资料汇编》也没有这方面的内容。笔者藏有的《代表手册》，只说到签到办法、使用汽车办法、诊疗办法及扩音装置的使用办法等等，也未见到有关就餐的说明。笔者还藏有一张新政协招待处印发代表接待客人的"客饭票"，上面印有时间、地点、早中晚三餐具体享有哪一餐的印记，并特别注明："凭证开饭，过期作废"和钤有一枚"北京饭店招待所领物证章"，所有这些就是笔者所能见到的关于会议就餐的情况和见证。

聚餐通知和入席证给我们提供的信息是，大会结束后，大约晚上8点左右，在北京饭店楼下礼堂进行了聚餐。参加人员是否包括会议全体代表，聚餐通知没有具体说明，但人数肯定不少，否则不会在饭店礼堂进行。至于刚刚选出的中央政府领导人是否出席了聚餐，是否发表了热情洋溢的讲话，笔者全然没有见到这方面的记载和报道。

网上和报刊曾登载，10月1日晚7点至9点由周恩来在北京饭店主持了64桌的"开国第一宴"，除毛泽东临时有事未参加外，其他主要领导人都亲临宴会与贵宾把酒言欢。这种说法不知从何而来。笔者只是确切地知道，那时天安门广场正在进行着开国庆典的群众游行，代表们不可能同时既在天安门观礼，又在北京饭店享受国宴。

至于9月30日晚上，中共毛泽东、朱德、刘少奇、周恩来、任弼时"五大常委"在中南海怀仁堂夜摆"开国宴"并"以水代酒"的故事，更是难以让人相信。不论是30日晚上的聚餐，还是怀仁堂的那顿饭能否算是"开国第一宴"，在这些开国的重大问题上，人们希望能看到令人信服的"证据"。

另外，在《资料汇编》的"史实纪要"中，记载了9月23日晚上，毛泽东以中国共产党主席、朱德以中国人民解放军总司令的身份举行宴会，应邀参加者有：程潜、张治中、傅作义、邓宝珊、黄绍竑、李书城、刘善本等26人。应邀作陪的有：李济深、陈铭枢、蔡廷锴、蒋光鼐、周恩来、陈毅、刘伯承、粟裕、黄克诚、聂荣臻、罗瑞卿等16人。如果新的中央政府或国家领导人真的在9月30日或10月1日举行过盛大的"开国第一宴"，当时的报刊不会不有所报道，"史实纪要"中也不应不有所记载，因为这不是普普通通的一顿饭。

上述这些"纸片子"连同其他有关政协一次会议的文书，共计百十余份，这是笔者2005年7月2日，在潘家园地摊，"一堆撮"买的一麻袋"废纸"中一张张把它们挑选出来的宝贝。本文是在当年用一周时间整理后写下"提要"和"登记"的基础上著成，回忆起深夜在台灯下一张张查找登记、整理书写的情景，生出许多的感慨。

转眼60多年过去了，看着这些"纸片子"，仿佛回到了那个齐聚精英的会场，感叹历史的光辉；回到了那个激动人心的时刻，感叹历史的必然；回到了那些历史人物的身上，感叹命运的莫测；回到了那段难以忘怀的历史，感叹历史就是历史。这些"纸片子"是不应消失的，为了创造更好的今天和明天，历史更不应忘记。

# 491台 新中国的声音从这里发出

马宇晗

"历史在这里静静地沉淀,现实在这里缓缓地积聚,未来在这里稳稳地积蓄……蕴涵着生命。"

在朝阳区东南隅、双桥的正南端,有一片宁静的大院。大院里有一片红瓦黄墙白栏杆的欧式建筑群,三两个小楼成一簇,并高低不一的发射塔散落在院子里。院中高大粗壮的杨树,不远处的老式岗哨、日式烟囱以及墙面上的大字、吱吱作响的木制楼梯,都散发着浓浓的历史味道。这里就是我国最早的官方电台——国家广播电影电视总局491台。

491台兴建于军阀混战时期,当时,北洋军阀段祺瑞政府企图借助日本之势称霸全国,便于1918年2月21日,由中华民国海军与日本三井物产株式会社合资建立供海军通信用的电台,时称"中华民国大无线电台"。因位于朝阳区双桥一带,又称"双桥电台"。1923年7月该建筑群竣工,建铁塔6座、高200多米,发射机楼一座,及7座宿舍小楼。电台设备均为日本制造。整个工程耗资约五十三万二百六十七英镑,合现实华币约八百余万元。这一军用电台虽然建立起来了,但因种种原因一直搁置着,并未正式启用。直到1937年"七七事变"后,日本侵略者将军用无线电台改成中短波发射台,使这里成为了日本侵华的宣传阵地。

1945年9月抗战胜利,国民党政权接管了双桥电台,并于10月10日以"北平广播电台"为呼号开始播音。国民党因战事屡挫,无力管理国家,并存心毁坏设备,致使电台瘫痪破败。

1948年12月北平解放之际,中共中央军委三局派代表正式接管电台,标志着这个饱经战火洗礼的电台——双桥大无线电台真正回到了人民的怀抱;1949年一季度电台恢复了播出,这也是491台名称的由来。

2月1日,中央成立了管委会领导班子,接收了设在西长安街3号的北平广播电台,2月2日,北平新华广播电台开始试播。由于解放战争节节胜利,解放区日益扩大,北平新华广播电台的发射机已不能满足革命形势发展的需要,急需双桥大功率的发射机投入使用。按照上级决定，双桥台自1949年3月8日开始，首先启用10千瓦短波机以10260千周频率转播陕北新华广播电台的节目，成为当时解放区短波功率最大的电台。

1949年3月25日陕北新华广播电台改名为"北平新华广播电台"，双桥台加开中波机10千瓦功率，以850千周频率播出。播出时间由开始的每天5个小时增加到13个小时。此时，北平新华广播电台已经成为全国性的代表中共中央的广播电台。作为中央广播电台唯一的发射台——491台，如凤凰在战火中涅槃重生，并翱翔于祖国的蓝天。

1949年4月21日，为了让国民党政府在《国内和平协议草案》上签字，491台向全国反复播放了毛泽东主席、朱德总司令发布的《向全国进军的命令》。次日，反复播放了毛泽东主席撰写的《我30万大军胜利南渡长江》和《人民解放军百万大军横渡长江》两篇重要文章。4月24日，依靠491台两部发射机，北平新华广播电台播音员齐越不停地呼叫南京电台，并通知南京电台在指定时间通过广播进行对话，要求其保管好电台，遵守人民解放军宣布的约法八章。6月5日，在新政协筹备会上，借助491台的发射机，毛主席向世界宣布："中国人民将会看见，中国的命运一经操在人民自己的手里，中国就将如太阳升起在东方那样，以自己辉煌的光焰普照大地……建设起一个崭新的、强盛的、名副其实的人民共和国"。7月6日，周恩来以新政协筹备会常务委员会副主任的身份，亲临北平新华广播电台宣读了新政协筹备会各党派、各团体和各界民主人士发表的纪念"七七"抗日战争十二周年宣言。9月21日，北平新华广播电台的《新闻》节目报道了中国人民政协第一届全会在北平中南海怀仁堂隆重开幕的喜讯，随后，转播了毛泽东同志在新政协会议上的讲话录音："占人类总数四分之一的中国人从此站起来了！""我们将以一个具有高度文化的民族出现于世界！"……所有这些宣传口号、所有全国人民为之激动自豪的宣言，都发自于491台的中短波发射机。

1949年10月1日，这一天注定是个不平凡的日子，对于491台亦是如此。这一天，毛主席向世界作出的庄严宣告，通过天安门城楼上的话筒传到长安街3号的北京新华广播电台，再通过音频电缆传送到491台，利用491台的发射机将那世纪之声"中华人民共和国中央人民政府今天成立了"传送到全国、全世界。

从建台至今的60多年来，491台经历了多次投资改扩建，如今天线保护区近15平方公里，担负着国家广电总局1/4强的播出任务，播出节目有中央人民广播电台、中国国际广播电台和中央电视台的节目。覆盖全国大部分地区和东南亚、欧美等地区，先后播出过日、俄、英、法、德、意等25个语种，堪称中国"一字号"中短波发射中心。

"历史在这里静静地沉淀，现实在这里缓缓地积聚，未来在这里稳稳地积蓄……蕴涵着生命。"作为我国建台最早、功率最大、覆盖最广、功能最全的大型中短波广播发射台之一，491台已然成为新中国历史上的一座丰碑，昭示着涛涛历史奔涌向前的步伐。

# 我们尽了一份责任

—— 大高玄殿归还的前前后后

何卓新

2010年6月11日，占用大高玄殿的有关单位同故宫博物院签订了《大高玄殿移交协议书》。这标志着原本属于故宫但由于历史原因一直被有关单位管理使用60年之久的大高玄殿正式回到了故宫手中。

消息传来，作为关注大高玄殿的许多北京市政协老委员大有总算盼到了这一天的感觉。回顾大高玄殿回归的前前后后，可说是心中感慨万千。

大高玄殿（俗称"大高殿"）建于明代嘉靖二十一年（1542年），是我国唯一的明清两代皇家道观。据报道，对于这座皇家道观，令十年不上朝的嘉靖皇帝数次来这里祈求长生；雍正、乾隆皇帝都曾虔诚地在这里为大清子民祈雨。要论皇帝"出没"次数多的场所，很少能有比得上大高玄殿的。

大高玄殿与故宫宫廷建筑为一整体，布局严谨，是紫禁城的组成部分。1957年，大高玄殿被列为北京市第一批文物保护单位。1996年，又被列为全国重点文物保护单位。1956年，北京市人民政府确认故宫博物院拥有大高玄殿房产权。

从1950年起，有关单位占用大高玄殿至今，由于被占用而不能实施保护和管理，大高玄殿长期处于失修状态，火灾隐患突出，古树也受到威胁。大高玄殿的问题引起政协委员和许多知名专家的关注。20世纪末，一些有识之士就发出了"部队从大高玄殿迁出，大高玄殿向社会开放的呼声"。国务院和中央军委有关领导也为此做出过批示。但是因多种原因，腾退问题一直拖而未决，成为一个老大难问题。

北京市政协对大高玄殿的关注正是从这个时候开始的。据老委员回忆，20世纪90年代后期，九届市政协文史委在调研皇城保护问题时注意到了位于皇城核心地区的这座"养在深闺人未识"的皇家道观，希望能对它的保护和使用情况进行调研。没想到却吃了闭门羹，占用单位以"军事禁地"为名拒绝接待，考察计划遂告搁浅。后经过多方努力，在文物局的大力配合下，1999年9月大高玄殿紧闭的大门总算打开了，市政协委员第一次走进了这座略显神秘的红墙深院，一睹大高玄殿的庐山真面目。这次视察不仅让委员们大开眼界，同时也令他们极为震惊，大家没想到，这座精妙绝伦、价值独特的国之重宝，居然被用作存放汽车配件的仓库！而文物建筑和古树因长年失修、失养，被破坏的程度也让人难以置信。惊叹之余，大家忧心忡忡，准备通过提案促成大高玄殿的腾退。然而一了解，此事因超出"市权"范围，在北京市政协无法立案。提案提不成了，无奈之下，只好由文史办公室把大家的意见整理成信息，上报给有关单位。在不久后召开的全国两会期间，请本会的全国政协委员弥松颐等在全国两会上提交了提案。

北京市十届政协期间，北京历史文化名城保护工作面临的问题更加突出，矛盾更加尖锐。文史委的主任们在研究工作时看到一个现象：有些单位（包括中央机关和驻京部队）由于对北京古都风貌保护认识不足，办了一些与国务院对北京城市总体规划批复精神不符的事，比如，有的单位长期占用重要文物不腾退，有的单位在旧城内大拆大建，修建楼堂馆所，严重破坏了古都风貌。就这样，大高玄殿的问题再次摆到了我们面前。关注它，不只是为了解决一个单体文物的保护问题，还因为它在解决文物腾退方面有一定的典型性。

明知是块"硬骨头"还要不要啃？主任们表示咱们还得"啃"，还得碰，要坚定不移地把这项工作进行下去。记得十届政协期间我们做了这样几件事：

2004年全国政协副主席徐匡迪率团来北京考察历史文化名城保护，我们安排日程时既安排他们考察被市有关单位占用的文物，也把大高玄殿、孙中山逝世纪念地、柏林寺等被中央单位占用的文物安排了进去。在考察的总结会上，戚发轫、张德二、刘庆柱、周秉德等全国政协委员在发言中都对文物被占用，特别是大高玄殿被占用提出了尖锐的批评。徐副主席从全局高度发表了充满激情的讲话。他说，我们国家是一个历史悠久的文明古国，历史文化名城本身承载着中华民族漫长的历史和华夏五千年的灿烂文化。保护历史文化名城就是保护我们民族的历史、民族的文化，弘扬我们民族的精神、民族的传统。他还说，北京是世界上最伟大的历史古都之一。国外一些著名的专家称北京为"中国古代都市计划的无比杰作"、"中国古代都城的最后结晶"、"人类在地球上建造的最伟大的单体作品"。徐副主席说，保护好北京古都风貌是一项光荣而艰巨的任务。

事后我们以《抓紧解决大高玄殿、孙中山逝世纪念地等重要文物的腾退、修缮和利用问题》为题，整理上报了一份信息，引起了国务院领导和有关部门的重视。

又一年过去。2006年，市文物局在全市开展了一次文物执法检查工作，大高玄殿因为保护不力，隐患严重吃了"黄牌"。(《文物法》规定，文物是属地管理，也就是说，北京市文物局对北京地面上的文物保护负有监管、执法的责任）配合这次执法检查，市政协文史委又一次组织委员到大高玄殿考察，想再促一促文物腾退的事情。

这一次大门开启，我们一队人马都进去了。我们这一次去的都是小人物，最大的"官"也只是文史委的主任们。在占用单位的有些人眼里，这些委员只是区区小吏，无足轻重。当一些委员对大高玄殿年久失修，有的受到损坏，提出意见时，占用单位的一位工作人员说，我们保护得不错，你们没有权力说三道四。他还请出一位将军，意在压压我们。但是委员们不吃这一套。有一位委员说，将军怎么着？将军更应做表率。他还以幽默的口气回敬了一句：我们来的委员里面也有将军呢！双方争吵了起来，委员们要求这位工作人员修正刚才的话，并赔礼道歉。没想到这一次的考察竟成了一次搏击，一场辩论。有理走遍天下，无理寸步难行。这位工作人员在将军的示意下承认了错误，道了歉。尽管他的赔礼道歉有些遮遮掩掩。

在这同时，我们还起草了一份题为《中央机关和军队应在古都风貌保护方面作表率》的呼吁书，交给一位既是市政协委员又是全国政协委员的民主党派的同志，请她带到全国政协会上去作为提案提出。呼吁书中列举了一些单位在北京古都风貌保护方面存在的问题，其中包括大高玄殿的问题。在我们市政协文史委开展的几次历史文化名城保护调研中，民主党派的同志一直都是积极参与全力配合。这位民主党派的委员欣然接受了我们的郑重委托，对呼吁书进行了一番认真修改后，作为委员提案提交给了大会。

还需要一提的是，我们注意发挥新闻舆论的作用，新闻单位也积极支持我们的工作。市政协文史委每次视察，新闻单位都认真作出报道。新闻单位发出声音，扩大了政协在社会的影响，充分发挥了政协民主监督和媒体舆论监督的合力作用。

政协委员最大的权力就是说话，使用话语权。这些年来，为了保护北京这座历史文化名城，我们身为政协委员四处奔走呼号呐喊，尽了一份责任。大高玄殿问题最终能得到解决，关键还是党和政府的重视，还是占用单位从大局出发。

回顾大高玄殿回归的过程，我感到保护文物、保护历史文化名城的任务光荣而艰巨，但实在太难了。不过历史是生动的教材。中华民族历经磨难而不衰，千锤百炼而更坚强，正是有中华民族精神的支撑。保护历史文化名城就是为了不割断历史，就是弘扬中华文化，传承中华文明史。我们要站在国家的高度，民族未来的高度，贯彻落实科学发展观的高度，以强烈的责任感、使命感迎着困难去工作，去尽一份责任。

回顾大高玄殿回归的过程，我还感到提高领导干部保护历史文化名城的自觉性十分重要。历史文化名城是祖先留给我们的宝贵财富，保护这笔财富使之代代相传是我们的责任。我们不能只顾当前不顾长远，只顾局部不顾整体，只顾使用不顾保护，不能吃了祖宗的饭砸了子孙的碗。中科院院士、工程院院士、清华大学教授吴良镛提出要给城市规划和文化建设工作者补课。市政协委员在一份提案中也提出，要在干部教育中增加文物保护方面的内容。我觉得这些意见值得重视。

大高玄殿回归了，当务之急是要抓紧现状勘查工作，分析和评估存在的险情，排除险情。据有关方面提供的材料，大高玄殿至今有百年之久没进行过正儿八经的修缮。整个大高玄殿的木结构已经下沉，建筑台阶被时光磨得棱角全无，台阶中间丹陛受到破坏。红墙内违章建筑林立，电线纵横交错，大殿顶部几盏电灯垂落在空中。面对此情此景，有的记者开玩笑说，大高玄殿真有点"玄"！大高玄殿这种情况很容易引发火灾，应当尽快拆除违章，清理现场，清除火灾和因破损产生的险情，保证文物建筑及附属物的安全。还应该抓紧对文物建筑进行修缮。百年失修的文物，修缮工程量巨大，应分步骤进行。修缮应本着修旧如旧的原则，还它本来的面目。据说国家文物局要求编制大高玄殿总体保护规划，我认为应根据规划统筹环境整治、维修及使用、开放等问题，把大高玄殿保护好、修缮好、使用好。

衷心希望一个原汁原味的大高玄殿早日出现在人们面前！

衷心希望，大高玄殿的回归能促进北京市其他文物的腾退。大高玄殿回归这么困难的问题都能解决，还有什么别的腾退问题不能解决呢？！

第二辑

寻思：从元大都时起说北京

# 回首最忆是宣南

肖复兴

今年是辛亥革命百年纪念的日子。对于中国人民，辛亥革命的意义非同寻常，它推翻了几千年来顽固却也腐朽透顶的封建统治，终结了一个老迈龙钟的帝国王朝，开创了中国历史的新纪元。辛亥革命的领袖孙中山先生所倡导的民主与共和的理想，100年来一直如火炬燃烧在中国人的心中，至今依然存有强烈的现实意义。

应该说，广州起义是辛亥革命的前奏，武昌起义是辛亥革命的正式开端，南方成为了革命的发源地以及和清政府直接开火的战场，北京离着如火如荼的革命的南方似乎有些遥远。其实，辛亥革命的足迹，刻印在北京城是十分明显的。不要说清政府就是在北京倒台，黯然离开了故宫，轰隆隆坍塌了一个王朝，就是围绕着革命前后那些政治斗争，明里暗里，朝野内外，你死我活，重心点和漩涡，也都是发生在北京。可以说，北京是辛亥革命的文化与思想的重地，特别是北京的宣南地区，其由清末以来历史所形成的原因，成为那个风云变幻时代的北京城的文化中心，影响甚至左右着革命的进程。

尤其是戊戌变法失败以后，六君子在菜市口被砍头，血与火的较量和教训之后，激烈命运的沉浮与沉思之中，革命的火种并没有熄灭，而是在新的积蓄和纠集中如暗流汹涌。在新旧两派，即康有为、梁启超与孙中山的同盟会之间的交融、碰撞和斗争中，为辛亥革命积蓄力量，特别是思想、文化和舆论的作用和力量，宣南地区得天独厚，其地位无可取代。

## 孙中山的北京之行

作为发生辛亥革命之前与孙中山思想密切交往，相互影响和借力、彼此呼应和斗争的康梁一党，他们所住几乎都在宣南地区，康梁就分别住在南海会馆和新会会馆，相隔不远，为辛亥革命埋下了火种，引爆了地雷。可以说，宣南地区是辛亥革命的隐形的根据地。正是康梁领导的戊戌变法，动摇了千年统治中国的皇权思想与文化，使得中国社会的思想文化结构发生了根本性的颠覆和变化，为辛亥革命的爆发起到了先锋的作用，打下了改良未成而必须革命的思想基础。

正因为如此，在孙中山59年的革命生涯中，一共只来过北京三次，两次都是住在宣南地区，并在这里宣传革命，进行革命活动，留下过革命的足迹，这是宣南地区的骄傲。

1894年，即戊戌变法的前夕，孙中山第一次来到北京，那时候他只有25岁，血气方刚，上书李鸿章，祈望能够得到这位清朝重臣对其变法的支持，提出了"人能尽其才，物能尽其用，货能尽其流"的主张。但是，他的上书石沉大海，没有得到李鸿章的反应。李鸿章并没有对这个25岁的毛头小子看上眼，没有料到日后正是这个毛头小子率众推翻了他拼命辅佐的王朝。

此次来北京，让年轻的孙中山醒悟，对这样的改良路线不再抱任何希望。同时在京期间，他目睹的是朝廷的腐败和社会的凋敝，转变了改革社会的理念，加重了革命的决心和信念，为日后成立兴中会和同盟会奠定了思想基础。所以，孙中山第一次来北京的作用对于日后爆发的辛亥革命至关重要。而这一次他来北京就住在宣南地区的香山会馆。香山会馆成为了孙中山刻印在北京的第一个足迹，成为了辛亥革命前奏曲的第一个音符。

香山会馆如今还在，早已经改名为中山会馆，为的就是纪念孙中山。它在南横东街南的珠朝街上，这里有花园，有戏台，有水池，有游廊，有花厅，雕梁画栋，据说有13个院落，庭院深深，曾经相当气派，可以说是北京现存的最大的会馆之一。相传最早是严嵩的私人花园别墅，清末被从美国留洋回来的唐绍仪（后在袁世凯任临时大总统时期当过国务总理）买下，改建成为了带有洋味的会馆，并改名为香山会馆。因为唐绍仪和孙中山是老乡，都是广东香山人，所以第一次来北京，孙中山就住在了这里。难得的是，一百多年过去了，会馆破败凋零了许多旧物，但前院的花厅保存完好，甚至梁柱间岭南风格的花罩和彩绘还在，真的是万幸，让那个时代依然存活于今日。当年，孙中山就住在这个花厅里，并在这里召集革命志士开过会，在北京播撒下他的第一粒革命种子。这在当时"祖宗之法不可变"的思想统治之下，特别是在统治严密的朝廷的眼皮底下，进行革命的煽动，是冒着被杀头的危险的。

孙中山第二次来是18年之后，即辛亥革命成功后的第二年，1912年的8月。这种革命的成功是脆弱的，末代皇帝溥仪退位，孙中山辞去了临时大总统，老奸巨猾的袁世凯篡夺其位，为稳定政局，弥合南北动荡分裂的局面，维持自己独占王位的野心，袁世凯设下圈套，邀请孙中山和黄兴来北京。从大局出发，巩固得之不易的共和，孙中山来到北京，和袁世凯商谈。在此期间，孙中山先后5次来到湖广会馆，发表过激情洋溢的演说，因为这里有大戏台，站在上面宣传革命主张，使其民主与共和的理想，可以让更多的民众知晓，使其更加深入民心，辛亥革命并不仅仅只是剪掉了辫子，革命之路，任重道远。特别是8月25日上午第一次来湖广会馆，因是面对在京同盟会员，孙中山的演讲长达两个多小时，盛况空前，影响颇大。湖广会馆里留下了孙中山的革命足迹，至今依然回荡着他那充满理想和真情的声音。

这座建于明万历年间，重修于清嘉庆年间的湖广会馆，如今还在，保存完好，并且也在宣南地区，就在如今的两广大街位于虎坊桥的南侧。难能可贵的是，在北京城硕果仅存的几家会馆里保存着原有的大戏台，依然保持原有的风貌和情境，上演着原汁原味的京戏或昆曲，而没有为了商业的利益出卖给他人做时髦的现代演出，让我们还能够依稀品味到昔日的味道，回想当年孙中山来这里激情演讲的情景，触摸历史风云际会的影子。

以这样的心情，走在宣南地区，如果碰到类似中山会馆或湖广会馆这样依然保存昔日风光的地方，感触肯定会不一样。特别是在辛亥革命一百年的日子里，有了这样的历史遗存横亘在我们面前，历史显得一下子可触可摸，一百年的岁月便显得并不那么遥远。即使迎面扑来的是灯红酒绿高楼大厦车水马龙的现代气息，那些曾经街巷纵横老树摇曳金戈铁马青天白日旗尽情挥舞的景象早已不在，但因为还有这样硕果仅存的历史遗存，便让我们立刻还能想起昔日的风光，历史便不会如梦如烟，飘散而去。在宣南这片曾经聚集着风云激荡的土地上，我们似乎还可以和那些创造历史、为民主与共和这一理想的建立而播撒过思想与文化种子的风云人物，包括和孙中山先生邂逅相逢。

## 启迪民智的生力军

在这里，要特别说一下宣南地区的报业。在为民主与共和这一理想的建立而播撒思想与文化种子，制造革命舆论，启迪民智方面，报业是另一支生力军。尤其是宣南地区，在北京乃至全中国的地位，不仅得天独厚，而且举足轻重。

仅从1900年中国第一家白话文报纸《京话报》开始，到1919年李大钊创办的《少年中国》，我曾经粗算了一下，就有74家报刊在宣南聚集而风起云涌，其中一部分在为辛亥革命和后来的五四运动推波助澜。无论从数量还是影响力来看，这是北京乃至中国任何一个地方都无法比拟的。可以说，是和南方的报刊特别是如

《苏报》等著名报刊，起到了相互呼应引领潮流的作用。

比如，在后孙公园胡同的安徽会馆里康有为、梁启超办的《中外纪闻》，在米市胡同陈独秀、李大钊办的《每周评论》，在魏染胡同邵飘萍办的《京报》，在棉花胡同头条林白水办的《社会报》，在丞相胡同孙伏园办过的《晨报》，这几家报纸，在当时的影响最大，对于辛亥革命前后一直到二次革命，再到后来的军阀混战时期，所起到的作用最大。特别是在香炉营胡同孙中山自己还创办了《北京民国日报》，希望能够有人对此进行专门研究，补充中山先生为辛亥革命所做的身体力行的贡献。

此外，还有这样四份报纸，直接和辛亥革命相关，需要格外提出。

一份是在煤市街里马神庙胡同创办于1905年的《正宗爱国报》。它是一张鼎力支持辛亥革命的报纸，报纸的主编叫丁宝臣，回民。辛亥革命成功后，孙中山来京，北京报界举行欢迎会，即前面所说的孙中山五次到湖广会馆的第二次，就是这张报纸首次刊登了孙中山先生与大家的合影，让北京市民知道了孙中山来京的消息，扩大了革命的影响。

袁世凯称帝后，该报又连续发表文章，反对称帝，支持讨袁，惹怒了袁世凯，最后它的主编丁宝臣被袁世凯所杀，应该算是为辛亥革命而殉职。这和辛亥革命之前发生在南方的《苏报》案逮捕章炳麟和邹容，最后邹容牺牲，几乎如出一辙。在革命的年代里，握笔杆子的，要被握枪杆子的屠杀。与辛亥革命密切相关的人与事，我们不应该忘记，它是辛亥革命中流淌在宣南的血，它是宣南的骄傲。

另一份是在后铁厂胡同的《国民公报》。它是1909年创办的，在辛亥革命后袁世凯称帝复辟，是这张报纸第一个刊发文章揭露袁世凯的这一阴谋，算是很有勇气，当时影响颇大。

再有便是诞生在辛亥革命同年1911年的《国风日报》和《国民新闻》。前者办在南柳巷，后者办在西草场胡同。别看西草场胡同不起眼，《国民新闻》可是当时同盟会的机关报。1911年10月10日，武昌起义打响，敲响了清政府的丧钟，《国民新闻》要刊发武昌起义的消息，却被清政府干涉，出于害怕更多人知道这样的消息，而不许《国民新闻》刊登。《国民新闻》整整一版的空白版开天窗以示抗议。这也是我国首次开天窗抗议当局干涉新闻的举动，被称之为报纸开天窗始祖。或许，在整个辛亥革命的大潮之中，这只是一朵小小的浪花，但它当时的影响以及日后对于新闻的作用是巨大的。

我们需要记住的是，它肇始于辛亥革命爆发那一年的宣南地区一个叫做西草场胡同的地方。如今，这个地方还存在半条街，即使我们已经找不到《国民新闻》报社的遗址了，但是，我们依然可以站在这条一半是老街一半是新楼盘，依然保存着旧地名的街上，迎风怀想那已经逝去了百年的历史，会感受到即便已经面目皆非，辛亥革命的风云似乎还飘荡在这里和我们的记忆中。

走在宣南，尤其是面对大肆拆迁的地方，有时我会想，我们就这样对待这块宝地吗？那时候的宣南地区曾是多么的风云激荡。当一份份充满新时代气息的报纸，带着油墨香分散到北京城四处的时候，这里的作用才会被人们所看到。

据说，当时发行这些报纸的集散地，在南柳巷的永兴寺，这些报纸都是从这样一条不起眼的小胡同里的一座破旧的寺庙里，送到北京城的东西南北。现在想一想，那该是一种什么样的风景？文化舆论激发了人们对辛亥革命的参与和渴求，辛亥革命又激发了人们对于革命的想象和热情。

在《国民新闻》创办之前的另一张同盟会的机关报《民报》，将辛亥革命的主张，明确而简要地概括为民族、民权与民生这样被世人所熟知的三民主义。孙中山亲自写的发刊词里接着强调说：要使之"灌输于人心，而化为常识"。可以说，孙中山先生的这一殷切的期待，正是宣南地区这些为辛亥革命而劳心劳力的报纸的主旨，也是它们对孙中山先生的呼应，是为辛亥革命所做出的贡献。让民主共和的理想，灌输人心，化为常识，是百年之后的今天，我们面对辛亥革命与这些报业先驱时，在满怀景仰的同时应该思索的。

最后，写了一首打油诗，作为这篇短文的收尾，是对辛亥革命百年的感赋，也是对宣南这片土地的历史的感怀——

不觉辛亥已百年，风雨沧桑日月天。
碧血丹心魂似剑，金瓯紫塞气如烟。
从来芳草留诗简，自古英雄入史篇。
一曲共和犹自唱，回首最忆是宣南。

# 方菜晋京

赵大年

## 一

虽然北京地区3000年前就出现了城镇文明，但是作为全国政治文化中心，则是从700年前建立元大都时开始的。

这700年间北京地区发生过5次大规模的人口交流和文化交融：蒙族南下，入主中原；明王朝迁都北京；满族入关，入主中原；国民革命军北伐；解放军南下，新中国定都北京。即使在平时，在交通不便的封建时代，人员和文化的交流也很频繁，全国各地都有许多人晋京赶考，经商，谋官，议事；京都也经常派出钦差大臣，文官武将，乃至乾隆皇帝六下江南视察巡抚。新中国成立以后，尤其是进入了改革开放的新时期，这种人员和文化交流的规模就更大了。

今天，北京城区500万常住人口当中，"老北京"只占1/5；那4/5则来自全国各地，还有数以百万计的流动人口。他们都带来了什么呢？笼统地说，带来了（各地的）地方文化，优秀的文化。促使北京成为文人荟萃的文化名城。

"民以食为天"，饮食文化是中华民族大文化的重要组成部分。虽然北京没有自己的名菜、名酒、名烟、名茶，但它又得天独厚，可以博采众家之长。

目前颇有名气的涮羊肉和宫廷糕点来自满、蒙（族），北京烤鸭来自山东。历史上，北京最有名气的各大饭庄，曾经是鲁菜的一统天下。可是近年来"鲁菜大滑坡"，以致北京市旅游局提出"振兴鲁菜"的号召，这是为什么呢？

"南甜北咸"，鲁菜的最大缺点是口重，有些菜肴咸味压倒一切，不适合当代人的口味了。再就是油大，汁芡多，许多菜的颜色黑乎乎的。为什么不改善呢？原来，烹饪行业也相当保守，"名菜要名，方菜要方"——鲁菜中有许多名菜，师傅的师傅就是这样做的，进过御膳房，上过国宴，获过大奖，改动之后还算名菜吗？至于（地）方菜，为保留独特的地方风味儿，据说也不能改。

然而时代变了，人们对饮食的要求也变得挑剔起来。吃咸了怕得高血压；大油大肉怕得心血管病，女士们更怕发胖；汁芡多了不爽口；颜色也爱绿，讲究鲜亮，清淡，透明……而且川菜打进来，麻辣烫。不久又被粤菜占了上风，满街都是生猛海鲜。就连意大利馅饼，美国炸鸡，韩国烧烤，日本生鱼片和德国热狗都要占据一席之地。北京的鲁菜再也不能固步自封了。

其实，山东省的海岸线也很长，水产品很丰富，鲁菜的海味也很多。只因为历史上交通不便，鲜鱼活虾难以运输，北京鲁菜的海味（原料）菜不得不用冷冻的鱼虾，以及许多"水发干货"（燕窝、鱼翅、鱼肝、干贝、海参、鱿鱼等），不但加工费时费事，价格也很昂贵。现在，在"振兴鲁菜"的号召下，在激烈的市场竞争中，许多星级饭店率先作出规定，禁止使用冻鱼冻虾，把粤菜的"生猛海鲜"学过来嘛！既然是活鱼活虾，就不必干烧、红烧、油焖、油炸以去腥气，味道和颜色也不必那么厚重，难道"撤咸口"、"增鲜口"就不是鲁菜了？

遥想当年，山东烤鸭打进京城之后，也是在激烈的市场竞争中，经过美食家们的百般挑剔，百年挑剔，不断改善，才站住了脚，逐步发展为北京烤鸭的。这在话剧《天下第一楼》和电影《老店》中有着生动的描写。今日北京的鲁菜，大概正在经历着新时期又一轮"物竞天择"的痛苦经历吧。

"长安居，大不易"。争相晋京的地方菜，就像年年调演的地方戏，扩大发行的书报杂志一样，要在首都站住脚，恐怕都得经受市场严峻的检验啊。

二

历史上的北京人吃惯了"皇粮"，比较懒。尤其是清朝后半叶，一些八旗子弟提笼架鸟，游手好闲，只会吃喝玩乐，不懂士农工商。然而，北京毕竟是六百年帝都，七百年政治文化中心，两千年的通衢大邑，北京人懒则懒矣，却是沾了京都的光，见多识广，眼高手低。

任何事情皆可一分为二。就说吃喝玩乐吧，也有文野之分，您若能吃出学问来，就是美食家，饮食文化的提高，少不得美食家的品尝、挑剔和评价。琴棋书画皆可"玩"，您若玩出学问来，知音，深解棋理，精通书法，挥洒丹青，那就是鉴赏家和艺术家嘛。至于眼高手低，也不完全是缺点，只有眼高才有手高，如若眼低，手是高不了的。

如此这般，北京便聚集了一大批美食家、鉴赏家、艺术家。文人荟萃，自己的玩艺儿怎么样，姑且不谈；对别人的玩艺儿，外来的玩艺儿，倒是很会挑剔，横挑鼻子竖挑眼，毫不容情，又能敲打到点子上——逼迫人家不断提高。否则，外来的玩艺儿在北京是站不住脚的。

京剧就是个最好的例证。二百年前"四大徽班"晋京为乾隆皇帝祝寿，然后便留下了——这一点非常重要——使他们置身于京都观众的百年挑剔之中，获得了极大的提高。这个提高至少包含着三方面的内容：一是徽剧本身的基础较好，唱腔比较优美，"四大徽班"既然留在了北京，就要接受激烈的文化市场竞争，在表演艺术和经营上精益求精；二是京都为他们提供了开阔眼界，向其他剧种学习交流、博采众家之长的机会，譬如将北方昆曲、汉族皮黄的唱腔和剧目吸收进来，大大丰富了自己；三是在接受高水平戏迷百般挑剔的同时又培养了更多的戏迷，这些戏迷包括京都的艺术家、鉴赏家，包括平民百姓，也包括王公大臣及其眷属，乃至慈禧皇太后这位最大的戏迷（她很懂戏，我国最大的戏楼就建在颐和园内，每逢"调演"，名角荟萃，兢兢业业，一如殿试，而且赏罚分明）。戏迷对于戏剧的推动，犹如球迷对球类的发展一样，都是至关重要的。有了这些条件，才使得徽剧这个地方剧逐步发展为京剧、国剧、国粹，中华文化之瑰宝。

徽剧发展为京剧。山东烤鸭发展为北京烤鸭。他们的经验，对种种晋京之地方菜肴，风味食品，服装杂货，报纸杂志……都应该有所启发吧。

然而，目前的许多老板，店家，只图眼前红利，缺乏长远打算，更少敬业精神。君不见，满街的生猛海鲜，有几家没落下个"宰客"的骂名呢？殊不知，宰人一刀，好比砂锅捣蒜，一锤子买卖，再也别想回头客了。

广东月饼很好吃。那年中秋，许多报纸登广告，一盒售价888！更有上千元的。什么馅儿？据说是蝎子，蚂蚁，王八蛋。结果犯了众怒，连年降价。

北京茶馆、广东茶楼、上海水煎包、四川担担面……这些原本属于大众化的场所和饮食，如今也变成了高消费的玩艺儿。只是没有好好想一想，这条脱离群众的歧路你能走多久？

这些宰人拒客的老板，有的暂时也捞了一把，但是要在北京站住脚，生意长期做下去，若不改弦更张的话，大概不用两三年，很快就得卷铺盖走人。

（本文刊载于《北京观察》1996 年第 8、9 期）

# 旧京的旗人旗俗

李宝臣

清代北京，因满洲人的到来，内外城的文化氛围与习俗，发生了巨大变化。禁旅八旗守卫京师，禁卫皇宫，自成系统，形成旗人社会。顺治五年（1648年）八月发布汉人迁出内城的上谕，搬迁时限16个月。旗汉分住完成于顺治七年（1650年）初，内城的非旗人居民全部迁到外城，就是现在的崇文、宣武两门以南的旧城区域。如此表明了清统一中华定都北京的信心和保持满洲风俗与组织制度的心态。八旗按方位驻扎内城：正黄旗驻德胜门内；镶黄旗驻安定门内；正白旗驻东直门内；镶白旗驻朝阳门内；正红旗驻西直门内；镶红旗驻阜成门内；正蓝旗驻崇文门内；镶蓝旗驻宣武门内。镶黄、正白、镶白、正蓝等四旗为左翼；正黄旗、正红、镶红、镶蓝等四旗为右翼，簇拥中央的皇宫。每一旗区包括满洲、蒙古与汉军旗人。

八旗是融军政、生产、司法、宗族为一体的社会管理制度。始自清太祖努尔哈赤，完备于清太宗皇太极。入关后朝廷没有推行这一制度，始终执行以八旗制管理旗民，以郡县制管理汉人。汉人兵民分治，军队通过招募组成，号称"绿营"，就是军旗是绿色的。

明万历二十九年（1601年）努尔哈齐始建黄、白、红、蓝四旗，旗皆纯色。四十三年（1615年），增设镶黄、镶白、镶红、镶蓝四旗（镶亦作厢）。旗为纯色镶边，黄、白、蓝皆镶红边，红镶白边。清太宗时，又建八旗蒙古和八旗汉军，旗制与满洲同。三类共二十四旗。

一

旗，满语gusa，汉音译固山。最初的制度设计是300人为一牛录，设牛录额真一人，五牛录为一甲喇（队），设甲喇额真一人，五甲喇为一固山，设固山额真一人，左右梅勒额真（后改称梅勒章京）为副职。牛录作为基本组织，源于满族先世女真人以血缘和村寨为纽带的集体狩猎习惯，狩猎时的头领称为牛录额真。牛录意为大箭；额真，又作厄真，意为主。顺治十七年（1660年）牛录额改称佐领，甲喇额真改称参领，固山额真改称都统，梅勒章京改称副都统。各旗事务均由都统管理。雍正元年（1723年），设八旗都统衙门，掌满洲、蒙古、汉军八旗之政令，稽其户口，经其教养，序其官爵，简其军赋。入关前，兵丁平日劳作，战时荷戈出征，自备军械粮草。入关后，改成由兵饷支持的职业兵制。八旗军制，均以营为单位，如亲军营、前锋营、骁骑营、健锐营、步军营等常规军，与相扑营、虎枪营、火器营、神机营等特种兵。

佐领是八旗的基本行政军事单位，在每旗分设五参领不变的情况下。佐领则随着人口与投奔者增加而扩大。以镶黄旗为例，光绪年间统辖84佐领与两半分佐领，人口约13万，兵丁2.6万。其中包括顺治、康熙年间归附的俄罗斯人组建的俄罗斯佐领。

入关后，为了维护满洲习俗与骑射剽悍勇战之风，禁止旗人从事农、工、商各业，只能当兵或进衙门习事博得个一官半职。朝廷虽然特地设置了"满缺"等专门容纳旗人的职位，然而毕竟有限，对于普通旗人来说，披甲当兵是最主要的生活出路，各旗的壮丁参加兵丁挑选，俗称"挑缺"，选中则谓之"披甲"，即成为正式军人。从而挣到"钱粮"，包括银、米两项。康熙朝定制：京旗前锋、护军、领催，月饷4两，马兵月饷3两，年米皆46斛（合23石）；步兵领催月饷3两，步兵月饷1两5钱，年米皆22斛（合11石）。这是平日的"坐粮"，战时出征另加"行粮"：月银2两，月米8合3勺。饷银每月初三日发放。米除"行粮"月发以外，"坐粮"则按季发放，一年四次，或二、五、八、十一月，或三、六、九、十二月。

旗人是朝廷财政供养的族群，无论政治还是经济上的待遇都比非旗人优厚，拥有比较通畅的当兵从政的通道。但这并不等于族内所有的人都能过上衣食无忧的生活，旗人男子也非今人误解的那样生下来就享有一份钱粮，必须在十六岁注册，通过骑射满语考试方能披甲领饷。随着历史演进，旗人人口迅速增加，财政支持与兵额远远跟不上人口增速，很快旗丁成年披甲领饷越来越困难。康熙朝八旗生计问题日趋严重。雍正二年（1624年）为缓解旗人生活压力，增设"教养兵"（后改称养育兵）5120人，马兵月银3两，步兵月银2两。乾隆年间继续增加名额。到乾隆十八年（1753年），增至26200人，同时统一发放标准，一律月银1.5两。养育兵在10到16岁的旗人少年中考选，优先录取家庭生活困难者。养育兵亦有限额，每佐领不能超出本佐领实际披甲人数。养育兵制是具有福利性质的候补兵制，从而让那些丁多而"披甲"少的家庭增加挑补关饷机会。然而好景不长，随着人口继续膨胀，挑补养育兵的机会也日见艰难，因此，"赖饷而食"的旗人，不能"披甲"或当差，不免成为"不仕、不农、不工、不商、不兵、不民"之人，陷于生活困境亦在情理之中。最后，清末朝廷也无力再包揽旗人生活，不得不迁闲散旗人到关外屯种。

旗汉分住之后，内城明代形成的工商业资源一同迁出，内城更像一座兵营。茶楼酒馆等娱乐设施一概不许建立。从居民成分、流动性、生活多样性等方面看，内城远远比不上外城丰富多彩。乾隆年间分住界限松动，第二次鸦片战争以后脚步加快，但直至清亡，内城居民主体仍是旗人。据光绪三十四年（1908年）民政部统计，内城人口414528人，其中旗人223248人；外城291076人，其中旗人13523人。内城旗人仍占到多一半，从而使旗俗完整延续。旗俗与汉俗多有不同，捃摭几例，以窥一斑。

<h2 style="text-align:center">二</h2>

北京话语习惯把男子称爷。在具体使用时，存在旗人与汉人的差别。汉人冠姓，旗人冠名。譬如张姓兄弟三人，依序为大爷、二爷、三爷。作为第三者指示时可称张家几爷如何，见到本人时，平辈的往往尊称几爷，多省略姓。旗人与此不同，用名的第一个字，加上他在家中排行。近支王公皇族又不同，用名的第二个字加上排行，例如晚清民国以来的第一京剧名票爱新觉罗·溥侗，在家排行第五，人称侗五爷，而不称溥五爷。概因康熙以后诸帝子孙按照允、弘、永、绵、奕、载、溥、毓、恒、启、焘、闿、增、祺排序。同辈之人甚多，如果用表示行辈的第一个字，则不容易区分不同家庭，所以选用名的第二个字。顺治以前诸帝子孙没有设定统一行辈用字，命名比较自由，称谓从普通满洲习惯。譬如在辛酉政变中输给慈禧的肃顺系郑亲王端华之弟，行六，人称肃六而非顺六。此外，旗人家庭只要婴儿降生，即使夭折，也要排序。上述的溥侗之兄溥伦，人称伦四爷，当时都说他是道光皇帝曾长孙，也曾是同治过世后的皇位候选人之一。不禁要问，既谓之长，何以称四爷？其实，他上面还有三位哥哥，不过都夭折了，虽然行四，在存活的道光诸曾孙当中年纪最长。

宗室王公可以根据爵位笼统称王爷、贝勒爷、贝子爷、公爷。具体到某位王公，亲王、郡王由于拥有封号，在指认叙述时，一定用封号，如晚清的恭亲王奕訢称恭王或恭邸，而不用王爷，贝勒以下由于没有封号，习惯上用名的第二个字加爵位指认，如溥仪的六叔载洵、七叔载涛，皆爵秩贝勒，分别称洵贝勒、涛贝勒。溥伦、溥侗兄弟，兄为贝子，弟为镇国将军，所以又分别称伦贝子和侗将军。

所谓旗人指名为姓，今人往往理解成儿子用父亲之名为姓。这是很大的误解。旗人都有姓氏，汉译字数较多，如叶赫那拉、瓜尔佳、钮祜禄等，使用起来绕嘴不方便，不像汉姓多为一字，复姓也不过两字。因此，在日常生活中，把姓氏称为老姓，弃之不用，直接以名行世。在汉人姓名文化系统中，姓不可缺少，久而久之，旗人之名的第一个字，就被人看作姓，而发挥姓氏的功能。

当代姓名与名字的概念已经混同，古代并非如此，就一个人的身份识别符号而言，最基本的分姓、名、字、号四项。姓源于祖宗，不容更改；名是父亲赐予的，《仪礼》"丧服传"讲"子生三月，则父名之"。名包含贵贱双重意义，在使用中，只有皇上和本人的嫡亲长辈可以直呼，或用于自称，其他人绝不能当面使用。字是从名衍生出来的，《仪礼》"士冠礼"讲"冠而字之，敬其名也。君父之前称名，他人则称字也"。字从名义衍生，"义相比附"。早期男子在二十岁举行成年礼而加冠始有字。后世多在入学之际由老师赐予。号有自号、送号之分，或出于个人自拟，或由他人冠之。字与号才是社交中最经常使用的个人指认信息与当面称呼的敬语。旗人名之外，同样有字号。汉人的字号与姓相连。旗人不同，以名的第一个字，加上本人的字或号。譬如晚清重臣荣禄，正白旗满洲人，瓜尔佳氏，字仲华，号略园。以字号行世，则称荣仲华或荣略园。

旗人中的汉军较为特殊，在民族血缘上是汉人，而身份归属旗籍，享受的权利比普通汉人多。他们生活在旗人社会中，必然接受满洲习俗，但仍保持了相当的汉人文化习惯。即以姓名而言，汉姓一直保留，在社会交往中，自报家门时，见到汉人则冠姓，见到旗人就不冠姓，只称名。

汉人以家乡某县的县令为父母官。旗人以旗分佐领为父母官，从来没有称自己是什么地方人的，如果非要以地域指证，一般都笼统称长白即关外长白山。譬如两人初次见面互相自我介绍，旗人必称"某旗第几佐领，某某佐领下"。汉人则称"某省某县人"。官员致仕（退休），旗人归旗，汉人还乡。一位隶属京师八旗的官员，不管外放地方任职多少年，也无论怎样留恋其地，一旦致仕都要回到北京归旗生活。

三

旗礼是旗人带到北京的礼节，分跪安、打千、请安、打横、肃礼、达儿礼等多种形式。根据贵贱、亲疏、辈分、性别、场合分别使用。跪安是皇室礼节，普通旗人家庭不用。譬如皇帝召见大臣时，大臣必须行跪安礼，做法是先迈左腿，右腿跪在地上，收左腿，直立上身稍停片刻，随之起右腿站起来，跪下时并不叩头。打千，平辈旗人相见彼此问候，左腿稍向前迈，同时右臂向身前下垂，头微低。请安，左腿向前迈步，左手扶左膝，右腿弯屈，右臂自然下垂，眼睛平视。在实际操作中，行礼的对象不同，根据标准动作变化，所见的人越尊贵，右腿弯曲与右手下垂程度越低，直至触地。皇族之间幼见长辈，请安时右腿要跪地，双手放到左膝上。打横，俗谓"打横退步"，乃是告辞之礼。客人辞行，主人送出，到大门外，回身双手贴身垂下，横退一两步，向主人表达谢意。

女子礼与男子不同，女子请安，双手扶膝下蹲，属于肃礼。做法分三类，标准的是直立，双手扶大腿根，缓缓下蹲，然后起来，要做到上身不动，保持目光平视。女子体形年纪不同，如果较胖或上了年纪，再按标准行礼，显然有些困难，自然双手要向前扶到膝盖上，同时下蹲，保持头平视。还有一种方式，可能是受汉族妇女万福的影响，直立时，左腿稍向前迈，双手扶左腿上，同时下蹲，保持平视。京剧《四郎探母》，剧中铁镜公主向杨四郎行礼下蹲的动作就是模仿肃礼，相传当初陈德霖等人进宫为慈禧太后唱戏时，不但偷偷模仿太后的走路姿势，还有机会了解宫中的礼节动作等细节，从而运用到表演中，并且作为程式动作传给了后代。梅兰芳先生饰演铁镜公主的礼仪动作特别潇洒漂亮。

达儿礼是一种变通的女子礼节。妇女梳两把头，穿敞衣，足蹬高底鞋时，为了避免磕头时，头饰掉下造成在长辈面前失仪，故用行达儿礼替代。旗人并不是只行旗礼而不磕头。磕头是那一时代全体中国人通用的礼节。达儿礼的做法是先迈左腿，右腿跪在地上，收左腿直身，抬右手，同时头稍向右低，摸两把头的头翅。头向右微低表示磕头。现在清装剧中的女子有事没事总拿着手绢乱摆，逢人致意问安，就屈膝把绢子向脑后一甩，实在令人不可理解，可能是对达儿礼的一种超级发挥吧。

昔日北京茶馆较多，在类似的公共空间，客人之间问候究竟如何表示敬意？朱季黄先生讲过，当时的茶馆里并不流行旗礼问安，而是以打拱致意为主。进而考察，不但茶馆如此，就是在酒馆、戏园，无论旗人汉人，招呼问好也不行旗礼。一般来讲，在日常生活中，旗人见旗人行旗礼，见汉人则不行旗礼。然而在茶馆等场合，旗人之间也不行旗礼。所以要暂时放下旗俗从汉礼，源于朝廷严禁旗人到上述的娱乐场所消遣的规定。清朝诸帝不断颁布禁止旗人官兵出入茶园、戏园、酒馆。譬如乾隆二十七年（1762年），鉴于前门外戏园、酒馆迅速增加，八旗当差人前往游宴者亦复不少。命八旗大臣，步军统领衙门不时稽查，一经拿获，官员参处，兵丁责革。同时再次让都察院、巡城御史、顺天府等衙门在各戏园、酒馆门前张贴告示，禁止旗人入内。嘉庆八年（1803年），命令步军统领衙门、巡城御史在酒馆、戏园等处设岗盘查，如有改装潜往游宴者，即使是王公大臣亦不得有意隐瞒，一律上报处分。

内城少有汉人的时代也没有茶馆、酒馆、戏园等公共消闲空间。旗人若抑制不住游乐欲望，只能乔装改扮潜往外城。为了消遣娱乐，又逃避惩罚，偷偷前往的旗人必须刻意掩饰，混迹于汉人之中，免得身份暴露引起麻烦。久而久之，形成了旗人进戏园、茶馆等场所从汉礼的习惯。店主伙计也不会在明知禁令存在，而向旗人行旗礼致意，那样做无异于公开客人身份，得罪顾客耽误买卖不说，还可能引火烧身招来官府盘查惩治。就像当代网吧禁止接待未成年人一样，出于盈利目的的老板一旦决定违规操作，与网瘾少年之间必然达成默契，彼此心照不宣各取所需，谁也不会主动昭示来人的身份。第二次鸦片战争后，外国在内城开设了使馆，旗汉分住的界线越来越模糊，汉人迁居内城的逐渐增多。尤其是庚子事变以后，昔日的禁令失效，内城始开设戏园、茶馆。不过娱乐消闲环境虽然改变，但旗人仍然保持进茶馆从汉俗的习惯。毋庸讳言，晚清以后旗人的社会地位与名声愈来愈差，清亡以后，旗人为了生计与躲避歧视更需掩盖个人身份。原来为逃避制度制裁而形成的习惯，正派上用场，继续发挥遮掩功能。一般说来，弛禁以后，旗人在茶馆相遇，除非彼此十分熟悉，可能会以旗礼问候，而与其他人致意仍是打拱。

当代也许有人奇怪，茶馆怎么能与酒馆、戏园相提并论，旗人入内也需遮掩？这是出于茶馆与演艺之间密切的历史关系。传统的戏园、戏楼，大都源自茶楼、茶园。茶楼、茶园本是喝茶谈天说地之所，但是光喝茶谈天，有些人可能停留的时间很短。为了留住客人，充分利用空间资源增加收入，经营者与演艺团体一拍即合，演艺进入茶园。演艺逐人群稠密之区，乃是职业天性，一旦进入茶园，久而久之，一些大型茶园，戏剧表演变成了主业，喝茶聊天的功能反倒下降了。自从这类茶园主业发生巨变，成为戏园，直至20世纪头几十年，也没能完全丢弃旧习，变成单纯的剧场。园子里面总是特别热闹，永远有喝茶聊天的，吸烟的，吃东西的，卖东西的，随时进出的。民国初年还一度出现了飞手巾把儿的。戏园之外的茶馆，尽管主业未变，但只要具有一定规模，常与曲艺、杂耍、说唱、评书等演艺结缘。即使不伴随演艺，茶馆的清谈悠闲之风，毕竟与朝廷竭力维系的国语骑射传统格格不入。

# 四

旗人在迎娶时间上，忠实于古礼程序，皆在晚间。虽然也预备仪仗乐队，却是设而不作，并不发出响动。由于迎娶在晚间，仪仗执事以贴喜字牛角灯为主，隆重程度由使用数量上表现。清朝史籍记述迎娶队伍时，常出现"灯炬前引"之类的话，即是指此物，半透明近圆，围长二尺上下，用长约七尺一端弯出的红漆杆挑起。旗人结婚皆可使用牛角灯，在数量上，官员不得超过六对，平民不得超过四对。晚清制度松弛，贵胄豪富之家竞逐奢华，使用数量激增，从16对直到32对。

旗人贵族结婚，新娘上轿要穿婆家事先送来的旧棉袄。棉袄越旧越好，如果家里没有，找亲戚至交去借。当然，棉袄穿在夹层，外面还有色彩鲜艳的罩褂。棉袄贴心保暖，"旧"音义皆与"久"通，越旧寓意越长久。足蹬蓝布鞋。据说是为了拦婆婆眼睛，期待婚后生活不被婆婆盯住挑错。旗人家庭做姑娘的比较自由，做儿媳妇的不但辛苦，还要谨言慎行以免婆婆刁难责罚。旗人重如意。行聘当天，新娘盘腿端坐在炕上，迎亲太太到来，径直将如意放置她的怀中。

迎娶花轿一定要赶在子初之前进家门。如果过了这一时刻，行过合卺礼之后，新郎必须退出，要等到第二天晚上夫妇才可同房。如此新娘苦矣，习惯要求新娘在同房之前不能下地，只能待在炕上忍耐。所以旗人新娘上轿之前，基本上不吃喝，就是防备出现类似的尴尬局面。子初就是晚十一点，古人认为过了此刻，即将迎来第二天，由于阳气渐升，不利于阴阳平衡，所以不惜忍耐一天。

旗人迎娶只备一顶红呢大轿接新娘，新郎与四或八位迎亲老爷一律骑马前往。汉人娶亲的轿子一红两绿共三顶。红轿用来迎新娘；绿轿两顶，一顶娶亲太太乘坐，另一顶接送亲太太。新郎簪红戴花，也是骑马前往。旗人迎亲的全福太太不随新郎出发，而是提前乘车到女家，与送亲太太一起为新娘上头，回程时与送亲太太一同乘车。迎亲花轿可用八抬，不受官轿只许四抬限制。

# 清代冰嬉的盛与衰

张雅晶

## 冰嬉源起

"冰嬉"（又称"冰戏"），是清代对冰上运动的总称，主要内容有冰上竞技、表演和游乐，它源于满族习俗。关于"冰嬉"，韩丹曾撰文指出，《中国大百科全书·体育卷》和诸多体育史著作中认为"冰嬉"起于宋代的说法，可能是误信翟灏所编《通俗编》，把"水戏"误抄成"冰嬉"。其实，《宋史·礼志》和宋代各种史料中，并无"冰嬉"的记载。

清代的统治民族是满洲族，满洲族的先祖建州女真，源起于黑龙江，后几经迁移，曾栖居于长白山下的浑江流域。努尔哈赤统一女真各部并征服松花江、牡丹江、浑江等流域各民族，建立后金政权，定居今辽宁辽阳地区。

满洲族入关前的迁移居住区域是东北的林海雪原，冬季千里冰封，万里雪飘。作为以狩猎为主的民族，满洲族日常生活与冰雪紧密相关，正如任海在《中国古代体育》中所述："冬春之际，冰雪载地，凡薪米器用，皆用冰床载用，犬数十负之而行，驱以长鞭，驰数百里。遇冬日坚冰，足蹈木板，溜冰而射，其妇女尤善伏肇捕貂。"有人认为，这或许是受鄂伦春、赫哲等少数民族习俗的影响。

由于统治者大力提倡冰上活动，冰嬉活动大有发展。17世纪满族入驻辽沈地区，后金天命八年（1623年），盛京（今沈阳）附近的辽阳城毁坏，大本营迁于太子河岸（今辽宁境内）。据《满文老档》记载，天命十年正月初二日（1625年2月8日），努尔哈赤在太子河宽阔平整的天然冰场上，举行颇具规模的冰上娱乐活动——男子球赛和女子径赛大会，并在赛后于冰面大设酒席，国宴庆贺。"汗（即努尔哈赤）率众福晋，八旗诸贝勒、福晋，蒙古诸贝勒、福晋，众汉官及官员之妻，至太子河冰上，玩赏踢球之戏。诸贝勒率随侍人等观球二次之后，汗与众福晋坐于冰之中间，命于二边等距离跑之，先至者赏以金银，头等各二十两，二等各十两……跑时摔倒于冰上者，汗观之大笑。遂杀牛羊，置席于冰上。"满族入关前的这次具有开创意义的太子河冰上活动，影响深远。

另据《清语择抄》记载：后金天命年间（1616—1626年），努尔哈赤被巴尔虎特围困于墨尔根城（今嫩江城），处境危急，"时有费古烈者，所部具皆着乌拉滑子，善滑行，以炮驾爬犁，沿脑温江（今嫩江）之冰层驰往救，日行七百里。时城垂陷，满兵至，巴尔虎特尚弗知。及炮发，群疑兵自天降，围始解"。脱围后，努尔哈赤便把溜冰滑雪列入军事项目，训练八旗兵。上两书所记载的冰雪活动，还不能说是"国俗"，只能说是清代"冰嬉"的发端，为后来效法的典范。

满洲族入关后，顺治定都北京，溜冰滑雪这项活动在北京也有展开，只不过滑雪一项因北京地区练习场地所限，后来渐废，而清代八旗兵冬季进行溜冰练兵活动，直到清末从未停止。清初史料中有关"冰嬉"记载较少，顺治和康熙时期，清廷忙于平定四海，统一政权，不过每年冬月"冰嬉"作为皇帝检阅京营八旗兵军事训练和娱乐观赏相结合的冰上体育活动，还是进行的。

乾隆时期，清廷政局稳定，经济文化发展。乾隆帝十分喜爱和高度重视"冰嬉"运动。他大力弘扬"冰嬉"，宫廷举办的"冰嬉"活动也内容丰富，并逐渐发展为气势恢宏的盛典。《大清会典》中"冰嬉"由乾隆钦定成为国家典制，朝廷还专设"技勇冰鞋营"滑冰兵种，建立组织机构及规章，"冰嬉大典"为常例，每年冬在禁苑太液池举行。乾隆皇帝还御制1300余字的《冰嬉赋》，其序称"冰嬉"是"国俗"，认为"冰嬉为国制所重"。其诗注称"国俗常有冰嬉之典"。清末朱彝尊的《日下旧闻考》记载："太液池冬月表演冰嬉，习劳行赏以阅武事，而修国俗。"既为国俗，乾隆时期的宫廷"冰嬉"也迎来其历史巅峰鼎盛。

清朝中叶之后，国势日衰，军事训练冰嬉日益减少，"冰嬉大典"不能常例举行。嘉庆时期，官吏们骄奢浮逸，军事项目和体育渐衰，冰嬉的军事功能减少，沦为王公贵族的嬉戏之举。道光以后，经济转向农业，"讲武之典遂废"，"冰嬉"逐渐走向衰落。

光绪时期，鸦片战争使得清廷危机深重。光绪二十年（1894年）冬，"冰嬉"曾有过回光返照：光绪帝效仿乾隆帝举办了"冰嬉"盛典活动。光绪查阅乾隆时期冰嬉方案及图册，以乾隆帝"冰嬉"盛典为例，历时近4个小时，完整重现了全套冰嬉节目。表演者是光绪帝令宗人府、八旗各衙门挑选熟练滑冰者。据《北海景山公园志》载：在北海漪澜堂的碧照楼，慈禧太后率光绪帝之皇后及各宫嫔妃等人观看"冰嬉"，典礼之后奖励。至此后，盛极一时的"冰嬉大典"再无举行，终究成为绝响。陆岚、陆雯认为，今天中国的冰上运动是从欧美传入的，与冰嬉基本无联系。

满洲族和清代皇帝重视冰嬉之原因，可以归纳为四点：其一，民族历史。满洲族原本生活在东北多冰雪地区，骑射和滑雪、滑冰是他们生存的必要技能，满人淳朴之风，崇尚本务。其二，基本国策。推翻明王朝，努尔哈赤、皇太极是用军事手段而非其他手段。善骑射的八旗兵帮助满洲族统治者建立清王朝，"以简武事而习国俗"，延续满人骑射尚武，习武强军，以军保国。乾隆帝说明冰嬉目的"不徒供岁时娱玩也"，为使皇帝及其子孙们居安思危，避免腐败，冰嬉演武更多地表现出古代传统军事体育的性质。"冰嬉仍寓诘戎训，苑觐都怀奉朔衷。"乾隆特请外国使者和台湾高山族首领、西藏首领观冰嬉，还颇具政治、外交内涵。其三，施恩行赏。"行赏励勤资卒岁，岂徒玩景此频来。""家法国恩普，群欣度首正。"表彰官兵勤苦训练，更主要的是奖励银钱，为官兵增加收入，应过年之需，示皇恩浩荡。冰嬉当然并非仅是娱乐，不过从努尔哈赤太子河庆典到光绪北海效仿乾隆帝盛典，冰嬉的表现形式，也可以说是满洲族特有的一种宫廷娱乐。

### 清代的冰嬉大典

清代的"国俗"中，除"国语骑射"、摔跤以外，还有由乾隆帝钦定的"冰嬉"。"冰嬉"作为重要典制记载于钦定《大清会典》之中。清乾隆时期，"冰嬉"已成为完整的典章制度。"冰嬉大典"规定，冰嬉为常例，每年举行（起于何年，未详），举行"冰嬉大典"的地点就设在中海或北海，而时间则是在每年冬至后的晴好天气。"冰嬉大典"是属于清廷和皇家的活动，与百姓无关。

清廷为"冰嬉大典"建立了相应的组织管理机构并规定了训练方法。八旗还设立了专门参加"冰嬉大典"训练的营——"技勇冰鞋营"，专职兵丁称"冰鞋"，教练称"冰鞋教习"，管理机构为"冰鞋处"，长官为冰鞋大臣。每年校阅期（即十、冬、腊、正四个月），冰鞋处负责冰嬉大典的筹备工作。八旗中每旗的"冰鞋"，是从其健锐营（八营）中抽出精于滑冰技术者，每四营为一翼，设翼长。每二营设一管带，营有营总。一营辖五队，队设队长。每队辖五堆，堆设堆长。共有5000人集中训练，组成"技勇冰鞋营"。

另见《清文献通考·乐考》记载："冰戏，每岁十月咨取八旗及前锋统领、护军统领等处，每旗照定数各挑选善走冰者200名；内务府预备冰鞋、行头、弓箭、球架等项。至冬至后，驾幸流台等处，陈设冰嬉及较射天球等伎……毕，恩赏银两：头等3名，各赏银10两；二等3名，各赏银8两；三等3名，各赏银6两；

其余兵丁，各赏银4两，俱由内务府广储司支给。"由此可知，"技勇冰鞋营"人员是按技术优劣领取相应赏银，所需支出的经费如器具、服装、设备及奖金，皆由内务府提供。

至于"冰嬉"的表演项目，内容则较以往丰富。陆岚、陆雯曾撰文：主要有三种，其一，类似于今天速度滑冰的"抢等"，设起点和终点，由发令员挥旗发令或鸣炮。每次比赛取"头等、二等各一"，皇帝给予赏赐。其二，类似于今天冰球项目的"抢球"，比赛对抗性强，参赛者分为左右两队，左队穿红衣服，右队穿黄衣服，排成两行。御前侍卫充当裁判。裁判把一只皮球猛踢到赛场中央时，双方开始争抢。其三，则是冰嬉表演项目的"转龙射球"，这项运动是由八旗选派优秀的参赛者，并且其服装与所属旗相同，比赛规则是参赛者入场后排成规定的队型，盘旋曲折，远看十分美丽。然后在一个操场的一端设一球门，上悬一球叫天球，下悬一球叫地球，参赛者三人一组，一人为先导，另两人滑行紧跟，在距球门一定距离时开弓射球，射一天球射一地球，射中者有赏。在高速滑行中射箭有很大的难度。从中不难看出满族的民族本色骑射也融于冰嬉之中，充分证明了清帝一直倡导的骑射、冰嬉"习劳行赏，以简武事，而修国俗"的思想。此外还有花样滑冰、冰上杂技等活动，这些项目都有相当大的难度，参加者具有很高水平。

## 乾隆御制《冰嬉赋》

说乾隆皇帝是世界上诗作最多之人，可能不为过。乾隆自登基以来，"一切民瘼国事之大者，往往见之于诗"。他有关冰嬉的诗作，最著名的是《冰嬉赋》。尽管今人韩丹认为《冰嬉赋》绝非乾隆撰成，而是乾隆主持，若干文臣集体创作。

笔者因对冰嬉绘画作品颇有兴趣，如金昆、程志道、福隆安所画《冰嬉图》，姚文瀚所画《紫光阁赐宴图》《冰嬉图》，金廷标的《冰嬉图》，沈源的《冰嬉赋图》，张为邦等人的《冰嬉图》等，在查阅资料时，看到乾隆命宫廷画家绘制西苑太液池上的冰嬉场面，乾隆还特意撰写《冰嬉赋》，便饶有兴致地认真查阅了《钦定四库全书》中《御制文初集》卷二十四的《冰嬉赋》。读之，真可谓诗中有画，生动描述了"太液池冬月表演冰嬉"活动盛况。在这飘雪的时节，读此长篇骈赋《冰嬉赋》，别有一番滋味。

《御制冰嬉赋》刊本叙录中述："国俗旧有冰嬉，以肄武事。皇上率循旧典，爰于每岁冰坚之侯，于太液池聚八旗兵士陈之。御制冰嬉赋一篇，以叙其事。内廷诸臣恭注。乾隆十年校刊。"由此可见，这篇《冰嬉赋》是刊行于1745年。

乾隆的《冰嬉赋》，全文1300余字，前有序言，后有结束语。序文："陆行之疾者，吾知其为马；水行之疾者，吾知其为舟、为鱼。云行之疾者，吾知其为鸥鹏、雕鹗。至于冰，则向之族，莫不蹙蹙、胶滞、滑擦，而莫能施其技。国俗有冰嬉者，护膝以帯，牢鞋以韦。或底含双齿，使而齧冰人不踏焉，或薦铁如刀，使践冰而步逾疾焉，较《东坡志林》所称，更为轻利便捷。惜自古无赋者，故为赋之。"

序文伊始就显示出宏观高度，从陆地上的马，水中舟鱼，空中鸥鹏、雕鹗，到冰上满族的冰鞋以及滑冰技术，还指出苏轼之误，最后结尾说是遗憾古往无人写过冰嬉赋，所以便作此篇《冰嬉赋》。

赋文说明举办冰嬉活动是"爰答岁华，率循旧典。陈旅集众，既雷动而风行。结部整行，埒春蒐而秋狝"。意思是顺应天时年华人事，遵照满洲族传统风俗，朝廷诏令组织"技勇冰鞋营"。各旗雷厉风行编训，就如同帝王春秋季的"春蒐"和"秋狝"。

在赋文中，描述和形容比赛速度景象的词句占有很大篇幅：

"遂乃朱旗飏，捷步腾，缇衣扬，轻武蹑。耸擢布濩，隊逐趨趨，踋泄波流，鑫轶焱惊。闪如曳电，疾若奔星。蹂蹈云衢，扬挥玉京。"红旗抖动发令竞速开始，兵士冲出，衣随风而飘，上身起伏，双腿交替，相撞复起。滑行如团蜂飞翔，速滑如惊犬奔跑。兵士速度犹如云中闪光、流星行空。

"突都卢兮轻趫，迅龙骧兮麟振。"借用《西京赋》赞兵士轻捷矫健比古都卢人还强，如蛟龙振鳞腾飞。

"蠖略回翔，演泄纠纷。"滑行时身体如蠖虫起伏，进止有度，旋飞交错。

"首进者却视而小憩，继至者错履而蹴跟。"最前者回顾而放松，后者加速追赶。

"虞后来之比肩，更前往而擢身。"恐后面追上，更用力向前猛滑。

"过骥群而骏足抢捍，上扶摇而鹏翼图南。"借用《舞赋》和《逍遥游》中典故，比喻兵士速如千里骏马和大鹏鸟。

"奕六虬兮沛艾，御八风兮穆胶。"滑行姿势好似天子驾车的六匹骏马，昂首摇动，滑行快速好似风般来去无形。

赋文对冰嬉者装束和胜败者情态也有描绘："衣短后，膝蔽前。鞾齿双利，鞲刀两儇。"身穿紧衣，腿缚护膝，脚蹬长靴冰鞋。"杰者得帜，畴与比伦。遗者失态，第如遗巡。"优胜者获最高荣誉锦标，落败者神情沮丧。

　　从上文所列可以看出，乾隆不吝词赞太液池冰面和周围的美景，引据典故形容速滑很壮观，对滑行动作的描写也是十分细致。

　　接下来是对有关冰球活动的描写。先是说明这种皮革做成的球的由来，"复有革戏，其名园鞠"。汉代曾以蹴鞠来譬喻管理朝政，点出蹴鞠其政治、军事价值，"汉家有执机之譬"。乾隆认为蹴鞠相争如习武，"武由是习兮其争也君子"，孔子讲射箭礼仪所言："君子无所争，其争也君子"，对蹴鞠同样有实用意义。而乾隆"好谋而成兮如祭则受福。申明誓兮众听无哗，陈广场兮各司其局"则是说，好谋略是取胜关键。他借用"贤者之祭也，必受其福"，阐明献技也要虔敬忠信，那样自然也得受福。有关球赛宗旨原则和规定及纪律，各类人员都要遵守，各尽其职。

　　再下来写了冰床、观赏者情景、争球赛事和儒家思想中的仁、义之道。

　　冰床是冰面运物载人之交通器具。乾隆冬季所乘冰床"以黄缎为握，如轿式然，以八人推挽之"。"乃其冰床驻于琉璃之界，豹尾扈于鹭鹭之隈。千官俨立于悬圃，万队伫待乎瑶阶。历天之旗，影捎朵殿；昭云之盖，光燧趱台。殆而容与，怒若僵徊。执事者中立而不倚，争捷者有前而无回"。这说的是乾隆检阅"冰嬉"大典，其冰床停于光滑明亮的冰面上。皇帝随从则在有神岛标志的地方观看。众官围于球场周围似站立神仙居处，众兵士静待似立于殿前台阶。彩旗之影拂及殿阁，皇家红黄伞盖光映瀛台。人们神态或从容自若，或忧虑徘徊。裁判公平，赛者争夺优胜。

　　比赛非常激烈，"珠球一掷，虎旅纷来。思摘月兮广寒之窟，齐趁星兮白榆之街。未拂地兮上起，忽从空兮下回。突神龙之变化，蒸祥凤之紫鬓。鸀鹩燕居，姌嫋鸿猜。夫其伯仲分，甲乙第，并前行赏，纵后亦逮。勇者特瘥，任者均赐"。

　　球一抛出，各队争相抢夺，犹如广寒宫摘星（可视为月），白榆街追星。兵士动作迅捷巧妙，球未落地即被接而又掷起，突又从空中旋转落下。兵士如神龙多变，如彩凤、鸿雁翔飞。

　　赛后按胜负奖赏，优胜者特予表彰，没有名次及参与者也可得赏赐。值得注意的是，乾隆将《论语》中"其养民也惠，其使民也义"，运用到冰嬉的赏赐之上："普被曰仁，有差曰义。"儒家道德思想中的仁，乾隆所见，让普天下臣民受益就是仁，而合理适度就是义。冰嬉比赛分甲乙，并按甲乙差别给予赏赐，就是义的具体表现。

"则岂啻西苑饰红板之柁，温泉设锦鞍之戏而已乎！"这两句是说：像在西苑乘坐特制冰床，或在热河围猎，都非为游乐，画龙点睛地阐明此时冰嬉的重要价值，是对八旗等行赏，这是满洲族冰嬉的特殊政治、经济功能。

赋的最后是结束语："重曰：仲尼有言，射观德兮。安不忘危，旧是式兮。惟岁之宴，以休以息兮。一日之乐，匪赉曷得兮。敬告后人，无或逾则兮。"

乾隆借用"射得所以观盛德也"，借用"是故君子安而不忘危"，寓意太平思危，强调冰嬉国俗尚武祖训。同时，也强调当岁之末，要让民众休息娱乐，珍惜难得的欢乐。

乾隆的《冰嬉赋》，气势磅礴，皇皇大气。可谓上通天文下接地理，古往历史故事、神话传说，今连赛场总体描绘、单项特写，引论哲理又颇具画龙点睛的效果。有人说乾隆诗的特征是故弄高深，喜用生冷僻典，以显耀博学超群，用字典无由之字，让人颇费索解。笔者在读《冰嬉赋》时，对此也深有体会。不过，乾隆帝这篇《冰嬉赋》，无论从文采还是内容上，都是值得认真品读的上乘之作。

# 清廷的赏赐

徐定茂

从徐世昌亲笔记述下来的《韬养斋日记》中看，生平第一次"蒙恩赏"是在光绪二十八年（1902年）。他那时候的官职并不高，仅仅是为"国子监司业"，"蒙恩赏"了两匹衣料和一份茶叶。由于是"初次蒙赏"，徐世昌顿感"天恩优渥，无任感悚"。回到家里后马上"陈于祖宗堂上，以初次蒙赏敬谨供献也"。

也许是因为看了过多宫廷剧的缘故，我总以为宫廷赏赐的物品即使不是"祖母绿"，也总应该是一些价值不菲的物件，如"猫眼石"什么的。然而《韬养斋日记》里记述"蒙恩赏"的物品却很杂乱，除有第一次"蒙恩赏"的衣料、茶叶外，还有"御笔"的字画，翡翠佩件、玉如意、花瓶等玉器瓷器，墨锭、湖笔等文房四宝以及各类食品，甚至还有暑药。在食品当中，较为特殊的是"万寿山菠萝蜜果一盒"以及在颐和园河道自种的稻米，御花园里的杏，从古北口挖来的新鲜野菜，克食、塔拉、奶酪等。尤其是菠萝蜜果，为"美国所进，种于万寿山"，相对比较珍贵，只"特赏军机大臣"。

"蒙恩赏"的食品之杂，比较典型的是民国元年（1912年）初清廷逊位时徐世昌借以回河南老家省亲的名义请假一月。结果"蒙恩赏"了"白木耳一匣、燕菜一包、海米一匣、橘饼一包、酸枣糕一包、藕粉一包、普洱茶一团、火腿四肘"等一堆食品。御赏中居然还有"橘饼"和"酸枣糕"，若不是当事人的日记记载，恐怕是众多的剧作家都冥思苦想不出来的剧情细节。编不出来的剧情还有"军机处例蒙恩赏鲟鳇鱼一尾，六人各分一段"。让军机处官员们自己分一条鱼，也不知鱼头、鱼尾都应如何分配。

食品中还有一些尚不知为何物的物品。如"荤大腌白菜二"。这是徐世昌"奉旨为东三省总督兼管三省将军事务并授为钦差大臣"时"由京赏到"。十几年前我曾在九届政协会上特意向舒乙、弥松颐等几位委员讨教，后来还是曾任人民文学出版社古典文学编辑的弥老先生提出可能是指腌制的方法。也就是用肉汤来泡制，故称为"荤大腌白菜"。

日记里有一些记述的食品有别于现在的称呼。如耿饼，其实就是山东省菏泽市耿庄出产的柿饼。耿饼相传有上千年的生产历史了，早在明代就被列入进献朝廷的供品。有清热、止痢、降血压的功能，柿霜亦可治疗喉痛、口疮等症。

宫廷的赏赐除了"例赏"外，似乎也没有一定的规律。如宣统三年（1911年）的十二月，一天就"恩赏"了四次，赏赐的全部都是各类食品，也许是临近年根的缘故。民国时期，一天之内也曾"蒙恩赏腊八粥二次"。不过，也有"恩赏"的物品较少的，如牛奶一瓶、烧饼一盒、绿豆一碟。

赏赐"绿豆一碟"可能另有寓意。那一天是四月初八日，应是佛诞日的结缘豆。见《帝京景物略》载，"八日，舍豆，日结缘……僧众通过舍豆，以求得各种善缘"。

赏赐物品的配套安排，考虑的也比较全面。如立春时不仅"蒙恩赏春饼一包"，并且赏了"菜一桌"。大概是为了携带方便，同时又赏"盒子一个"。不过，也有友提示，此盒子似乎指的不是器皿而是"盒子菜"，里面配有各种熟食。盒子为金属制品，形状为方形或椭圆形，内为"井"字格，一般装有九种食品。

有时出于特殊原因，在赏赐时临时更换了物品。如"蒙恩赏灰色石青大卷八匹、丝绸二匹（本赏貂皮，因缺乏数，赏寸头）"。不过这是辛亥年间的事情了，皇家财政支出可能相对比较困难一些。

几十年来，徐世昌"蒙恩赏"的次数也比较多，就不一一评讲了。下面仅将《韬养斋日记》里记述的一些有代表性的"恩赏"，按物品种类分开列出，供大家参考。

第一类为字画条幅。如皇上御笔"龙"、"福"、"寿"字一幅，御笔楹联一副，文曰："清诗草圣俱入妙，老鹤高松不计年。"皇太后御笔画"万年富贵"一轴，御笔菱"寿"字一幅等。

第二类为玉件瓷器。比较有代表性的为三镶玉如意一柄、碧玉佩件、翡翠佩件、五彩百蝶花瓶等。

第三类为文房四宝。有春纸福方四张、福方纸四张、各色绢四十张、湖笔二十枝、朱墨八锭、乾隆御制墨二匣等。

第四类为绸缎衣料。日记中记述了蒙恩赏大卷八丝缎袍料一匹、江绸料一联、大卷实地纱褂料一卷、大卷芝麻袍料一卷、灰色大卷缎二匹等。光绪三十一年（1905年）十二月廿二日，这一天就"蒙恩赏绛色大卷宫绸袍料一匹、驼色大卷库缎一匹、石青江绸大卷褂料一匹、蓝色大卷江绸袍料一匹、貂皮六张"。

第五类为各种食品，这一类最为庞杂，在此就不一一赘述。除这些实物赏赐之外，还有"赏戏"。

另外，还有一些比较特殊的赏赠。如徐世昌在《韬养斋日记》中记载："民国七年（1918年），戊午，九月，十一日。今日蒙皇上恩赏如意一柄，'福'、'寿'字二方，江绸四卷。蒙四主位赏大缎四卷，水果、饽饽八盒。已托世太保明早进内代奏谢恩。"翌日又"蒙大清皇帝赠中华民国大总统御笔'福'、'寿'字一轴、御笔楹联一副、三镶玉如意一柄、尺头八件"。还有，民国九年（1920年）十二月廿六日，"今日蒙恩颁给御笔'福'、'寿'字一幅，大瓷盘一对。求皇上御笔为卫辉新建家祠书匾额一方，先母祠堂书匾额一方，今日由内务府派员送来"。

# 标点符号留下的悬疑

徐定茂

一百多年前发生的"戊戌政变"是一场突发事件。作为突发事件，事后是很难讲清这一系列事件究竟是如何发生的。因为事情的发生不是严格按照事先预定的计划来执行，所以不可能存有系统的档案资料。由此近一百二十年里，前后有着各种见仁见智的说法一一提了出来，可以说凡是人们能想到的可能性几乎全想到了，只不过无法证其存在的真实性罢了。

然而，所有的猜想均离不开袁世凯。这是因为康有为与梁启超制定出兵包围颐和园、谋杀荣禄、劫持太后的计划，除去后来被诛的戊戌六君子外，知情的只有袁世凯。袁知晓是谭嗣同只身夜访法华寺时透露出来的，清廷如果知道了这个计划，唯一的可能就是袁"出卖"的结果。这个由推理而得出来的结论虽无法证其"实"，却也无法辩其"伪"。

当时维新派一心想要拉住袁世凯的目的是希望袁同样在关键时刻能够"拉兄弟一把"。胡绳先生在《从鸦片战争到五四运动》（人民出版社，1981年版）里分析，"康有为知道维新运动没有武装力量支持是不行的，并且看出京畿的兵力都在慈禧太后的亲信荣禄控制下是很危险的。他设想的办法就是把荣禄部下的北洋军队分化出一部分来。在他看来，北洋三军中的袁世凯与聂士成、董福祥不同，是个通洋务、讲变法的军人……认为是可以拉到维新运动方面来的"。

就此，康有为专门特派亲信弟子徐艺郛（仁禄）前去游说。关于徐艺郛小站之行的过程有着截然不同的两种说法。一种说法是《民国历届总统》（团结出版社，1989年版）里记述的徐艺郛不仅在小站见到了袁，而且商谈甚欢："袁世凯刻意对徐仁禄大加称赞康有为，称康有'悲天悯人之心，经天纬地之才'；徐仁禄则故意挑拨袁与荣禄的关系，说康、梁屡次推荐他（袁），荣禄即从中作梗，并问袁怎么与荣禄的关系这样不融洽。袁世凯回答，以前翁同龢主张给他增兵，荣禄说汉人不能握大兵权。按翁说法，曾国藩、左宗棠也都是汉人，何尝不能握大兵权；但荣禄不同意。这体现了荣禄对他的不信任，可见袁非嫡系。徐仁禄将袁的这番表白向康有为进行了汇报，康终于对袁放了心。"这种说法的主要依据是《康南海自编年谱》。

另一种说法可见郭剑林、郭晖先生的《翰林总统徐世昌》（团结出版社，2010年版）："康有为于6月间首先派徐仁禄到天津小站去探袁世凯的虚实。徐仁禄到天津由徐世昌出面接待。王照在《方家园杂咏二十首并纪事》中写道：往小站征袁同意者，为子静（徐致靖，字子静）之侄义甫（艺郛），到小站未得见袁之面，仅由其营务处某太史（指徐世昌）传话，所征得者，模棱语耳。夫以生死成败关头，而散应以模棱语，是操纵之求，已蓄于心矣。"这种意见是说徐艺郛在小站并没有见到袁世凯，整个过程中只是由徐世昌一人接待，后者始终以模棱两可的话语来应付。徐艺郛涉世不深，仅凭肤浅、简单的对话即认为大功告成，匆匆回京报告康有为他挑拨袁世凯与荣禄关系有成，遂使维新派倚北洋军为护军，导致决策失败。

第一种说法出自康有为，但康不是当事人，此说只能出于他对徐艺郛汇报工作的理解，真实性不免需要打些折扣。

在《方家园杂咏二十首并纪事》里提出徐艺郛并没有见到袁世凯的王照是光绪年间进士，变法时为礼部主事，正六品。就是这个王照上书的三条意见遭到礼部怀塔布和许应的一致拒绝不予转呈才于后遭来皇帝批示，将怀塔布等礼部六堂官即行革职，而对王照不畏强御的行为给予表彰，赏三品顶戴。

当时王照与康有为等人比较接近，但王照始终不赞成康有为扩大打击面的做法，也不支持皇帝与太后两宫冲突的拟断。同时王照也曾拒绝了康有为、徐致靖让其游说聂士成等军方首领的安排。他认为当时即使联系同在京津一带驻军的聂士成、董福祥同样不会成功，甚至消息可能走漏得更快。这是因为聂等不过一介武夫，没有什么政治观点，只能鲁莽行事，而且聂也不会听从几个书生的摆布。

王照提出了"徐艺郛到小站未得见袁之面"的意见。但王照同样不是当事人，所以此提法的真实性亦需打一定的折扣。

至今，又有马勇先生在《戊戌政变的台前幕后》（江苏人民出版社，2012年版）里讲，徐艺郛来到小站后，袁世凯对其只是礼貌寒暄，没有当面深谈便交给营务处的徐世昌及阮忠枢、言敦源等全程陪同，好吃好喝，徐世昌还请徐艺郛检阅新军等。所以在袁世凯的盛情款待和徐世昌的热情陪同下，徐艺郛被弄得迷迷糊糊，在他回京向康有为的禀报里，显然也有误导之嫌。只是康有为此时在感情上需要这种误导而已。康有为在后来的政治谋划中执意要找袁世凯帮助，大约都与徐艺郛天津之行有关。

马勇先生的研究综合了上述两种不同的意见。文章首先支持康有为的说法，认为徐艺郛见到了袁世凯。而后又同意王照"所征得者，模棱语耳"的说法，认为徐艺郛充其量不过是享受了个免费的"小站一日游"，吃喝玩的背后等于什么也没说成，便兴冲冲地回京交差了。

先祖徐世昌的《韬养斋日记》，无疑是能够证明若干历史事件的第一手材料。日记中对徐艺郛小站之行的记述如下：

戊戌六月十二日午后到小站到慰廷家久谈徐艺郛同来留宿营中

十三日晨起合大操归与慰廷谈午后沐浴与艺郛到文案处

十四日阴雨与艺郛仲远畅一日云台来

十五日晨起艺郛冒雨行到慰廷家久谈商办公事留晚饭日夕归

日记中确实证实徐艺郛到了小站，而且受到了比较好的接待，不仅正赶上新军"合大操"，甚至还洗了个热水澡（"午后沐浴"）。但由于日记的字里行间没有标注标点，仍然是无法证明徐艺郛是否真正见到了袁世凯。留下的，还是悬疑。

日记记述的是"午后到小站到慰廷家久谈徐艺郛同来留宿营中"。加上标点，如果是逗号，则："午后到小站，到慰廷家久谈，徐艺郛同来，留宿营中。"证明徐艺郛不仅见到袁世凯，而且进行了意见交流；但如果是句号："午后到小站，到慰廷家久谈。徐艺郛同来，留宿营中。"即表明日记记述了两件事：一是徐世昌回到小站后曾与袁世凯"久谈"，二是提到徐艺郛跟着来到了小站，谈话时并不在场。

然而甭管徐艺郛是否见到袁世凯，他自己肯定是觉得大功告成了。也可能自己感觉从袁克定（云台）那里获得了某种承诺，于是便在"云台来"后的第二天一早"冒雨行"。

从小站到天津尽管只有六十里地，但在当时路况条件下，雨间行路是很艰难的。请看先祖日记：

七月廿七日慰廷约赴津，黎明冒雨行，道路泥泞。乘车三十余里，骑马三十余里，日西到。

六十里，因"道路泥泞"居然整整走了一天。但徐艺郛仍然选择了"冒雨行"，不愿为雨情而再等上一半天，估计存有游说已成的心态，巴望及早回京向康有为汇报喜讯。

相反，袁世凯却从徐艺郛的突然来访中察觉出危险即将到来的信号。见日记：

六月十九日晨起，办公。慰廷来，久谈。会客。校书。午后又校书。写信。由邮政局发一书，上孝达尚书。夜出查各营，操演防守，调其备战队皆应甚速且寂静。

先祖在小站期间的日记里，记述进行夜间训练而且是"操演防守"的训练，这是第一次。也是唯一的一次。袁世凯首先要做到的是自我保护。

徐艺郭是否见到了袁世凯已然不重要了，王照提出，"是操纵之求，已蓄于心矣"。用马勇先生的话来讲："袁世凯毕竟是一个多疑和有心思的政客，他的耳目遍布京城。他当然知道如日中天的南海康先生只是获得皇上一人的恩宠，而朝中一班大臣对康有为似乎并不友好，这就不能不使他对康有为派员与其联络保持某种必要的戒心……"

# 康熙在京西三所御园的活动

田 颖

京西因风景秀丽、水脉丰沛，自辽、金以来一直是北京的休闲游历之地，陆续建有园林和庙宇。清朝统治者入驻中原、定都北京后，更是倚重此地的自然优势，大力兴建园林，以避喧听政。有清一代，京西园林的修建肇始于康熙朝。至清朝中叶达到鼎盛，形成"三山五园"之园林群。

康熙帝在京西一带建有香山行宫、玉泉山澄心园（静明园）、畅春园三处御园。除北狩南巡外，康熙帝在京的一大部分时间是在京西三所御园内度过的。从康熙帝在御园的活动能看出皇家园林在清朝宫廷政治、生活中的地位和功用。

本文拟以清帝为经，以五园为纬，初步爬梳出其人其地其事的线索，以期能从特殊的视角还原当年的历史场景，进而探索"三山五园"在京西文化中的独特地位，再现"三山五园"历史文化的精髓，为当下"三山五园"历史文化景区的建设提供历史记忆和人文给养。

## 宵旰图治　听政理事

康熙帝在香山行宫的活动主要以游幸为主，一般很少涉及听政理事。在玉泉山行宫的园居时间因较短，理政以日常章奏、召见臣工、八旗阅兵为主。康熙帝大部分理政活动都是在畅春园。

皇家在畅春园的最早活动见于记载的是"康熙二十五年，设柴炭库于畅春园"。对照后来康熙二十六年（1687年）二月康熙帝从玉泉山移驻畅春园的大动作，可以猜测当时的"设柴炭库"主要是为了来年皇帝移居做准备。

随着康熙帝的移驻畅春园，皇帝的园居中心也从玉泉山转移到畅春园。而后随着皇帝在畅春园居住时间的增加，听政活动也较之前在玉泉山有了更丰富的内容。听政地点最早在九经三事殿，后来主要在澹宁居前殿。

日常政务有选馆、引见、阅批折本、召见臣工、议事下旨。康熙帝在驻跸畅春园期间，几乎每天都要在澹宁居听政理事，处理各类政务。例如，康熙帝在康熙二十六年第一次驻跸畅春园，在九天内三次"上御畅春园内门"即在九经三事殿内外上朝理政。再如：康熙三十年至三十六年前后，亲征准噶尔的好多政事都是在畅春园议定的。又如：在康熙五十四年（1715年）十二月初一日至十三日，在御园居住十三天，有六天在澹宁居上朝，处理了几十件需要决定的事项。初一那天连续解决了九项迫切问题。最后一件是关于曹寅和李煦亏欠银两问题。

还有接见外国使节。例如：康熙四十四年（1705年）十一月十六日，康熙帝在畅春园接见罗马教廷特使多罗，免跪、赐座。并命人携朝廷礼物，往罗马答聘。次年中元节，康熙召罗马特使多罗入园赐食，观看灯火。五个月后还请多罗游畅春园。再如：康熙五十九年（1720年），西洋国（葡萄牙）使臣裴拉理来朝，玄烨在九经三事殿接见、赐茶。又如：康熙五十九年十二月一个月内，康熙在畅春园清溪书屋8次接见罗马教廷特使嘉禄，收教宗送来的礼物，赠送教宗及葡萄牙国王礼物。其间，还赏赐嘉禄貂褂、鼻烟壶、貂冠、青袍、珐琅碗等物并赐宴。

还有阅视武举。自康熙四十五年（1706年）起，康熙帝每逢大举之年，便于十月或十一月在畅春园内西厂阅视武举人骑射、技勇。有时亦在园内举行传胪典礼，颁布武状元等进士甲第。如，康熙五十四年（1715年）十一月十三日至十六日，康熙帝为阅试武举，来到畅春园西厂。领侍卫内大臣、读卷官、大学士松柱等，按位排列恭立，皇帝升坐。兵部侍郎觉和等进前，奏武举徐绥等170人分为11班，考试其骑射。皇帝命诸大臣落座。于是阅徐绥等，依次骑射，记其优者。阅试完毕后，皇上令诸皇子骑射。第二天，继续阅试，试以步射、挽硬功、舞刀、掇石。第三天，继续在西厂试射。从武举中选出15名最优者复射，分为等次。大臣们将入选15人内最前3人为一甲，另12人为二甲，其余俱为三甲，并将15人的卷子呈览。

## 重农兴稼　种稻求雨

有清一代，统治者非常重视农业生产，认为这是国家稳定的根本。康熙一朝在畅春园试种御稻并大力推广。统治者也分外关注直接影响农业产量的降雨情况，在海淀一带进行求雨活动。

海淀作为京西泉水丰沛之地，种植水稻的传统由来已久。康熙初年清华园的园主显亲王丹臻曾将园子内的荷池改成稻田，年牟利可达上百两白银。康熙最早到西郊的活动就是观看京西水稻的长势。畅春园建设时，康熙帝更是在畅春园的西墙内单独辟出一块水稻田自己试验和培育优秀稻种。从无逸斋土山向北，直到位于园西北的大西门，约有上百亩田地，是康熙栽种御稻的"试验田"。据《康熙几暇格物编》记载，稻种则是由康熙亲自选种培育的早稻，命名"御稻米"。因其稻芒呈淡紫色，米谷微红而粒长，气香而味腴，能一年两熟，又被称为"胭脂米"。这也是后来海淀区"京西稻"的鼻祖。

康熙五十三年（1714年），玉泉山下的御稻发展到六百亩，再加上六郎庄、万泉庄、黑龙潭、高梁桥以及石景山、南苑等地，共有近万亩。御稻的种植范围不仅进一步扩大，而且面积也增加了数倍，并成为宫廷御用稻米的主要来源。为保证御用稻的生产，同年，内务府奉宸苑在青龙桥设立"稻田厂"，专门管理皇家稻田。稻田厂有廨宇六十四楹，既是官署，又有仓库和碾房。同时设官场两处，一在功德寺，一在六郎庄。《永宪录》谓：康熙时，"其供御膳，曰御稻米，出京师西山"，昌平州物产，"稻处处有之，惟玉泉山抱榆泉更佳，膳米于是需焉"。《大清会典》也记载："上方玉粒取诸玉泉山稻田。"

康熙统治的后期，社会稳定，人口开始急剧增长。康熙对这种人口膨胀深感忧虑："本朝自统一区宇以来，于今六十七八年矣，百姓俱享太平，生育日以繁庶，户口虽增而土田并无所增，分一人之产供数家之用，其谋生焉能给足。"人口的过快增长、掠夺性开发给京畿周边环境带来巨大的压力。生态环境变得异常脆弱，水旱灾害的爆发开始频繁。所以康熙统治的中后期皇帝对晴雨更加关心，各种见诸史料的文字渐多。如：康熙四十五年（1706年）六月廿五日，康熙帝北巡之时，皇三子胤祉等请皇帝安，并专门奏京城一带阴雨情况："目下京城一带、畅春园、西尔哈营等地，近来雨甚足。谕：此处雨亦足了。"关切之情跃然纸上。

历代统治者所重视的龙神祈雨、祈晴信仰在康熙朝也得到保持，祈雨活动作为抵御灾害所采取的最普遍措施得到康熙帝的重视，被列入国家祀典。建畅春园时，康熙就在园内建有龙王庙，作为专门的祈雨之地。遇到天旱，康熙常亲自或派亲王、郡王、贝勒、贝子以及大臣等至龙王庙祈雨。每次祈雨仪式十分隆重，并有既定的程序。如：康熙四十九年（1710年）五月十三日，皇三子胤祉等奉旨：在畅春园龙王庙，照皇十二子祈雨例祈雨。

## 虚己博闻　蒙养育人

明清之际，是中西文化交流的第一次高潮，也称第一次西学东渐。此时期康熙帝接触到一些熟知西方科技知识的传教士，他开始对西方科技发生浓厚的兴趣。法国耶稣会士白晋在书中回忆道："康熙带着极大的兴趣学习西方科学，每天都要花几个小时同我们在一起，白天和晚上还要用更多的时间自学。"此时的康熙帝已经朦胧地意识到自然科学的重要，他为培养专门从事天文观测、自然科学领域的人才以及编纂大型科技著作，在畅春园设立蒙养斋算学馆。这被法国传教士称为"皇家科学院"。

康熙帝学习十分用功，知识面相当广博，对人文地理、律历、算术、诸子百家、医学、自然科学、佛教、经论道书，无不涉猎，可以说是一个全才。康熙的知识来源有三块：一是满族文化。作为满族的皇帝，学习本民族的文化是基本的素养，康熙跟着满族的师傅说满语、学满文，练习骑射。二是汉族文化。作为入主中原的少数民族统治者，要获得汉人的认可，康熙又师从汉族师傅熟读儒家经典，阅读大量史书，通晓儒家的"帝王之学"，接受儒家文化的熏陶。三是西方科技。欧洲的天主教耶稣会士入华传教，带来了西方先进的科学技术和知识。康熙帝虚心向学，多次召张诚、白晋等人至畅春园讲授西方的科学：数学，天文学，工程学，测绘学，医学甚至人体解剖学。如：康熙二十八年（1689年）三月初八日，康熙帝召法国传教士张诚至畅春园清溪书屋教授几何学等。寻张诚复多次入园讲授。

蒙养斋算学馆的成立时间为康熙五十二年（1713年）六月初二日。《清圣祖实录》明确记载，六月丁丑"谕和硕诚亲王胤祉……即于行宫内，立馆修辑"。但是蒙养斋的研究范围不局限于数学，还有历法和音乐。康熙五十二年九月，康熙帝再次颁旨："谕和硕诚亲王胤祉等，修辑律吕算法诸书，著于蒙养斋立馆，并考定坛庙宫殿乐器。"康熙五十八年（1719年）十月，命蒙养斋举人王兰生修《正音韵图》。

蒙养斋算学馆翻译了《几何原本》《比例规解》《测量高远仪器用法》《八线表根》《勾股相求之法》《借根方算法节要》《西镜录》等十几部满汉数学书籍，还完成了《律历渊源》等著作，也培养了梅珏成、明安图、何国宗等一批科学家和学者。还对全国的历书、地理测绘起到了促进作用。

早在康熙五十一年（1712年）十月初一日，康熙帝就"谕皇三子和硕诚亲王胤祉等：北极高度、黄赤距度于历法最为紧要，著于澹宁居后每日测量"。并马上得到几个皇子回奏。同年十一月，应诚亲王胤祉奏请，向广东、云南、四川、陕西、河南、江南、浙江七省派专人测绘。

遗憾的是，康熙帝出于统治的需要，只在宫廷等小范围内招收蒙养斋算学馆的学员，没有在民间普及，西方先进的科技未能在整个国家范围中起到应发挥的作用。随着康熙朝的结束，这种中西交流的学习也随之终止，中国错失了一次科技鼎新的历史机遇。

## 含毫命简　编修图书

康熙不仅爱看书，也爱编书。可以说编纂颁行图书是康熙文治一大特色，康熙尤其重视中国传统文化。他在京西园林居住时主持或者组织编修了很多丛书，为中华民族的传统文化建设做出了重大贡献。

编修圣训。康熙二十一年（1682年）八月初十日，康熙驻跸玉泉山时，批准了福建道御史戴王缙纂修太祖高皇帝、太宗文皇帝、世祖章皇帝圣训的奏请，并认为："太祖、太宗、世祖圣训，垂法万世，关系重大，理应纂修。"康熙二十五年、二十六年，《太祖高皇帝圣训》四卷、《太宗文皇帝圣训》六卷、《世祖章皇帝圣训》六卷陆续告成。

渊鉴斋是畅春园内康熙帝倡导和指导编纂浩瀚典籍的地方。在这里，康熙帝令徐乾学编注《御选古文渊鉴》，又组织张英、王士祯等人纂修大型类书《渊鉴类函》。

《御选古文渊鉴》是一部古文选集。其中收录自春秋至宋代近800名作者的1300多篇文章。每篇文章书眉之上刊刻诸臣附论。而每篇文章之首都有玄烨的御批，篇篇有皇上对文章的介绍和评论。书前有玄烨亲撰序言。

《渊鉴类函》是一部侧重于检查文章词藻的类书。张英、王士祯等人在明代成书《唐类函》的基础上，进一步将收书范围扩大，使此书在时间上贯通古今，内容更为丰富完善。全书445卷，康熙四十九年（1710年）由玄烨亲为制序刊行。

佩文斋是康熙帝收藏古今典籍名画法书的殿堂，是他读书、鉴赏书画和学书练字的书画室，也是他编纂书画典籍和画谱的工作间。康熙帝以佩文斋为基地，进行大规模的持续不断的诗文书画的编纂工作。其中以"佩文斋"冠名的书籍就有《佩文斋咏物诗选》《佩文斋广群芳谱》《佩文斋书画谱》《佩文韵府》。

除此之外，康熙帝在京西三所御园的活动还有年节同庆、宴赏赐食、树范天下、奉亲教子等。

康熙六十一年（1722年）十一月十三日夜，康熙皇帝在畅春园清溪书屋逝世，享年69岁。给后人留下了雍正登基的历史谜题。康熙皇帝是一位英明君主，他自康熙二十六年（1687年）二月直至逝世，年年到京西御园，在此的理政时间年均为150天，刨去他北狩、南巡等京外活动的时间，在京西居住的时间要远超宫居的时间。京西三所御园在他的生命中占有重要的地位。

# 甲午战争120年历史反思

李 丹

　　日本，中国历史上曾视其为"蕞尔小邦"，民间称其为"小日本"。然而，就是这一弹丸小国，曾于1894年发动了对大清国的"甲午战争"，打得大清国陆军一败涂地，水师（北洋）全军覆没，迫使中国含屈忍辱，与之签订《马关条约》。这段历史，至今想来仍是羞愤难平。日本在甲午战争中战胜大清，在日俄战争中战胜沙俄，打败了两个老牌大帝国。不禁令人深思，日本，国小人稀，其成为世界列强的原因何在？究其原因几多，但大和民族的好学善学，学习他国之优秀，不畏自我改变，奋发图强，是成就其长足发展的核心精神。

## 日本学强　大清自大

　　日本具有悠久的对外学习传统，谁强就学谁！这是日本求学之根本精髓。纵观历史，中国人最熟悉的是他们派出一批批"遣唐使"来我大唐学习，而且，一学就是持续的二百六十多年。其实，比唐还早，在中国的南北朝时期，基本统一了日本列岛的日本大和朝廷，就多次到南朝。581年，隋朝统一中国，结束了中国自西晋末以来近三百年分裂战乱的历史，经济恢复，社会安定，文化繁荣。为学习吸收中国先进文化，以图强国，日本摄政的圣德太子以积极主动的态度，先后4次派出"遣隋使"。紧接着，日本又在"九天阊阖开宫殿，万国衣冠拜冕旒"的唐朝，在唐太宗的"贞观盛世"、唐玄宗的"开元盛世"，派遣更加众多的"遣唐使"前来勤勉学习。

　　遣唐使团的使节由日本朝廷从优秀的官员中选任，成员主要是留学生、学问僧。此外，有医师、乐师、画师及各行业工匠，皆是个中翘楚。初期使团人数每次二百余，以后增至五百余。从公元630年至895年的265年间，日本派出遣唐使团共12次，几乎与有唐一代共始终。遣唐使团广泛学习我国的思想、文学、艺术、工艺、宗教、风俗、法律、典章制度等，我国的唐朝时期，可以说就是日本历史上的"中国文化热"时期。遣唐使团人员回国后，推动了日本政治制度、社会制度、法律制度、教育制度的革新，诗歌、书法、绘画、雕塑、音乐、舞蹈、建筑等艺术在日本传播，留唐的学生、僧人还借用汉字的偏旁和草体创造出日本的假名文字。

派遣唐使出国学习并非易事。首先是政府财力负担重，派遣一次遣唐使团从任命使臣、遴选留学人员到出发，需张罗两三年，包括造船、备衣食药物、置办礼品、筹措使臣薪俸和留学人员在唐的费用等等。还有生命危险，海上遇到惊涛骇浪是常事，惊涛骇浪会把木船摧为两截，遣唐使团往返日本，几乎每次都有船只遇难，唯有一次来去平安。这些，都不能阻止日本向外学习的意志。至大唐衰落，日薄西山时，日本才终止派遣遣唐使。

"遣隋使"、"遣唐使"不是藩国来纳贡称臣，而是中日两个统一国家的正式交往，日本谦恭学习得实惠，中国受人尊敬也有面子。

从唐到清，中间五代十国、北宋南宋、辽金元明，中国社会历史悠久，文化厚重，儒教意识形态讲忠孝节义、伦理纲常。清朝康乾盛世，正是中国封建社会发展的高峰期，然而，天朝却并不领先世界。

1688年（康熙二十七年），英国以"光荣革命"成功、翌年出台《权利法案》为标志，胜利结束进行了近半个世纪的资产阶级革命，确立了君主立宪制度。从1733年（雍正十一年）开始到1844年（道光二十四年）持续了一百多年的英国工业革命，创造了巨大的生产力。1775年（乾隆四十年），美国打响独立战争枪声，发表《独立宣言》，经过8年努力，于1783年（乾隆四十八年）独立建国。1789年（乾隆五十四年），法国爆发大革命，推翻了封建王朝统治，制宪会议通过《人权宣言》，经过41年的反复斗争，确立了资本主义制度。如此这般，造成了西方先进东方落后的世界格局。

大清朝沉浸在盛世之危机中。1793年（乾隆五十八年），英国的乔治·马戛尔尼勋爵率领一个由800多人组成的庞大使团访华。这时的乾隆爷正在承德避暑山庄，准备过他的83岁庆典。得知有化外小邦的使节远渡重洋前来祝寿，龙颜大喜，迭下旨意，盛情接待，包括朝见、赏赐、宴请、看戏、游览皇家园林等活动。但是，当得知英使在向乾隆爷行三跪九叩大礼的问题上有争执时，乾隆爷龙心不悦；又得知马戛尔尼此行并非一意祝寿，还有两国通商及与通商有关的一系列诉求时，便以皇帝向天下臣民颁发谕旨的形式，给英王回信，断然拒绝了英方的要求。乾隆爷道：我天朝上国物阜民丰，不需要什么互通有无。而且，对马戛尔尼带来的600件礼品也视若不见，那礼品，是当时英国高精尖的现代工业产品，代表了他们先进的科技水平。或许可以说，大清国推开了送上门来的与当时世界上最先进国家交流来往的历史机遇。互通有无尚且不需要，遑论向外人学习。由此可见，两国元首的对外学习观之不同。

## 学习西方　各取之法

当时的日本跟中国一样，都是现代文明不开、经济社会落后的东方国家，也都是被西方国家的坚船利炮打开国门的国家。1853年，也就是中国受鸦片战争之辱的13年后，美国海军准将马休·培里率美国舰队，长驱直入，开进了日本的江户（今东京）湾，以大炮威胁日本当局开放国门。铁甲军舰威震日本，被迫答应美国的开国要求，翌年，日本与美国于横滨签订《日美亲善条约》。和大清在鸦片战争之后与英国签订《南京条约》一样，这也是日本与西方列强签订的第一个"不平等条约"。国门一开，其他西方列强纷纷跟进，也向日本提出通商要求，英国、俄国、荷兰等都与日本签订了亲善条约。这件事，史称"黑船事件"。黑船事件使日本被迫结束了闭关锁国的时代，也导致日本知耻后勇，素有传统的学强之精神再次得到迸发。

日本学强之目标，理所当然地由中国转向西方。学西方、图国强，日本开始了历史上著名的"明治维新"运动。1867年的"大政奉还"，政权从幕府归至天皇，翌年改元"明治"，故称"明治维新"。维新涉及日本政治、社会、文化、经济、教育、军事、交通、司法、宗教等广泛的领域，是一次全面西化的改革，最终于1885年实施内阁制，1889年确立立宪制，历时二十多年。明治维新使日本"脱亚入欧"，废除了同西方列强签订的一系列不平等条约，成为亚洲唯一保持民族独立且跻身于世界列强之林的资本主义国家。

鸦片战争之后，几乎与日本明治维新同时，1861年大清国也开始了一场旨在"师夷之长技以制夷"向西方学习的运动，史称"洋务运动"。从学习的规格和动机上看，似乎也较日本为低，但是，总算是放下了天朝上国的身段，开始向西方学习。

洋务运动历时三十多年，1895年因甲午战争完败而告终。洋务运动之所作为，主要有兴办军事工业，如江南制造局、福州船政局、安庆内军械所等近代军事工业；并围绕军事工业开办其他企业，如汉阳铁厂、轮船招商局、开平矿务局、天津电报局、唐山胥各庄铁路、上海机器织布局、兰州织呢局等民用企业。企业有官办、官商合办、官督商办等形式。洋务运动购买洋枪洋炮、洋船洋舰，建立了大清国拥有新式武器装备的陆军和海军（北洋、福建、南洋舰队），皆按"洋法"操练。洋务运动还设立"同文馆"，可以说是一所外语学校，培养翻译人员。

洋务运动也可视为一次改革，但是，与日本的明治维新相比，洋务运动的失败命运不可避免。问题出在其"中国特色"的指导思想上——"中学为体，西学为用"。所谓"体"，就是政治体制及其意识形态。坚持这个已落后于时代的"体"，采取实用主义的态度学一些"夷之长技以制夷"，这种只学枝叶，不学根本，只学皮毛，不学全部，只妄图强军事、经济，不搞政治体制变革所造成的手段和基础的矛盾，使洋务运动不可能获得成功。

学习上讲"取法乎上，仅得其中"，日本明治维新学西方，是全盘学习，包括学习西方先进国家制度的内核，可谓取法乎上，就算打点折扣，也能得到虽不是最好但也很不错的结果。中国洋务运动学西方，只学技术皮毛。同样是向西方学习，日本和中国的学习效果孰优孰劣，在随之而来的甲午战争中得到检验。

## 甲午之战　中日对应

日本通过明治维新脱亚入欧，走上了资本主义道路，成为世界列强之一。对外扩张，日本制定了"大陆政策"。吞朝鲜，占台湾，进满蒙，亡中国，是其大陆政策环环相扣的步骤。甲午战争就是在这样的情势下爆发的。

甲午战争共进行了3个阶段。第一阶段是"平壤战役"和"黄海海战"。

"平壤战役"由双方陆军作战，于1894年8月打响。当时驻守平壤的清军有17000人，进攻平壤的日军也将近17000人，双方战力旗鼓相当。但是，平壤地形有利于居守势的清军，不利于处攻势的日军；清军还得到了朝鲜方面明里暗里的支持。所以，应该说，平壤战役的态势清军较日军占优。然而，战役结果却让人大跌眼镜。清军主帅叶志超畏敌如虎，贪生惜命，在战局胶着的状态下，竟然下令全军撤退。日军在清军的退路上设伏，撤退的清军乱作一团，近2000人毙命，500多官兵被俘。平壤战役以清军大败告结，以后的6天内，清军狂奔500里，一口气逃至鸭绿江边，渡江回国。日军则高歌猛进，占领朝鲜。

"黄海海战"爆发于9月16日上午，北洋军舰护送4000余名清军入朝后返航，在鸭绿江口大东沟（今辽宁东港）附近的黄海海面，遭日海军联合舰队截击，双方开战。当时日海军投入的战舰有12艘，北洋水师有军舰10艘及附属舰8艘。海战激战5小时，结果北洋舰队损失"超勇"、"扬威"、"致远"、"经远"、"广甲"5艘战舰，死伤官兵千余；日舰队"比睿"、"赤城"、"西京丸"、"吉野"、

"松岛"5舰受重创，死伤官兵600余。战后，李鸿章为保存实力，下令北洋舰队躲在大本营威海港内，不许巡海迎敌，日本控制了黄海的制海权。

第二阶段在辽东半岛进行，有鸭绿江"江防之战"和"金旅之战"。

"江防之战"，10月24日，日军30000人进攻鸭绿江北岸的清军。清军有官兵28000人，与日军战力对比也算半斤八两，而且清军以逸待劳，隔江据守，态势占优。但是，各路清军不服诸军总统宋庆的调度，加之平壤战败，士气不振，将领多无战心。不到三日，鸭绿江防线全线崩溃。

"金旅之战"也是10月24日开始，日军在旅顺后路的花园口登陆历时12天，清军竟坐视不问。11月6日，日军击溃清军进占金州（今大连金州区）。7日又不战而得大连湾，清军已望风而逃。21日，日军进攻旅顺，当时旅顺清军有七统领，前敌营务总办龚照临敌逃命，七统领中三统领也相继潜逃，约13000名清军不能抵敌，日军占领旅顺，屠城4日杀中国居民两万余。

第三阶段是威海卫之战。转过年来的1月下旬，日军25000人在山东半岛的荣成登陆，威海陆地悉数被日军攻占，北洋水师大本营刘公岛成为孤岛。躲在港内避战的北洋军舰遭日军猛烈炮轰。水师提督丁汝昌、"镇远"管带杨用霖拒降自杀，"定远"管带刘步蟾亲手炸沉自己的军舰也自杀，北洋水师全军覆没。洋务运动的学习，就此终止。

应该说，甲午战争清军完败，将士中却仍有可歌可泣者。如：平壤战役中，高州镇总兵左宝贵临阵指挥，激战阵亡；黄海海战中，"超勇"沉没，舰上官兵大多牺牲，管带黄建勋落水拒救，从容死难；"致远"管带邓世昌率舰撞向日舰"吉野"，誓与敌同归于尽，被敌舰炮火击沉，全舰官兵殉国，仅7人遇救；"经远"号以1舰敌日4舰，被敌击沉，官兵200余人除16人遇救外全都阵亡，管带林永升、帮带大副陈荣和二副陈京莹皆中炮牺牲。威海卫之战中，丁汝昌、杨用霖、刘步蟾也可圈可点，可赞可颂。

从甲午之战比看中日两国之国情，不禁令人惊叹和发人深省。

战争前夕，日本需要大量金钱在军力上超过大清，天皇带头戒奢向简，每天不吃早饭，节省资金，文武百官也都拿出薪水的一成贡献国家，发展海军和陆军。百姓无钱唯有力，皆有舍身为国之志。日军士气高涨，攻无不取，战无不胜。虽然扩军备战、军备竞赛并不是好事，但如此举国一致、上下同心的精神，不能不说是得益于明治维新的成功，而成功的关键又在于其国家制度。

反观大清，纵使进行了洋务运动，但是，落后的国家制度未改变。更有，皇太后慈禧腐败，虽每顿御膳二百道为虚言，但她在甲午战争时期，动用海军经费修颐和园为庆祝自己60岁寿辰却是实情，这与日本天皇的节俭形成了鲜明对比。大清官自为官，民自为民，国家与我何干？国家只是爱新觉罗家的。大清的军队，尤其是陆军俱无战心，更无斗志，这与日军斗志昂扬又形成了鲜明对照。甲午之败后，又有庚子拳乱、八国联军入侵，大清被迫签订了灾难深重的《辛丑条约》。痛定思痛，大清学习革新，进行戊戌变法。可是，变法仅仅百天，慈禧认为那是走邪路，老佛爷不许改变祖制，这样，又没有学成变法。悲乎哀哉，大清！

邓小平曾提出科学技术是第一生产力这一理论。本文行至此，突然想到一个问题，学习是不是生产力？本人不敢妄提论断，但是，学习先进科学技术能出强战斗力，这一点，在甲午战争中得到充分体现。

# 清末"文化外交"第一人

李文希

2014年是又一个甲午年，中日甲午战争迎来两甲子的120周年。此时此刻让人不免回忆起那段曲折苦涩的历史，也让我忆起我国清末外交家黎庶昌先生。他曾经两任清朝驻日大使，是一位外交风格独特、文采斐然的外交家，为清朝对日外交作出重大贡献。

## 两赴日本就任清廷驻日大臣

黎庶昌是贵州遵义县东乡禹门人，生于1837年，24岁那年他因贵州地方战乱停止乡试而北赴顺天府参加乡试。当时，清朝风雨飘摇，慈禧太后下诏求言。黎庶昌冒着杀头的危险，上《万言书》，痛陈时弊，主张改良变革。此举感动了清朝朝廷，黎庶昌以知县补用，派赴曾国藩江南大营听用，成为"曾门四弟子"之一。

黎庶昌在任上做了许多事，但最值得一提的是他对收复新疆的态度。黎庶昌坚持应该维护国家主权，反对李鸿章放弃新疆，支持左宗棠收复新疆。也许，从这时候起，黎庶昌就表现出处理外交事务的天赋。

多年后，44岁的黎庶昌擢升道员，赐二品顶戴，派任驻日本大臣。使日期间，他机敏果断地处理了日本出兵朝鲜事件，为了防止俄国侵吞我国国土，他曾三次写信主动请缨，要求深入西伯利亚、中亚腹地考察，表示为此"不惜驱命"。黎庶昌就任驻日大臣期间，他的母亲不幸过世，他请辞官职回家服丧。离开日本时，日本饯行的人至数百里外，西方各国使臣都啧啧称赞，说这是使臣返国从来没有过的现象。

三年后，黎庶昌服丧期满被朝廷再度派驻日本。黎庶昌的外交风格极有特点，他既坚持民族气节，维护国家尊严，又能利用中日文化的特点赢得日本人士敬慕。他利用家乡盛产茅台酒的便利，开展酒文化外交，既扩大了出口，又深受日本各界欢迎。

黎庶昌的外交自成风格，被称为"文化外交"，即以文化为纽带，通过深切体察驻在国情况，了解驻在国的文化。在这个基础上努力做到彼此认同，再以这种认同感为基础，与驻在国人士建立深厚的友谊，以期达到外交目的。黎庶昌与不少当地人结成了莫逆之交，他从中获取了一些可贵的外交事务情报。这一时期，黎庶昌的文化外交表现得特别成熟而且有实效。

## 从外交家变成教育家

黎庶昌先后两度任驻日本公使，并以参赞身份游历欧洲各国，他是"睁眼看世界"的开明人士，因此回到祖国后，他再次向清廷上书《敬陈管见折》，主张整饬内政，酌用西法，修铁路，练水师，兴商贾，走强国富民之路。可惜，他的建议未能被采纳。

政治主张未能实施的黎庶昌，想到了"文化报国"。自幼嗜书成癖的他在日本期间意外发现，许多中国历代文化瑰宝因为种种原因流失海外，他因此特别注意搜寻中国国内已佚失的书籍文献。黎庶昌先后为家乡购南藏本佛经全帙6771卷；又与日本友人以诗文唱和，刻《日东文集》3编。他还编印了《古逸丛书》，这部书共26种计200卷，均系黎庶昌在日本利用外交事务之余，将我国早已散佚而流存日本的唐、宋、元、明珍贵古籍，出巨资以高级纸张影印出版。200卷《古逸丛书》装成60册，价值连城，被学术界誉为"海外奇宝"。

除收集古籍外，黎庶昌也注意到中国教育落后导致的国家发展动力不足的问题，他提出改革中国封建教育的建议，并出资创建云贵会馆，举办洋务学堂，培养出国留学人才。

黎庶昌早在《上穆宗毅皇帝第二书》时便已提及在中国开设"绝学"，当时朝廷"洋务派"已经开始掀起"师夷长技以自强"的洋务运动，官方还兴办了"京师同文馆"等一批洋务学堂。黎庶昌则在传统教育基础上，开设外语、讲授自然科学知识，聘请饱学且通洋务者为师，甚至自己亲自授课，讲解东西洋各国概况或讲授古文等传统文化。这对于当时处于风雨飘摇中的中国清朝政府及教育情况的实际而言，不能不说是一个创举。

更为难得的是，黎庶昌受洋务运动的影响，加上自身游历诸多国家的经验，他不仅将自然科学引入课堂教学以培养实用人才，而且还在自己开办的川东洋务学堂里选拔优秀学生赴伦敦留学，开西南学子留学的先例。

然而，黎庶昌等有识之士的作为无法改变清朝落后挨打的现实。中日甲午战争爆发，黎庶昌虽奏请东渡排难却未能如愿。他每闻战事失利都终日不食或是痛哭流涕，终于一病不起。

得知甲午海战失败后，黎庶昌慨捐廉俸万金以酬报国之愿。孰料，这个义举竟被朝廷拒绝，黎庶昌十分痛心，他抱病与在渝同乡筹集白银两万两赈灾遵义。光绪二十三年冬，在苦闷之中，黎庶昌病逝于家中，时年61岁。

1894年前后的中国处于明显衰落中，苦难不堪回首。2014年这个新甲午年，中国在国际格局中的地位已焕然一新。我们关注"甲午"，不是针对日本，而是砥砺自己，坚持走和平崛起的发展道路，相信中华民族伟大复兴的中国梦一定能够实现。

# 清朝的理藩院

赵云田

我国自秦代以降，历代封建王朝几乎都曾设有专职官吏管理少数民族事务，如秦代"典客"，汉代"大鸿胪"，隋唐时期"鸿胪寺卿"等。但是，设立一个中央机构专管民族事务，则是从清代理藩院开始的。

理藩院，初名"蒙古衙门"，设立于崇德元年（1636年）六月，崇德三年（1638年）六月更名理藩院，光绪三十二年（1906年）改称理藩部。理藩院在清朝历史中占有一定地位。意大利人格拉迪尼·彼罗曾说：理藩院"所关注的是中国北部以及中亚各国家及人民的关系问题，正是这个最后一个王朝的政体，作为帝国的一个行政机构，为满清人是做出过杰出的贡献的"。

## 理藩院的机构设置

依据《大清会典》及《清代理藩院则例》，理藩院组织由中枢机构部分、直属机构部分、附属机构部分和派出机构（人员）部分构成。清代理藩院组织系统庞大，在编人员众多，实是清朝的一个重要机构，正如康熙皇帝所说"理藩院专管外藩事务，责任重大"。

理藩院在组织上有着自身的特点。首先，组织基础是以满洲人为主、蒙古人为辅，形成为满蒙联合体制。一方面，在一定程度上体现了清朝统治者对蒙古王公贵族的优宠和重视。另一方面，这种体制也适应了清王朝的统治需要。

其次，理藩院是清朝的国家机构，在组织上也表现出中央集权的特点。理藩院唯皇帝的意旨办事，其大臣的升降赏罚、荣辱安危，也全然取决于皇帝。在理藩院内部，则一切取决于尚书、侍郎，"大事上之，小事则行"。

再次，组织上的严密性。在广大蒙、藏、维少数民族居住地区，几乎都派有理藩院官员。从理藩院尚书、侍郎，中经各司属机构，直到基层办事人员，组成了一套完整的严密的系统。理藩院组织系统和清王朝派到少数民族地区的将军、大臣等行政机构相辅相成，从而确保了清王朝对少数民族比较有效的统治。

最后，理藩院在组织上设有典属司以及俄罗斯馆等管理对俄事务的机构，因而使它不仅掌管国内少数民族事务，而且领有对外的职能。理藩院掌管对外事务，主要是处理和俄国的交涉。由于沙皇俄国出于侵略扩张的需要，特别是出于经济侵略的需要，急于和清朝接触，所以才在相当长的一段时间里，在外交文件中把理藩院译为"中国外事衙门"，用以掩饰对外交上不平等关系的忍受。

### 理藩院的职能

清代理藩院职能，随其机构的不断完善，也有一个逐渐扩大的过程。最初，只管理漠南蒙古诸部事务，并负责处理对俄外交。康熙年间扩及到厄鲁特蒙古和西藏地区。乾隆朝中叶开始管理新疆回部及大小金川土司诸事。根据《大清历朝实录》和清代其他官书以及档案所提供的材料，可知清代理藩院职能有如下几项：

第一，理藩院具有参与议政的职能。理藩院大臣在顺治年间（1644—1661年）就已参与议政，康乾时期（1662—1722年）和（1736—1796年）更是经常参与国家大政方针的讨论和执行。在清代，理藩院大臣有的是内阁学士，有的在议政处行走，有的参与军机处工作，还有的直接兼任地方大员，统掌一方军政事务，为清王朝军国要务，特别是对少数民族地区的统治筹划谋略。

第二，理藩院参与军事。"三藩之乱"爆发后，理藩院积极组织漠南蒙古各部，决定各旗出动兵员的人数，选拔统兵将领，提出进击方向。理藩院官员还亲自统率蒙古军兵，奔赴江西、陕西等地。在平定察哈尔布尔尼之乱时，理藩院官员奔赴漠南蒙古各部各旗，调集兵力围剿，并率领军队防守地方。噶尔丹之乱发生后，理藩院几乎参与了平叛的全过程。对平叛中有功官兵的提职和奖赏，理藩院也要提出初步意见，供皇帝参考采纳。

第三，会同刑部制定少数民族刑法，审理少数民族地区发生的刑事诉讼案件。清王朝在少数民族居住地区曾颁行《蒙古律》《番律》《回律》等，用以加强对少数民族人民的控制。其次，这些法律也维护各少数民族上层统治阶级的利益。《蒙古律》和《番律》规定：王公贵族致死致伤家奴属下人等，仅受罚体处分；而"奴杀家主"，则要"凌迟处死"。另外，从维护清王朝封建国家的根本利益出发，这些法律对少数民族王公贵族也有所约束。刑事诉讼，一般案件为各旗札萨克审理，不能决者，报盟长会同审讯，再不能决者，或判断不公，即将全案遣送理藩院审理。驻有理藩院司官的地方，"司官会札萨克而听之"，内属蒙古各部，"将军、都统、大臣各率其属而听之"，和地方民人有关案件，"地方官会听之"。有些案件也可直达理藩院审理。判刑时，流放罪要报理藩院会同刑部议定，死罪要会同三法司奏定。

第四，理藩院负责管理藏传佛教。清人昭梿说："国家宠幸黄僧，并非崇奉其教，以祈福祥也。只以蒙古诸部敬信黄教已久，故以神道设教，借仗其徒，使其诚心归附，以障藩离。"一般说，清朝在管理喇嘛教方面采取了两种办法。一是尊崇喇嘛教上层人士，赐他们以各种封号，给以印册；二是在少数民族广大地区以及重要地方修建喇嘛庙，使其成为少数民族上层人士的活动场所，并用以管理少数民族广大劳动人民。理藩院管理喇嘛事务，主要包括：（甲）登记造册喇嘛呼毕勒罕。（乙）掌雍和宫金奔巴瓶掣签。（丙）给予喇嘛度牒、札付，办理敕印。凡没有度牒的喇嘛，由该管大喇嘛具结报理藩院察覆。（丁）办理呼图克图喇嘛的年班、请安，达赖喇嘛、班禅额尔德尼进丹克书，在京喇嘛考列等第、升迁、调补以及奏请寺庙名号和寺庙工程。

第五，管理会盟、驿站、稽察蒙古地区户丁。蒙古会盟制度始于皇太极时期。根据各旗不同情况，规定不同的会盟地点，届时清王朝派大臣前往。每盟设正副盟长各一人，率所属每三年会盟一次，内容主要是"清理刑名，编审丁籍"。会盟有十分隆重的仪式和相当严厉的惩罚措施，均由理藩院安排。康熙三十一年（1692年），康熙帝谕示：为"不致迟延误事"，"设立驿站"。理藩院尚书班迪等前往漠南蒙古地区设立驿站，共有5道，驿57站，通往蒙古各旗。此外，由赛尔乌苏还可西达乌里雅苏台至科布多，北到库伦至恰克图，是为北路。驿站由理藩院派出司员管辖。往来驰驿之人，由理藩院颁发乌拉票作为验证，各站则按定例，行则供应马匹，宿则给以羊只。

清朝为了稳定统治和满足兵源，还命理藩院经常稽察户丁。按规定，蒙古地区年60岁以下、18岁以上，皆编入丁册。3丁披甲一副，150丁编一佐领。每隔3年稽察户丁时，漠南蒙古由理藩院题请奉旨后，马上飞递行文49旗，每旗各给予印空白册档一本，令管理王公台吉以下、章京十家长以上，均按佐领查核，分户比丁，造具丁数印册，令协理旗务台吉，会同管旗章京，在十月内送交理藩院。喀尔喀蒙古等，由理藩院题请奏旨后，马上飞递行文定边左副将军、科布多参赞大臣、喀尔喀四部落盟长、阿拉善札萨克和硕亲王、旧土尔扈特札萨克贝勒、哈密郡王衔贝勒、吐鲁番郡王，每旗各颁予印空白册档一本，令其将三年内裁添人丁数目详细载入，在十月内报理藩院，并行文西宁办事大臣。

第六，管理对俄国的外交事务。咸丰八年（1858年）以前，清王朝对俄国的外交事务均由理藩院办理，主要内容有三个方面：调解两国外交纠纷；负责贸易事务；管理在北京的俄国人员。顺治十二年（1655年）俄国贡使首次到中国，便是理藩院接待的。雍正五年（1727年）十月，中俄签订《恰克图条约》，明文规定中俄外交信函中国方面由理藩院办理，俄国方面由枢密院办理。咸丰八年（1858年）中俄签订《天津条约》，始规定今后两国政府间的信函往来，不再通过理藩院和枢密院，而是通过中国军机大臣和俄国外交大臣，至此，理藩院才结束管理俄国外交事务。

此外，赈济灾荒，管理各旗疆界、调解各部纠纷，管理少数民族王公朝觐（年班、围班）、贡物、燕赉、廪饩、封爵和俸禄，办理满蒙联姻事务，也同样归为理藩院所承担的职能。

## 理藩院的历史地位

理藩院是清朝管理少数民族事务的中央机构，它基本上是秉承清代帝王的旨意办事的，它的职能就是清朝皇帝意志的体现，是清王朝对少数民族统治政策的反映。

首先，在17世纪中叶，它保证了清朝的顺利入关，对清朝统一全国起了促进作用。由于明王朝腐败导致的中央政权力量削弱，致使17世纪中叶陷入分裂状态。恢复统一是当时历史发展的趋势，是人民的根本要求。清朝所以能承担统一重任，其中漠南蒙古已经成了它的可靠后方和重要的借助力量，也是重要原因之一，而这与理藩院有密切关系。

其次，在清朝前期，它促进了多民族统一国家的发展和巩固。清朝是我国封建社会多民族统一国家得到空前发展和巩固的时期。有清一代，维护国家统一的力量与形形色色的分裂势力曾进行长期斗争。在这些斗争中，理藩院充分发挥了维护统一的作用。如，康熙二十五年（1686年）四月，当喀尔喀蒙古土谢图、札萨克图两汗发生冲突后，理藩院尚书阿喇尼亲往喀尔喀七旗，竭力促使他们"尽释旧怨"，而"交相揖睦，共享升平"。这年八月，阿喇尼又召集喀尔喀两翼汗传达康熙圣谕，令其"同归于好"。当噶尔丹发动叛乱、喀尔喀蒙古各部率众南奔时，理藩院立即将情况上奏康熙帝，并负责安排喀尔喀蒙古各部生计。正是在理藩院安排组织下，通过"多伦会盟"，我国北部边疆很快出现了安定局面。

理藩院除在政治、军事方面促进了清代多民族统一国家的发展巩固外，还程度不同地促进了少数民族地区与中原内地的经济交流，促进了边疆少数民族地区的经济发展。多伦会盟之后，理藩院派遣官员去山西等地准备耒耜，帮助喀尔喀蒙古于膏腴之地种植农作物。理藩院还按照清王朝的意志，协助组织少数民族地区建立"常平仓"，贮积粮谷，以备赈济。

再次，理藩院在处理对沙俄外交事务中，基本上抵制了沙皇俄国的侵略扩张政策，维护了清王朝国家主权和统一。早在17世纪中叶，沙俄就对我国黑龙江流域怀有觊觎之心，强行在我国领土上修建城堡。对此，理藩院代表清王朝曾明白具文，指斥沙俄的侵略行径，并移文清朝边境乌喇等部"加意防御"，为雅克萨之战的胜利和驱逐沙俄侵略者准备了条件。乾隆三十六年（1771年），渥巴锡率土尔扈特人民挣脱沙俄控制后回到祖国。理藩院行文知会沙俄。不料，沙俄却诬蔑渥巴锡等"俱系悖教匪人"，清朝"不当收留"，甚至以"不守和议，恐兵戈不息，人无宁居"对清朝进行恫吓。对此，理藩院复文沙俄，代表清廷痛斥其"甚属非理"之处以及对土尔扈特人"征调繁苛"的残暴，表达了"或以兵戈，或守和好"，"唯视尔（俄国）之自取"的严正立场，维护了中华民族的尊严和我国的主权。

# 活态保护农业文化遗产京西稻

魏晋茹

三山五园地区的稻田种植有数百年的发展历史，清代皇家园林的建设尤其是对河湖水系的整治促进了稻田开发，稻田景观也成为园林景观的有机组成部分。稻田种植成为三山五园地区显著的农业形态，也成为北京城独特的景观标志，并形成了著名的京西稻品牌。

"北京京西稻作文化系统"于2015年入选农业部第三批中国重要农业文化遗产实录，挖掘其深厚的文化内涵和独特性，在京西稻原生地适当恢复部分稻田，有助于京西稻作文化系统的活态保护和可持续发展。

## 一

北京地区水稻种植最早可追溯至先秦时期，东汉时已有明确记载。曹魏时征北将军刘靖为屯田种稻，修建戾陵堰，灌溉蓟城南北稻田。金代，也有在京西开水田的记载。元代，开垦京畿之地，招募江南能种水田及修筑圩堰之人为农师，指导北方人水田种植，其中就包括京西之地。明朝后期是京西稻作大发展的时期，当时海淀附近园林聚集，带动了稻田的发展，瓮山泊旁"水田棋布"，丹中"沈洒种稻"，勺园北面更是"稻畦千顷"。明朝末年社会动荡，海淀园林出现衰落，到清朝初年，清华园（今畅春园地）已一派颓垣，园中的池塘也辟为稻田，租与附近居民耕种。

清代，京西稻种植得到皇帝的重视和大力推广，逐渐形成以皇家农耕文化为主的水稻种植系统。康熙在丰泽园培育出"御稻米"，京西是其主要种植区；康熙南巡时曾带回江南香稻、菱角在京西地区种植，还将福建地区用猪毛、鸡毛为稻田水增温保温的技术引进京西稻种植区，使得由玉泉山泉水灌溉的稻田得以早熟丰收。

康熙平定三藩之乱后，清朝在海淀附近的低地中开始大规模皇家园林建设。清朝不仅在御园周围种植水稻，畅春园、清漪园、静明园、圆明园、圣化寺等园内也开辟了许多稻田。例如，康熙二十三年（1684年），在畅春园内的空地及西厂种植一顷六亩的稻田，根据《畅春园地盘形势图》，畅春园内稻田呈串珠状分布于西墙内沟渠一侧，稻田南部是一小水泡子。同年，为配合园林建设，还专门设置玉泉山稻田厂来统一管理京西稻田事务。到康熙五十三年（1714年），还设立了稻田厂仓署，其位置在功德寺以东青龙桥以西。根据样式雷图贴条，稻田厂所在位置河面较为开阔，也适合作为向宫廷运送稻米的码头。

雍正元年（1723年），玉泉山稻田厂专派大臣管理；雍正三年（1725年），玉泉山稻田厂再次增加管理人员，规模进一步扩大，并直接转归奉宸苑管理。奉宸苑设立于康熙二十三年（1684年），属于内务府下属机构，是管理皇家园林的专门机构。将玉泉山稻田厂归并到奉宸苑管理，可见稻田厂与园林关系密切。

随着稻田和园林的大量增加，原有的水源难以满足需要，乾隆年间开辟水源，先后开挖了昆明湖、高水湖和养水湖，疏浚万泉庄泉眼，修建了由香山、卧佛寺到玉泉山的石渠等水利工程。这些水利措施共同构成一个多级蓄水系统，大大改善了西北郊稻田、湖泊用水不足的问题。

## 二

与南方的江西万年稻作文化系统等全国重要农业文化遗产相比，京西稻作文化遗产具有不可比拟的独特性。

京西稻种植区旁依北京西山，穿插于清代皇家园林之间，形成富有层次感的"山、水、田、园"的景观体系，远山近水，稻田如镜，黄瓦丹墙、苍松翠柏映衬于稻田之中，是北京地区最为独特的景观格局。"山"为太行山余脉，远处为大西山，近处为小西山。清代三山五园中的"三山"——香山、玉泉山、万寿山即在于此。"水"即京西稻种植区的泉、河、湖等水系，包括玉泉山泉、万泉庄泉等泉水，长河、清河、万泉河以及南、北旱河等河流，昆明湖、高水湖、养水湖、福海等湖泊。"田"是种植区内形成的稻田密布的水乡景观。"园"主要指清代以三山五园为代表的皇家御园区，包括畅春园、静明园、圆明园、静宜园、清漪园、西花园、圣化寺等御园或行宫。

京西稻种植区与北京古代多风沙，城内街巷"无风三尺土"的景象形成鲜明对照，具有极强的景观冲击力。对于京西稻作水乡景观，不论是南方人还是领略过南方景色的北方人，都会触景生情，引发对江南美景的回忆，认同其所具有的南方水乡特色。曾六下江南的乾隆皇帝多次赋诗赞美这里宛若江南的景色，如《青龙桥晓行》诗："十里稻畦秋早熟，分明画里小江南。"独特的江南水乡景观使京西稻承载了一种广域的乡愁，它寄托了稻田种植区稻农和寓居京城的稻作文化区人士的乡愁，与今天提倡的"看得见山、望得见水、记得住乡愁"的理念相契合。

京西稻作文化系统与清代三山五园的建设密不可分，是三山五园中景观链接的纽带，与御园水景共同构成了一幅天然水乡画卷。三山五园地区的皇家园林继承中国传统园林的治园理念，吸取江南园林特色，利用该地区的水乡景色，建造一系列水景园林，把崇尚自然的造园艺术与水田景观巧妙结合，而京西稻田构成了清代皇家园林审美重要的外部借景。三山五园中一些亭台楼阁景观的设计与稻田相得益彰，有些甚至专为观赏稻田而设。清朝还将开挖稻田后的剩余土壤堆筑在稻田周围，成为人工土山，并植以柳树，架设小桥，形成与御园内景色相似的景观。稻田景观与皇家园林艺术的结合使得三山五园地区处处有景，呈现一幅完整的园林画卷。

三山五园是清朝皇帝园居理政的主要场所，园林内外的稻田成为皇帝园居时观稼辅政的对象。皇帝时而在园内举行亲耕仪式，使得园内稻田与丰泽园的一亩三分地有同等重要的政治寓意。例如，乾隆十年（1736年），皇帝根据钦天监选择的吉日，在圆明园刘猛将军庙亲行秧种。他在泛舟游玩之际，亦时时抒发重农理念，如"最爱鳞塍方脉起，扶犁叱犊一声声"，"水郭连山野，农功周览知"等。此外，畅春园、清漪园内刻《耕织图》画，圆明园内庋藏《耕织图》，一为图画中静态的农耕画面，一为现实中动态的田园景色，与园林内外的稻田相得益彰，是清朝皇帝重视农桑之本、宣教耕织之道的体现。

# 三

今天，京西稻种植区发展为南部原生地保护区和北部扩展地保护区。20世纪六七十年代随着京密引水渠和上庄水库等水利设施的兴建，京西稻田在北部上庄等地大面积发展起来。京西稻是一项重要的农业文化遗产，入选国家重要农业文化遗产实录是一个重要的发展契机，景观观赏、农业体验、休闲娱乐、科研开发等多方面的综合价值有待进一步发展。

首先，可考虑恢复京西稻原生地部分稻田面积和景观。稻田是湿地的一种，具有生态环境调节的作用，应将京西稻种植与北京城市绿化带建设结合，将农业文化遗产保护与大城市绿化带建设结合起来。恢复京西稻田不仅可以保持"山水田园"的景观格局，也能够扩大湿地面积，改善三山五园地区的水环境，有助于城市绿化的发展。京西稻田恢复的重点区域应为玉泉山和颐和园之间、六郎庄、圆明园内。应对玉泉山与颐和园之间的绿地进一步改造，将现有林地改造为稻田，并辅之以油菜花种植，重现乾隆御制诗句里"菜花黄里度红舟"的景观。六郎庄已完成整体搬迁，应在其新规划中恢复部分稻田，形成具有传统景观特征的文化旅游地。圆明园内开辟的稻田是圆明园重要的组成部分，为了完整呈现圆明园景观，也应当在圆明园澹泊宁静、映水兰香、水木明瑟、文源阁等处恢复部分稻田。还可利用南水北调工程，恢复玉泉山下的高水湖，既作为第二应急水源池，也可恢复历史景观。稻田景观的恢复可以形成具有视觉冲击力的旅游产品，提升京西稻作农业文化遗产的活力和吸引力。

还应建立京西稻保护和发展的有效机制。目前，京西稻田分属于不同部门管理，有农业部门，也有园林部门，还有建设部门，如何加强部门之间的协同，共同提升京西稻的影响力，保证京西稻文化产业的健康发展，是当前的首要工作。可形成由各部门组成的联席机制，聘请公司联合经营，统一宣传，统一品牌，形成合力。同时，京西稻农业文化遗产与三山五园文化遗产在历史渊源、景观构成和保护管理需求方面关系密切，应把二者结合起来，统筹布局，提升区域综合的环境品质，打造一块独特的北京市"景观地标"。

要将京西稻作文化与生态、旅游结合，进行活态保护。可利用三山五园地区的自然和文化景观，结合京西稻形成的田园风光、农业生产活动、农村生态环境和农业生态经营模式，为都市人提供一个亲近自然、返璞归真的空间，吸引城市游客前来观光、体验、教育等。如今，京西稻扩展区海淀北部上庄镇种有500余亩稻田，并将稻田与插秧节、开镰节、摄影节等结合起来，是非常有益的尝试。

同时，利用区域科技、文化、人才等方面的综合优势，将京西稻与科研、教学、文化创意产业等结合起来，与社区发展结合起来，促进京西稻的活态保护和可持续发展。还可以建立京西稻博物馆，宣传京西稻的历史文化，使社会大众了解皇家稻作农业及相关历史背景和文化传统。

# 民国元年的建都之争

季剑青

## 南北建都之争

辛亥革命期间，关于新成立的中华民国是定都南京还是定都北京，曾经发生过一场争论。按照南北和议达成的协定，孙中山在南北和平统一后，将把临时大总统一职让给袁世凯。不过孙中山也提出了若干条件，其中一条就是"临时政府地点设于南京，为各省代表所议定，不能更改"（《临时政府公报》第17号）。如果袁世凯南下就职，显然便于革命党人利用共和体制对其进行约束。另外，从法理上说，南京是中华民国临时政府和《临时约法》的诞生地，也是临时参议院所在地，临时参议院议决临时政府设于南京，自然具有无可争辩的法律效力。南京是新生的共和体制的发源地，理应成为民国的首都。从种族记忆上看，南京是驱逐胡元、克服汉土的明太祖的奠都之地，"昔明太祖扫荡胡元，恶燕北之夷风，别具卓识，定鼎金陵"，如今清王朝已被推翻，光复大业告成，定都南京也是一种光荣的纪念。清帝逊位后孙中山率临时政府官员祭祀明孝陵，即是此种种族意识的反映。相比之下，北京既是长期被"胡虏"占据的腥膻之地，又是君主专制统治的巢穴，已然污秽不堪，绝无做民国首都的资格。定都南京，意味着从政治体制和种族两方面与清王朝断裂，这也符合"革命"题中应有之义。

让人颇感意外的是，孙中山建都南京的主张，竟然遭到包括革命党人自身在内的大多数人的反对。不仅袁世凯阵营和张謇等立宪派人士主张建都北京，带有革命党机关报性质的《民立报》、革命党人中的领袖人物章太炎、宋教仁以及大多数独立各省的都督也都主张建都北京，甚至连曾经主张或参加北伐的革命党军队高级将领朱瑞、姚雨平等人也赞成建都北京。大体而言，主张建都北京者的理由不外以下几条：第一，北京交通便利，已有都城规模足资凭借，不必多事更张，可省经费；第二，建都北京利于控制东三省和内外蒙古，足以谋五族共和，巩固统一；第三，建都北京可避免外交纠纷，若迁都必将迁移使馆，各国均不赞同；第四，建都北京可统一兵权，北方军队如林，迁都易动摇军心，生出他变。

由此可见，论者多从现实形势及可能引发的后果出发来论证建都北京的合理性，与孙中山从法理和种族角度立论显然有别。

面对反对者的汹汹声浪，孙中山仍然强调首都选择应能体现民国共和体制之新，1912年3月2日，他在给袁世凯的信中恳切陈词："今所急要者，但以新国民暂时中央机关之所在，系乎中外之具瞻，勿任天下怀庙宫未改之嫌，而使官僚有城社尚存之感，则燕京暂置为闲邑，宁府首建为新都，非特公之与文必表同意于国民，即凡南北主张共和疾首于旧日腐败官僚政治之群公，宁有间焉。"袁世凯对此置之不理，大多数革命党人也不能体会孙中山的苦心。在建都之争中，孙中山极为孤立，革命党领袖人物中只有黄兴一人站在孙中山一边。舆论方面，只有戴季陶、李怀霜主持的《天铎报》上能看到反对建都北京的声音，其中柳亚子、邹铨等南社文人态度尤为激烈。不过，大多数南社文人并未直接加入到此次论争中来，这可能是因为柳亚子所说的："群奸卖国，巨憝窃位，遂使革命大业，功败垂成，徒于国都地点，南北争持，亦已末矣。"（《告民军各都督》，《天铎报》1912年2月21日）南社文人热切盼望的北伐未能实现，袁世凯成了民国临时大总统，意味着革命已经失败，再讨论建都问题也没有什么意义了。

对于北京作为"胡虏"专制之巢穴的污秽性质，主张建都北京的革命党人也并非全无顾虑。2月13日，《民立报》上登出王空海的《建都私议》一文，从政治、经济、外交、边防等角度系统讨论建都北京的必要性，其中提到建都北京可"达光复之目的"，满清盘踞北京260余年，今民国新建，国体既改，必须"直驱燕京，据为首都，拔赵帜易汉帜，一新天下之耳目"，又云建都北京可"巩固共和之基础"，北方人民思想尚处于专制阶段，须"建都北京集文明于中央，汲新思潮以为之洗心而涤面"。作者也认为北京亟待革新，然而仅仅通过建都北京就能够"一新天下之耳目"，显然是一种过于乐观的看法。南社社员宁调元针对此点即提出反问，"不知北京为胡虏旧穴，彼辈果有势力图谋不轨，则政府有危险，则全局受其影响，较之论者所虑者，不更不堪设想耶？"不过与孙中山、柳亚子不同的是，他并不主张建都南京，而是主张建都武昌，这可能与他当时立场上接近湖北革命党人有关。

## 章太炎的"文化立场"

另一位观点值得注意的是章太炎。章太炎在建都之争中表现得相当活跃，他原先主张建都武昌，以金陵为陪都，后来立场发生改变。章太炎也认为建都北方有利于"控制北维"，保证国家统一，但与一般主张建都北京者不同的是，他引入了一种文化视角，指出建都北京有助于恢复北方已经凋残的中原文化，这当然是一种汉文化。在致南京临时参议院的信中，章太炎明确提出建都北京可收变革文化之效，"北方文化已衰，幸有首都，为衣冠所辐辏，足令丕变"（《致南京参议会论建都书》）。针对黄兴"文化相较，南优于北。安得以都不在北，北方退化，为不可迁都之确谛"的反驳，章太炎承认北方文化在游牧民族长期熏染下衰落已极，"成祖肇建北京，犹未能挽其末绪，满洲间之，益滋污俗"，然正因为此，建都北京方有必要，"夫建都北京者，逆挽之使不退于蒙古，非能顺进之使比迹于南方也"（《驳黄兴主张南都电》）。从与孙中山、黄兴同样的前提出发得出了完全相反的结论。

章太炎的立场有其现实和思想上的根由。南京临时政府成立后，重要职位基本上为同盟会所垄断，这引起了首义的湖北革命党人的不满。章太炎所在的光复会本来就与同盟会有隙，此时也站在湖北革命党人的立场上，反对同盟会的"一党专制"，并与张謇等组织中华民国联合会，旋改组为统一党，与同盟会相颉颃。同时章太炎对促成南北和平统一的袁世凯也抱有很大希望，这是他反对建都南京主张建都北京的现实政治背景。从思想上看，章太炎强调的是历史连续性对建构政权合法性的意义，与孙中山从法理角度建构南京政府之合法性完全不同。他认为，"夫制大法者，当察于历史，不在法理悬谈"（《新纪元星期报发刊辞》），"政事定式，惟循旧而因革之尔"（《先综核后统一论》）。他指出南方临时政府与统一政府不同，统一政府须能接收前朝"图籍"，而"南方虽有临时政府，本无图籍，所可接收者安在？"中华民国必须承继清政府的文献制度和领土疆界，才能保证政权的合法性，如此建都北京就成为一种必然的选择。然而，这种历史主义的观点与革命逻辑却存在着一种内在的矛盾。当革命尚未成功时，可以用"汉种的历史""激动种性"，激发排满革命的冲动，历史意识与革命热情可以相得益彰，一旦革命成功，需要建构容纳汉满各民族在内的统一的中华民国的时候，两者之间的裂隙就不可避免地暴露出来了。

### 终结"民国之都的想象"

事实上，论争双方观点之间的冲突与这种矛盾具有某种同构性，它们涉及对中华民国不同的想象。主张建都北京者一个相当有说服力的理由是北京对于控制北方边境地区的重要战略意义，他们看重的是一个统一的、容纳"五族"的中华民国主权与领土的完整。而在地缘政治上，北京是联结中国本部（二十二行省）与蒙藏等藩部的枢纽，也是清王朝能够有效统合两者的关键所在。中华民国承继清王朝的疆界，从国家统一和"五族共和"的角度看，北京的"胡化"和"夷风"恰恰是一种优势。然而对于孙中山这样的南方革命党人来说，中华民国应该是种族革命和政治革命的产物，是一个能够体现崭新的共和价值和以汉族为主导的政治共同体，他们对藩部的离合缺少切肤之感，对满族等北方民族以及北京都怀有一种刻板的消极印象。虽然在民国成立后接受了"五族共和"的口号，但是并没有表现出强烈的体认。

孙中山等人建都南京的动机，黎元洪可谓一语道破："建都金陵之议，原欲改弦更张，从新缔造，宅心未尝不美。"然而形格势禁，局势正朝着有利于袁世凯的方向迅速发展。主张建都北京者越来越多，"甚且有前主都南今又翻然主都北者"，《民立报》据此评论道："方其议论之起也，博辩滔滔如挟风霜几不相下，及利害得失缓急轻重豁然有所洞悉，遂交相让步，虽全取消其前案亦毫无所于惜，是何也？盖一时之感情终不敌其天赋之理性，而其希望少数便宜心终不敌其希望全国统一心之切也。""少数便宜心"的说法未免不公，但多数主张建都北京者是洞悉"利害得失缓急轻重"后做出"理性"选择却是实情。这里把主张建都南京者归为感情冲动好发议论之辈，显示了现实政治逻辑的强大力量。特别是在2月29日北京兵变后，建都北京的观点更是占到了绝对上风，孙中山只得退让。平心而论，除了依附袁世凯集团的北洋派是从自身利益出发外，多数主张建都北京者（无论是立宪派还是革命党人）确实是把国家统一和领土完整置于首要地位来考虑，希望通过尽早定都北京来实现南北统一。4月1日，孙中山宣布辞去临时大总统职务，以黄兴为南京留守使。4月5日，参议院议决临时政府迁于北京。这场为时虽短却甚为激烈的建都之争以主张建都北京者的胜利而告终。

临时政府北迁后，统一党、同盟会、共和党本部亦纷纷迁往北京，"十余年前专制之根据地，而今为政团之活动区"（梁启超《答礼茶话会演说辞》）。章太炎也北上成了袁世凯总统府的高级顾问，随后又被任命为东三省筹边使。然而他期待中的北方文化"丕变"的景象并未出现，反而很快感受到北京政治的腐败和风气的污浊，连自己也身陷袁世凯的羁縻之中。章太炎对自己建都北京的倡议流露出悔恨之意，1916年他在给黄宗仰的信中说："此北京者，乃仆倡言所建，而今卒为自缚之区。春蚕作茧之喻，岂不信然？"在给吴承仕的信中，更是痛陈北京"人心颓靡，日趋下流"甲于各省，"同是各省所产之人，而一入都城，泾渭立判。此则咎不在社会，而在政治审矣。若中央非有绝大改革，虽日谈道义，渐以礼法，一朝入都作官，向恶如崩，亦何益乎"？北京已堕落为腐败的官僚政治的大本营，此时重提"绝大改革"似为时已晚。政治革命既归于无效，通过建都北京来控制北部边境地区的设想也没有完全实现，"宛平既建，漠北卒不守，辽东粟末以上亦受制于佗人。自以所策无效，天保未定，终后不知其所说为驾也"。民国的新都似乎很快就蜕去了人们赋予它的光环，露出它腐朽污秽的本色来。这座都城给那些像章太炎一样抱着希望北上的革命党人留下的，只是苦涩和失望。

# 辛亥前后的北京民谣

## 赵 书

歌谣是人民的心声。《尚书·舜典》说："诗言志，歌永言。"歌，是代表民情民意的。北京的歌谣又叫"京师谣"，自古以来是以针砭时弊的时政歌闻名。北京人有一种侠肝赤胆正义心，只要遇到不平事，总要用民歌讽刺一番，遇到了天下大事，也总要评论一番。北京是封建王朝的大本营，在推翻二千多年封建王朝制度的辛亥革命运动中，北京人民是如何心态呢？这种心态直接影响着全国政局的发展和统治者的决策，因为它反映的是人心。我们通过收录在《中国歌谣集成（北京卷）》中的几首歌谣，回顾当时历史文化现象吧，这是真实的历史记录。

### 辛亥革命前人民对清政府已失去信心

经过1840年的鸦片战争尤其是1860年英法联军火烧圆明园后，朝野上下有识之士均有清朝"气数已尽"的感觉。在经历甲午战争、戊戌变法、义和团运动后，人民对清政府尤其是对慈禧的不满情绪，已达到可以公开议论的程度。最明显的是说她："有武则天之淫，无武则天之德。"八国联军打入北京，西太后跑到西安，使北京人民受到极大伤害，怨声载道。"怨"就是对清政府腐败不满，"声"就是人民相互传唱的歌谣。如《西太后把国卖》：

"西太后，真不赖；

腿儿长，跑得快；

长安一住把国卖；

赔钱数不清；

卖地好大块。"

1900年8月15日西太后仓皇西逃，跑到西安，与帝国主义国家代表签订了丧权辱国的《辛丑条约》，割地赔款，卖国求安。这首歌谣主要流传在京城北郊昌平地区，是西太后逃跑经过的地区。通过这首歌谣可以看出，清朝未亡，在京畿地区已有人敢公开指骂清朝实际的最高统治者西太后了。慈禧去世后，安排了一个小皇帝宣统继位，全朝没有一个能总揽政务的大臣。对这残局，连清朝驻京的八旗兵都感到失望，因此在近郊海淀也出现了咒清政府灭亡的歌谣《除了宣统全是贼》：

"你问我，我问谁？

除了宣统全是贼！

不用掐，不用算，

宣统不过两年半。

别看皇帝岁数小，

今个儿明个儿长不了，

今年猪吃羊，

明年种地不纳粮！"

上面这首歌流传于京西。到了宣统年间，对清朝政府腐败不满的歌谣在外城汉族人中间出现。北京市文史研究馆馆员徐凌霄先生在其著作《古城返照记》中记载了一段当时预言清政府必亡的谶言："正阳门，连西东，左边亡明，右边亡清。"到了宣统三年，在通州就有直接表示支持革命的歌谣《宣统谣》出现了：

"宣统、宣统，无水下种；

要想栽秧，拿刀弄枪；

要想割稻，重换国号。"

通过上述民谣，我们可以看出下面的这些革命活动是有民心基础的：1909年11月21日学堂学生胡荣铭（鄂公）、熊得山等组织共和会；同盟会员化名在京创刊《帝国日报》；1910年3月31日，同盟会会员汪兆铭（精卫）等在什刹海刺杀摄政王；12月24日，东三省国会请愿代表来京呈请明年即开国会；1911年同盟会京津保支部成立；1912年1月北方革命协会通州革命党人密谋举事等。当时的清政府已是风雨飘摇，四面楚歌。

## 对辛亥革命带来的变化人民充满期待

1912年1月1日，孙中山于南京就任临时大总统，宣告中华民国成立，定都南京。2月12日，清帝退位，授袁世凯组织临时共和政府。6月8日，袁世凯公布临时参议院决议，以五色旗为国旗。国家实现和平过渡，政权更替，辛亥革命结束了中国两千多年的帝制，人民希望国家从此强盛。

所谓"时政谣"反映的是人民对政局的评论，有褒有贬，其中以批评、讽刺为内容的居多。古代把"时政谣"称为"诗"、"怨诗",赞扬时政的歌谣较少见。时政歌能"观风俗,观厚薄",是中华歌谣的优良传统。20世纪80年代初在进行《中国民间文艺十套集成》田野调查时,民俗学家完颜佐贤先生交来了一首颂扬辛亥革命的歌谣。完颜佐贤先生是金世宗二十七世孙,其家族与清代皇室有十分密切的关系,他收集的歌谣有典型意义。我们将完颜佐贤先生所收集的歌谣收入《集成》,以使人们了解当时社会实际。该歌谣流传于1914年,4月1日民国交通部创办京汉、京张、京奉、津浦、沪宁五铁路联运,使北京人民大受鼓舞,得到各界人士一致好评。因此有歌谣在街头巷尾流传,反映了当时北京人民支持辛亥革命的心声:

"南北通,铁路长,

大清亡,中国强。"

辛亥革命给北京人民的生活带来各方面的新变化,人民逐渐理解、适应并觉得欣喜:

"中华民国真不差,

时兴的剪发剃秃子儿。

留平头,刷牙根,

三炮台的烟卷抽两根。

手里拿着文明棍,

脚下蹬着皮鞋子儿。

光口鞋,没有脸儿,

花的铜钱没有眼儿。

吸烟卷,没有杆儿,

留圆头,没有髻儿。"

如此简单生动的语言,说明人民对辛亥革命的广泛赞同。

辛亥革命后政局变化无常,也使有的人心情很纠结,在民谣中也有反映:"带着辫子没法混,割了辫子怕张勋。"总统、皇帝同时在,百姓难知哪头沉。北京人有海纳百川包融心,能接受外来文化,能顺应时代变化,可是在那一特殊时期,也有不好"混"的感觉,反映当时一般人对时局的迷茫,渴望有人能指点迷津的心态。中国需要有代表人民根本利益的先进党来领导,因为确实存在中国向何方去的问题,这歌谣虽只记录下来两句,确实反映了当时人民的思想困境。

## 对袁世凯的倒行逆施人民感到愤怒

北京是历史文化名城，也是一个色彩缤纷风格奇异的诗歌海洋。北京是一个有优秀革命传统的城市，积淀着大量爱憎分明的时政歌谣，在反对袁世凯恢复帝制的斗争中，民间歌谣起到了宣示民意，凝聚人心的作用。

1915年12月，袁世凯宣示承授帝位，并下令第二年改元为中华帝国洪宪元年。

袁此举遭到全国人民的反对，北京人民认为袁世凯是假皇帝，干扰了大家的太平生活：

"钟楼高，鼓楼矮，

假充万岁袁世凯。

铜子改老钱，铁棍打老袁。

要想太平日，还得二三年。"

袁世凯逆历史潮流而动，遭到人民反对。北京人有强烈的政治责任感，他们敢为国家的统一、社会的进步奔走呼号，不惜抛头颅，洒热血，牺牲生命。在全国人民的声讨声中，1916年3月22日，袁世凯被迫取消帝制。但是，袁世凯的丑恶独裁面目已暴露无遗，失去人民对他最后的一点信任！人民群众说他是又脏又丑的"癞蛤蟆"，是又愚又蠢的"秃驴"，骂他咒他的歌谣传遍全城，成了街头巷语。其中传得比较广的有《五色旗 没有边儿》：

"五色旗，没有边儿，

袁世凯，没几天儿；

洪宪年儿，闹着玩，

袁世凯，要玩完儿。"

还有一首有代表性的歌谣是《癞蛤蟆难过端午节》：

"要说邪，不信邪，

癞蛤蟆难过端午节；

六月六日得大顺，

大头归天顺人心。"

小孩儿们在街上一边跑，一边喊："城隍庙，挂龙旗；龙旗倒了打秃驴！"民谣中所说的"大头"、"秃驴"就是袁世凯，警察听了也不敢管，也不愿管，而市民听了非常解气。满街的童谣声如同利剑，传入袁世凯耳中，使他深知大势已去。1916年6月6日，在一片声讨声中，袁世凯于新华宫居仁堂忧惧而死。袁世凯复辟帝制这一历史闹剧，被无情地扔进了垃圾堆。而辛亥时期的北京民谣，成为一种反映民意的文化现象，流传下来，成为"京师谣"的语言珍品，载入史册。在记述中华人民共和国成立以前的几百首时政歌中，有一首我印象很深，在这里我介绍给大家：

　　"宁为太平犬，

　　不做乱世人，

　　生命如野草，

　　来去了无痕。"

　　辛亥革命的伟大意义和带来的翻天覆地变化是十分深刻的，但人民遭受的几十年战乱也是严重的。我以此首歌谣结束这一篇介绍辛亥前后北京歌谣的文章，目的就是珍惜当前的和平生活。孙中山先生盼望中华民族屹立世界民族之林的日子终于来到了，让我们为中华民族的伟大复兴而加倍努力吧！

# 甲申之变白银神话

李宝臣

崇祯十七年（1644年）三月十九日清晨，大顺军不战而入北京，这本该是新朝开创的时刻，可历史上演的却是悲剧，仅四十一天就撤离。大顺军来去匆匆，在京只做了一件大事，就是拷掠搜刮白银运往西安，从而留下追赃几千万两的神话。滚滚白银让人眼花缭乱，其来源，其数量，史说纷纭，莫衷一是，裹挟着亡国遗民的爱恨情仇。

## 一

大顺军在北京究竟聚敛了多少银两，一说是三千七百万两；一说是七千万两。前者主要取自朝廷库藏，后者主要来自拷掠明官。

先看朝廷库藏之说。亲历甲申之变的被俘明朝官员赵士锦的《甲申纪事》说"内库尚存银三千余万两，金一百五十万"。另一位拥有同样经历的杨士聪的《甲申核真略》说"各库银共三千七百万两，金若干万"。由于赵、杨两人亲历事变，所以，后世史书诸如《明季北略》《渔樵纪闻》等，皆以信史采入，同时还添枝加叶。

内廷各库储存物资类别不同，只有内承运库贮金银。正统元年，将部分漕粮改折征银，每年一百万两，谓之"金花银"，解京放入内承运库，由皇帝做主，主要用于宫廷开支，户部只管记账。

朝廷"库藏"究竟如何，需放到晚明财政收入的大环境中考察。财政状况历来是皇朝政治的晴雨表，一切政治、军事危机与社会冲突的恶化，首先表现在财政危机上。

万历四十六年，加征辽饷六百六十万；崇祯十年到十二年，复加剿饷二百八十万，十二年停征剿饷，改征练饷七百二十万。按亩均增，摊给各省再分配到府县。累计年增额一千四百万。然而，加征预期不等于实际入账，果真每年能增收如此巨额，恐怕明朝也不至于迅速灭亡。仅以辽饷加征以后的崇祯元年为例，增额加上原额四百万，已超过千万，可是佚名《崇祯实录》卷一讲，"实计岁入仅二百万耳"。而边饷预算已从万历朝的二百八十五万，上升到五百余万。

黄仁宇《中国近五百年历史为一元论》统计，崇祯四年，"全国三分之一以上的县份对中央政府应缴的赋税连原额及加额欠缴一半以上，内中一百多个县全部拖欠。"此时尚处在边患、灾荒、叛乱危机合并发生的初期。财政已走向破产边缘。加征银两不能如额解入，归纳起来至少有四方面原因：一是田土抛荒或歉收不再能纳税；二是部分州县已脱离朝廷控制；三是征收官员舞弊自肥欺骗朝廷；四是豪强乡绅与乡民共同抵制。

崇祯十七年三月，大顺军横扫山西直抵宣府，京师告急，户部与内帑已无资发放军费，崇祯只得再次募捐。在此紧要关头，官员普遍选择逃避，几乎个个喊穷，大学士魏藻德捐助百两。有人则在家门上张贴"此房急卖"告示，或摆出器皿家什兜售。皇上干脆强行摊派，额定三万两。结果太监王永祚、曹化淳各捐三万至五万，太康伯张国纪两万，嘉定伯周奎、太监王之心各一万，费尽周折，只凑了二十万两。如果皇上内帑充裕，也不至于非要行此下策，加剧君臣冲突。不管怎样说，皇帝热爱江山程度远远大过文武百官，他是所有人当中最没退路的，国破百官可以守财退隐或投向新君，而他只能做俎上肉任人宰割。因之，再吝啬的皇帝到了生死存亡关头，还能抱着金银财宝，眼睁睁地葬送自己的江山？当时，京营已欠饷八个月，士卒自带干粮上城守备，每日只发钱百文。史惇《恸余杂记》说，户部侍郎吴暄山"请发内帑。上令近前密谕曰：内库无有矣，遂堕泪"。足证朝廷财政的窘境。

时任锦衣卫佥事王世德《崇祯遗录》也说，"兵兴以来，帑藏空虚"，"破城日惟车裕库珍宝存耳，乌有所谓十余库积金者？而纷纷谓上好聚敛，内帑不轻发，其不冤哉。"

## 二

拷掠追赃官员之说。大顺军进京后即设"比饷镇抚司"，由刘宗敏、李过主持，将勋戚、文武官员累计一千六百余人，押赴营中拷掠追赃。追银标准定为："中堂十万，部院京堂锦衣七万或五万三万，科道吏部五万三万，翰林三万二万一万，部属而下则各以千计"。为此，特地制作了五千具夹棍，《甲申纪事》说："木皆生棱，用钉相连，以夹人无不骨碎。"戴笠《怀陵流寇始终录》卷十八说，"共得七千万。其中勋戚十之三，内侍十之三，百官十之二，商贾十之二"。

三月二十二日开始拷掠，计六奇《明季北略》卷二十说"凡拷夹百官，大抵家资万金者，过逼二三万，数稍不满，再行严比，夹打炮烙，备极惨毒，不死不休"。

从追赃设定的最高十万两，最低一千两标准上看，如果足额收缴，一千六百名在押官员平均每人至少要出四万三千两。这对于朝廷中下级官员来说绝对是天文数字。毕竟高官勋戚是极少数。

如果紧盯住银两不放，忽略历史情境，官场习俗，那么赃银数额就会变成纯粹的数字游戏。大顺军拷掠决心不容置疑，期望标准不容更改，可是官员到底能不能拿出和能拿出多少银两，才是问题的实质。中国自实行中央集权，官员全员流动以后，制度设计和社会习惯，都要求官员致仕以后还乡养老。因此，官员从踏上仕途的那一天起，就开始担当乡里责任，同时进行家庭建设。官员无论贪赃与否，当有剩余金钱时，总要送往家乡。任职的流动性，旅途劳顿与成本过高，官员履职往往不带家眷，而是买妾随身服侍。居乡的父母妻儿，乃至兄弟需要他供养，因之，在京之家，犹如旅店，不会存有太多现银，甚至连房子都是租来的。特别是在政局危如累卵之际，官员怎能不未雨绸缪思索退路？退路就是裸官，把财富与家眷尽可能地先行送往家乡。俗语讲"小乱居城，大乱居乡"。

儒学调教、科举筛选出来的官员，普遍具有雅藏嗜好，愿意把闲钱换成古董文玩字画。而这些东西，对于急于筹银的大顺军来说毫无意义。

赃银的来源，主要出自勋戚与高级太监。这两部分人是皇室的附庸，长期居住在北京，经济来源稳定，财产丰厚。

据《明季北略》统计，城破前后，殉难官员四十七人；殉难勋戚七人；诛戮诸臣五人；刑辱诸臣五十四人；幸免诸臣二十四人；从逆诸臣一百二十九人。从钱稚拙《甲申传信录》卷六记录各官刑逼出银情况上看，大部分官员没有数据，可能是未出，也可能是失载，还可能是金额较少而被忽略。最受社会关注的勋戚群体，只有嘉定伯周奎五十三万两，其他只是拷掠追赃致死，而没有银两记录。这也许是在极度失望中对勋戚的泄怒惩罚。譬如元勋世爵成国公朱纯臣，本已开门迎降，却未被放过，拷掠处死细节记得十分清楚，独无追赃数目，可见现银之少，与显赫身份有如天壤。并非他的财产不丰而是现银不多，所有的豪宅、别墅、田亩、珍玩等等，即使价值连城，此时却换不成银两。《明季北略》讲，"凡贼追赃输纳见银加二；首饰十不当一；珠玉玩好一概掷弃"。

仍据《传信录》再看官员、太监群体，按照追赃标准考核，大学士十万，只有陈演一人追赃四万，后又抄出银数万、黄金三百六十两，金银比价按

1：10高价换算，也不过三千六百两，总计也难达十万；其他三位，魏藻德一万两、邱瑜两千两、方贡岳一千余两；大学士以下文武官员，吏部尚书李遇知四万两、刑部尚书张忻一万两；侍郎杨汝诚纳赃如数，侍郎霍晋山五千两，侍郎吴履中黄金八十两、银六百两；锦衣卫骆养性三万两、国子监祭酒孙从度以万计、少詹事胡世安一千五百两、户部主事丁时学十三万两；太监王之心十五万两。科道御史被关押的十二人中，均被多次上夹刑，只有二人出银，吴邦臣出银数目不详，曹溶二百五十两，离三至一万标准，差得实在太远。谕德杨士聪派饷二万，输银数百。

虽然这只是传闻记录，并非确切的历史统计资料，但是，出银大户基本上囊括其中。高官显爵历来受人瞩目。他们在穷途末路中的龌龊无耻与逸闻鄙事绝不会被人放过，总是历史记录的主要对象和史鉴忧思的绝好例证。记载甲申之变的书籍有关追赃情况的描述大体类是，出入不大。

其中超过十万两的三位：周奎、王之心、丁时学三人；过万两的陈演、李遇知、骆养性、孙从度、魏藻德、张忻、杨汝诚七人。这十位当中，周是皇后之父，身份特殊，巨额家产不具普遍意义；王是提督东厂太监，权势熏天，李天根《爝火录》卷一说他在太监当中"富推第一"，但因未达到追赃期望值三十万两之数而被夹死；丁系保举出身的户部主事，何以献出十三万之巨，当是由其带领抄出的户部藏银。陈乃致仕内阁首辅，正在把财产变现集中准备还乡之际，赶上城破被执，不得不献金自保。至于李遇知是否出银四万，史籍记载不同，有说因无资可出而被拶死，有说他在城破之日开始绝食，七天而死。

京师是官员最集中的地方。崇祯年间在京官员人数，据《明会典》和《明史职官志》统计：文职1130余人，其中三品以上不足40人，吏员1366人；武职3027人，其中三品以上110余人；公、侯、驸马、伯57人。共计5600余人。孙承泽《山书》卷二："各俸银虽升迁，名数时为增减，较数岁之中以为常。每岁约支银十四五万余两。"

拷掠重点主要是三品以上文官与勋戚，两者不过百人。此时武官基本不在城内，鲜见武官被羁押拷掠的记载。高级文官与勋戚的财富基本上决定了银两数额。除去周奎、王之心、丁时学三位特例之外，大顺军在其他人身上榨银，累计难于超过一百五十万两。四品以下级官员，收入少，未带家眷者多。如兵科给事中顾铉被捕，仆人"窃资而逃"，最后需要救命钱十两，都无人出手相救，只得坐以待毙。

此外，尽管朝廷财政拮据，户部太仓、内承运库、里库也不可能空空如也。尤其经营了二百余年的宫廷金银器物，经过排查搜刮，聚起百万银两也不会太困难。

库藏与拷掠两项搜刮，大顺军所得白银估计在三百余万两，绝不可能达到三千七百万两，遑论七千万两。

# 三

现银的天文数字，真相究竟如何，是崇祯宁舍江山也不舍金山，还是大顺军聚敛有方，或这本来就是臆测传闻？在此，有必要简单梳理明代社会白银存量与流通情况，这是理清数千万银真相，不能绕开的前提。

万历初期"一条鞭法"施行，正是白银货币化冲击的结果。官方允许白银流通，却没有像铸造铜钱那样制造银币，币值一直采用原始重量单位。金银和法定货币铜钱之间比价全由市场决定。事实上，民间只有大宗交易才用白银，平常交易仍使用铜钱。流通领域的白银主要依赖进口。自产有限，开矿成本往往高于投资。《明史》"食货志"讲，嘉靖二十五年至三十六年的十二年中，投资三万余两开矿，产银二万八千五百两。得不偿失。

崇祯年间，白银进口呈现萎缩状态。贡德·弗兰克《白银资本》说，17世纪头十年，平均每年进口150吨；20年代为178吨，30年代为162吨，到了40年代下降到每年89吨。明末社会累积的白银存量：李隆生《明末白银存量的估计》为75500万两，彭信威《中国货币史》是25000万两；至于海外输入量，李隆生认为是近30000万两，梁方仲"明代国际贸易与银的输出入"认为至少是7200万两。

进口白银并不完全留在流通领域，相当部分用于打造器物、首饰或储存，尤其在政局动荡，经济危机之际，社会藏银之风更甚。在以家庭救助养老的时代，社会存钱意识从来十分强烈。

在此，取李、彭两位估量的平均数，社会白银存量约为50000万两，如果存储等项占到其中百分之二十，那么留在流通领域的不过40000万两。因之，赃银无论7000万两还是3700万两之说，都是难以想象的。大顺军在不到二十天的工夫竟然能轻易聚起幅员万里帝国的六分之一到十分之一的白银，不是神话又是什么。

实际上，大顺军搜刮的白银，除去在京费用以外，运往西安的最多也就百万两左右。《传信录》卷六：四月初九日"各伪将所追赃银悉入内府，命工人即先朝内库积银共百余万，熔成方版，而窍其中，为可运计"。为此征集了数百工匠日夜加工，可见搜刮来的白银，途径不同，形状各异，大小不一，需要重新统一铸造。十八日，李自成东征山海关前夜，"密运辎重数百辆西归，内帑于是荡然矣"。数百辆证实了白银规模有限。

赃银神话实际上是南明党争打击北来诸臣的产物。甲申之变后，南京建立弘光朝廷。把持朝政的马士英、阮大铖等倡"刑辱之说"，对于曾身陷大顺军营受到拷掠的投奔官员，进行清算打击。赃银神话是投向刑辱诸臣的重磅道德炮弹。国破之际，这些人不随皇上一同殉国，却持巨财被拷掠资敌，乃是亡国罪人。因此，把赃银数目做大，一方面，证实刑辱诸臣的自私卑劣有负君恩；另一方面，彰显大顺军的流贼劫匪性质。赃银神话绝非银两统计，所有的历史记录，没有一个出自收银的大顺军人之手。只是远离北京的江南文人道听途说，甚至臆测而已。数字运用，绝非统计意义上的精确，而是彰显爱憎分明的道德立场。

刑辱诸臣起而奋争，因之，才有赃银出自库藏之说。杨士聪、赵士锦作为刑辱之人在遭人唾骂时，肯定巨额库藏的存在，实质上是把亡国责任完全推给了崇祯。显然，倘若他们否定巨额银两，则无异于辩诬，不能彻底洗清被捕受刑的耻辱。只有让皇上担起坐拥金山不救江山之责，那么刑辱悲剧发生实属必然，不仅不该指责，相反倒值得同情。

大顺军昧于时代军政格局，在不了解清军之际就贸然进京，是战略选择上的大错，进京后又以拷掠追赃为首务则是错上加错，尽管掠银数额极其有限，但拷掠扩大化则开罪了仕宦集团，非但不能得其支持，反而引来一致的夸大其词的责骂。大顺军急忙进京，在军事上为清军入关扫清了障碍；在政治上让清军及时打起为明君复仇旗帜，很快获得被大顺抛弃的仕宦集团的拥戴。大顺四十一天北京史是明清交替的关键时刻，白银神话构筑的陷阱，装进了崇祯、大顺与刑辱诸臣，让他们颜面扫地。白银神话让清军占尽政治道义上的便宜，从容入京顺利完成了江山易主。

# 成祖迁都与"永乐"国家战略

彭　勇

对明成祖迁都北京的研究成果颇多，像国内的明史学者毛佩琦、商传、晁中辰，中国台北学者朱鸿、日本学者新宫学等都有论著探讨成祖迁都的背景、目的、影响和评价等，相关论文更是丰富。虽然学者在诸多问题的观点有明确的分歧或对立，但对迁都给此后明清五百年的中国历史带来巨大影响的看法却是一致的。

其实，朱元璋在南京建立明王朝之后，在都城问题上多有考虑，南京作为京师并不是他唯一的选择。他曾在凤阳建中都，但因故停工罢建；他也曾考察过开封和商丘等地，有建都城或陪都，也未成行。从那个时期君臣商讨的过程看，国家防御战略和控制力才是选择都城的最重要条件。朱棣在靖难之役后，便尝试将都城迁往北京（时为北平）。在经过近20年的准备之后，终于永乐十九年正式迁都北京，此后明清500年，北京成为中国的政治、军事和文化中心。朱棣迁都的原因说法甚多，有言北平是朱棣燕王的"龙兴之地"者，有言他不习惯于南京的生活，有言他在南京杀人太多而不安于内廷生活。此类说法仅从帝王一人之好恶判断国家都城之所在，显然过于简单，因为都城是一个国家政治和军事中心，是国家权力运行的中枢，都城的选择一定有周密的考虑。

一

"靖难之役"对旧有的北边防御体系形成改变。靖难军的组成，对明朝北边防御最大的影响是，它既改变了洪武朝既定的塞王实边的战略，又极大地扰动了辽东都司、大宁都司、北平行都司、北平都司、北直隶卫所等兵力的部署。

蓟、宣、大等京畿防御骤然紧张。洪武三十五年（1402年）时，北平行都司及原驻地的卫所因参加战争，卫所屯驻地出现巨大变化，已无法按原设计发挥作用。永乐元年（1403年），成祖即着手对此前的都司、卫所分布做出了"收缩内迁"的重大决定，将北平行都司治所迁于保定，并将其名称改回为"大宁都司"，把从山海关到居庸关一带的61个在外卫所和在内卫所、三个守御千户所改属"北京留守行后军都督府"。据《明实录》，"（北平）行都指挥使司为大宁都指挥使司，隶后军都督府。设保定左右中前后五卫，俱隶大宁都司；调营州左屯卫于顺义，右屯卫于苏州，中屯卫于平峪，前屯卫于香河，后屯卫于三河卫，设左右中前后五所仍隶大宁都司。"不论撤销大宁防区是出于何种目的，它所带来的影响却是有目共睹的，毕竟，蓟镇与敌对的蒙古部族近在咫尺，本属于"内边"的京畿、蓟镇之地不得不直面蒙古族势力。

永乐二年（1404 年），蓟州地区已开始派驻镇守武官，"以陈敬为都督，镇守边关。建城，始迁安寺子峪。为蓟镇守之始"。永乐中后期，都指挥使陈景先长期驻守蓟州镇守，奉命修筑边城、加固边墙、巡逻预警，在紧急之时，还获准指挥附近驻扎军兵的权力。大宁都司迁治于保定，凸显了保定在防御北边、戍守京畿的重要地位。保定是北方重镇，为北方游牧民族进入中原腹地的重要通道之一，历代兵家必争之地，"大抵皆战场矣"。宣府原有谷王的镇戍，与大同同为明前期北边防御重镇，这里早在洪武末年和永乐年间陆续建置有一批卫所，包括宣府前卫、左卫和右卫，万全左、右卫，隆庆左、右卫，保安卫和保安右卫，开平卫、怀安卫、蔚州卫、怀来卫和永宁卫等卫，兴和和美峪守御千户所等等。

于是，成祖在撤出藩王的同时，根据边地形势的发展和需要，又陆续往北边地区派驻大量的镇守武官，其中有为数众多的靖难"新贵"，以期构筑连接宣府、大同、保定和京师的防御体系，这显然是基于后"塞王实边"时期首都迁至北京之后，做出的重大调整。此举直接改变了明初洪武朝业已形成的卫所防御体制，构建了新的防御体制的举措也陆续应运而生，如入卫兵制、班军制度以及镇戍制、省镇营兵制等等。

明北边防御体系是为防御蒙古部族而建，明蒙关系的新变化直接影响到都司卫所管理体制的运行。

"靖难之役"结束，作为首都的南京迎来了新的主人、组建了新的权力中枢。成祖因其轻骑南下，随行的亲信与前此组建的五军留在了南京，原戍守北边的官军像大宁都司军人返回原卫所。此时，北方社会经济遭受战争的严重破坏，成祖称北方的经济"如人重病，初起善调理之，庶几可安，不然病将愈重"。打击政敌、稳定政局、正名扬声，以及恢复经济、规范屯田等事务，都是成祖的当务之急。

成祖对北边防御的重要性有他自己的体验和理解，尽管此时藩王守边的格局已被打破，但北边局势尚且安宁。永乐元年，他就对大臣们说："今日唯当养中国，唯固边防"。在洪武后期，当纳哈出归降、捕鱼儿海之役后，脱古思帖木儿被弑，原蒙元王室遭到深重打击，蒙古内部发生混乱，出现了严重的分裂。明太祖和建文帝都采取了积极防御的措施，北边局势进入相对平稳的时期。所以，在永乐前期，成祖对北边主要采取"通好"的政策，采取稳妥的防御策略。

在登极之初，成祖说："《春秋》：'驭夷之道，来者不拒，去者不追'，盖彼之来既无益于我，则其去也亦何足置意？……但严兵备、固疆圉，养威观衅，顺天行事，如造次轻举，后悔无及"。永乐元年（1403年）二月，他致书鞑靼可汗鬼力赤说："今天下大定，薄海内外皆来朝贡，可汗能遣使往来通好，同为一家，使边城万里，烽堠无警，彼此熙然，共享太平之福，岂不美哉！"并赐给来归的蒙古人大批物品。当年三月他又派遣使臣到瓦剌部，劝谕来降，共修和平。此后，他一直对蒙古族采取"宣谕招附"与"积极防守"的政策，还数次表达类似的诚意。

永乐朝在靖难之后重开战事是对安南的用兵。对蒙古的用兵，则是在永乐七年（1409年）朱棣称帝之后第一次荣归故都之时，蒙古贵族竟然杀掉明朝派出的使臣。次年他第一次亲征，出兵打击鞑靼可汗本雅失里，他的"亲征胡虏诏天下诏"表达了八年来对蒙古贵族的一再迁就、忍让的宽容却招致以怨报德的愤慨，以及不扫沙漠誓不休的气概。永乐十二年的第二次亲征打击对象是瓦剌可汗马哈木。

两次亲征，成祖对北方边境蒙古的新形势大致有了清楚的认识，进一步调整和加强北边防守，在北部边疆集结更多的兵力，打击、防御敌对的蒙古部成为他的首要目标。永乐十三年，他组织了最大规模的军事调动到北平地区，这就是后来《明史·兵志二》误认为"京操之始"的大调兵。成祖在永乐十四年九月短期回南京后，不过半年又回到北京。此后，他完成了迁都北京的壮举，再接下来是每年一次、连续三次对蒙古部的亲征。

从表面上看，成祖对北方蒙古族的政策，从前期的招抚到中后期严厉的打击有着鲜明的对比。后期的转变，似乎与建文政局的关系不大了。实际这种转变的背后却是因为洪武北边防御体制的被打破，必须重新建构新的防御体系的需要。对成祖迁都北京的原因，学界并没有完全一致的意见，而他的五次亲征、尤其是后三次密集的北征原因何在？也有不同的见解，但都不能回避的最重要因素是来自蒙古族的威胁。

# 二

成祖自北平起家，由藩王夺嫡入继大统，率领大军于南京登基，后又迁都回北京，这样的经历，对当时明代的京师、京军和京营制度都会产生重大的影响。

京军、京营是两个不同的概念，狭义上的京军是指在京师的亲卫军。广义上的京军则包括了在京、在内、京畿地区甚至远调而来的军兵，它的数量更加庞大。如明中期王廷相言"洪唯我太宗文皇帝迁都之后，京师置七十二卫所，约官军不下三十余万。畿内置五十余卫所，约官军不下二十余万"。京营一般是指五军营、神机营和三千营等三大营。在成祖迁都北京之前，明朝的京军仅在南京，迁都之后实行两京制，南、北二京均有京军，但两京三大营职能却相去甚远了。

燕王登极，意味着洪武、建文朝的旧有亲卫军体系构成必须要做出改变，最初随他起兵的众将士留在南京，化为新的京军。在京军卫的构成上，他把原来的护卫军改为亲军卫，这也是理所当然的事情，"升燕山中护卫为羽林前卫，燕山左护卫为金吾左卫，燕山右护卫为金吾右卫，俱亲军指挥使司"，其原燕王府属卫所名字也陆续做出相应的更改。永乐四年，"改燕山左、燕山右、燕山前、济阳、济州、大兴左、通州七卫俱为亲军指挥使司"。在迁都北京前，成祖对南京的京军亲卫所进行了统一分配。

上谓行在兵部尚书方宾曰：明年改行在所为京师，凡军卫合行事宜，其令各官议拟以闻……金吾左等十卫已为亲军指挥使司，其行移并守卫官军，俱合依南京上十卫例。其各卫官军，今在南京及行在卫分者，俱合取入原卫上直守卫、南京留守五卫，每卫改官军一半来北京，开设留守五卫，仍属五府，分守城门及更番点闸皇城四门。北京牧马千户所，候调南京军至并之常山三护卫，见在北京，其文移合依安东中护卫例。悉从之。

命兵部以孝陵、济川、广洋、水军左右、江阴、横海、天策、英武、飞熊、广武、应天等卫，留守南京；神策、镇南、骁骑、沈阳、虎贲、豹韬、龙骧、鹰扬、兴武、龙虎、武德、和阳、沈阳右等卫，调守北京。留守中、左、右、前、后五卫官军，分守南、北二京。

经过调整，南京仍保留有49个卫，其中有亲军卫指挥使司17个，五军都督府属卫32个，由南京守备和中军都督府节制。《明史·兵志二》"卫所"项分别记载了洪武二十六年"定天下都司卫所"和"后定天下都司卫所"两个时段的卫所设置，对南北二京所属卫所及其前后分合关系有简单的交代。

京营是明代军事武装力量的核心与中枢。永乐时期，明代国家军事建制中一项重大变化便是京营的形成。它的出现和制度化，与靖难之役后迁都北京、南北二京制的关系最为密切，与明朝北边防御体系的新构建也有很大的关系。

《明史·兵志一》"京营"条，对成祖一朝三大营建制有较为详细、静态的介绍，但对建制的过程并没有交代清楚。其中讲到"成祖增京卫为七十二"，指出了京营制度的形成和发展，但形成的具体时间和详细过程却多有争议。罗丽馨认为：京军三大营"源于永乐七年太宗北巡，此后经多次北征而强化，至永乐十九年北迁后大体形成，宣德二年因班军确立，始予制度化"。文章强调了迁都北京对京营体制是有重大影响的。李新峰则认为"永乐、洪熙、宣德之际，北征军队不及遣返，常驻京师，遂突破了'战时出征，事毕还卫'原则，渐成常备军驻京之制；三大营体制来源于靖难战争中的北军体制和永乐历次北征中的亲征军体制"，"三大营突破了亲军卫、京卫、外卫的界限而各统内外卫所，各营下属的各司更是打乱了卫所编制。"这与笔者所研究的明代班军制度始于永乐二十二年，在宣德一朝确定下来，主旨是一致的，即作为三大营之重要组织部分的班军，产生在明前期的军事调动大背景之下，在永乐一朝的军事调动中逐步产生，以戍守京师和京畿地区的常态化管理。

京军三大营在编制上的变化，与永乐朝军事形势的变化有很大的关系，它不仅与三大营在永乐一朝陆续建立有关，还体现在三大营的具体建置的构成上。明末何乔远更是把靖难战争与三千营的形成讲得生动形象。

成祖靖难时，将引兵南向，患宁王蹑其后。自永平攻大宁入之，谋拥宁王，燕府中赐予兀良哈，说之。兀良哈皆喜。成祖行，宁王饯之郊，兀良哈从，一呼皆战，遂拥宁王西入关。于是取其三千人为奇兵，立三千营。

## 三

靖难之役后，永乐政治对都司卫所管理体制的影响，不仅仅直接体现在军事方面，更体现在军事防御体系构建或影响之下的国家制度与社会运行之下诸多层面，比如庞大的郑和下西洋船队，每次有二三万人，卫所官军是最重要的组成；他举兵80万之众对安南用兵，影响到了两广地区的军事布防；对西北边地和东北边疆的戍守和巡视，也大都是以卫所军人为重要力量。上述大规模的兴兵征伐，卫所官军的战绩、军功也较多地影响到了卫所体系的原有结构。

成祖迁都后，明朝的权力中枢和政治中心转移到北京，它必然带来一系列的连锁反应，比如骤然剧增的京师人口（皇室、文武官员和服务群体）所必需的交通运输和物资保障。于是在迁都之前，就有了大运河的修建，有了漕运军队的组建等。漕军来源于都司卫所里的世袭军人，是在永乐年间因迁都和增加北京、北边粮饷供给的产物，也是存在时间最长的军兵种，一直延续到清代中期之后。漕运军出现在永乐十二年（1414年），当时成祖准备第二次北征，从北京、山东、山西、河南、中都和直隶等都司卫所大量调取军士，以指挥、千百户率领，都指挥总管，入漕运粮。在此之前，成祖已深感供应北平粮食的艰难，认为东南地区向北京的粮饷运输如果继续依靠海运，显然无法保证稳定的供给。

屯种田地是都司卫所的重要职责之一。在成祖登极后不久，他就下令"五军都督府移文各都司，令卫所屯田如旧制。卫指挥一人、所千户一人专提调，都指挥督察之。岁终上其所入之数，以课勤怠"。永乐三年（1405年）正月，成祖再下令，"命天下卫所，以去所定屯田赏罚例，用红牌刊识，永为遵守"，加强对屯田的管理。永乐朝的屯田子粒收入，是整个明代的数量以及占国家整个财政收入的比例最高的时期，它在某种程度上反映了成祖对卫所屯田职能的加强。

靖难之役首先是一场军事战争，它对军事制度的运行影响是最大的。从"塞王实边"到"天子守边"，建文政局变动之后，到永乐政局的形成，也标志着明代国家防御战略的重大转变最终完成。此后，明朝以北京为中心、新的国家防御体制正式形成，它对有明二百年都产生了重大的影响。

靖难之役又是一场殊死的政治斗争，对参与的政治群体，尤其是权力中枢机构的影响是巨大的。在皇权专制背景之下，靖难新君夺嫡入位之后，其个人特性对整个明王朝的影响则是革命性的。故王崇武所言"明代政治制度之巨变以靖难一役为分野"实在有相当的深意。明朝建国，太祖在短期内承袭了元朝军户、卫所等军事组织基础之上，又多有创制，开启了"法乎汉唐"的明朝政制，而成祖则立足了靖难之后的新形势，在"一遵太祖之制"的名义之下，在更大的层面创立了新的政治、军事和外交体系。

成祖靖难夺嫡入位的经历，使他的一生都在努力为自己正名；让百姓尽可以永享太平之乐，打造永乐盛世是他称帝后的目标追求。他迁都北京，不是出于自己的私利或仅仅是个人的感受。从南京迁都到北京，高度切合中国古代都城迁移的基本规律，即"从西到东，以北制南，南北分治"的总特点和趋势。

对元朝定都北京和明成祖的迁都，白寿彝著《中国通史》有如下评价："以大都作为首都，是中国封建的多民族统一国家发展中的一个重大步骤。大都作为全国政治中心，使漠北与中原地区统一在一个政治中心之下，加强了长城内外、大漠南北的联系。朱棣迁都北京，正是继续推进这一进程，肯定了北京作为全国统治中心的地位。它不仅可以统治广大中原和南方，而且还包括北方的黑龙江、贝加尔湖、阿尔泰山一线广大地区。它不仅是联系汉人与南方各族人民的纽带，而且也是联系女真人、蒙古人、西域各族人民的纽带。"外国学者同样对成祖迁都及其永乐伟业予以高度评价："通过把北京定为京师，永乐帝就能够部分地实现他建立一个扩张的和外向型的帝国的幻想，这个帝国包括边陲和内地，既有汉族人，又有非汉族人。因此，地处战略要冲和曾为两个非汉族帝国首都的北京就明的新都来说似乎是实际的和顺理成章的选择。"

纵观永乐一朝，派郑和远航、设立奴儿干都司经营东北、在西南地区推行改土归流、平交趾反叛，以及加强对西藏的联系与管理、积极开展与中亚各国的交流、迁都北京、五次亲征、编纂《永乐大典》等，无不显示成祖不是一位墨守成规的皇帝。这既是在研究永乐朝的军事制度时所必须注意的基本前提，也是我们理解永乐政治及其时代的一把钥匙。

第三辑

溯源：不可不说的京城往事

政北京协

# 明代北京的盛会："万国来朝"

万　明

2016年是郑和下西洋611周年。611年前，明朝永乐三年（1405年），以强盛的综合国力为后盾，明朝永乐皇帝作出了派遣郑和下西洋的决策，郑和统率一支规模庞大的船队开始了伟大的航海活动。这支当时世界上最强大的海上力量七下西洋，持续28年之久，"云帆高张，昼夜星驰"，航海遍及30多个国家和地区，标志明代中国外交达到了鼎盛，发展至中国古代航海外交的巅峰，在中国古代中外关系史乃至世界文明史上写下了光辉的一页。

蒙元帝国崩溃后，国际关系格局出现新变化。明代中国是东亚大国，明初从农耕大国向海洋大国的明显走势与郑和七下印度洋形成的国际新秩序以及万国来朝盛况，理应成为我们高度关注的问题。

"一带一路"重要战略构想的提出与实施，从历史纵深中走来，开拓未来。"通古今之变"，历史仍给我们以重要而有意义的启示。

## 一

"万国来朝"一语，"万"是一个概数，形容很多国家前来朝拜之意。其由来，最早见于南朝梁王筠《上太极殿千夫表》：四海为家，义存威重，万国来朝，事惟壮观。唐杜佑《通典》卷一四六《乐》六载："散乐，隋以前谓之百戏"。其下记隋朝"每岁正月，万国来朝，留至十五日，于端门外，建国门内，绵亘八里，列为戏场"。古代"万国来朝"，"万国"并不是实数，但由此我们了解到自隋代在王朝大庆典之时"万国来朝，表演乐舞已形成了制度。明朝初年，遣使四出外交，极大扩展了对外友好关系，继承并进一步完善了这一制度，在《明会典》中有着明确记载，自洪武年间开始，明朝凡大宴乐，都要演奏乐章《太清歌》：

万国来朝进贡，仰贺圣明主，一统华夷，普天下八方四海，南北东西，托圣德，胜尧王，保护家国，太平天下都归一，将兵器销为农器，旌旗不动酒旗招，仰荷天地。

自洪武年间开始，在大祀庆成大宴上，都要表演"万国来朝队舞，缨鞭得胜队舞"。

明朝永乐时期，经过明初几十年的休养生息，王朝日益强盛。永乐帝（1403—1424年在位）积极推行"锐意通四夷"的海外政策，宣称"今四海一家，正当广示无外，诸国有输诚来贡者听。"《明太宗实录》载："永乐三年（1405年）六月己卯（十五日），遣中官郑和等赍敕往谕西洋诸国，并赐诸国王金织文绮、彩绢各有差"，拉开了郑和七下西洋的序幕。下西洋规模之大，人数之多，时间之长，航程之远，均是当时世界上绝无仅有。下西洋全面贯通了古代陆海丝绸之路，建立了新的国际秩序，包括今天的东北亚、东南亚、中亚、西亚、南亚乃至东非、欧洲等广袤的地方，连成了一个太平共享的利益与责任共同体。当时海外各国来中国的使节和商队络绎不绝。史载，永乐迁都北京后，二十一年（1423年）有西洋古里（今印度喀拉拉邦卡利卡特，又译科泽科德）、忽鲁谟斯（今伊朗霍尔木兹）、锡兰山（今斯里兰卡）、阿丹（今也门亚丁）、祖法儿（今阿曼佐法尔）、剌撒（一说在索马里泽拉，一说在今也门亚丁附近）、不剌哇（今索马里布拉瓦）、木骨都束（今索马里摩加迪沙）、柯枝（今印度柯钦）、加异勒（今印度半岛南端东岸）、甘巴里（今印度南部科因巴托尔）、溜山（今马尔代夫）、南里（今印度尼西亚苏门答腊岛西北部）、苏门答剌（今印度尼西亚苏门答腊岛）、阿鲁（今印度尼西亚苏门答腊岛东岸巴鲁蒙河口）、满剌加（今马来西亚马六甲）等16国使臣1200人来华聚集北京的一大盛会。

值得注意的是，永乐二十一年参加北京盛会的国家以西洋古里为首，细查各国都是郑和下西洋交往招徕的海外国家，因此这一盛会无疑与郑和下西洋紧密相连。具体来说，这一盛会是在郑和第五次下西洋归国后，在刚刚迁都的新都北京发生的一大盛会。永乐十八年十一月，永乐皇帝颁诏天下"选永乐十九年正月朔旦御奉天殿朝百官"，而在十九年正月已见忽鲁谟斯等16国使臣来华的记载，在永乐迁都北京后的第一次盛大宴会上，可知有海外16国的使臣1200人参加。在大祀庆成大宴上，"万国来朝队舞"的大型乐舞表演，真实体现了郑和五下西洋航海外交的成功业绩，标志中国古代外交史发展到了一个鼎盛时期。

## 二

西洋究竟指哪里？这是郑和下西洋研究的基本问题。一般谈及郑和下西洋，强调的是中国与东南亚关系、中国与南亚关系、中国与西亚关系、中国与东非关系等等。笔者最近考证表明，郑和下西洋的"西洋"，一开始是有特指的，即印度洋。在跟随郑和亲历下西洋的通事马欢笔下，当时明朝人所认识的西洋，具体所指为"那没黎洋"，也即今天称为印度洋的海域。那么作为郑和大航海时代一个整体的印度洋久已被极大地忽视了。鉴于迄今大多学者仍以文莱划分东西洋界限，对郑和所下西洋的认识模糊不清，澄清下西洋即下印度洋，调整观念，这对于下西洋目的与史实的认识和探讨至关重要，同时也说明我们对于明代中国的外交理念与实践应该有一个全面的重新认识。

明代郑和七下西洋，中国人以史无前例的大规模走向了海洋。作为郑和第一次下西洋的终极目的地是西洋的古里，也就是下西洋以位于印度洋中部的印度古里为目的地。古里，即今印度南部西海岸喀拉拉邦的卡利卡特，又译科泽科德。此后七次下西洋，古里都是每次必到之地，并在第四次以后由古里延伸到波斯湾、阿拉伯半岛，乃至东非。这些地区与海域都是在印度洋的范围以内。更重要的是"古里通西域，山青景色奇"，明代国家航海外交行为全面打通了陆上丝绸之路与海上丝绸之路，从海上给古代丝绸之路划了一个圆。陆海丝绸之路，至此从海上全面贯通，交汇之地就在印度洋。这正是明朝人的航海外交达于鼎盛时期的作用。

今天我们知道，印度洋是世界第三大洋，面积7491万千方公里，约占世界海洋总面积的五分之一，拥有红海、阿拉伯海、亚丁湾、波斯湾、阿曼湾、孟加拉湾、安达曼海等重要边缘海和海湾。在古代，印度洋贸易紧紧地将亚、非、欧连接在一起。郑和七下印度洋，联通了亚、非、欧，中国参与了一个"全球"贸易雏形的构建，为一个整体的世界形成于海上做出了重要铺垫，也可以说拉开了全球史的序幕。

## 三

蒙元帝国崩溃后，明代中国作为崛起的海洋大国，如何应对蒙元帝国崩溃后快速变化的印度洋世界？如何理解明代中国航海外交建立的国际秩序的影响？通过考察，我们可以为明代中国对外关系建立一个宏观的分析框架。明初开始谋求在东亚建立一种不同于蒙元帝国的新的国际秩序，郑和七下印度洋，是明帝国从建国之初就萌生的新的国际秩序理念的延续。明初国际秩序的建立，具有与前此蒙元帝国、后此西方海外扩张殖民帝国迥然不同的特征，不应简单以传统朝贡制度或体系笼统归纳和理解。

从区域政治秩序来看，是国家权力的整体上扬。永乐皇帝派遣郑和六下西洋，并筹划派遣大量使团出使海外，开辟海道，招徕海外各国来华交往，在诏书中明确表述了"共享太平之福"的理念：

朕奉天命，君主天下，一体上帝之心，施恩布德。凡覆载之内，日月所照、霜露所濡之处，其人民老少，皆欲使之遂其生业，不至失所。今特遣郑和赍敕，普谕朕意：尔等祗顺天道，恪遵朕言，循礼安分，毋得违越，不可欺寡，不可凌弱，庶几共享太平之福。若有竭诚来朝，咸锡皆赏。故此敕谕，悉使闻知。

郑和的远航印度洋使得中外关系得到了极大的扩展，也使得对外交往盛况空前。我们注意到，在跟随郑和下西洋的马欢笔下，所有使团到达之处，无论大小，皆称之为"国"，这无疑是明代中国的国家航海外交行为带来区域国家前所未有的彰显。马欢《瀛涯胜览序》云："敕命正使太监郑和等统领宝船，往西洋诸番开读赏赐"。每到一国，郑和使团首先是开读诏书，在与各国政治上邦交关系确定之后，随之而来的是一种正常的政治新秩序的建立和贸易网络的形成，对这个区域的发展具有重要意义，为区域合作奠定了良好基础。

郑和远航印度洋，起了沟通域外所至之国的重要政治作用，包括今天的东北亚、东南亚、中亚、西亚、南亚乃至东非、欧洲等广袤的地方，连成了一个利益与责任的共同体。在和平外交理念的基础上，明初将中华秩序的理想付诸实践，建立起一种国际新秩序："循礼安分，毋得违越，不可欺寡，不可凌弱，庶几共享太平之福"。

从政治上来说，当时东亚国际地缘政治平台上，这是一个国家权力整体上扬的过程，获得大国的力量、国际的支持，成为东亚一些国家兴起的主要因素。如以满剌加为例，我们可以看到在国际交往中，明朝是有很大的国际影响力的。满剌加扼守马六甲海峡，位于东西方海上贸易重要的交通路口，满剌加在15世纪初的建立和发展，得到了明王朝的大力支持。明朝不仅使之摆脱了暹罗控制，不再给暹罗输贡，成为新兴国家，而且在建立以后的半个世纪里，这个国家成为整个东南亚最好的港口和最大的商业中心。

从中国古代外交的全过程出发考察，15世纪初，从时间上看，东亚形成了统一政权国家兴起和发展的趋势；从空间来看，东亚乃至印度洋开始融为一个整体的历史过程。此前，唐代的交往虽然广阔，但是当时有大食存在，没有在东亚形成体系化的条件；宋代民间交往兴盛，不可能形成一种区域整合作用，乃至形成新的国际秩序；而在元代，是以武威著称，曾造成海外外交惨败的结果。至明代初年，在"不征"的和平外交模式确定之下，与各国建立的朝贡关系主要是一种形式上或者称做名义上的从属关系，各国依旧保留自己完整的国家机构，在内政上也一般不会受到干预。明初的"不征"，凸显了外交的作用和意义，与中外密切的交往关系相联系的，是出现了东亚区域合作新秩序。整合后的东亚乃至印度洋国际结构，是以国家间官方建立的和平外交模式为主，可视为东亚与印度洋区域合作的良好开端。

从区域贸易秩序来看，主要为资源合作机制的形成。随着东亚地缘政治重新改组，建立的邦交关系是和通商紧密相连的，由此形成了一个区域国际贸易的网络规模，印度洋新的贸易秩序也由此生成。政治势力崛起，表现在经济方面，这一时期国际贸易的主体是各国政府，贸易特征是以官方贸易为主导、由各国上层垄断对外贸易主要商品。国际关系的这种结构对区域贸易交往关系的拓展也有作用。当时世界上大致可划分为三个大的贸易区域：欧洲、阿拉伯—印度、东亚贸易区。在东亚贸易区，国际交往圈的空间拓展产生了繁盛的贸易网络。自古以来，"朝贡"这个词就包含有外交和贸易双重含义，明初适应宋元以来国家管理外贸制度日益强化的趋势，把对外贸易基本上限定在官方形式之下，明朝人王圻曾经有过这样的评论："贡舶者，王法之所许，市舶之所司，乃贸易之公也；海商者，王法之所不许，市舶之所不经，乃贸易之私也"，从而使明初朝贡本身相对于历朝来说带有更为浓厚的贸易性质。

从地域来看，郑和七下印度洋，每次必到的是印度古里，将东亚贸易区拓展到了阿拉伯—印度贸易区。从第四次下西洋起直至第七次，远航船队都到达了波斯湾的忽鲁谟斯，那里正是与欧洲贸易的交接之处，而且还达到了印度洋沿边的非洲东岸。今天我们知道，印度洋是世界第三大洋，面积7491万千方公里，约占世界海洋总面积的五分之一。它位于亚洲、非洲、大洋洲三洲结合部，与大西洋、太平洋的水域连成一片。印度洋拥有红海、阿拉伯海、亚丁湾、波斯湾、阿曼湾、孟加拉湾、安达曼海等重要边缘海和海湾，紧紧地把南亚次大陆、东部非洲、南部非洲以及大洋洲、东南亚、中东、南极洲的一部分连接在一起。阿拉伯海和孟加拉湾是亚洲的重要海湾，红海和波斯湾直接联系了北非、中东乃至欧洲，阿曼湾锁住了阿拉伯海和波斯湾，亚丁湾是红海的咽喉。印度洋是贯通亚洲、非洲、大洋洲的交通要道。15世纪初，虽然大洋洲还没有彰显，好望角航线和苏伊士运河都还没有出现，但是明朝扶植满剌加王国，开通马六甲海峡航线和在红海、波斯湾、阿拉伯海、亚丁湾、波斯湾、阿曼湾、孟加拉湾等处以及与东非各国进行了频繁交往，从这些历史事实来看，每一次郑和使团都是以国家名义出现在国际贸易中心，在这种国际交往频繁、空间拓展的背景下，推动了印度洋沿岸国与国官方之间的国际贸易发展到了极盛。

具体说来，明初的朝贡贸易有互惠交换和市场交易两部分，大致可分为四种类型：一是朝贡给赐贸易，相当于中外礼品交换的性质。二是由各国国王或使团附带而来的商品的贸易。三是遣使出洋直接进行的国际贸易，这可以郑和下西洋为典型事例。四是民间的私人贸易。这是在以往研究中常被忽略的官方管理下的民间对外贸易部分。

总之，第三种类型将朝贡贸易推向了极盛。郑和下西洋走出国门直接交往，一共经历了30多个国家和地区，在这一次次的往来之中，实际在印度洋上形成了一种国际合作的贸易网络。从整体丝绸之路的视角出发，我们会发现这一历史时期中外交往极为繁盛，朝贡贸易本身带有互通有无的互市贸易过程，为中外物质文化交流创造了良好的条件。最重要的是，以举国之人力、物力、财力，在区域整合为一种政治合作机制的同时，也形成了区域资源整合的局面。通过国际交流这个平台，国家权力介入区域合作的历史进程，为各国间官方贸易奠定了有力的基础，同时，中外物质文明的交融也达到了一个历史的新高度。

蒙元帝国在政治上结束了，然而在贸易上的影响留了下来。明初一反元朝四出征伐，而是遣使四出交往，遂使国际交往在印度洋区域繁盛地开展起来。虽然印度洋区域各国间的经济贸易联系自古以来就存在，但是此时再也不是阿拉伯商人执牛耳了，通过中国人大规模下西洋直接交往贸易，改变了阿拉伯人掌控印度洋海上贸易的状况。明代中国以一负责任的海洋大国形象促使印度洋地区国家权力整体上扬的同时，在与各国"共享太平之福"的理念指导下，维护了海道清宁，人民安业，与各国公平交易、互惠互利，推动了区域国际贸易活跃发展，促成了一个资源共享合作机制的形成，这是印度洋国际新秩序的重要内容之一。

在区域文化秩序方面，主要是多元文化的交融。明代初年建立的广泛国际交往，是以外交文书为媒介的。当时中国进行国际交往的语言是中文和阿拉伯文（马欢所说"阿拉毕文"），通过大量外交文书传播了中华秩序的理念，这种传统文化道德秩序准则在区域权力的均衡中起了规范作用。同时，明代中国是一个复兴传统文化的朝代，所传承的传统文化不是只有儒家文化所谓"礼治"，而是在文化政策上采取了包容多元文化的态度——兼容并蓄。这在郑和下西洋遗存的文物与文献中充分表现了出来。一般而言，人类文明的发展，可以分为物质文明与精神文明两个层面，从马欢《瀛涯胜览》的记载来看，物质文明方面，海外各国物产琳琅满目，海外物产进入交流的主要有70种；而精神层面上，马欢所至20个国家中明显可见三种类型：一是举国信奉一种宗教，包括国王、国人；二是国王信奉一种宗教，国人信奉另一种宗教；三是一个国家中有多种宗教并存。由此可见，印度洋文明是由多元文化组成的。现存斯里兰卡的"郑和布施锡兰山佛寺碑"，以三种文字记载着郑和向佛祖、毗湿奴和真主阿拉贡献布施的史实，就是明朝人对于多元文化兼容并蓄的最好例证。从整体来看，明朝在国际上的积极交往促成了多元文化的交融。通过外交诏令文书和航海外交行为，中华文明的道德准则在国际交往中大量传播，中华文明在区域国家间得到广泛认同的同时，产生了中华文明与海外多元文明的融汇，用今天的话说就是国际关系的文化理念的融汇。在明代中国皇帝的诏令中，非常突出的就是：以诚为本，厚德载物；礼之用，和为贵；四海一家；协和万邦等等。特别是"共享太平之福"这种和平价值观的体现，在当时国际关系和秩序的建构中，起了重要影响和作用。

蒙元帝国崩溃后，东亚至印度洋国际秩序急需重建。明朝统治者刻意追寻古贤帝王成为"天下主"，但务实地吸取了蒙元帝国扩张失败的教训，在外交观念上从天下向国家回归。以"不征"国策为标志，15世纪初明朝以大规模远洋航海外交与印度洋地区国家建立了广泛外交联系，将和平与秩序的理念付诸实践，在东亚与印度洋地区实现了各国官方认同基础上建立起来的国际秩序，这是一个各国和平共处的国际秩序：政治上国家权力整体上扬、经济上官方贸易资源共享互通有无、文化上国家间多元文化广泛认同交融，包括今天的东北亚、东南亚、中亚、西亚、南亚、东非乃至绵延欧洲等广袤地方，连成了一个文明互动的共同体，也是利益与责任的共同体。明代中国和平的中华秩序理念得到了东亚以及印度洋沿边各国的赞同和响应，各国的利益融合在一起，共同发展与繁荣。所以才在近600年前明朝迁都北京大典时，出现了"万国来朝"的古代外交史上的盛况。

# 八里庄唐墓清理手记

王晓军

## 一

海淀地区位于首都北京的西北近郊，这里上风上水，早在两千多年前开始，凭借着其优越的地理环境，成为达官贵人们身后墓葬的首选之地。当时光流转到20世纪90年代初，在城市扩延过程中，那些沉埋了千百年的文物也随之重现世间，而曾经"冷落、寂寞"的文物工作者们，也开始成为忙碌的人们，就连过去很少能听见声音的办公电话，也一时成为了热线。

1991年9月2日星期一，电话声起来报：在海淀区八里庄京密引水渠西岸玲珑公园北侧的一处建筑工地挖槽时，地下发现了疑似古墓的建筑痕迹，需要文物考古专业人员调查处理。

闻风而动。我当时担任着区文物管理所副所长的职务，负责海淀区域内出土文物的处理工作。在近一段时间，几乎每周都会有两三次这样的突发性施工中发现出土墓葬事件发生，已经习惯了这样的工作状态，每天都做好了随时出发到现场的准备。在短时间内，我和刚从北京大学考古系毕业的杨桂梅，带好工作时需要的工具包，就奔赴了现场。

古墓发现地位于海淀区西八里庄京密引水渠西侧玲珑公园的北端，著名的明代慈寿寺就位于这里，只是随着时代的变迁，寺院已经不复存在，仅余一座高大的八角密檐式砖塔——慈寿寺塔存在，当地人俗称此塔为八里庄塔、玲珑塔，依此而建的公园，也就命名为玲珑公园了。当时这里是一片平整的土地，原本是用做建设公园的绿化用地，后来被某单位征用为住宅用地，因此建设也就惊扰到了这座沉睡数百年的古墓。

发现古墓的工地位于慈寿寺塔的北面约200米左右，工地面积不大，墓葬正好在一座建筑的基座上。由于这里是一处高地，因此古墓距地表很浅，刚刚施工就挖到了墓的顶部。由于发现后马上就停止了施工，墓葬的原始形态保护得很完整，只是没有进一步挖掘，从施工现场看不出太多的历史信息。这对于我们基层文物工作者而言，单凭表面的情况还不能确定这处历史遗迹的价值，还需要在施工单位的配合下，进行更加深入的清理挖掘，才能够确定其价值。

墓葬的清理是一项看似简单，实际上要花费很长时间，很多人力、物力才能够完成的工作。根据考古工作的基本要求，在建设单位的支持下，我们开始了清理挖掘工作，谁也没想到这一挖就挖了50余天。

## 二

经过近十天的挖掘，墓葬四围的土方都已经清开，墓的大概范围显现出来，这时就可以对墓葬的年代、形制等有一个基本的判断。根据现场发现情况确定，此墓的年代应该在唐代，和以前发现的唐墓形制很相近。这座墓的墓室并不是很大，为单室穹庐顶，但墓的顶部已经破坏，存在着已经被盗的可能，因为内部还尚未清理，墓室内还藏有多少宝物，还存有多少历史文化信息仍是个谜，而揭开这些谜底还有待时日。好在就在已经有些人困马乏、精神倦怠的时候，在清理墓门时发现了这座墓的墓志铭，可以通过它确定下这座墓的很多信息，这让我们一下子又兴奋了起来。

这座墓的墓志铭，青石质地，有盖和底两部分，为正方形，边长为62厘米，厚9厘米。盖为覆钵式，中间刻有"王公墓铭"四个篆字。四面线刻手捧十二生肖的人物，四条脊线处刻有牡丹纹装饰，典型的唐代墓志风格。底上刻有志文28行，每行16至35字不等，楷书体。志文文字较多在此不全文记述了，内容主要是记述了墓主人王公淑的生平情况，对考证唐代的官制制度，以及唐代晚期今八里庄一带的地名，有着重要的参考价值。因为发现了墓志，就可以对墓室的年代、墓主人等情况，有了准确的认定。

秋天的北京是多雨的季节，这给发掘工作带来很多不便，工期也就此拖了下来，转眼便到了10月，经过近一个月的辛勤工作，在工地中一座残存的古墓完整地清理出来，真正意义上的考古挖掘开始了。

随着墓室和墓道积土清理的深入，墓室内的情况也日渐清晰。棺床及墓壁上精美的砖雕也显现出来，让人感到这座墓是经过精心修砌而成的，很有代表性和文物价值。

墓葬清理初期主要是挖去堆积在墓葬四周的土方，在土方挖到一定程度后，就由专业人员一点一点地进行清理，清理时要小心细致，尽可能地将墓葬中所遗留下的历史文化信息保护完整，只是这座墓在早期就已经被盗过，所以留下的随葬物品已所剩无几，墓壁也是残缺了许多，但墓壁上留下来的壁画、砖雕却是有着极高的价值。特别是那已沉埋了数百年，依然色彩鲜艳如初的壁画，更是吸引了相关专家们的关注。

从整体上看，整座墓的所有墙面都绘有壁画，而以北面墙壁上残留的壁画最为完整。这是一幅长2.90米，宽1.56米，带有一定弧度的长方形壁画。壁画四边饰有宽约0.11米的朱红色边框，画面铺满整个北侧墙壁。画面采用通屏式对称布局，工笔重彩画法。所画内容以花鸟为主，画面中央为一株硕大的牡丹，根的直径约0.12米，枝茎繁茂，花团锦簇，9朵盛开的花朵点缀其中；最大的花径约0.42米，最小的花径也有0.12米。绘画方式采用勾勒填色技法：根茎用褐色勾画，叶子用黑线勾边，绿色晕染，花朵也是用黑线勾出轮廓，用红色晕染出深浅不一的实体，层次分明，有立体感。整株牡丹显得生机勃勃，强壮茂盛。牡丹的东西两侧花丛下，有两只形态各异相对站立的芦雁。东边的一只侧身正面，眼睛圆睁，平视前方，羽毛微翘，双爪粗壮有力，站立于地面。西边的一只侧身探首，长颈直伸，羽毛略张。东边芦雁的身后有一株秋葵，叶大花茂，枝叶伸展，西边芦雁的身后也有一株植物，上部已残，从叶子的形状看似为百合。这两株植物的枝叶全部用绿色描画，黑线勾边。秋葵花朵的色泽与牡丹相近。牡丹的右上角，有两只飞舞的蝴蝶，翅膀伸展，花纹艳丽，给画面增添了动感。

在东西墙壁上也残存有壁画，只是面积都不大，多是以生活器皿、人物内容为主。东壁壁画大部已毁。从右下角的残存部分看，似描画家居生活。残存画面上有一端坐人物的下半身，身着蓝色长裙，红色和淡绿色花纹相间的宽袖，一只纤手置于膝上。人前置一炉一盆，炉身圆柱形，上小下大，雕花足，圆托盘式炉座，炉口朝外，炉口中还放有两根火红的炭条，炉上靠里侧有一瓶状物。炉和炉座皆为朱红色底色，用墨线画花纹。盆位于炉的右前方，圈足鼓腹，敞口平沿，盆外腹部有墨线勾画的波浪形花纹，右侧腹部还露出一耳，衔有圆环。盆内部呈淡绿色，置一细柄长勺。炉的左后侧似为一案的端头，也绘有花纹。所绘器物内容生活气息浓郁。

西壁壁画几乎全部被毁，仅在左下角底部残存一排装饰花纹。南壁壁画东侧画的是一个人物，只是仅存腿部。着粉长裤，外套长裙，脚穿长靴，从脚摆放的姿势来看，此人微侧身面向西。南壁西侧对称位，也有一残存腿部人物，脚着一双麻鞋，脚尖向东，其脚后绘有一凤头扁壶状器物。

　　墓葬中的壁画，不同墙面所画内容各不相同，但代表了唐代不同时期壁画的风格，特别是北壁上这样大幅完整的花鸟画在晚唐墓葬壁画中十分少见，在北京地区、北方地区更为少见，尤为珍贵。

　　从清理后的现状可以清晰地看到墓葬的残存情况，此墓在规模上看不是很大，与北京地区发现的其他唐墓形制基本一样，整座墓葬其实只是一座砖旋穹庐顶单室墓，而且墓顶已经破坏，只残存有下部的墓壁砖墙。墓室方位为坐北朝南向，由墓道、甬道和墓室三部分组成，墓道为斜坡式，已经找不到起点，经过清理才可以看出约有1米左右的残长，宽度约有1.8米，高度因仅剩残墙看不出来了。在墓道里端发现了一个上宽下窄、很独特的梯形天井，在以往处理的墓葬中没有见过，不知这是用来做什么的，也算是一个新的发现吧。天井北侧就是墓门了，墓门呈拱券形，墓门两侧有隔墙，上面饰有仿木的砖雕斗拱。在墓道之后是甬道，甬道呈过洞式，砖券顶，没有受到多少破坏，保留得较为完整，甬道长有2.65米，宽1.58米，高约2.2米。在清理中发现甬道的东西两壁上，镶嵌着马蹄形的壁龛，这也是在墓中经常可以见到的。

　　甬道的尽头就是墓的主体部分，我们最期待着能有惊喜发现的墓室了。好在虽然经过这么多年的历史变迁，墓室的主体结构留存得较为完整。从地面向下看，墓室的平面呈弧方形，南北进深为4.72米，东西宽为4.85米，基本上是正方形，只是每个边都不是直线而是有一定的弧度。

　　进入到墓室里，墓顶已经不存在，从残余的墓壁可以看出，墓壁是用两顺一丁（也就是两块砖的长面一块砖的宽面）的条纹砖砌成。西壁上的砖砌保存得很整齐，可以清楚地看到上面的装饰，正中图案是两扇仿木结构的砖雕门，门还做成虚掩状，看上去很是形象生动；东壁正中对应着也装饰一个仿木结构的砖雕门，但并不是完全对称的形状，与西壁不同的是这扇门雕出了门锁，门是锁闭状。两座砖雕的门都呈朱红色，虽然过去了这么多年颜色还很鲜艳，而且保存得很完整，可见当年砖瓦烧制工艺的精湛。

　　在墓室里占地面积最多的是棺床。棺床建在墓室的中间及北侧，长3.55米，宽2.25米，高0.79米，几乎占了墓室的一大部分。棺床四周砌砖，中间填土，东西两侧有帐形隔墙。棺床南侧呈束腰式，饰以缠枝大叶牡丹砖雕，这些砖雕是由一块块小砖雕拼合而成，浑然一体，立体感很强。墓室四角置有砖砌的方柱和柱础。从现场情形看，墓葬早年应已被盗，棺木已经朽烂，没有留下什么有价值的随葬品，但墓室的形制基本保持原样。最为珍贵的是在墓室内的正面壁上绘制的壁画，基本保持完好，这是最意想不到的，在这样一座普通的唐墓里，居然留存着这样一件珍贵的遗物，如果不保留下来实在是可惜。

# 三

几百年来，墓葬壁画一直深埋在厚土之下，虽然是用天然的矿物质颜料彩画在坚固的白灰底壁上，没有受到更多的自然毁坏，但潮湿的积土使得白灰底壁变得很脆弱，要想使得壁画得以完整揭取下来，首先要想办法使它干透坚固起来。

在中国社会科学院考古所的壁画处理专家王振江研究员的指导下，我们开始了这一项工作。谁也不会想到我们采取的是这么简单原始的方法：我们用三根长木棍做了一个大三脚支架，支架上吊起一个铁笼，铁笼里装上木炭，然后用燃烧的木炭不断地靠近烘烤墙壁，就这样逐步将壁画的湿气烤出干透。

第一步基础工作完成后，下一步面临的难题，就是如何将壁画从墙壁上完整取下来，再将其固定在一个可以移动的物件上，使之成为一件可移动的文物，进入到博物馆或是文物库房保存。这是揭取壁画最为关键的一步。

我们先是按照墙体的弧度、尺寸做了一个木支架，木支架上再附上一层薄板，用来支撑将要取下的壁画。壁画是在墓室的墙壁上打上一层白灰做底，再在上面用各种天然的颜料描绘成图画，我们要揭取的壁画其实就是将涂抹在墙壁上的那层灰皮取下来。

经过在小块壁画上反复的实践，基本上掌握了揭取的技巧，开始实操了。首先在壁画的正面用木架将其固定住，然后将壁画所依托的墓壁砖小心地拆下，再反过来将已经没有了依托的壁画固定在另一个木支架上。整个过程并不复杂，但在实际操作中却是要十分的小心谨慎，因为稍有不慎就会前功尽弃，不能将文物完好保存下来。最终，经过精心细致的工作，我们没有一痕损毁地将壁画揭取下来。

1998年3月，已经过去了6年之久，我重回文物管理所任所长，再次见到这幅壁画时，壁画存放在库房中，用一张很厚实的苫布遮挡着，避免阳光的照射，看不出有多大变化，特别是那天然颜料绘成的图画，喷上清水之后，色彩依然鲜艳如初。

壁画取下后，其他的有价值的墓葬构件砖雕、小块儿的壁画、墓志等物品，处理起来就很容易了。为了能够较为完整地保留下一座墓葬的形制，我们尽最大可能收集起能够带走的物品，以备将来复原展陈使用，而这些确实在后来海淀博物馆成立后，成为了很有影响的藏品。而今天海淀博物馆所展陈的展品，并不是原件而是依照当年原物制作、画幅要小了许多的复制品。

这50余天的辛勤工作，为海淀的历史研究、文物保护，以及后来的博物馆展藏留下了宝贵的财富。

# 李汝珍家族史料新考

王密林

道光十一年辛卯（1831年）的暮秋九月，一个名叫孔继的书生心事重重地在自己京城寓所庭院中的树下徘徊，屋内的桌案上放着他的朋友李维醇寄来的书信，他的满腹心事正是因为刚刚阅读完这封信而起的。信无疑写得极为悲苦，深深触动了孔继的心，他对朋友所遭遇的不幸感同身受，为自己无力相助感到愧疚与不安，他回到屋内，用笔记下了自己此时的感受：

**京寓得李春醴上舍维醇书**
庭树有疏阴，好鸟不可求。
风雨飘摇去，望远心悠悠。
怀君无闲日，书来及暮秋。
辛苦自池阳，尽室迁扬州。
昨闻古洪泽，堤溃当秦邮。
郡有损户口，岸不辨马牛。
饥驱安所择，偪侧无全筹。
况君悲陟岵，更遭大父忧。
八口渡江来，应共哀鸿愁。
侠助有古义，我真愧朋俦。
身世拙衣食，踟蹰空涕流。

这首诗的作者孔继，字又韩，号宥函，顺天府大兴县（今北京市）人，祖籍山东曲阜，是孔子六十九世孙，道光壬辰（1832年）科进士，后以知府衔在镇压太平天国的江北大营供职，咸丰八年（1858年）江北大营被攻破，他殒命于阵中。孔继著有《心向往斋集》，该诗文集是按年份编次的，这首诗列于卷二，写于道光辛卯年。

诗题中所提及的"李春醴"即李维醇，春醴是他的字，因李维醇此时的身份是监生，故称其为上舍。李维醇是古典白话小说《镜花缘》的作者李汝珍的侄孙，他的父亲是李兆翱，又名时翱，祖父就是李汝珍的长兄李汝璜。

《镜花缘》这部小说虽闻名于天下，但该书作者李汝珍的存世文献史料却极为稀少，目前所见的有关李汝珍的资料都是东鳞西爪，甚至难以勾勒其完整的生平面貌，所以即便是与其相关的零缣片纸、残编断简，研究者也都视若拱璧。这首诗文字虽不多，但包含了不少李汝珍家族史事的信息，可以填补李汝珍研究中的诸多空白，弥足珍贵。

### 辛苦自池阳——李汝珍的祖籍

孔继与李维醇同为大兴籍，李家虽长期定居于江苏，但李维醇的父亲李兆翱曾回大兴参加乡试，并于嘉庆十八年（1813年）中举，后又于嘉庆二十五年（1820年）被钦点为景山官学的教习，这一期间当携年幼的李维醇在大兴居住，故李维醇得与孔继相交，且应属总角之交，即俗称的"发小"。二人交谊深厚，所以孔继对李家的家世应是十分了解的，他对李家长年漂泊、饱尝迁徙之苦的命运深为同情，故在诗中写下"辛苦自池阳"之语，说明李家的迁徙史是自池阳开始的。以往文献中均言李汝珍是顺天府大兴县人，但这只是李汝珍本人的籍贯，在其家族落籍大兴之前来自何方，文献中向无记载，而这里却明确透露出李家祖上是自池阳迁来的。池阳是陕西三原县的古称，三原才是这位"咄咄北平子"的真正祖籍。

李氏一门的祖籍尚能保留在其家族记忆中，估计其落籍大兴的年代距此时并不算太久远。赵春辉先生在《李汝珍家世新考》中根据道光乙未（1835年）科《会试同年齿录》中李维醇条下的记载，考出李汝珍的祖父名廷栋，监生；父亲名馥，监生、候选主簿；但二人在清代北京的地方志中都籍籍无名，这则史料的发现，也许能为李汝珍家世史的研究提供一个新的探索方向。

### 尽室迁扬州——李汝珍晚年的去向

众所周知，李汝珍自嘉庆二十三年（1818年）赴苏州监刻《镜花缘》后其事迹就再无可考了，前辈学者对李汝珍晚年的去向做了诸多推测，有认为其回大兴原籍的，有认为其终老于海州板浦（今属连云港市）的。其中较有说服力的是孙佳讯先生根据李汝珍的姻亲海州板浦许氏的后人许绍蘧所传口碑"李汝珍是扬州人"，推测李家自李汝璜嘉庆十六年（1811年）卸任淮南草埝场盐课司大使后

"可能移家扬州",但苦于没有找到相关的文献证据,所以还只能是个推论。这首诗则明言李家"尽室迁扬州",证实了孙佳讯先生的推论,也证明了许氏后人世代相传的相关口碑是可信的和有价值的。

李家因何故迁往扬州呢?赵春辉先生的《李汝珍家世新考》据《同年全录》载,李汝璜卸任淮南草堰场盐课司大使后曾升为山东泰安州州判,但并未赴任,原因不详。笔者据《蠡庄诗话》中记载:"李汝璜,大兴人。官扬州盐场。"可知李汝璜或因长年管理盐务,经验丰富,这之后被调往扬州的两淮盐政机构任职,因此举家迁居扬州。而李汝珍在经济上是需要依赖长兄李汝璜的,故也应随至扬州,并最终在扬州去世。从嘉庆十六年起至举家北归大兴止,李氏一门中除个别人如李汝珍曾暂居海州板浦、李兆翱因回原籍参加科考并在景山官学任职迁回大兴外,都定居在扬州,故李汝珍的姻亲许家视其为扬州人。

## 八口渡江来,应共哀鸿愁——李家北归大兴的时间

赵春辉先生在《李汝珍家世新考》一文中推测"李家可能已迁回北平大兴",但对其何时北归无考,孔继在诗中则明确给出了李家北归的时间。

前文提及,孔氏此诗作于道光十一年辛卯暮秋的九月,在其收到李维醇的书信之后。诗中所描写的"昨闻古洪泽,堤溃当秦邮。郡有损户口,岸不辨马牛"、"八口渡江来,应共哀鸿愁",正是李氏一门北归大兴时,所遭遇的洪水溃堤,淹没人畜,道路阻梗,哀鸿遍野,困厄难以言状,一路备尝艰辛的悲苦情形。史载这一年的六月十八日,"运河决堤于马棚湾,平地水深五尺,是岁大饥,人相食"。从诗中可知,李氏一门八口人在道光十一年北归大兴时,在六月路遇洪水,运河道梗,一路艰辛,李维醇"饥驱安所择,侧无全筹",迟至九月尚被困于途中,只能遥寄书信给大兴的朋友,以通达消息,而到达大兴时,恐怕要在该年的年底了。

诗中"况君悲陟岵,更遭大父忧",透露出李汝璜、李兆翱相继去世的信息,李家迭遭大丧,元气大伤。而此时身在京城、拙于衣食、欲助无力的好友孔继,遥想着年仅二十岁上下的李家长房长孙李维醇就要担负起整个家庭的重担,带着一家老少,在洪水灾害中艰难跋涉,辗转千里回归故乡大兴,思及这种种艰辛,不禁"踟蹰空涕流"了。

# 明代北京的皇家坛庙

郗志群

中国历史上曾有过无数的祭坛和神庙。当然其中大型坛庙的建筑和使用无一例外地被统治者所垄断。与此相对应，坛庙也成为中国古代国都的代表性建筑。从史料记载和考古发现来看，包括西安、洛阳、开封、南京、杭州、北京等六大古都在内，中国历史上有过十几座坛庙群，然而时至今日，只有今天的北京城内还比较完好地保存着明清时期的帝都坛庙群。

## 一

公元1368年，朱元璋建立明朝，定都南京。改元大都名北平。北平城失去国都地位，皇家坛庙建筑也就没有营建。

建文四年（1402年），以"靖难"之役夺取皇位的燕王朱棣，建元永乐。永乐元年（1403年），改北平为北京、北平府为顺天府，已透露出永乐皇帝欲将国都北迁的心机。永乐四年（1406年）闰七月，"诏以明年五月建北京宫殿，分遣大臣采木于四川、湖广、江西、浙江、山西"。七年（1409年）五月，营建山陵于昌平天寿山。十二年（1414年），北京宫城基本建成。十四年（1416年）八月建北京西宫。十一月，"诏文武群臣集议营建北京大城"。至十八年（1420年），北京城的营建工程基本告竣，故于这年九月，决定改北京为京师，十一月"以迁都北京诏天下"。十二月，北京郊庙宫殿全部竣工。《明太宗实录》载，"永乐十八年十二月癸亥，北京郊庙宫殿成。凡郊庙坛场，宫殿门阙，规制悉如南京，而高敞壮丽过之"。

北京坛庙遵南京旧制而弘丽胜过南京。时人李时勉曾这样咏叹："庙社并列，左右相当；……郊建圜丘，合祭天地；山川坛，恭肃明祀。"

概括说来，明初所建北京坛庙建筑群包括天地坛、山川坛、太庙、社稷坛等。据《春明梦余录》载，当时的北京坛庙布局大体是：

太庙，在阙之左，如洪武九年南京旧制。前正殿，翼以两房。后寝殿，九间，间一室，主皆南向，几度诸器备如生仪。

社稷坛，在阙之右，与太庙对，坛制二成，四面石阶各三级。上成用五色土，随方筑之。坛西砌座位，四面开棂星门，西门外西南建神库，库南为神厨；北门外为拜殿。外天门四座，西门外南为宰牲亭。

天地坛，殿十二楹，中四楹饰以金，余施三彩。正中作石台，设上帝皇神座于其上。殿前为东西庑三十二楹，正南为大祀门，六楹，接以步庑，与殿庑通。殿后为库，六楹，以贮神御之物，名曰天库，皆覆以黄琉璃。坛之后树以松柏，外东南凿池，凡二十区，冬月伐冰藏凌荫，以供夏、秋祭祀之用。

山川坛，在正阳门南之右，永乐十八年建。绕以垣墙，周回六里。正殿七主坛；曰太岁，曰风云雷雨，曰五岳，曰四镇，曰四海，曰四渎，曰钟山之神。六附坛，曰京畿山川、夏冬季月将，都城隍、春秋季月将。

永乐间所创北京的坛庙格局维持了百余年，到嘉靖元年（1522年），朱厚熜执政后，北京的坛庙格局发生了翻天覆地的变化。

据史书记载，朱厚熜登极伊始，即诏修天地坛、山川坛，以后更以"制礼做乐自任，益覃思制做之事，郊庙百神，咸欲斟酌古法，厘正旧章"。嘉靖四年（1525年），朱厚熜尊其亲生父亲朱祐杬为献皇帝，并诏命建献皇帝庙，庭臣张璁度其庙址于太庙东垣外。为修献皇帝庙，原太庙街树被砍，神宫监也遭撤，从而使明太庙之外又有"小太庙"的存在。

献皇帝庙的由来是明史上的一大事件。原来嘉靖是继武宗朱厚照而御极登位的。按照辅臣的安排，朱厚熜继位的名义是作为朱厚照的弟弟即明孝宗的从子。然而朱厚熜自幼即师从父亲，学习诗赋礼乐并颇有成就，且性情乖戾，刚愎自用，因而御朝以后，即提出了为其生父兴献王尊谥的问题。这就是明史上的"礼仪之争"事件。"礼仪之争"持续了十几年，最后以廷臣失败、嘉靖皇帝得胜为结局，从而导致了嘉靖皇帝在朱氏太庙之侧再建"小太庙"专奉其父的情景。

嘉靖既力排众议建成了世庙，遂又对先前明代的郊祀制度提出异议，认为天地合祀不妥，郊祀宜循古制。关于郊祀制度同样在嘉靖和群臣之间引起争议，虽然绝大多数廷臣主张尊重成法，坚持合祀，但朱厚熜仍然我行我素，选择个别朝臣所提出的四郊分祀之议。

嘉靖九年（1530年），朱厚熜下诏书，"以南郊祀天，北郊祀地。朝日、夕月俱从春秋仲月行祀，以正月之祀为祈谷，以十一月之祀为报本。建圜丘、方泽于南北二郊，朝日、夕月于朝阳、阜成门外"。

嘉靖九年十月到次年五月，圜丘坛、方丘坛、朝日坛、夕月坛等次第建成。

三年后朱厚熜又为四坛钦定名：南郊之坛名天坛，北郊之坛名地坛，东郊之坛名朝日，西郊之坛名夕月。

朱厚熜实行四郊分祀制度的改革心愿已遂，但他并未就此为止，而是继续对永乐间所创建的北京坛庙进行彻底改造和重构。

嘉靖九年（1530年），朱厚熜接受夏言的建议，谕令礼部议建先蚕坛。

元代曾建有先蚕坛，但明早期未列亲蚕祀典。朱厚熜认为"古者天子亲耕，皇后亲蚕，以劝天下"，因而自己也应效仿，并决定"自今岁始朕亲祀先农，皇后亲蚕"，要礼部"考其古制，具仪以闻"。

当时大学士张璁等奏请于安定门外建先蚕坛，詹事霍韬以道远不便而加以否定。礼部也认为"安定门外近西之地，水源不通，无浴蚕所；而皇城内西苑中有太液、琼岛之水，考唐制在苑中，宋亦在宫中，宜仿行之"。但朱厚熜认为"唐人因陋就安，不可法"，仍决定于安定门外建坛，并采纳礼部尚书李时等的建议，皇后亲蚕不走大明门，而是凤辇出东华、玄武二门，这样可以缩短距离。

安定门外先蚕坛于是年四月基本建成。坛呈方形，二级，四出陛。东西北植桑拓，内设蚕宫令署，另有采桑台、鸾架库和织堂等建筑。坛成后，朱厚熜使皇后行亲蚕礼。但由于皇后亲蚕人众过多，出入不便，且安定门外又缺少水源，据礼部官员奏称无法举行浴蚕礼，这样，朱厚熜不得不仍按唐宋旧制，在西苑内重建先蚕坛。

西苑先蚕坛建成于嘉靖十年（1531年），坛以石包砖砌的形式，方广二丈六尺，高二尺四寸，四出陛。坛东为采桑台，台东为具服殿，北为蚕室，左右为厢房，后为从室，专供蚕妇居住。

西苑先蚕坛建成后，安定门外所建之坛废弃，以后的亲蚕礼便于是处举行。直到嘉靖三十八年（1559年），朱厚熜下令停止举行亲蚕礼；又到隆庆元年（1567年），穆宗诏撤先蚕坛，西苑先蚕坛遂废。

嘉靖十一年（1532年），朱厚熜改正阳门南之右原山川坛为天地神坛。其中，天神坛在左，祀云师、雨师、风伯、雷师，南向；地坛在右，祀五岳、五镇、四海、四渎及天寿山，北向。除以上两主坛，尚有两从坛，即京畿山川坛，西向，和天下山川坛，南向。天地神坛俱建有石龛，天神坛丙位设有燎炉，砖座，上覆以琉璃；地坛北有瘗位。两坛外环以长垣，南北各有神门，南门上镌"神坛"，北门上镌"雩坛"。

嘉靖九年，青州儒生李时飏奏请祠高禖，以祈圣嗣，礼官据以上奏。朱厚熜先因"高禖虽古礼，今实难行"而寝其议，但不久又确定祀高禖礼，并筑高禖坛。高禖坛实为一木台，位于皇城东，永安门北，台上祀皇天上帝，以献皇帝配，高禖在坛下。届时皇帝位坛下北向，后妃位南数十丈外北向。坛下按妃嫔之数陈设弓矢和弓韣，祭祀礼毕由女官导引妃嫔到高前，跪取弓矢授后妃嫔，后妃嫔受之并纳入弓韣。

永乐迁都北京诸祀毕举，而惟帝王无庙。嘉靖十年，中允廖道南请改大慈恩寺兴辟雍以行养老之礼，撤灵济宫徐知证、知谔二神，改设历代帝王庙。礼部认为此议可采纳，但此处狭隘，不足改设帝王寝庙，宜择地别建。朱厚熜旨允礼部奏疏，命工部相地卜日兴工。工部选中阜成门内保安寺故址为历代帝王庙所，诏可，并遣工部侍郎钱如京提督工程，是年建成。

廖道南所议既被采纳，遂于嘉靖十一年再上疏请改太庙庙制。前文已述，朱厚熜曾于嘉靖四年为乃父建兴献王庙于明太庙之东，每岁享祀，礼如太庙。但虽礼如太庙终归不在太庙内，朱厚熜为此耿耿于怀，大为遗憾，值此廖道南疏奏改九庙一堂制为各设专庙制，朱厚熜大为高兴，遂决定拆掉朱棣创建的太庙而重建，使先帝能各有其庙，当然也将其父顺理成章地入太庙。

新太庙于嘉靖十五年（1536年）建成。太祖庙居中，其后祧庙祀成祖，仁宗以下按昭穆制设庙于太祖左右。朱厚熜的父亲则被尊为睿宗，改兴献王庙为睿庙，入于昭穆序列之中。然而新庙建成不久，即于嘉靖二十年（1541年）遭雷击焚毁。饶有兴趣的是新太庙几乎悉数被烈焰吞没，却独睿庙未受殃及，这使朱厚熜大为惊骇，以为是上天示警，谴责他违背祖制而改建太庙，遂于嘉靖二十二年（1543年）诏循旧制重建太庙。

朱厚熜执政四十余年，其中有一半时间孜孜于坛庙制度的改革。经过他的除旧布新，永乐所奠定的北京旧坛庙格局彻底改观，形成了左祖右社，四郊分祀，先农祈谷并举，雩祀与天地神之祀并行的新格局。这一格局规模宏大，布局严谨，更加体现出皇都坛庙建筑的内涵和气势。

二

坛庙建筑精美卓绝，是北京城市建设中的点睛之作。作为元、明、清三朝帝都，城池、宫殿、坛庙、苑囿、街巷、民居等建筑构成了北京城市的主体。就其中的坛庙建筑而言，其建筑哲理，如方位、阴阳和布局观念以及声学、力学、美学等建筑技法无不得到完美的应用，代表了中国古代建筑文化和建筑艺术的最高水平。不同于其他建筑的是，坛庙建筑及祭祀具有将神权与政权相结合的特点，象征着君权神授的合法性；同时，还蕴含着和谐、敬天、尊祖、重农、崇尚自然等思想观念，是中华数千年文明发展的结晶，其文化价值则更有超越帝王宫阙紫禁城皇权至上之处。因此，明清坛庙建筑无论是从建筑形式还是文化理念，都堪称是北京城市建设中的点睛之作。

坛庙建筑是全人类的文化遗产，彰显出北京城的世界性。明清北京坛庙建筑群，是中华民族文化思想的特殊见证，它的建制、沿革、祭器和礼仪具有重要的历史价值，是人类的重要文化遗产。以天坛为例，1998年12月2日，世界遗产委员会第22届会议将其列入世界遗产名录。委员会给予的评价是：天坛是建筑和景观设计之杰作，朴素而鲜明地体现出对世界伟大文明之一的发展产生过影响的一种极其重要的宇宙观。而且，许多世纪以来，天坛所独具的象征性布局和设计，对远东地区的建筑和规划产生了深刻影响。又比如，北京孔庙的庙制、祭器及礼仪等，对于其他地区孔庙祭祀的影响很大。如今，孔子已然成为中华文化在国际上的标志之一，北京的孔庙自然成为文化溯源的根基所在。中国儒家思想"和"、"敬"等观念，也会在世界和平的进程中发挥更大的影响力。明清北京坛庙建筑不单属于中国，更是世界的文明财富。

坛庙建筑及其相关的祭祀文化传承，对于弘扬中华传统文化具有独特的作用。中国封建时期，"礼"和"法"是维系社会稳定的两大支柱，而坛庙及其相关的祭祀则是传布礼仪的重要途径。设坛立台、建祠修庙，定期定点进行隆重的祭祀，教化民众尊长敬祖、崇贤法能，对维护国家的安定、维系华夏一统、促进民族团结，具有独特的作用和意义。

如今，人们越来越强烈地感受到吸收传统文化精髓的重要性，宣扬优秀的传统伦理，提高全民素质，促进社会和谐，离不开传统礼法的教育，而这些教育的开展无疑是需要特定的场所和环境。因此，明清北京坛庙建筑群保留至今，不论是从文化意义象征，还是对民族精神的凝聚上都是不可小觑的。

保存完好的北京坛庙建筑群，对当今的首都文化经济发展具有很好的推动作用。坛庙作为游览景区，每年都吸引数以百万计的国内外游客，带来的经济效益无疑是巨大的，尤其是天坛，完全可与故宫、颐和园相媲美。一直以来，北京相关部门努力打造"天坛文化圈"模式的文化旅游产业，以天坛为根，历史文化为魂，以天坛及其周边诸多历史文化资源所具有的深厚底蕴为支撑，挖掘与打造区域最具特色的"天（天人合一、天人和谐）文化"，有效带动和促进文化旅游娱乐业、体育产业、都市商业三大产业发展。因此，仿效天坛，未来扩大坛庙建筑的文化资源规模效应，拓展文化旅游发展空间，形成多元文化经济圈、文化市场群，对于首都文化经济发展的推动是可以预见的。

# 老字号的明清时代名人广告

杨 超

名人广告是现代社会最常运用的一种广告形式。这种利用名人效应来做广告的形式，如今已成为广告业的一种最重要的业务模式。不过，请名人做广告并非源于现代，而是源自更久远的古代。在中国历史上，名人广告最早起源可追溯到两千多年前的战国时代。《战国策》中记载着这样一个小故事：某人卖马一连三天无人问津，于是花钱请伯乐去他卖的那匹马前转两圈，再看两眼他卖的马。之后，该人果然以十倍的价钱将马卖出。类似的例子在中国古代的典籍中并不鲜见，但利用名人效应达成商业目的，在没有重商传统的古代中国并不是一件值得鼓励的事。因此《战国策》中的那个故事，更侧重于展现智谋而非商业头脑。

这种状况一直持续到宋朝，资本主义萌芽开始出现，对商业的重视程度，以及商人对利润的欲望和追逐，使得名人广告开始越来越广泛地出现在商业舞台上。到了明清两朝，郑和下西洋之后，名人广告开始更为流行，商业界对名人广告也逐渐从持接受态度，到对其产生一定的依赖性。可以说，明清两代是名人广告在中国真正大行其道的一个起点，这一新事物的发展在民国时期达到了顶点。

明清的名人广告中最有名的有两个，一是明嘉靖年间的京城"六必居"，老北京都知道，这家老字号的招牌是明朝奸相严嵩题的字，围绕着这块招牌，产生了很多传说甚至是传奇。另一个是"都一处"，清乾隆皇帝曾亲笔为这家店铺题字并赠送虎头匾。这两家店铺到现在还有，且数百年来一直生意兴隆。

相传"六必居"创业于明嘉靖九年（1530年），是山西临汾人赵存仁、赵存义、赵存礼兄弟创办的。"六必居"原是一家小店铺，经营日常生活必需的柴、米、油、盐、酱、醋等6种杂货起家的。据《都门纪略》和《朝市丛载》介绍，这家店铺在明朝就是制售八宝菜和包瓜等酱腌菜的名店。在《竹枝词》中对其有这样的评语诗："黑菜包瓜名不衰，七珍八宝样多余，都人争说前门外，四百年来六必居。"老北京民间过去也流传过这样一句话"炒菜丰泽园，酱菜六必居，烤鸭全聚德，吃药同仁堂。"

一个小小的店铺，是怎么能够名扬北京城的呢？回顾这家店铺几百年的历史，不得不敬佩店主的精明。"六必居"这三个字是由严嵩题的。据史书记载：严嵩明孝宗弘治十八年（1505年）得进士，改翰林院庶吉士，授编修，旋病休归里，读书8载，诗文峻洁，声名始著。明武宗正德十一年（1516年），还朝复官。明世宗嘉靖七年（1528年），奉命祭告显陵，归而极言祥瑞，明世宗喜。几年内先后迁其为吏部右侍郎，进南京礼部尚书，两年后改任吏部尚书。嘉靖十五年（1536年），以贺万寿节至京师。时值廷议重修宋史，遂留京以礼部尚书兼翰林院学士衔主持其事。他善伺帝意，以醮祀青词，取得宠信，加为太子太保。二十一年（1542年），拜武英殿大学士。入直文渊阁，仍掌礼部事。后解部事，专直西苑；累进吏部尚书、谨身殿大学士、少傅兼太子太师、少师、华盖殿大学士。严嵩无他才略，惟一意媚上，窃权罔利，专擅国政近20年。

当时的六必居店主看中了严嵩显赫的地位，请他题字，来提高自己店铺的知名度。明嘉靖时京城店铺很多，一家普通的店铺要想在京城商海中突出自己，必须得有与众不同之处。于是店主想了不少办法，如扩充了门面，由原来的两间小店堂，前面扩为四间门面等等，但都没有奏效。后来他觉得店外的牌匾太小，不像样子，就有了请人写匾的想法。严嵩爱喝六必居的酒，严府时常派人到六必居买酒。有了这样一层关系，店掌柜就想用严嵩的社会地位来抬高六必居的身价，便费尽心机请严嵩为六必居写了块匾。自从严嵩手书"六必居"的黑底金字大匾挂出后，原来无名的小酱园顿时身价倍增，六必居的名声很快传遍北京城，来买东西的顾客越来越多。到了最后，由于酱菜比其他商品卖得更快，六必居以后就专营酱菜了。

几百年来，为了保护这块匾又产生了很多离奇的故事，使人们对六必居产生更加浓厚的兴趣。

其实严嵩题字的事只是一个传说。据《北京志〈副食品商业志〉》记载：六必居实际创办于清代嘉庆年间（1796—1820年），而不是明朝。"六必居"既然创办于清朝，当然它的匾也不是严嵩写的。而善经营的店主却围绕着严嵩写匾的故事，不间断地宣传自己，提高自己店铺的知名度，这其中蕴含了高超的商业智慧。如今的六必居大堂内，挂的是一块写有"六必居"三个大字的横匾，字体结构匀称、苍劲有力。老北京都说这是严嵩所题，当然也有人说不是，但六必居的人对此从来不否认，也不承认，始终将其保持在一种模糊的状态。

清代时，六必居在北京名声响亮，光顾者云集，六必居酱菜不仅皇帝和王公贵族爱吃，平民百姓也喜欢拿来当下酒菜，是一种消除了阶级壁垒的流行食品。

该店所产的酱菜还被选作宫廷御品，获得宫廷供奉的身份，定期往宫里送货。由于服务出色，也为了让六必居给宫里送货时更方便，清廷赐给六必居一顶红缨帽和一件黄马褂，六必居的人每次去皇宫送货时都佩戴穿着这两件皇家赏赐，在宫里通行无阻。百姓们一看到头戴"红缨帽"和身穿"黄马褂"的人，就想起了"六必居"的酱菜，这两件衣帽一直保存到1966年。

1966年"文化大革命"开始，六必居酱园成为扫"四旧"的目标之一，牌匾被打掉，砍了几斧头，被损坏的牌匾送进了北京展览馆，店名也被改为红旗酱菜厂。1972年，中国计划向日本出口一批六必居酱腌菜，原定标中国粮油食品进出口公司的商标，但在日方的坚持下，中方同意换成六必居的商标。这是"文化大革命"以后第一次以"六必居"名义进行的贸易活动。同年，日本首相田中角荣访华，随同访华的日商提出参观六必居酱园。根据周恩来总理指示，"六必居"大匾才从展览馆取回，经过修整，重新悬挂于店堂之中。直到今天，来此参观的人仍络绎不绝。经过上百年的发展，六必居腌制的酱菜也成了京城许多家庭的必备小菜，国宴上必备的名小菜之一，远销日本、澳大利亚、新加坡、泰国、加拿大、美国及欧洲等十几个国家和地区。六必居酱菜色泽鲜亮，酱味纯正，脆嫩适口，清香爽口，成为北方酱菜的佼佼者。六必居酱园作为全国闻名的中华老字号，在全国酱菜业的地位首屈一指。

清朝时期，京城的"都一处"起初也是一家酒铺，开业于清乾隆三年（1738年）。"都一处"前身是"王记酒铺"，创始人是山西省浮山县北开村人王瑞福，因经营得法，人缘又佳，生意做得不错。清乾隆十七年（1752年）除夕，乾隆皇帝由通州微服私访回京途经前门大街时人困马乏，腹中饥渴。当时临近年关，街面商铺都已过年歇业，但唯有王记酒铺仍掌灯营业。乾隆皇帝与随从进店用餐后，感觉酒醇菜香，龙心大悦，便问店主王瑞福："你们这个酒店叫什么名字？"店主回答："小店没有名字。"乾隆听着外面的鞭炮感慨地说："这个时候还开门营业，京都也只有你们这一处了，就叫'都一处'吧！"乾隆皇帝回宫后，题写了"都一处"店名，将其刻在匾上，赏赐给小店店主。由于"都一处"是乾隆皇帝起的名字，又有皇帝赏赐的牌匾，从此"王记酒铺"名声大振，顾客不断，生意越来越兴旺。

"都一处"店主王瑞福自从乾隆皇帝赐御匾之后，对皇帝坐过的椅子也十分珍惜爱护。他用黄绸子把精美椅子围起来，搁在小楼凉台上，当宝座一样供奉，以便吸引人们在欣赏宝座的同时，能够顺便在都一处就餐。除了牌匾和椅子外，王瑞福甚至还将乾隆走过的从大门到楼上的一段路保护起来，终年不打扫。日积月累，来往客人带进的泥土越来越多，最后形成了一道土埂，被称为"土龙"，以此来吸引更多的社会名人。这条"土龙"在清代被列为京城的"古迹之一"。清朝《都门纪略·古迹》记载"土龙在柜前高一尺，长三丈，背如剑脊"。清嘉庆二十四年（1819年）苏州文人张子秋，慕名来到"都一处"，吃完饭后写道："都一处土龙接堆柜台，传为财龙"。

渐渐地"都一处"在京城的名气越来越大，吸引更多文人墨客来这里写诗就餐，留下了许多对都一处的赞美和描写。当时京城有名的李静山写诗赞曰："京都一处共传呼，休问名传实有无。细品瓮头春酒味，自堪压倒碎葫芦。"有的文人还写藏头诗赞曰：

"都城老铺烧麦王，一块黄匾赐辉煌。处地临街多贵客，鲜香味美共来尝。"每一句的第一个字连起来就是"都一处鲜"，诗中更加突出了乾隆御匾给"都一处"带来的兴隆发达。

如今的"都一处"烧麦，也有十几个系列30多个品种，有与众不同的特色，特别是"鲜、香、油、嫩"的馅心，更加受到顾客的欢迎，往往门前光顾者云集，顾客排长队等待入内用餐的情景也并不鲜见。2000年，都一处烧麦获"中华名小吃"称号。1964年，郭沫若到"都一处"观赏乾隆御赐的虎头匾额后，也为"都一处"题写了匾额。现在"都一处"门前的牌匾是郭沫若写的，乾隆赐的御匾放在店堂的中央，供人们观赏。乾隆御匾至今还吸引着许多海外人士，他们来京时都特意到"都一处"用餐，除了品尝"都一处"烧麦的美味外，观赏乾隆皇帝赐的御匾也是一件乐事，食客用餐后，纷纷在匾前拍照留念。

"六必居"和"都一处"起初都是靠名人效应发家的。几百年来，名人效应继续发挥着独特的作用。而现在的北京作为全国政治文化中心，有着深厚的历史文化积淀，科技和创新实力也很突出，比起别的城市来，具有发展文化创意产业的独特优势。"六必居"和"都一处"不仅是老字号，也是北京的文化品牌。那些老字号中沉淀了丰富的文化内涵，是值得后人继承和保护的。如何能从中发掘出更深层次的文化内涵，并围绕文化这一主题开展商务活动，是个值得持续研究下去的课题。

# 金中都建设与老北京传统文化

赵 书

2013年4月21日是北京建都860周年的纪念日。1115年女真族首领完颜阿骨打建立金朝，定都上京（今哈尔滨市阿城区）。1153年4月21日（癸酉年三月二十六日），金海陵王完颜亮把金朝都城从黑龙江的会宁迁到燕京，诏告中外改元贞元，改燕京为中都大兴府，使北京地区成为拥有中国半壁江山的金王朝的政治中心。金以燕京为都城，标志着北京正式成为皇都，并为自元代后成为全国政治中心打下了牢固的基础。金中都的建立，对统一的多民族的国家形成和发展有着重大的历史意义，对北京传统文化的形成和发展产生了重大影响。1161年海陵王发动侵宋战争失败，被将领们杀死。完颜雍（金世宗）在中都称帝，他和其孙完颜璟（金章宗）对汉文化均十分仰慕，促进了汉、女真文化的高度融合，从而使金朝的政治、经济、文化均有了发展。女真贵族通过向汉文化学习，对朝政进行全面的治理，推动了历史进步，在北京发展史上写下了重要的篇章。

金中都的建设奠定了北京都城布局的文化理念。在中国古都发展史上，西安是从先秦时期到唐代为止的全国政治、文化中心，历时数千年，而北京是从元代一直到现代为止的全国政治、文化中心，亦历经数百年，其中很少有变更。金中都是中国政治中心从西安转移到北京历史中的过渡性都城，它把中原地区的营国制度引进到了多民族聚居的幽燕地区。金中都是仿照北宋都城汴京的规制，在辽南京城旧址之上改建而成的。金中都根据《周礼·考工记·匠人》中关于"匠人营国。方九里，旁三门。国中九经九纬，经涂九轨。左祖右社，面朝后市，市朝一夫"的"营国制度"设计而成。金中都城分为大城、皇城和宫城三重。大城略呈方形，周长约33里，有敌楼910座，挖壕堑三层。这是北京史上第一座美轮美奂的皇都。

这座都城于1215年被成吉思汗率领的蒙古军队攻陷，后被废毁，可是它开创了北京城"法天而治，象天设都"建筑布局的先河。金中都的位置在老北京城的西南，外郭城最初东西南北各开三个门。东垣城墙在今虎坊桥偏西之南北线上，分别为施仁门、宣曜门、阳春门。南垣城墙在今凤凰嘴东、万寿寺以南，分别为端礼门、丰宜门、景风门。西垣城墉在今广安门外西南凤凰嘴及其迤北一线，分别为彰义门、颢华门、丽泽门。北侧城垣约在今白云观北侧，分别为会城门、通玄门、崇智门和光泰门。光泰门是金代皇帝为了去万宁宫（今北海公园）方便，在章宗时开的一处城门，所以金中都被蒙古军队攻陷时北城墙是四个城门，共计十三个城门。金中都的建设受汉族文化影响很大，施仁、彰义、端礼、崇智，符合儒家仁、义、礼、智之意。中都宫城的东华门与西华门，也如同宋汴京宫城上的城门之名，并为明、清两代宫门沿用。

金中都政权确立了以汉族传统文化为执政指导思想。女真人热心向汉文化学习，使中都经济有所恢复，文化有所发展。其一，尊孔崇文。早在1140年金熙宗来到燕京时，以孔子四十九代孙孔璠袭封衍圣公，明确表示"孔子虽无位，其道可尊，使万世景仰"。继而封昏德公赵佶为天水郡王、重昏侯赵桓为天水郡公。海陵王完颜亮到金中都后，首先是重用汉族官僚和知识分子，如汉人张通古为尚书左丞，渤海人张浩为尚书右丞，宋朝内侍梁汉臣成为他的内使，为其改革出谋划策。其二，设立学府国子监，下设国子学、太学，恢复殿试，凡乡试三人取一，府试四人取一。到金章宗时，不仅女真士人以读汉族经典作为入选条件，连皇家的侍卫亲军也必须读《论语》、《孝经》等书。其三，整顿礼制，编订《金纂修杂录》，一切礼仪从皇帝、后妃车饰到各级官员的服装颜色、质地均有规定。同时也整顿法律，取消了沙袋、杖脊等酷刑，规定徒刑分服役为五年至一年，期满释放。金世宗完颜雍当政后，除在政治上采用缓和矛盾和加强镇压反抗外，在文化上也为适应社会发展趋势，引进先进的汉族文化。如允许人民上书言事，由"登闻鼓院"上交，再转呈尚书省上奏皇帝等。其四，诗歌、杂技、绘画等文学艺术均有建树，"西厢记"、"刘知远传"为金代"诸宫调"曲目，流传至今。元杂剧继承了这一传统，是北京地区戏曲最早的开端。其五，宗教、佛、道、全真等宗教均有流行。

金中都许多寺宇早已堕毁，目前仅留下的几处也颇具文物价值。镇岗塔，坐落在房山长辛店云岗村东，为八角形十三层花塔式砖塔。昊天塔，位于房山良乡镇燎石岗上，是一座八角五层楼阁式空心砖塔。银山塔林，位于昌平区海子村西南银山南麓，人称银山宝塔，为"昌平八景"之一。

金中都虽然在历史中消逝了，但是它的规划布局，上承宋东京，下启元大都，开创了北京都城建筑布局的先河。"择中而立"的严整布局在元大都有了发展，左右对称的中轴线至明清臻于至善。金朝把都城建在燕京后的这一系列向汉文化学习的举措，在政治、经济、文化上均取得了明显的成就。举世闻名的卢沟桥，是金朝建筑的，显示了当时的科技水平。太液秋风、琼岛春阴、道陵夕照（后称金台夕照）、蓟门飞雨（后称蓟门烟树）、西山积雪（后称西山晴雪）、玉泉垂虹（后称玉泉趵突）、居庸叠翠和卢沟晓月等"燕京八景"是金章宗确定的，至今仍是人们喜闻乐道的北京标志性的风景，代表着当时的文化水平。

金朝还全盘接受中原汉族干支历法，规范了北京地区的时间文化。《大金集礼》卷32《休假》中，记载了金朝用法律的形式确立的一批节日，奠定了北京地区传统节日架构的基础。这些节日经过八百多年的发展，与各族人民时间文化融合，逐步形成了北京地域文化的节日系统，并对全国的节庆安排，发挥了示范作用。这些节庆日子既依据岁时的次序和社会生活的需要而设定，在具体日子的选择上又有地方特色，是北京地区重要的文化资源。

在纪念北京建都860年的庆祝活动中，应对传统节日文化进行梳理，使这些文化资源成为建设美丽北京的财富。

北京地区的节庆文化特点，首先是天人合一，天上星相与人的情感相通。我国的农历是根据月相变化规律制定的。每逢农历初一，月亮被太阳照亮的一面正好背着地球，这时看不到月亮，叫"朔"。到十五、十六日时，一轮满月从东方升起，这种月相叫"望"。其中有三个月"望"最让人动心，称为"三元"：正月十五上元节，一年明月打头圆，是春节年禧期的高潮，社会大联欢。七月十五中元节是盛夏结束金秋开始的日子，是发扬传统孝道，纪念祖先，缅怀先烈，表彰忠勇的重大节日。1945年8月22日正值中元节，8月15日日本宣布无条件投降，中国军队又尚未接收北平，全市人民自发进行了环城大游行，庆祝抗日战争胜利，成为北京节庆史上最为壮观的一幕，表现了此节日强大的感召力。十月十五下元节。道教认为上元天官赐福、中元地官赦罪、下元水官解厄，因此又称"三官节"。清朝始称后金，满族和女真同源，为了以"水运"去克明朝的"火运"，在1635年水官节期，宣布把后金改称清朝，把女真更名满洲，因此北京满族人把十月十三叫"颁金节"，是满语"诞生"之意。

其次是数字吉祥，既有哲理又有美感。数字是中国人的第二语言，在中国人心目中，每个数字均有不同寓意。节日是为了使生活有节奏感，在确定每个季节的具体日期时，北京人选择了吉祥数字。古人认为数字是神秘莫测的，历法中的数字更蕴藏着丰富的内容，将这些数字突出出来，可显其神圣的性质。《易经》中单数为阳，双数为阴，可是在生活中往往单数为凶，双数为吉。为了调合这一矛盾，古人把单数月份的日月相重的日子和吉祥数双月的日月相重之日列为节日，这就形成了"七重"：正月正（春节）、二月二（春龙节、龙抬头）、三月三（蟠桃会）、五月五（端午节）、六月六（天贶节、亮宝会）、七月七（七夕、乞巧节）、九月九（重阳节，菊花生日）。昔日北京八月八日还有祭白塔的习俗，虽只限于阜成门内的白塔寺，但给白塔上披彩绸，也是京城一大盛景。近年，有人提出将此日定为中国"父亲节"，也是对中国数字谐音文化的一种反映。近年又有把公历11月11日叫成"光棍节"的做法，这是把数字谐音向数字象形发展，也很有创意。辛亥革命后，用公历纪年，人们又把对数字的审美由谐音、象形，推广到公历上，有的用于公共活动，有的用在个人结婚登记和婚礼日期的选择上。

最后是时序合理，有利农业生产，方便市民生活。北京节庆活动安排的特点是四季分明，各有侧重。民俗文化事象与季节紧密结合，月月有活动，季季有重点。春节、清明、端午、中秋，是一年中最重要的四个传统节日，把12个月非常合理地分为三大阶段，节奏分明，非常方便人们一年生活的安排。除清明外的"三节"还是商家与顾客结算账目的日子、是学徒学满"三年零一节"出师的日子。中秋节是我国仅次于春节的大节日，它的形成和发展是与北京人的贡献分不开的。金朝有文献记载中秋为节，官员放假三天。发展到清朝乾隆年间把中秋活动推向高潮，因为乾隆皇帝生肖为兔，生日是八月十三。有清一代，把元旦（春节）、天令节（冬至）、万寿节（皇帝生日）作为三大节。乾隆当了60年皇帝，连续过了60个万寿节，极大地丰富了节日民俗文化，不但造出了"京式月饼"，还出现了北京特有的中秋吉祥物——兔爷。中秋能成三大节之一，最根本的原因是这个时间北京秋高气爽，适于人们赏月，又是华北、东北收获季节，庆贺丰收。清代为乾隆皇帝举办的祝寿活动，加强了中秋节的北京地域特色。除上述四个大节日外，北京还有与节气、宗教有关的八个一般节日：立春（2月4日喊春、打春牛）、春分（3月20日与二月初一中和节合并，吃太阳糕）、花朝节（二月十五日）、立夏节（5月5日）、药王节（四月二十八日，神农诞辰）、观莲节（荷花节，六月二十四日为莲花生日）、立秋节（8月7日）、腊八节（佛成道日）。此外还有以寺庙为中心的祭祀活动而形成的庙会，使北京地区的节庆活动贯穿每一个月，使人民生活节奏分明，丰富多彩。金朝留下来的传统节日可以用"三元七重，四时八节"来概括，不算其他杂节就已有22个之多，平均到每月均有1到2个节日，是一笔宝贵的非物质文化遗产。在纪念北京建都860周年纪念活动中，如果我们把近年新创造的一些新兴节日嫁接在传统节日之上，就会使节日有更深刻的文化内涵，从而更有广阔的发展前途和魅力。

# 辛亥革命后的北京"模范新市区"

曹　鹏

1918年2月19日，北京东方饭店开业，一组风格融汇中西的楼宇在古刹万明寺废墟上炫丽亮相。东方饭店作为中国第一家民营新型高档饭店，之所以会诞生于1918年的北京万明路，是与"香厂新市区"密切相关的。

1914年，时任国民政府内务总长的朱启钤呈准成立京都市政公所，并亲自兼任督办。他到任后立即实施了"香厂模范新市区"规划，希望通过打造香厂模范新城让首都面貌焕然一新，北京城的第一次现代化冲动因此拉开了帷幕。《京都市政汇览》记载了这件事："京师市区当元二年间日见衰敝，公所因之益觉模范市区难置缓图。当查香厂地区虽偏处西南，而自前朝之季已为新正游观之区，一时士女骈集，较之厂甸或因过之，且可验位置之适宜，人心之趋向，遂于民国三年悉之计划着手进行。计南抵先农坛，北至虎坊桥大街，西达虎坊路，东尽留学路，区为十四路，经纬纵横，各建马路，络绎兴修，以利交通。其区内旧有街道尚未整理者，则分年庚续行之。路旁基地，编别号次，招商租领。凡有建筑，规定年限，限制程式，以示美观。"

新市区规划全面采纳西方国家城市建设先进理念，运用最新市场经济手段操作。先由政府出资，以香厂为中心，在规划区内修筑了14条柏油路及电线、电话线、自来水管、下水管等基础设施，还翻修了通向这里的正阳门至宣武门大街、前门大街和西珠市口一带的马路，以打开与外界的交通。北京的交通警察岗亭和街灯灯杆，也是首先在香厂地区安置的。香厂地区的建筑，市政公所采取了招标招租的办法，将道路两旁所有地块分段标号，按所处之不同位置，分别作价。市政公所制定有《标租香厂地亩规则》和《香厂地亩转租注册规则》，明文规定租期、房屋样式（由西洋设计师出图纸），标明底价，对租地建房者公开招标。市政公所对香厂新市区的建筑有严格的规定，限期完成。不仅要求建筑式样之美观，各个建筑之整体协调，而且注重建筑质量。

由于香厂原属官地，地价优惠，来自全国各地的投资人踊跃竞标，短期内就建起了成片的西式小洋楼。除居民住宅外，雀巢公司、南洋兄弟烟草公司等外国知名企业以及其他汽车出租公司、化妆品公司、绸缎店、百货店、茶馆、饭庄等计百余家店铺如雨后春笋，鳞次栉比，兴隆繁盛，成为北京最新式商埠。"香厂新市区"是一个精心规划的杰作，市政设施和建筑功能、布局相配套，强调各个单体建筑之间的宏观协调和微观风格的多样性，是我们了解北京城的城市发展不可或缺的典型范例。

更值得一提的是新市区的娱乐业。中心广场东北，1917年建起一座由英国人麦楷设计，占地约四亩，局部高七层，面向西南方广场中心的"香厂新世界"。它仿照上海"大世界"格局，内设餐饮、娱乐、购物等功能，是京城规模最大、设施最先进、娱乐项目最新颖的室内娱乐场，也是全城最高的建筑。标新立异、开风气之先的新世界当时在北京家喻户晓，妇孺皆知。其中的文明戏、电梯、暖气、电扇以及"哈哈镜"等新鲜事物，让民国初年的北京人大开眼界。每日游人络绎于途，摩肩接踵；场内人声鼎沸，水泄不通，甚至发生过挤死游客事件，不得不由巡警出面控制进出人数。

其后，万明路东南又建成占地面积30余亩的"城南游艺园"，今友谊医院至先农坛内坛北墙一带。该园规模宏大，聚集了当时京城各种戏剧曲艺名角和能人异士，成为天桥文化荟萃之所。其多数娱乐项目当年均属首家经营，且每逢周末年节还要燃放新奇焰火，因而极具吸引力。各界人士、男女老幼从四城纷至沓来，每日游客不下万人。

香厂新市区初具规模，便成为北京最繁华热闹的地段。上海报纸曾描述："北京香厂一带，电灯照得如同白昼一般，车如流水马如龙，宛然上海风景。"

建店初期的东方饭店集天时、地利、人和于一身。所谓天时，也就是社会发展潮流。"洪宪登基"和"张勋复辟"的失败，证明共和取代封建在中国是大势所趋、不可逆转。共和政体下的民主政治和商品经济，恰恰是东方饭店这个近代新型饭店赖以生存的土壤。可以说，东方饭店的诞生和发展顺天应运。1928年前，北京是民国的首都，东方饭店坐落于京都最繁华热闹的香厂模范新市区中心广场，这里也是宣南文化圈的中心，前门火车站和天桥有轨电车枢纽站均举目可见，占有地利也不在话下。19世纪末、20世纪初正是中国饱受外国列强欺侮，国人民族情绪空前高涨之际。作为当时唯一由中国人自己投资经营的高档饭店，东方饭店的人和与生俱来，甫一开张便生意兴隆。许多在洋饭店被看作二等公民的达官贵人和民族情结浓重的人士唯东方饭店是选。每逢国会选举，南方各省议员进京多在此下榻。饭店因大量接待政府要员、国会议员、军队高官，成为京城各报社记者关注和报道的对象。上海报纸也有报道："各政党、各衙门常在东方饭店宴客，而吴大头（民国参议院议长吴景濂）大闹东方饭店事，尤传诵人口。"民间入住东方饭店的主要是洋行买办、国内商人、文艺界人士和驻京记者等。台湾著名作家唐鲁荪就曾详细叙述了大华剧团进京演出《啼笑因缘》时，一干男女艺人入住东方饭店的热闹故事。

北京东方饭店的诞生，是中国政府大力引进西方文明进行城市规划建设的结果。京都市政公所为实现香厂新市区规划，多次派员出国考察；以每人每月500大洋的高薪聘请外国专家为常年顾问；并在其刊物《市政通告》上辟专栏大量刊登西方国家城市规划建设的理论文章。新市区所有沿街建筑都是外国建筑专家设计的，香厂新市区圆形中心广场以及周围典型的削角式建筑——新世界和东方饭店，与欧美城市中央商业区格局如出一辙。新市区的规划建设，标志着中国传统的体现皇家威严的四方形广场、体现封建社会秩序的正南正北的房屋建筑格局被打破，标志着我国的城市规划建设已经开始走向近代化。此外，新市区被冠名以"模范"，说明并不仅着眼于香厂地区本身。市政公所当初就表示：新市区"力求完备，垂示模型，俾市民观感，仿是程式，渐次推行。不数年间，得使首都气象有整齐划一之观，市阛规模具振刷日新之象。亦觇国之要务，岂仅昭美观瞻已也"。建设新市区的试验是成功的，只是由于后来社会动荡剧烈，政局变幻无常，未能在全市推广开来。正是由于香厂新市区的繁华，在客观上产生了对现代化饭店的需求，东方饭店的诞生也就水到渠成了。

北京东方饭店的诞生，是辛亥革命后中国社会从封建走向共和的重大历史转折孕育的。辛亥革命推翻清王朝后，摆脱封建桎梏的中国社会经济进入第一个快速增长时期。京都市政公所规划建设香厂新市区采取的公开招标、以地租养市政等市场经济运作手段；东方饭店股份制的体制、所有权与经营权分离的机制，都是商品经济发展到一定程度的产物，时至今日尚不落伍。包括东方饭店在内的整个新市区西洋风格建筑群以及商业性欧式圆形广场的出现，表现了中国政治、经济和社会文化的转型，标志着封建社会的传统理念已被平民化、效率化的现代文明意识所取代。而东方饭店选择新型高档饭店的市场定位，则是看到了在政治民主化、经济近代化的大背景下，来京从政、经商、休闲、旅游人数与日俱增的趋势。

作为辛亥革命后社会变革的缩影，当年的香厂新市区和东方饭店至今尚有很多建筑遗存，足以令人想象当年的繁华与喧闹。

# 北京历史上的佛教与道教文化

郑永华

有着三千余年建城史、八百六十年建都史的北京，汇聚了华夏各民族悠久的历史传承，形成多元融合的宗教文化。佛教、道教、伊斯兰教、基督教等宗教文化在北京经历了各具特色的历史过程，并与北京城市的发展步伐紧密相连。

## 北京的佛教文化

佛教始创于印度，两汉之际渐入中土，"至梁而后大，至唐而后固"。佛教在中国的发展，大约经历了汉魏始传、南北朝确立、隋唐至宋元兴盛、明清以后由盛转衰等四个历史阶段。北京佛教发展受中国佛教总体进程的影响，但也表现出自己的独特性。西周以来，北京所在的燕国即为北疆重藩，战国时更为"七雄"之一。迄至隋唐，幽燕均为北部重镇，军事发达，文化相对落后，佛教传播与发展亦较为缓慢。佛教传入北京的时间，学术界尚有争议，有东汉、西晋、十六国三种说法。相传北京佛教始于晋代的嘉福寺（即著名的潭柘寺），是北京流传有绪的最早佛寺。这与中原的长安、洛阳甚至徐州相比，已明显有所迟缓。南北朝隋唐五代时期，佛教在全国范围内迅速鼎盛，北京佛教受其波及，也得到一定发展。悯忠寺（今法源寺，唐）、白带山智泉寺（今云居寺，北齐）等重要寺庙，相继创建。不少幽州僧侣南下求法，中原北上弘法的名僧也增多，隋唐佛教八大宗派中，北京流行的就有律宗、禅宗等五个。此期北京佛教文化得到初步发展，一是全国的统一与繁荣，有利于佛教由中心向四周推广，二是中原相继发生三武一宗"灭佛"事件，幽燕的边陲劣势反而化为僧侣躲避"法难"之地利。高僧静琬在房山云居寺的石经刊刻，就是这种历史条件下出现的北京早期佛教文化盛举。

北京佛教的真正发展和鼎盛，是在其城市性质有根本的转变，即由军事重镇上升为国家首都之后。辽代升幽州为五京之一，随着城市政治地位上升，北京佛教随之进入全新的发展阶段。辽代帝王多崇奉佛教，在各地大建寺庙，燕京佛教得到长足发展，"僧居佛寺，冠于北方"。辽中后期的圣宗、兴宗和道宗三帝，对燕京佛教的贡献尤其巨大。辽代成为北京佛教发展的第一个高潮，华严、净土、法相、密、律诸宗并荣，燕京名僧辈出，佛学亦兴盛一时。

金代吸取"辽以释废"的教训，对佛教有所抑制，但海陵王迁都后，金中都成为金代的佛教文化中心，在中国佛教界的地位提高。元大都成为统一多民族国家首都后，北京佛教进一步得到飞跃发展。曹洞宗万松行秀、临济宗海云印简等，不仅成为元代佛教界领袖，在国家政治生活中也发挥过作用。元廷又创设"帝师"制度，给西域喇嘛以前所未有的政治地位。这既开启了藏传佛教在北京发展的崭新时代，也助长了汉传佛教的声势。明初名僧道衍禅师（即广为人知的姚广孝）以辅佐朱棣"靖难"之功，受"太子少师"高爵，逝后又命配享太庙。明代帝王有请人"代替出家"之制，明神宗生母李太后也以"好佛"著称，助资在京师内外修葺梵刹多处，获得"九莲菩萨"的称号。明代内廷宦官是扶持北京佛教发展的又一力量。他们利用自己的特殊地位，或创敕寺，或建私庙，规模极一时之盛。明武宗则佞幸藏传佛教，曾自称"大庆法王"。皇室、宦官的尊崇，成为明代北京佛教持续兴盛的重要原因，有利于佛教文化的繁荣。

清代北京汉传佛教转向衰落，但统治者崇奉藏传佛教中的黄教，并上升到"兴黄教以安众蒙古"的国策层面，北京藏传佛教达到新的繁兴阶段。按照"众建以分其势"的策略，清廷在蒙藏地区先后确立达赖、班禅、哲布尊丹巴、章嘉四大"活佛"的转世册封制度。雍正帝潜邸雍和宫也被改为藏传佛寺，其内刻立有乾隆帝御制的《喇嘛说》，成为北京藏传佛教的重镇。清代四大黄教领袖在京师享有崇高政治地位，也为中国北部边境的安定做出了巨大贡献。

总体而言，元明清三代，成为北京佛教大发展的繁盛时期。各佛教派的精英与领袖人物多进京弘传佛法，开展活动。北京各皇家佛寺规格之高、规模之大、影响之广，亦冠于全国。清代晚期，国力日衰，西学渐入，社会开始向近代转化，北京佛教受其影响，进入由盛转衰期。民国年间，北京佛教界为适应社会发展，采取了一些改革举措，但难挽日趋衰败之大势。不过此期佛学研究日渐兴起，为北京佛教文化发展注入新的内容。韩清净及门人朱芾煌、周叔迦等尤名于一时。周叔迦以居士身份，将佛教信仰、教义弘扬与学术研究有机结合起来，在社会上产生了很大影响。学者熊十力、陈垣、汤用彤等人，在佛学研究方面也取得了巨大成就。

## 北京的道教文化

道教是北京宗教文化又一重要组成部分，其发展与全国道教也不完全同步。中国道教的整体发展，从文化的角度而言，可粗略分为五大历史时期，即东汉中期前的道教史前期（或称原始道教期）、东汉中后期至魏晋南北朝的创建与改造成型期、隋唐到北宋的全面兴盛与迅速发展期、南宋至明中期的宗派纷起与继续发展期、明中叶以后的逐渐衰落与转向民间期。应当说，东汉中期前的道教史前期，北京的原始道教文化渊源是十分深厚的。先秦时期，燕国境内流传各种"长生不死"的神仙传说，产生了宋毋忌、正伯侨、充尚、羡门高等诸多方士。此后又有燕昭王访求"不死之道"、秦始皇任用燕地方士卢生"求仙药"等方术活动。这些原始道教孕育过程中的文化土壤，对道教的形成与传播具有积极意义。东汉末年张陵创传五斗米道的时候，与之相近的华北太平道，也在北京地区有所活动。天长观是北京现存有明确记载的最早道观，这是唐代道教大兴的产物。开元二十九年（741年），唐代最醉心于道教的唐玄宗下令在两京及各州郡建立玄元皇帝庙，幽州天长观由此奠定了北京第一道观的历史地位。

唐末割据幽州的刘仁恭，曾在大安山中筑馆师事道士王若讷。大力吸收汉文化、"三教并行"的辽代，燕京道教也取得了合法地位。这对于北京道教文化的持续，具有一定意义。但北京道教大发展的关键阶段，是在上升为全国首都的金元时期。金代河北三个"新道教"——太一教、真大道教、全真教，均先后传入中都，扩大影响。金世宗将太一教二祖萧道熙征召至京，住于天长观内。不久，大道教创始人刘德仁也同样奉召至京，受赐"东岳真人"封号。全真教王处一、丘处机、刘处玄也受到征召，先后得到金世宗、金章宗的赏赐，在天长观内讲道。金代帝王对"新道教"领袖的宣召与崇奉，促进了北京道教的繁荣和发展。

元代宽容优待各种宗教的政策，为北京道教的进一步发展提供了很好的社会环境。太一教在元代继续得到朝廷崇信，至元十一年（1274年）大都兴建太一广福万寿宫，五祖萧居寿受命主持，为国家设醮祈福。不久元廷又赐予萧居寿"太一掌教宗师"之印，太一教在大都盛极一时。真大道教五祖郦希成也受到元宪宗的召见，授"太玄真人"之号，又修建天宝宫作为真大道教专属道观。全真教在元代发展更快。元初，丘处机率十八弟子"万里西行"，得到元太祖恩宠，尊为"神仙"。回到燕京后，丘处机住入太极宫，后又御赐改名长春宫。丘处机还获得处置道教一切事务的权力。全真教此后发展迅速，成为北方道教第一大教派。另外，原在江南发展的正一派也于元初传入大都。江西龙虎山第三十六代天师张宗演奉召入觐时，随行弟子张留孙"称旨，遂留侍阙下"，大得元世祖的信任。张留孙在大都创立正一玄教，发展很快。延祐六年（1319年），他在大都齐化门外倡建道观，经元仁宗赐名"东岳仁圣宫"，此后成为北京也是华北地区最重要的正一道观。

元代四大道教派别在大都竞相传播，成为北京道教发展史上的高潮。明清以后，道教归入全真、正一两大派别，东岳庙与白云观亦分别成为它们在首都的代表宫观，产生了持续影响。明代正一真人与朝廷关系亲密，被敕封为道教领袖。明代诸帝宠幸龙虎山道士，正一派占据了北京道教的主导。道士邵元节曾加授礼部尚书，陶仲文更至少师兼少傅少保，"并拜三孤"。这对北京道教文化产生很大影响，正一派贵盛一时，全真教则进入漫长的衰隐期。直至清初鼎革的因缘际会，才使全真教获得新的契机。其关键人物为道士王常月，此后肇开全真龙门派在全国兴盛之端。但清高宗易其父好道之辙，不断贬抑正一道教。因此，清中期以后，北京道教渐呈衰败趋势。清末因住持高仁峒与慈禧太后联系密切，白云观再次名闻一时，太监刘诚印还组织了霍山派。然此亦不过如昙花一现，难挽道教日益沉沦的大趋势。

明清以后道教教义发展逐渐式微，但此期北京道教日益与民俗文化相结合，对基层社会的影响反有增大之势。明清以至民国年间，北京的民俗节日多与道教文化密切相关。京城内外日益繁兴的关帝信仰、城隍信仰，以及五显财神庙"借元宝"、蟠桃宫庙会，与散布各处的众多土地庙、龙王庙、药王庙等道教宫观一起，享受着大量的民众香火，道教民俗呈现出繁荣鼎盛的局面。尤其是正月的白云观燕九节、三月的东岳庙掸尘会，以及四月到六月的北京五顶与东西"二山"的碧霞元君"娘娘"信仰，"男女杂沓，举国若狂"，相沿数百年，影响深远，成为民众传承北京道教文化的重要载体。

# 法国画坛的北京印象

张雅晶

19世纪，西方列强入侵，经济掠夺和文化冲击，猛扑中国。随着军队和商人、西方传教士的进入，外交官、记者也进驻中国和北京，他们亲身经历北京，并把他们不完整的中国观和北京观，记录成书在西方出版发行，向西方介绍中国，并产生了极大的影响。

"如果说早年欧洲艺术家是带着崇敬与好奇的目光来描绘中国，那么19世纪中叶鸦片战争以后，中西方交流的性质则完全改变。随着欧洲快速工业化，各国纷纷寻求海外殖民地，以满足原料供应与市场销售的庞大需求。当中国的神秘面纱被揭开以后，欧洲人看见的是一个仍活在中世纪处处落于世界之后的中国。"19世纪的中国被西方列强所凌辱，这在19世纪末20世纪初的法国画刊中多有表现。

## 法国画家笔下的中国题材

18世纪的法国画坛，随着进入路易十五王朝而转变为"路易十五式"风格，洛可可风格取代了巴洛克风格，成为18世纪欧洲占统治地位的艺术风格。这其中，带有中国趣味风格的法国画家，主要有克洛德·奥德朗——"罗可可"艺术的先驱者、让·安托万·瓦托（华多、华托）——"罗可可"艺术的奠基人、弗朗索瓦·布歇——最具"罗可可"风格的画家。透过他们带有个人倾向的"浪漫主义的中国风"，可以反映出当时法国人的中国趣味。

克洛德·奥德朗，法国宫廷画师，以油画家、雕刻家、版画家及室内装饰家著称。1704年被任命为卢森堡宫的保管人。克洛德·奥德朗的装饰画里透着中国的趣味，"中国意趣已成为他的新法则的不可分割部分"。他指导学生瓦托，用非西方绘画笔法来描绘拉米埃特城堡的中国场面，使其习得自由飘逸笔法。他还指导画室工作的乌德利等人，在白色或金黄色底子上完成装饰作品，色彩温润光泽是其作品特点之一。

让·安托万·瓦托（1684—1721），比利时人，出身手艺人家，生性高傲，历经坎坷。18岁移居法国巴黎，师从吉洛，又师从著名装饰画家、版画家克洛德·奥德朗，后进皇家绘画院学习，以《西苔岛的巡礼》一举成名于巴黎画坛，37岁因病而逝。1731年《米尔基尔》杂志刊载他20幅一套的《中国人物画帖》铜版画，每幅画名是把中文拼译成拉丁文，如《海南岛的女神》《医生》《宫妃》《尼姑》等，这套铜版画从情趣和手法上看有一种新的倾向。如《海南岛的女神》画的是中国海神——妈祖，女神的形象为瓦托化的法国女郎，服饰和道具带有几分东方风情，而太湖石般的带岩洞假山，"似乎正是构成'罗可可'装饰母题——所谓'岩状工艺'的东西"。"一般认为奥德朗对瓦托的画风形成有直接影响，瓦托是继奥德朗之后最早在法国绘画中表现中国趣味的画家。"

弗朗索瓦·布歇（1703—1770），是法国最具罗可可风格的油画家、版画家和设计师，他把罗可可风格发挥到了极致。弗朗索瓦·布歇早年随父学画，受鲁本斯、瓦托影响，20岁时获皇家美术院展览会一等奖。他迎合贵族喜欢希腊神话故事、爱情风流韵事的审美趣味而创作。晚年声望至巅峰，担当美术院院长、皇家首席画师。弗朗索瓦·布歇是中国文物收藏家，藏有相当数量的中国绘画、陶瓷、家具以及佛像、武器等古玩。他的作品反映出浓厚的中国趣味，如《早餐》（1739，油画）中的中国瓷器和佛像、《化妆》（1742，油画）中的花鸟屏风。弗朗索瓦·布歇最著名的中国风作品，是1742年他为博韦织造所设计的一套9幅中国主题的壁毯，这组壁毯的图画分别为《中国皇帝上朝》《中国皇帝的宴飨》《中国婚礼》《中国捕猎》《中国捕鱼风光》《中国舞蹈》《中国集市》《中国风俗》和《中国花园》。据说壁毯是参照供职于清廷的传教士画师王致诚在北京所作的画稿而设计。这些手稿在对中国事物的描画上明显带有画家想象和揣摩东方艺术风韵的成分。路易十五于1764年将这套壁毯赠给了中国的乾隆皇帝。乾隆皇帝曾在圆明园特别为这组壁毯开辟专室保存。

18世纪40至50年代，布歇的画风在路易十五的宫廷中成为最高的标准，而他在西方美术史上却是一位颇有争议的画家。

## 《L'UNIVERS ILLUSTRE》画刊的北京画作

1840年的鸦片战争打开了中国的大门，更多的西方人进入中国和北京，他们亲身经历北京，对中国和北京有着自己的认识。法国在中国的势力范围，原集中在中国云南、两广一带，版画题材也多以中国南方为主。庚子事变，使得法国人更加关注北京，有关北京的版画创作剧增。

19世纪法国有《L'UNIVERS ILLUSTRE》、《LE PETIT JOURNAL》、《LE

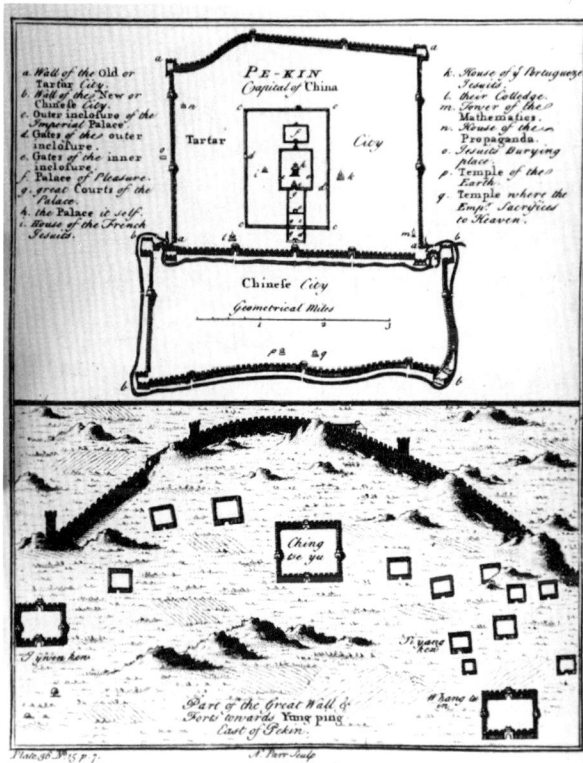

北京城图

PETIT PARISIEN》、《L'ILLUSTRATION》等画刊。以《老北京西洋铜版画典藏》为例,《L'UNIVERS ILLUSTRE》画刊刊载的20幅以北京为题材的铜版画,从时间和内容上看,19世纪60年代刊载有《紫禁城》;19世纪80年代刊载有以皇帝为题材背景和与皇帝相关的《同治皇帝》《皇帝祭天》《中国皇陵入口处》;刊载外国驻北京军营和使馆内容的有《法国军营》《8月15日的前大门》;刊载北京平民社会生活内容的主要有《中国家庭》《北京街头的流动理发师》《北京街头的摊贩》《从城墙看外城》《街道巡捕》《庶民生活》《街头木偶戏》《野外戏剧表演》《8月雨季北京胡同的景象》《北京市集》《北京街头》《饮食摊贩》《民众聚赌》;19世纪末还刊载了法国绘制的《中华帝国首都北京城图》。

《L'UNIVERS ILLUSTRE》1860年刊载的铜版画"紫禁城",是两位画家的合作作品,画面描述英法联军进入北京城的情景。画中间的北京城全景,是依据蒙达班副官的照片而绘制,城的左侧除房屋外还有护城河及七孔桥,右侧则是众多的宫殿式院落,远处山岚白云,而城楼门前是联军官兵或列队而立或马上坐骑。北京城左右两侧的特写是另一位画家补绘的。左侧前方站立着两位军官,其中一位扛枪,他们的身后,是掠抢妇女的混乱场面;右侧前方站立着一位士兵,他的身后有抢掠财宝和席地酗酒的联军。另一幅《英法联军进入北京城》场景壮观,人物表情逼真,是西洋版画中的杰作。同时,它也以图像记载了英法联军第一次侵入北京城的历史。

19世纪80年代起,《L'UNIVERS ILLUSTRE》刊载的有关中国内容的铜版画,上至皇帝下到庶民。《同治皇帝》坐像铜版画,画面中同治皇帝身穿补服,戴孔雀翎帽,面容圆润,双目低垂,左手五指张开扶放在左膝上,右手并拢微握放在右膝上。画师未亲见同治皇帝,而是根据自己的想象和美学经验来描绘中国的人物。所以,铜版画中的皇帝面目轮廓更像是西方人。

反映北京不同居住地街道的作品有《北京街头》《8月雨季北京胡同的景象》。《北京街头》呈现的是北京城外一个幽静角落。一条石板路上,有一位戴草帽的挑担行人。行人的后面,有一位打着阳伞的人背对着同人交谈;路的左侧是一排二层房子,右侧是高耸的亭阁建筑,亭中两人一坐一站,和打阳伞的一样,并不像是中国人;亭阁的右边是一带高墙的建筑,同亭阁一样,不像是中国建筑(或是不像中国北方建筑)。这里有水有花木,环境优美,整洁。

《北京街头》的画面,就如同英人密福特《清末驻京英使信札》中所述:"离开北京50里外,那种京城特有的污秽不雅的景象一扫而光。离京城越远,一切就显得越好。田野耕种得更精细，房屋修建得更适宜居住，村庄比城镇更干净。不少农家，园地美观，外屋整洁，如同建在英国的某个郡，没有一丝中国的烙印。人们看上去富足，地主则显然相当富裕。"而《北京街头》的画面布局和画风，又同19世纪法国最杰出的风景和人物画家柯罗的《杜艾的钟楼》颇为相似。

《8月雨季北京胡同的景象》是依据照片而绘作的，版画主要呈现的是一条胡同路面。画面的左右两边是两排房子，近处的房门口都有人张望（似乎在看拍照者），右侧房院内有一棵参天大树，茂盛的枝叶荫遮到街道的左侧；远处也是树茂成片。画家关注的巷道却是泥泞不堪，其中一段积水甚重，水面上倒映着巷道边的房屋树影，水中有一辆人力车。这幅画面正好印证了约翰·斯塔德和明恩溥《中国人的气质》中对中国道路的评价："满目疮痍，她的街道令人厌恶。""支那政府，怠于公务；支那人民，乏于公共心。""譬之于家屋，新造时，则雕栋画梁，金碧灿烂，而足惊人。于道路，则有往时悉以凳石以掩砂尘者，今也所残留之部分，悉成石片之凹凸而已。车行时，颇极困难，其残留之石片街者，唯城内外之大街，或城门附近之大部分而已。故至雨时，则道路全陷于泥泞，而深没车轮，而其泥泞之中，实为彼之人粪犬矢尘芥等，几多之污秽品所合成，因而臭气满途，恶气掩于市，殆至不能步行。于天晴时，则泥土干燥，而此臭气之蒸发，若稍为减少。然此干燥之泥土，忽化为尘埃，而于人马通行之时，飞扬于空中，而又至不辨咫尺。若加以一阵之风，则朦朦之尘烟，回舞于城中，而全市如没于烟雾。"

反映市民家庭题材的《中国家庭》，画面十分简单，除了上方露有一个门角、两个不全的灯笼和左侧一柱外，五位人物占据了整个画面。其中，三位女士中两位坐着，一位站着，她们服饰华丽，坐站姿端庄，表情却带凝重，让人联想到两个词——封建和自闭。18世纪西方美术作品中中国女子的清秀、妩媚、娇娆、浪漫全然不见。西方人对中国大家庭妇女的印象即是如此。

反映北京城商贸市集的《从城墙看外城》和《北京市集》很有动感。《从城墙看外城》是根据J. Blase摄影作品而作，故画面呈现的是实景内容。在城墙外的商业街道中，行走着一队骆驼商旅，走在最前面的骆驼上面还坐着一个人。骆驼商队在画面中仅占十分之一的比例，更多的是呈现远近房子。《北京市集》呈现的是北京街区集市上人头攒动的喧嚣景象，近处有人席地而坐，正进行物价商议。

反映平民娱乐活动的《街头木偶戏》表情逼真，《野外戏剧表演》则带有法国情调。

街头木偶戏

北京街头流动的理发师

《街头木偶戏》的画面是街边一个木偶戏台车，戏台里有男女各一木偶。台前和两侧的地上和长条板凳上，站有老幼10人围着观赏，他们或手舞、或扬脖、或伸颈，表情自然、专注、愉悦。版画名称虽为《街头木偶戏》，但作品表现重点更像是木偶戏围观者。《野外戏剧表演》画面只有一女三男演员站立在台上。女演员无论从衣帽服饰到体态姿势，更像是西方人。

反映使馆题材内容的《8月15日的前大门》画面十分破败，而《法国军营》倒还有些庄重。

从1842年8月29日中国与西方列强签订《中英南京条约》，一直到1860年《天津条约》订立，外国使节才被批准进驻北京，外国人也才被允许可以在帝国内地自由游历。对于北京使馆区，美国传教士丁韪良在其《花甲忆记：一位美国传教士眼中的晚清帝国》一书中曾说："北京已经成为堪与君士坦丁堡相媲美的阴谋中心。在那里，我们的公使除了应付东方外交的精明，还要面对欧洲最敏锐的智者。他们与中国近邻的使者不同，除了照应美国公民（商人或传教士）的权利，以及保证他国人民不取得不公平的优势，并无一定的政策可以遵循。"

《8月15日的前大门》是依据J. Matignon的摄影作品而绘制，画面展现了庚子事变中东交民巷使馆区的破损状况。由于清兵和拳民包围使馆区达两个月之久，通信中断，北京成为世界瞩目的焦点。铜版画面的四分之三呈现残墙断壁、破损石狮、堆弃砖瓦、山墙荒草。这里是使馆区破败荒废的一角。

《法国军营》也是依据照片而绘作。画面结构庄重，一处院落门前，有两尊高座石狮，石狮前又有铁链将院前护围。铁链护围外有多棵树和一辆车的后半部分。

《北京街头流动的理发师》场面热闹，人物众多。前排坐着6位客人，他们的身后站着7位理发师（其中一位年轻者看似徒弟）。其姿态各异，生动逼真，有侧头、低头、托腮、拎辫等；其他12位都在后排参差不齐地忙碌着，有的在洗脸，有的在梳辫，还有的在为师傅打着下手。版画中25位人物，几近把为辫子服务的流程都展现出来了。《北京街头的理发师》是当时北京极具代表性的一个街景。

欧洲男人以蓄胡须为美，中国男人则是以辫子为珍贵。这是当时东方民族与西方人种之间最引人注目的表面差异。中国男人留辫子以及头前剃发，让西方人深感不解和怪异。西方画家为猎奇，常把中国男人的发辫作为绘画中中国男人的重要特征。北京街头的理发人群，刚好反映了清洁发辫的过程，这也是西方画家在此画上大费功夫的原因。

法国画坛的北京印象是随着中国在法国以及欧洲热冷而转变的。"中国热"约有百年，18世纪五六十年代开始逐渐降温，法国贬华言论渐增，出现"颂华派"和"贬华派"并存的局面。英国学者赫德逊认为："1789年以后对中国的崇拜几乎完全消失。"马戛尔尼使团的访华报告，则在很大程度上改变了欧洲人心目中的中国形象，至18世纪末"中国热"冷却结束。鸦片战争前夜，中国全无18世纪在法国的巅峰。鸦片战争以后，欧洲的"黄祸论"使得中国形象衰落，甚至还被称为"既极端丑陋又非常可怖"。由此可见19世纪西方人的中国观及北京观的转变，还有欧洲人对中国居高临下的心理。

西方船坚利炮攻入中国，攻入北京，特别是"戊戌变法"和义和团运动，使得法国和西方画家的视野再次聚焦北京。1900年《LE PETIT JOURNAL》画刊增刊了一组有关庚子事变的彩色石印画，有《侵略者无所掩饰的野心》《拳民的仇外事件》《拳民杀害教士教民》《八国联军将领的会议》《入京善后的李鸿章》《联军的杀戮与报复》等。

1901年，《L'ILLUSTRATION》画刊刊出两组各六张有关义和团事件的画作。《L'ILLUSTRATION》还在1900年刊表了《联军穿过紫禁城的凯旋仪式》《法军攀越紫禁城》《坐进皇城的法军总司令》《西什库教堂外》《官家眷属》《清朝官吏》《被毁的正阳门》《炮火下的北京巷道》《法国大使的居所》《光绪皇帝的肖像》《意大利公使馆》《法国公使馆》《大清门遗影》《各国使馆写照》等作品。

从法国《LE PETIT JOURNAL》和《L'ILLUSTRATION》画刊于1900年和1901年刊表出的画作不难看出，这些画作题材大都与北京"戊戌变法"、义和团事件有关。画面上战争掠夺、尸横遍地、残墙断壁、滴血人头、傲慢联军等，历历在目，它让我们牢记中国的耻辱，也在激励中华民族图强。

# 旅游指南中的民国北京

季剑青

早在北京的现代旅游业发展起来以前，出版市场上就出现了类似北京旅游指南之类的书籍。道光二十五年（1845年）问世的《都门纪略》，广泛介绍了北京当时的风俗时尚、饮食娱乐方面的情况，是一部为外省客居京城的商人和士子提供生活实用信息的书籍，被学者视为最早的北京旅行指南。此书出版后颇为流行，后来又出现了不同编者增补和修订的版本，有的使用《都门汇纂》、《朝市丛载》等名称，一直沿用到清朝末年。

一

民国成立后，虽然科举制度已经废除，但北京仍是首都，"占政学商界之中心，每岁政客学士商人游子之往来燕蓟者"（1916年中华图书馆版《北京指南·序》），数以万计。为了满足他们的需要，许多出版社都推出了《北京指南》一类的书籍，介绍北京各方面的实用信息。虽然在体例上有很大变化，但从性质上看，可以视为《都门纪略》传统的延续。例如撷华书局1914年出版的《新北京指南》，包含了学务、会馆、栈店、市廛、营业、饮食等方面的内容，还收录了各项新颁布的规章制度。1916年中华图书馆出版了《北京指南》一书，除了卷首的"国宪"以外，剩余分为十类：地理、行政、公共事业、交通、食宿游览、实业、礼俗、名胜、杂录、北京京城地名表。与《都门纪略》类似，这类书籍往往也经常再版，一方面可能跟市场需求旺盛有关，另一方面也是因为此类书籍时效性强，书中提供的信息需要不断更新。中华图书馆就于1918年推出了《北京指南》第二版，补订了地名表。而在市场上表现最出色的，当数徐珂主编商务印书馆出版的《实用北京指南》，1920年初版，1921、1923、1926年分别推出了再版、增订三版和增订四版。体例上与中华图书馆1916年版《北京指南》类似，除书首风景照片外，分为地理、礼俗、宗教、法规、公共事业、交通、实业、食宿游览、古迹名胜、地名表十编。地名表前有地图，后有检字索引，方便读者查阅，突出"实用"的特点。

从内容上看，民国初年的北京指南以介绍实用生活信息为主，主要针对的是在北京居留时间较长的官员或商人这类读者，因而有关行政、公共事业、实业的内容最多。例如中华图书馆1916年版的《北京指南》，篇幅最长的是"行政"，其次为"交通"和"公共事业"，而商务印书馆1920年版《实用北京指南》，仅"实业"一编就占据了188页之多的篇幅。相比而言，旅游观光方面的信息就显得较为薄弱。尽管这些指南一般都设有食宿游览、古迹名胜等门类，但从目录上就可以看出，它们一般都放在靠后的位置上。分量比较低，编排得也很粗糙，基本上是抄撮而成，甚至有互相抄袭的情况。对照撷华书局1914年版《新北京指南》的"存古"类中的"名胜"和中华图书馆1918年版《北京指南》的"名胜"类就会发现，两者内容大同小异，甚至介绍的景点的顺序都一样。如果不是后者抄袭前者，就很可能是两者都抄自同一本书。

## 二

20世纪20年代中后期至30年代，现代旅游业逐渐在北京兴起，最初北京的旅游事业主要掌握在英国通济隆公司（Thomas Cook）、美国运通公司、日本观光局等外国旅游公司手中。1927年，中国旅行社正式成立后，加强了在北京的经营活动，其下属的北平分社开展了平绥、平汉、平辽、平浦、平津5路铁路联运业务，在国际上则与日本国际观光局、英国通济隆等建立了合作关系，相互承接国际间的旅行团队。1932年，中国旅行社在北平创办旅行公司，配备专门的游览汽车和行李卡车，组织各种形式的旅游团。中国旅行社还在其主办的《旅行杂志》上刊载介绍北平旅游景点和路线的各类文章。1934年，北平市长袁良更是提出游览区建设计划，一方面整理修缮古建筑，一方面改进道路交通等配套设施。通过发展旅游业来促进北平的繁荣已成为北平各界的共识。

在这样的氛围下，北京指南一类书籍中旅游观光的内容逐渐增多，一些直接题名为"北京游览指南"或"北平旅行指南"的书也应运而生。1929年民社出版的《北平指南》，在内容编排上，已经把"名胜古迹"放置在"政治机关及社会团体"、"交通"、"风俗习尚"等类别之前，给予较为重要的位置。1935年，上海自强书局出版了田蕴锦编的《最新北平指南》，编者在序言中表示该书的主要内容"纪北平一隅胜迹与文化风俗人情"，以服务于来平游览的旅客。书分十五编，涵盖名胜、风俗、娱乐、商业、机关团体等各个方面，但占据篇幅最多的则是"地名一览"和"胜迹摘要"两编，还设有"游览须知"一编，提供各种交通工具的路线、时刻表、价目表等旅游信息。

20世纪30年代北平出版的各类旅游指南中，最值得注意的是1935年出版的两种，一种是马芷庠编的《北平旅行指南》，经济新闻社出版，另一种是北平市政府组织汤用彬、陈声聪等编纂的《旧都文物略》。《北平旅行指南》是当时极受欢迎的一部旅行指南，初版万余册问世不久即全部售罄，至1936年已出至三版。马芷庠在初版自序中说："嗣因市政当局极力繁荣旧都，扩大整理游览区域，余深韪其议，而编是书之意遂决"，可见此书也是在市政府游览区建设计划的背景下编撰的。《旧都文物略》本身就是这个计划的产物，由于出版时，袁良的"北平游览区建设计划"已经改为"旧都文物整理计划"，所以标题中没有旅行指南之类的字样，但其实该书是一部"导游之作"（《旧都文物略·编辑后语》），是"游览区之唯一宣传书籍"（《故都文物略已着手印刷二月后出版》，1935年9月23日《北平晨报》）。这两部书在内容编排上，都将北平的名胜古迹置于首要和突出的地位。《北平旅行指南》分"古迹名胜之部"、"食住游览之部"、"旅行交通之部"等七个部分，"古迹名胜之部"差不多占了一多半的篇幅。《旧都文物略》则分城垣略、宫殿略、坛庙略、园囿略、坊巷略、陵墓略、名迹略、河渠关隘略等十二部分，显然宫苑名胜也占据了突出地位。

与帝制时期客居北京的商人和士子不同，作为现代旅游业的消费者，游客不需要融入到北京的日常生活中去，像《都门纪略》和民国初年的北平指南那样的生活手册，自然不合他们的胃口。游客的首要任务是去观看，他需要在短时间内尽可能多地看到值得看的地方，旅行指南会给他提供这方面的帮助，列举景点，提供路线，并且用简明扼要的文字告诉他，这些景点有什么样的意义。那些意义明确、认知度高的景观——所谓"名胜"——自然会占据最重要的位置，对北京而言，就是帝制时期遗留下来的皇家建筑：故宫、天坛、雍和宫、颐和园、中山公园等等。1931年9月，《旅行杂志》第5卷第9期上登出了一份中国旅行社北平分社制订的《北平七日游程》，向游客推荐的是天坛、先农坛、钟鼓楼、雍和宫、孔庙、国子监、颐和园、西山、故宫、中央公园、长城、景山、古观象台、小汤山及动物园。而在《北平旅行指南》和《旧都景物略》中，北平的宫殿苑囿也被置于开篇的位置。它们是这座城市的精华，同时也被视为民族文化的象征，对北平城市形象的塑造至关重要。

## 三

20世纪30年代北平旅游业的发展，很大程度上依赖的是西方游客，那些象征着这座城市辉煌的过去，同时被视为民族文化和国民精神之载体的景观，同时也是西方人心目中代表了"真实"的传统中国的景观。这一时期也出现了以西方人为读者的英文旅游指南，它们同样聚焦于北平的过去。1935年《北平时事日报》（The Peiping Chronicle）出版的英文《北京指南》（Guide to "Peking"），在扉页上对书名做了解释："一般的游客对今天的北平并不怎么感兴趣，他们感兴趣的是过去的城市——北京"。书中也提到了北平市政府雄心勃勃的计划：筹集250万美元的资金，其中20%用于古建筑的修缮，50%用于道路的铺设，30%用于旅游局的建设。除了日常的道路服务和提供导游翻译以外，旅游局还将兴建旅馆、剧院、餐馆，出售吸引外国游客当作纪念品购买的地方特产。计划中还包括把中南海的总统府改造成一座能容纳800名旅客的配备所有现代设施的大宾馆，"虽然游客能在北平找到第一流的西方人开办的宾馆，但是对他们中的大多数人来说，如果能住在基本上是东方风格而又配备体育和娱乐设施的建筑里，就会有更多的乐趣"（第15页）。这本旅游指南推荐的名胜包括天坛、先农坛、古观象台、鼓楼、钟楼、雍和宫、北海、中南海、故宫、颐和园等等，主要是帝制时期遗留下的皇家建筑，是过去的北京，也是西方人心目中"东方风格"的典范。这样一种北京的形象在当时外国的北京旅游指南中是很常见的，正如美国学者韩书瑞（Susan Naquin）在《北京：寺庙与城市生活》一书中所指出的，"外国旅游指南强调这座城市既是古老的，也是永恒的，它的荣耀历史悠久，已成过去，它的尊严却是不朽的"。

# 宣南文化的源头

许立仁

宣南地区是有着三千多年建城史、八百多年建都史的老北京的源头之一。围绕今日宣南地区在当年金中都城市布局中的重要位置及其作用，从历史的角度思考如何进一步保护、开发和利用宣南文化资源，有着十分重要的意义。

## 宣南地区是金中都的中心

史载，北京建城之始，其名曰蓟。大约在西周末年或东周初年，燕国兼并了蓟国，并迁都至蓟城。《韩非子·有度》记载："燕襄王以河为界，以蓟为国。"意指燕国南面以黄河为界，而统治中心在蓟城，所以遂有燕都蓟城之称。后来北京又称为燕京，其根源就在于此。到了辽代，此地变为陪都南京，历史上叫南京。金朝继起，扩建其东、西、南三面，改称中都，为北京正式建都之始。据《揽辔录》记载，金海陵王完颜亮于1151年"役民夫八十万，兵夫四十万，作治数年"，于1153年竣工并迁都于此。其城址之中心，在今广安门南一带。新的都城定名为"中都"，取金王朝五京当中之意，意即为金王朝的政治中心。新都城规模宏大、气势恢宏。据《日下旧闻考》记载："其宫阙壮丽……虽秦阿房、汉建章不过如是。"金中都的皇宫大安殿、仁寿殿，同乐园里的瑶池、蓬瀛等豪华的建筑，令南朝使者惊叹不已。

十分可惜的是，昔日巍峨壮观的宫阙在封建王朝更替的战乱中湮废已久，而残留至今者，唯鱼藻池一处，即今白纸坊桥西之青年湖一带。1990年，在右安门外大街以西的凉水河北岸发现金中都水关遗址，已就地建立起了金城垣博物馆。同年又在西厢道路改造中，市文物研究所沿西城区滨河路两侧，探得金中都宫殿夯土十三处，南北分布逾千米，并作局部发掘，从而确定了金中都应天门、大安门和大安殿等遗址的准确位置，在今西城区广安门外鸭子桥、南北线阁及甘石桥一线。蒙古族灭金建元之后，金中都宫阙被毁，元统治者于金中都东北郊外建大都。明朝初年，明成祖迁都北京，缩减大都北部，改称北平，其后自南拓展筑城墙，始称北京。而原来的辽、金都城遗址则被称为"旧城"、"南城"，成了人们怀古探幽、抒情畅绪的游览之地。到了明代中叶，朝廷又加筑外城，将古代蓟城之东部全部纳入城中，从明至清，相沿下来。此时的京城，无论从规模上、布局上，还是从繁华程度上都远远大于金中都、元大都。中华人民共和国成立后，北京成为共和国的首都，其城市变化更是日新月异，可谓：萧瑟秋风今又是，换了人间。

金中都的皇城宫阙及都市中心均在宣南地区，为更好地研究了解金朝及其中都提供了十分便利的条件。

## 华夏各民族大融合的"助产士"

金王朝是12世纪统治中国北方半壁河山的封建王朝，金中都是第一个正式建都于北京地区的都城。因而，在中国都市发展史及北京建都发展史上都具有非常重要的地位。金朝作为我国历史上统治北方广大区域的一个重要朝代，其强盛之时，东至海（渤海、黄海），西逾秋石（今青海贵德西），北境为外兴安岭，南抵淮水。在这广大的区域内，生活着北方各族人民，并与南宋形成了对峙局面。

众所周知，金中都是在辽代的陪都南京的基础上加以扩充建立起来的，而且中都城内的许多名称也是沿用了当年北宋都城汴京的名称。如汴京正北门名为"通天"，金中都正北门名为"通玄"，汴京皇城北门为"拱辰"，金中都也设"拱辰门"，其宫城的东华、西华门名，也仿效北宋宫城门而分别命名，这些都是有史可查、有证可考的。

特别值得一提的是，金朝都城及其皇城整体的布局和设计，为元、明都城的设计建设开创了先河，提供了雏形，奠定了基础。元、明城内的布局，在安排上大体沿袭了金中都的做法。金北宋后，将大批能工巧匠调用于都城建设，从而全方位地吸收汉族文化，体现了高度发达的汉文化对少数民族的影响。例如，中都城的东西南北门各有施仁、彰义、端礼、崇智之名，寓有崇尚仁、义、礼、智之意，是汉族传统文化的反映。

金亡后，元统治者在中都城东北方另建新城，而中都城被称为"南城"，建城后的都城称为"元大都"。元大都包括新建的北城和修复后的南城，其规模远大于金中都。到了明代，据《明洪武实录》记载："大将军徐达经理元故都，令指挥叶国珍计度南城，周围五千三百二十八丈。"明末《春明梦余录》也称："元之南城周围五千三百二十丈，即金之故基。"而清代更是继承了明朝城池和宫阙，在北京统治了二百六十八年。

　　从史实可以看出，正是有了金王朝定都北京，苦心经营中都城，才开始了北京作为首都的先河，也为以后元、明、清定都北京、建设北京提供了丰厚的物质基础和文化基础。我们知道，辽、金都是统治中国北方大部分地区一二百年的少数民族王朝。辽代的统治者是契丹族，金朝的统治者为女真族，而后的元代统治者为蒙古族，清代统治者为女真族后裔——满族。这些少数民族在统治过程中，接受并学会了汉族先进的农业、手工业、矿冶业，发展了商业。先进的生产工具、生产技术广为传播，使北方少数民族逐步摆脱了刀耕火种、游牧渔猎的落后生活方式。在辽、金两朝中，有大批汉族官吏为其政权服务，同时汉族老百姓与少数民族的通婚、通商及共同生活，使得少数民族中优秀的东西也为汉族所接受。各族人民辛勤劳作，共同开发了中国的东北和内蒙古地区，促进了这些地区社会和经济的快速发展。而蒙古族建立的元朝、满族建立的清朝，更是极大地推动了整个中华民族的大融合、大团结，其规模和成果远非辽、金可比。但追根溯源，他们的发展无疑是直接受到了辽、金时代的重大影响，这是毫无疑问的。用历史唯物主义的眼光看，辽、金对于促进中国社会和经济的发展及历史进步，起到了积极的推动作用。

　　宣南文化是金中都以来京城地位确立的产物。京师文化是随着京师地位的确立、经济的发展和社会的进步而不断丰富完善，从而体现出其深厚的底蕴和深刻的内涵的。自金中都定都北京八百余年以来，北京作为金、元、明、清几代封建王朝的京师重地，其规模不断拓展，都市日渐繁华。其中，皇宫建筑以明成祖朱棣迁都北京营建故宫的工程最为浩大。到了清代，统治者实行旗民分治、满汉分居，汉人和他们的知识分子以及书肆、商业、娱乐业都迁到了外城，这从客观上形成了宣南地区，从而孕育出了宣南文化。

　　研究北京文化、研究宣南文化，就不能不提及京师的起源问题。北京是世界历史名城，它的起源就在宣南地区广安门内外为中心的区域里。我们说北京有3000多年的历史，这主要是依据文献资料的记载和地下文物的佐证。金朝建都于北京则是在860多年前，它的皇宫就在今日的宣南。北京是书，宣南是页，宣南地区以其悠久的历史传统，丰厚的文化底蕴和特有的风貌遗存，让页面丰满、让书变得厚重。作为后人，我们有责任、有义务，在不断加大城市建设和总体改造的同时，下大气力，本着对历史、对后人负责的态度，全力保护好这份极其珍贵的历史文化遗产，科学合理地加以开发利用。

　　现在的新西城区是由原西城区和原宣武区于2010年因为区划调整合并而成。

2010 年之前，原宣武区十分珍视宣南文化资源，保护和修复了湖广会馆、纪晓岚故居、安徽会馆、长椿寺、圣安寺、先农坛、法源寺、中山会馆等一批文物建筑，稳妥处理文物保护与危旧房改造问题，加快了历史文化保护区的保护、建设以及文物保护修缮步伐，修建了宣南文化博物馆，编辑出刊了《宣南鸿雪图志》一书。尤其值得一提的是，为纪念北京建都 850 周年，由古建专家王世仁先生倡导、策划和审定的"建都纪念阙"，由原宣武区政府于 2003 年 9 月 20 日在金中都大安殿故址落成，上面有著名历史地理专家侯仁之先生撰写的《北京建都史记》。区划调整后，新西城区制定并实施了"三区战略"。其中"文化兴区"战略又为"宣南文化"的研究和发展注入了新的生机和力量，西城区宣南文化研究会就此应运而生。2012 年，研究会按照新西城区"文化兴区"发展战略，继续深入开展宣南文化研究。首先是对《宣南鸿雪图志》进行增订和出版工作。二是聘请专家、学者举办了"杨梅竹斜街历史文化遗存专家论证会"，服务政府中心工作。三是参与了北京市西城区城市建设名城保护工作，对香厂路民国建筑群落进行大量调研和现场指导。

北京建都 860 周年之际，宣南地面上新建成了金中都公园。它位于菜户营桥东北角，西、南护城河交汇处。它的建成弥补了目前追溯都城建设历史的公园中唯独缺少金中都的憾事。该公园选址正处在当年金中都中轴线上的皇城南门至宣阳门故址之间。在此地建造可以说其具有特殊性和文化唯一性，是最适宜反映金中都建城历史的场所。

# 前门外的票号

蒋伟涛

票号是我国古代的一种金融机构，票号也称为银号、票庄或汇兑庄，也就是汇兑银票的处所，是封建社会末期适应国内战乱环境而形成的业务。票号初期主要经营汇兑业务，后来也经营存放款业务，创办票号、经营票号的主要是山西人，其中在前门外就留下了最早建立票号和最辉煌票号的遗迹，它们依旧矗立在高楼繁华之中，默默地诉说着前门外曾经的经济繁荣和中国金融历史发展。

## 一

北京最早出现的票号是日升昌，也是全国最早出现的票号，位于前门外草厂十条20号　处考究的四合院内。冬日里经联系当地居委会一位老熟人携友二三人前去寻访，探寻最早金融机构的遗迹和遗存。

说到日升昌票号要追溯到乾隆年间的商人雷履泰。雷履泰（1770—1849年）虽在北京做生意，但他不是北京人，而是山西省平遥县龙跃村人，和当地其他大户一样祖上早已农商分离。雷履泰少年时期，因父亲过早去世，家道中落。无奈之下，被送到平遥城里学做生意。由于学艺精湛突出，慢慢地自己独立出来做生意。相传雷履泰租过几个铺子，都没有大的起色。后来在平遥北门头拐角处，租了一处宝房，成为看宝盆的把式。在此期间他认识了西裕成颜料庄的二少爷李大全。李大全见雷履泰洒脱自如，气宇不凡，进退有度，举止大方，便把雷履泰请到西裕成颜料铺。后来雷履泰先到西裕成汉口分庄做事，后又到北京分庄历练，在这十年间，西裕成发展成为全国的大颜料庄。雷履泰也被聘为大掌柜，委以重任。

雷履泰在汉口、北京等庄口执事时，在前门经营了一家叫日升昌的颜料会馆，经营的颜料中有一种原料铜绿，产自于四川，需要大量购买，如果去四川购货需携带大量现银，很不方便。当时盗贼四起，很不安全，但是难不倒精明机灵有头脑的雷老板，他想出了一个"异地取款"的办法，便在四川开了分号，购货款由四川的分号代付，这样省去现金交易的麻烦和不安全的弊端，颜料生意做得很好。这样日升昌的颜料会馆除经营正常的颜料业务外，为方便资金调度，多次开展异地银钱汇兑业务。后来他借鉴账局经验，日升昌又在一些大城市相继开了二十几家分号，把同一地域内的汇兑扩大到异地；借鉴钱庄经验，也搞银钱兑换；借鉴印局经验，也开始放款，只不过把当日内的放款、收款，改为中短期放款，初步形成一整套金融管理模式。这些分号不但为本号服务，也为其他商客服务，极大地扩充了自己的经济实力。

回到总号执事后，雷履泰便踌躇满志、胸有成竹地向李大全建议成立专门开展货币业务的金融机构——票号。东掌一拍即合。道光三年（1823年）中国第一家票号——日升昌票号诞生了。从此，中国金融史翻开了崭新的一页。雷履泰首创票号的功绩被永久地载入史册。票号开创了一种便利的商业付款方式，在封建社会内部产生了现代商业的轮廓和实用工具，极大地促进了商品流通和生产力发展，雷氏也由票号之创而成为近代金融业的鼻祖。

雷履泰70岁时，在平遥书院街新宅内，隆重庆贺了自己的七十寿诞。财东以"拔乎其萃"金匾赠送，表彰其创造的辉煌业绩和做出的杰出贡献。这块匾，一直挂到民国年间，相传由京客买走截为四截背到北京。雷履泰79岁终年。临终前，雷履泰唯才是举，未将颇具才华的儿子雷辅昌推上总经理的岗位，而竭力荐举二掌柜程大培的儿子程清泮执掌号事。程清泮不负众望，审时度势，力挽狂澜，顺利地将日升昌票号事业继续向前推进。由此看来，雷履泰不仅是中国票号的创始人，也是中国票号事业发展的推动者。

## 二

继日升昌之后，其他票号相继出现，到了咸丰年间，北京已经有约30家票号。在东四牌楼附近形成了著名的四大恒钱庄：恒兴、恒和、恒利、恒源，主要业务是内城的官僚富商，成为北京人显示身份的象征。当时有一种流行的说法是"头顶马聚源、脚踩内联升、身穿瑞蚨祥、腰缠四大恒"。到了清末民初，前门外西河沿、钱市胡同、施家胡同成为众多私家票号的聚集地。从1906年清政府的户部银行在北京设立，到1917年北京十九家银行入会成立银行公会，这些银行大多设在前门附近，当时在前门箭楼周围是北京的金融圈。现在前门外西河沿还有交通银行旧址遗址。

与前门西河沿对称的东河沿的西打磨厂还有一处电视连续剧《乔家大院》里

的原型"大德通银号"，它在历史上是最辉煌的票号。"大德通银号"遗址地位于西打磨厂街213号，现在是一家普通的招待所。作为京城仅存的晋商票号遗址，西打磨厂街213号院坐落在胡同的北面，高座台阶的小院，拱形券式大门，门脸不大，墙头挂满铁丝网，显得格外森严巍然。据从小生活在附近的著名作家肖复兴回忆，解放后这里曾经住过一个将军。走进院子是一座巍峨的二层楼，三层硬山脊，悬山顶，青砖灰瓦，红柱红窗，翘翘的房檐犹如飞燕。这里是一处典型的坐北朝南的四合院，但也有不同于老式建筑四合院的地方，北面正房是一座二层木制小楼，前出廊后出厦，有高高的台阶。

大德通银号由山西祁县乔家堡乔氏创办，同治初年专营汇兑，光绪十年（1884年）四月，正式改名为"大德通银号"，总号设在祁县城内，后来迁到北京，营业范围主要是存款、放款、汇兑三项业务。因为大德通银号走上层官场路线，与很多官员私交甚密，受到官方的支持和保护，保持其几十年常胜不衰。1900年八国联军入侵北京，慈禧太后西逃到山西祁县，行宫就设在大德通银号，大德通银号资助了很多资金。但也就是这次八国联军入侵，造成北京城内几乎所有的银号库存被抢一空，极大地打击了我国银号、票号的发展。另外就是随着清朝灭亡以及现代金融业的发展，银号已不能适应形势的变化，业务每况愈下，勉力维持，一直惨淡经营到1949年。

可以说前门外的日升昌银号和大德通银号这两座票号旧址宅院，在中国历史上见证了封建王朝的历史兴衰和更替，可惜的是这两处遗址已湮灭在历史粉尘之中，如果不是阅古读今，没有人知道这两处宅院的历史，没有人知道它们见证的历史变革和对近代中国的独特贡献。如今它们只是一个宅院、一个门牌号，没有各级文物保护单位的介绍，也没有名字，孤零零地矗立在胡同之中，在这个现代化的城市里显得愈发式微。正如同其他很多具有历史文化背景的建筑一样，慢慢消失，变成尘埃，在人们的记忆里蜕变消失，不见踪影，成为一段尘封的历史。

在胡同中行走，可以看到路边阳光下慈祥的老人靠在胡同墙壁上打着盹儿，与胡同一起定格在历史中。

2006年，电视剧《乔家大院》热播，乔家后人在"大德通银号"里聊晋商文化，呼吁在允许的情况下保留这座北京仅存的票号大院，并希望成为研究晋商金融业在京发展的佐证。

历史的瞬间，人生的百年，在胡同斑驳的印痕里，在路边的青石里，在灰色的砖瓦中，在行走的老人中……历史成为历史，在历史的长河中已经流逝，一刻也不能耽搁地远去了，但是胡同和胡同里的些许故事留在了人们的记忆里。历史让人恍惚，唯有这些见证历史的遗址留在胡同之中。岁月的大手像轻风一样将它们的生命印痕抹去，留给后人一段无法言说的苍白。

政北
协京

第四辑

隽忆：这些人，那些事儿

# 绿杨蘸水映天蓝　有清一代女词人

陈　芳

顾太清（1799—1877年），本姓西林觉罗氏，号梅仙，是海淀香山健锐营满洲镶蓝旗人，凡历嘉庆、道光、咸丰、同治、光绪五朝，其叔曾祖鄂尔泰乃清康熙朝举人，雍、乾两朝重臣。其祖父鄂昌为雍正举人、甘肃巡抚，后因胡中藻诗钞案牵连赐死，家道中落，搬去香山居住，以游幕、笔耕为生，很少进城。但家中男女都读书，有文才。太清在嘉庆四年（1799年）正月生于香山健锐营，在道光四年（1824年）26岁时与清高宗弘历第五子荣亲王永琪的孙子、贝勒奕绘结婚，为侧室夫人，两人同年。为避罪臣后之嫌，循清律之规，假托为荣王府二等护卫顾文星之女呈报宗人府，所以世总称其为顾太清。奕绘曾任镶红旗总族长、东陵守护大臣等职，同时继承家学渊源，博学多才，是为清代有名的宗室文学家。著述很多，有《子章子》《观古斋妙莲集》《明善堂文集》等，并与王引之合著《康熙字典考证》等。在道光年间曾多次被召到圆明园侍宴，参加庆贺活动之后，还写有恭和道光帝御制诗元韵的诗篇如"校书中秘承光宠，伺宴宫园荷圣恩"等。早年太清到太平湖荣王府中陪伴荣府格格读书时即有机会与奕绘诗词唱和，继而互相钦慕。奕绘少年时所著《写春精舍词》即为太清所作，中有一首《绮罗香无题》能见描绘了太清当时的可爱形象：

绿颤钗虫，红移秀凤，犹记那人娇小。瘦削身量，容下春愁多少。凭寄取、两线三针，便见透、千灵百巧。直回伊几句相思，今番拼得被花恼。新诗温李格调。写在衍波笺上，签儿封好。蜜意蜂情，埋怨不来青鸟。消宿业，七卷《莲华》，践旧盟，一年芳草。算从头，雨梦风怀，有情天亦老。

婚后奕绘、太清夫妻相爱甚笃，度过了十四年的幸福生活。他们常并骑郊游，一次能把丰台、三官庙、菜花营、天宁寺、白云观等几个地方游遍。特别是在白云观"会神仙"，观看"放斋"，亲尝所放斋饭，太清有诗《白云观乞斋》"乞得一盆真上品，菜根风味古人知"，放斋时乞一盆素斋，是为祈福之意，并不只是为了好吃。同时听白云观住持张坤鹤讲经，两位还有过"道装画像"。张道人还亲到荣王府看望奕绘、太清夫妇，在两人诗词中都有所反映。张道人过世时，太清曾填《黄鹤引·挽白云观主张坤鹤老人》词，有"七十年，算人间游戏一梦"。他们还走亲访友，看望奕绘的祖父、乾隆帝第五子永琪还有定亲王、成亲王等。太清性聪慧，写作诗歌、文章，多是援笔立成。又常与闺阁中的女友许云林、许云姜、汪允庄、沈湘佩及胞妹西林霞仙一起作诗。这时西林霞仙已嫁香山健锐营翼长，故太清常去海淀、双桥、香山等地。早年太清回娘家时曾与家人游历海淀名胜如广源闸南面的辽代昌运宫遗址，赋诗描述废址尚存断续的红墙和碧瓦。道光八年（1828年）八月，太清与胞妹西林霞仙游广源闸西边的明代万寿寺时心情非常高兴，写诗"春雨初晴后，郊原望远峰。山高犹见雪，风定不闻钟"，提到寺里已于乾隆十六年（1751年）被移到城北觉生寺（大钟寺）的那座永乐大钟。

圆明园在咸丰十年（1860年）未遭破坏之前，清代历朝皇帝一年之中有过半时间是在园里处理政务。王公大臣们为上朝候召之便，便纷纷在海淀修建别墅，各府在海淀的寓园有不少，当时海淀很拥挤，找宽大的寓园不容易，就设在附近条件较好的庙里。荣王府的寓园初设在位于香山脚下骚子营的观音将军庙，后来又搬到畅春园大宫门西边的双桥寺，顾太清和丈夫经常住居于此。双桥寺是始建于明代万历年间的一座关帝庙，位于武清侯李伟清华园的南墙外。寺占地三亩半，有佛殿和僧舍十九间，正殿供奉关帝和华佗两尊泥塑神像。山门前影壁正面写"亘古一人"四个大字，背面有一个大"佛"字，字周围还有青瓷雕龙环绕，被称为"青龙抱佛"。双桥寺在清代非常有名，它距圆明园大宫门只有一二里地，住寺官员进园应差十分方便，大学士明珠和祁俊藻等都曾在这里居住。

道光十三年的清明节，奕绘、太清夫妇刚刚住进双桥寺新的寓所，奕绘即在当日写下了《清明双桥新寓二首》，其一为："小寺双桥接，红墙绿水湾。买鲜湖岸侧，系马柳林间。客寓新移榻，禅扉望远山。清明春雨足，闸口听潺潺。"太清亦和诗两首，其一为："萧寺垂杨岸，明湖第几湾。去来今日事，二十五年间。碧瓦凄春殿，玉峰看远山。僧窗对流水，欲往听潺潺。"太清曾在二十五年前的嘉庆十四年随父游过此寺，西望万寿山、玉泉山和绵延的西山，窗外的万泉河水通过苑墙的闸口流进畅春园潺潺有声，真是一个值得称颂的美妙所在。

海淀六郎庄一带历来被称为"北国江南"。双桥寺外稻田十里，荷塘千顷，水鸟纷飞，盛产被誉为御米的京西稻。莲花白酒本是由宫廷秘方配制的御宴滋补酒，六郎庄人用玉泉水和本地特产白莲花，配以黄芪、当归等十余种中药材酿制莲花白酒，退朝后在海淀镇就餐的王公大臣都以能喝几杯同仁老酒店的莲花白为乐。在农历六月二十五日莲花节前后，观赏白莲花，细品莲花白，成为皇帝大臣和京西居民的特有习俗。奕绘和太清刚住进双桥寺，即到六郎庄买酒，有诗赞"六郎庄上酒，旧属白莲花"，"六郎庄上酒，顿顿鲤鱼肥"。

夫妇俩住在关帝庙的禅房里，闲余很喜欢葫芦，几案上摆放着康熙年间太监智珠精制的葫芦香盒和茶盘。庙里和尚知道两位喜欢葫芦后，即帮他们在阶前屋后栽植葫芦苗，夏天藤蔓缭绕，秋日果实垂满。夫妻二人"日日瓠芦棚下坐"，"绕篱闲数碧葫芦"，高兴之余遂将居室命名为"葫芦庵"。还有景点"藤阴茶舍"。太清写了《葫芦诗》二首，其中有句"照夜青花开白雪，济川微物抵黄金。可能识得壶中乐，造化根源着意寻。"奕绘写了和诗，两人每年都要写葫芦诗，奕绘还写有两首《葫芦庵对雨》，"奏事西园罢，僧房且独闲"，"大道离尘俗，人情重往还"，能见他退朝以后的所思所感。

太清五六十岁时正值鸦片战争，她非常关心前线战事，这在她的《天游阁集》中有所反映。如道光二十年（1840年），英国侵略军攻陷东南沿海的定海县时，她在访友归家的诗中写"大论夫人知武略，慧心婢子解文章"，说与诗友曾讨论当时战守形势。至咸丰年间英法联军发动第二次鸦片战争，攻陷北京，火烧圆明园，还趁势焚毁了万寿山清漪园、玉泉山静明园、香山静宜园、畅春园和附近的宗室赐园、私家宅园以及海淀等村镇。西林霞仙所在的香山健锐营也被烧毁，太清闻讯紧急派人寻访数日，也探查不到妹妹的下落，长孙溥楣也随咸丰帝逃往热河避难。她在惊恐和期盼中写下了一首七绝，有句"欲插茱萸人不见，满城兵火过重阳"。第二天妹妹逃出乱中的香山，姐妹相见，太清提笔写成《初十日喜晤霞仙》，"乱离难见同胞面，虎口余生喜尚存。我已暮年君未老，深山姑且度朝昏。"

自道光十八年（1838年）奕绘病逝后，太清奉命移居府外，历经家庭磨难，寡居岁月，幸而有子女成长和诗朋画友的笔墨往来，才增添了生活的勇气与乐趣。她于光绪三年病逝于大佛寺北岔府中，与奕绘贝勒和妙华夫人合葬于房山大南峪清风阁后之圹中，园寝已起宝顶，宝顶外有石栏，前有石阶。

太清活到79岁，有60年左右的创作生涯，现在能看到她的诗作就有800余首，词300余首，收录在她的《天游阁集》中的《诗集》和《东海渔歌》词集中。被后学誉为清代第一女词人，"男有成容若，女有太清春而已"。经考证，太清关于海淀人情风貌的诗词就有38首，仅录其中《雪后往海甸书所见》一首雅赏之：

微阴淡日酿春寒，地接离宫石路宽。

雪满远山云里现，烟开御柳画中看。

墙头村妇窥游骑，树底耕牛卧草栏。

十里香尘吹紫陌，悠悠冠盖退朝官。

这是为道光二十三年（1843年）太清来海淀镇南海淀的车王园看望嫁给蒙古扎隆克亲王车登巴咱尔的大女儿孟文时所作。海淀在清代建有离宫御园畅春园和圆明园，有万寿山清漪园、玉泉山静明园、香山静宜园，有行宫钓鱼台，万寿寺、卧佛寺、碧云寺也都建有行宫院，几代帝王在此处理政务，召见群臣，批阅奏折，悠游憩息。前来拜见的王公大臣和皇亲贵胄退朝之后，衣冠未脱，踌躇满志，悠然自得地走在"三山五园"外面的御路上。而太清的描述则十分形象生动，具有鲜明的海淀地情特色。

太清有诗词手抄本《天游阁集》，其中诗7卷、《东海渔歌》词6卷。《天游阁集》全帙大部分是太清夫人手抄本，生前没有刊印过，是著者晚年写定之本，最为完整。然而在1900年义和团运动和八国联军进攻北京中，太清之孙府上惨遭查抄洗劫，混乱之中《天游阁集》全帙遗失了。金启先生是奕绘、太清夫妇的五世孙，是我国当代著名女真学、蒙古学和满学专家，他于20世纪40年代赴日本官费留学期间即开始寻访先人散佚的手泽，因战争关系没能如愿。至七八十年代继续寻找，得到当年日本同窗大力相助。终于在1986年4月2日，日本科学振兴财团的杏雨书屋寄来《天游阁集》静电复制本，先生喜极，在日记中记述："快何如之！乐何如之！四月二日可为《天游阁集》之纪念日矣。"但当时杏雨书屋只允许个人印少量送家人，不能公开出版。直至90年代末先生又专程远赴东瀛，始谈妥《天游阁集》有关出版事宜，将《天游阁集》在国内正式影印出版。

中华书局出版的《顾太清集校笺》分上下两册，是金启先生及其女金适共同校笺，被列入《中国古典文学基本丛书》之一，于2012年11月出版第一版，计有68万，是迄今为止第一部关于清代女词人顾太清诗词的校笺集。本书是以金启先生1986年从日本杏雨书屋寻回的《天游阁集》的影印本为底本，校以其他各本，凡日藏本已删之词均列入补遗之中，还收有最新收集的太清诗作《醉梅花·题孟缇夫人"比屋联吟图"》，这样集中收词作共计335首，是收词最多的版本。

金启先生为承袭先人著作以广流传一生努力，费尽心血，惜于2004年4月因病不幸去世，享年86岁。在先生遗稿中，《天游阁集笺注手册》的牛皮纸包装袋上还有先生的亲笔手书："我为笺注《天游阁集》用了大量精神，准备了各种资料，甚至将原文抄出（当时还没有日本藏本）……我因年龄身体都不行了，希望子孙后人继我之志完成之。"至生命最后一刻仍然放心不下的是《天游阁集》，令人感佩。

# 十四年的科长生涯

## ——鲁迅任职教育部的心路历程和理念挫折

叶 隽

相比较陈布雷、何思源那代人在政府系统中做到厅长的中层高职，乃至日后在官场有所进步，进入高级官员的行列（大概都到了省部级），周树人（1881—1936）的官场生涯无疑让人生悲。虽然是1912年民国肇创之际就进入教育部，可谓创建时代的元勋级人物之一，但直到1926年辞职南下厦大，鲁迅做了十四年的教育部社会教育司科长。那时候的科长，相当于现在的处长级别吧！说来虽非高级职位，但其实际权力也算不小，社会地位也算尚可。不过，如果在官论官的话，至少我们可以说，鲁迅的"官运"不佳。可不是嘛，十四年，也就是当到科长，基本就是原地踏步；若非在文学领域别出手眼，我们的鲁翁可就要一辈子在此"沉沦为下僚"了。

一

从南京到北京，是一个重要选择。蔡元培本想挂冠而去，可禁不住袁世凯派人劝驾，也就北上任职。于是，教育部的同仁也就追随而至。但谁也没有想到的是，这种出于大义的以公益为重的尝试，并未能延续太久。在1912年7月，蔡元培即辞职。派系之间的倾轧，有时是难免的。蔡元培之所以辞职，固然是因为大的政见上的坚持，但部门本身的难以作为恐怕也未尝不是一个要素。由袁世凯任命的次长为范源濂（1875—1927），此君是清末学部参事，因此学部旧员留用者不少。蔡、范之间虽然有惺惺相惜的一面，但出身旧官僚的范源濂，虽不乏对蔡氏的敬重，但其权力斗争意识却一点都不弱，仍组织"尚志学会"以巩固自己的势力。很快蔡元培挂冠，范源濂继任部长。

鲁迅是5月15日到北京的教育部上班的。从其住地绍兴会馆（宣武门外南半截胡同）到前清学部衙门，距离不远，散步可也。"枯坐终日，极无聊赖"，但越是无所作为，越容易升官。或许也是范源濂上台后需要示下于好，到了8月，周树人被任命为教育部金事，社会教育司第一科科长。当时的社会教育司司长是夏曾佑（1863—1924）。这一年鲁迅三十一岁，三十而立，正是一个人的黄金年华，不过话说回来，在中央政府做到一个"处长"的位置，在今天也算是一个良好的开端了。然而，鲁迅似乎并未在"官场"中把握自己的前途。他比不了蔡元培，蔡元培可以挂冠而去，鲁迅不能。毕竟，蔡氏是民国的开国元勋，光复会的领袖、同盟会的元老，前清翰林、首任总长、留德学人。鲁迅的文化资本和社会资本都还单薄，他不过留日归来，而且没有曾经的革命资本。更何况，家里也还有老小需要他的薪水维持家常开销。这金事这科长，毕竟也算一个不错的位置，不能轻易放弃。比较一下范爱农穷困潦倒至死的悲惨境遇，就可以理解这一点的重要性。

那时的教育部远没有日后的庞大规模，只有四个司局，所以每个小机构管辖的范围都很大。譬如鲁迅的第一科，管的就是博物馆、图书馆、文学与美术等，这算来该是日后文化部的职权范围了。不过那时不管，统统都在周科长的管辖范围之内。周科长当然没有在南京时候的意气风发，那时革命初开始，时间仿佛凝滞后的开端，一切都有着热血的沸腾和激情的涌动。可在北京的学部旧地，办公时下棋者有之，品茶者有之，念佛经者有之，唱京戏者亦有之，周科长无奈之下，也不能不"和光同尘"，不过他总要做点自己喜欢的事情，就是稽古，读古书了。

1917年，蔡元培担任北大校长，开始改革变法；《新青年》移师北京，陈独秀也来北大出任文科学长。鲁迅因了钱玄同的关系，与这批人物有了往来。开始时，是因为约稿。那时候，他们看待周树人君，不过是教育部的一个小官僚吧，但喜文弄墨，也算是"略作知音"。

1926年，大约在十年之后，鲁迅已积累了足够的官场阅历和文化资本，此时的他，正是人过中年，45岁，算是一个男人成熟的最为黄金的时代吧。而与许广平（1898—1968）的恋情，也使得他日益散发出老夫聊为青春梦的难得激情。从1926年到1936年，鲁迅最后十年的生命，是在一种黄金状态中经历的，虽然病痛也时时袭击着他。

## 二

如果放在一般的观点中，从1912年到1926年，长达十四年的官场生涯，以当科长始，以当科长终，在仕途中几乎始终没有进步，这岂非是很不求上进？然而我要说，庆幸吧，中国的官场没有留下一个不合时宜的小官吏，却为现代中国的文学史与思想史预留了一个顶天立地的大人物。周树人之走，鲁迅之出，是一幕多么滑稽而又自然的时代大剧？为什么民国时代的官场不能容纳和产生这样伟大的人物呢？而中国数千年的封建时代之官场，却能够包容下屈原、杜甫、苏轼这样伟大的骄子呢？当然皇帝可能打文臣的屁股，甚至要去他们的性命。但既有朱家父子极其残酷地对待臣子的杀威棒，也有赵宋王朝如此宽松和善待文臣的"永不杀士大夫"的承诺。究竟是一种什么样的体制性作用和观念性规定，导致了这样一种巨大差异的产生？

蔡元培之出任教育总长，是有自家明确教育理念的。他的人格魅力，或许是感召之一；而许寿裳的劝荐，则是鲁迅选择入宦生涯的重要动力因素。当然，更重要的，则是鲁迅自己的实际生存选择可能。

鲁迅官宦生涯中的重要转折有二：一是与《新青年》结盟，从此跻身中国文坛，并杀出一条血路，不仅是为新文学，也是为个体的社会生存，因为没有这样的象征资本，他很难在日后从容退出官场，选定自己的终身事业归属。这为他后面一个转折打下了社会资本基础。二是直接进入教育实践场域，在大学兼职，积累教育经验。这又与他的教育部职业生涯有关。鲁迅先后兼职于北京大学、北京师范大学，其时担任校长的正是昔时的教育部同事蔡元培、许寿裳，自然有相当之人事便利条件。当然话说回来，如果没有他作为新文学开辟者的地位，想在大学里谋职也不易，所以很多因素都是相互关联的。

官僚体系自有其特殊的运行程序和规则，知识精英的难以容纳乃是题中必有之义。毕竟，天才有其横空出世、霹雳自为的一面，精英也有自身的惯习和脾气。像鲁迅这样做小官僚，像卡夫卡那样凭借书记员的位置而创造出不朽的文章，都是可遇而不可求之事。献身文学，就注定要付出代价。然而，即便是在人生的漫长岁月里，十四年也不是个小数，更何况"生年不满百"，鲁迅也就是半百刚过而已。故此，从而立之后到迈向知命的时代里的教育官僚生涯，对理解鲁迅一生，至关重要。应该说，鲁迅之毅然离开教育部，是正确的选择。因为其时国民革命已然轰轰烈烈，大势之将变也清楚，所以未雨绸缪本是题中应有之义。要到了1928年南京国民政府成立，北洋旧政府分崩离析之际再选择变易，恐怕更不容易。所以，鲁迅的职业生涯转移有其必然性。

官员的生涯并不值得懊悔，因为官员同样可以为这个社会和国家做出贡献，我们应该清醒地看到，蔡元培凭部长的位置而奠立下民国教育的制度基础，陈布雷、何思源等以厅长的身份而躬耕其位，而鲁迅则以科长（处长）的角色也当过国家机器的螺丝钉。他们其实也以自己丰厚的社会实践和生命经验给我们留下了宝贵的财富。在其位当谋其政，即便是不能"与民做主"，也至少当"出污泥而不染"，可以选择一种可能的生存方式而无愧于自己的伦理立命。

所以，像教育部这样的机构，虽然也是衙门，但还是与一般的衙门不一样，即使不能够富于理想地大干一场，至少可以利用好人当政的机会做一点有益之行。鲁迅的科长生涯，确实缺少些政绩亮点，但教育部倒是给未来的大师，提供了一个可以养家糊口、从容涵养的经济支撑点。教育官员怎么当？即便是当处长或司长，如在中央政府的教育部当"处长"，譬如周树人科长，与在省级教育厅当科长，也是不一样的。譬如郑晓沧这样的人物，他在陈布雷手下当教育科长，之后又到浙江大学当教育学教授，其间的距离究竟在哪里？这无疑是值得探究的。

# 越轨的萧红

### 陈 洁

几位文化人看完电影《黄金时代》后，产生了一个疑问："为什么要拍一个脑子不好的女人？"为什么要拍萧红？萧红为什么值得文化界热议？我认为，萧红的叛逆性和越轨行为，使她在成为一位天才女作家的同时，她的人生也成为不可复制的历程，这是吸引影视界拍萧红，文化界议萧红的原因所在。民国有众多的女作家，有才华有故事的不乏其人，而如萧红一般从文字到人生都越出常轨，实属罕见。萧红在思想上受到五四新文化影响而成为地主家庭的逆子，从而走出了她独特的人生之路。

最早用"越轨"一词来描述萧红文字的是鲁迅。迄今为止，鲁迅对萧红的评价最精辟。鲁迅在《萧红作〈生死场〉序》中对萧红小说《生死场》的评价，奠定了萧红在文坛的地位。鲁迅写道："这自然还不过是略图，叙事和写景，胜于人物的描写，然而北方人民的对于生的坚强，对于死的挣扎，却往往已经力透纸背；女性作者的细致的观察和越轨的笔致，又增加了不少明丽和新鲜。精神是健全的，就是深恶文艺和功利有关的人，如果看起来，他不幸得很，他也难免不能毫无所得。"

《黄金时代》引用了大量史料，做了扎实的工作，弥补了认识上的缺陷，拍了民国文人群像图，但没能表现出作家们的精神特质，对萧红也并没有统一的系统性的认识，关注点主要放在了萧红的情感生活上。

影片开头以萧红的亡魂自报生卒年，给人以个人史的观感。从一开始，萧红就被拍成一个逃婚私奔的少女，而忽略了她到北京求学的经历。萧红对社会、封建家庭的叛逆性、反抗性没有充分表现出来，更像一个问题少女。

萧红受到的启蒙，更多来自于中学时读到的鲁迅、茅盾的作品和苏联等外国的翻译作品，从而成为封建家庭的叛逆者。因为萧红逃婚出走，也因为她用小说揭露了地主剥削农民的行为，1935年萧红家族谱书《东昌张氏谱书》中，竟没有萧红。萧红的父亲张廷举说萧红"大逆不道、离家叛祖、侮辱家长"，宣布开除了萧红族籍。（王连喜：《萧红被开除族籍前后》，收入《萧红研究》第一辑，哈尔滨出版社1993年）萧红之不喜汪恩甲，在于他是一个纨绔子弟，抽鸦片；而和表哥一起去北京，是为了读书。中学教育是萧红逃离家庭的一个认识支撑，而继续求学，是萧红到大城市的一个精神支撑。

如果萧红只是一个追求爱情的普通女孩子，她的《呼兰河传》《生死场》，就不会出现那么广阔的视野，对社会的批判和揭露。而萧红作为女作家最受好评的，正是在她笔下呈现了广阔的社会风俗画，带有一些男性的英武气质，远远超出了一般女作家描述的男女情爱的小圈子。不同于一般女作家沉溺于个人情感的叙写，而是对整个社会、人类有着敏锐的观察和热情。书如其人，这说明在萧红的人生追求中，并非将爱情置于首位。《生死场》表现出萧红观察和描写现实的才华，对社会的认识还是混沌、感性的，呈现了东北人民生活的原生态："在乡村，人和动物一起忙着生，忙着死……"《呼兰河传》中，萧红对社会的认识就明显受到鲁迅思想的影响，以细腻的笔触广泛地描写了呼兰河这座小城的风俗图画，讽刺了正人君子的看客态度，对下层老百姓流露出同情。《呼兰河传》的童年视角的叙述，描述的正是她少女时代所观察到的呼兰。她的作品就是一个明证，证明萧红从少女时代开始，就是一个很有追求的女学生，初中毕业后一心要到北京读高中（参见刘俊民讲述、何宏整理：《我的同学萧红》，收入《萧红研究》第一辑，哈尔滨出版社1993年）。萧红在《一条铁路的完成》中回述了自己在哈尔滨读中学的时候参加的一次抗日学生运动："组织宣传队的时候，我站过去，我说我愿意宣传。别人都是被推举的，而我是自告奋勇的。"

对萧红少女时代的描写，除了中小学同学的回忆外，还有萧军写的小说《涓涓》。《涓涓》是反映萧红及同学在哈尔滨女中读书时的学习和生活情形的，小说中的涓涓、莹妮（以萧红为原型）等女生具有叛逆性格，对封建家庭和学校的旧式教育具有反抗精神。这种叛逆性和反抗性与鲁迅在女师大风潮中的思想是非常接近的。这是鲁迅欣赏萧红的重要原因。《涓涓》中也描写了莹妮对包办婚姻的反抗：莹妮发觉她的婚姻被包办，她的一切：求学，前路的希望，自由……一一遭了剥夺与断送。小说的这段描述，并没有谈到爱情。对包办婚姻的反抗不只是指向爱情，更是指向个人自由、求学、前途。而个人自由、求学、前途对于萧红是更为重要的。萧红的思想在那个时代具有先锋性和革命性，但在现实中的实现却困难重重，正如鲁迅所提出的，娜拉出走后怎样？

《黄金时代》前半部分表达的那个萧红，与后半部分由史料勾勒出的萧红，在个性上就不太统一。电影中描述萧红在汪恩甲离开后，还抱有幻想，因而写下诗作。萧红专门询问萧军，爱她的原因是否是为了她的才华，在萧军做出肯定答复后，萧红拿出纸和笔，写下《弃儿》。这样的电影语言将萧红叙述为一个追求爱，为爱而写作的女人。似乎萧红的才华是一种没有自我意识的、懵懂的天赋，而非一种强烈的自我觉醒的追求。电影后半部分讲述的一个高潮是二萧分手，萧红与端木蕻良走到了一起。这时电影中的萧红，因为史实的支撑，终于表现出她的个性。萧红把文学视为生命，为了继续写作，不得不放弃与萧军的爱情，踏上了不同的路程，随后与欣赏她文学才华的端木蕻良走到了一起。二萧的分手，不仅是因为萧军的出轨、暴力给萧红带来的痛苦，更是因为萧红选择写作，萧军选择战场，萧红坚守自己的事业而不得不与萧军分离。

萧军曾说萧红的心太高了，像是风筝在天上飞……这个对萧红的比喻是很贴切的。萧红的才华是一种天赋，心比天高，但她没能受到良好的教育，在现实中实现的时候因为不具备充分条件而显得笨拙。她的才华是那样出众，鲁迅曾说萧红是最有希望的女作家。如果天假以年，她的才华能得以充分展开。萧红说过："女性的天空是低的，羽翼是稀薄的，而身边的累赘又是笨重的！而且多么讨厌呵，女性有着过多的自我牺牲精神。……不错，我要飞，但同时觉得……我会掉下来。"

# 鲁迅与郁达夫的诗情和友情

刘北辰

在创造社成员中，鲁迅与郁达夫关系是很好的，他们1923年2月17日相识，历时十余年而友谊日益深厚。

鲁迅是郁达夫思想和事业上的诤友，他们相处很融洽。鲁迅与郁达夫不论思想认识、生活态度、文艺见解都有着明显差异，但他们求同存异，赤诚相见。郁达夫对鲁迅十分尊重，曾被郭沫若称"有点近于崇拜"。郁达夫认为创造社同人如能与鲁迅交往一定会有助于消除隔阂。他对友人陈翔鹤说过："鲁迅为人很好，有什么说什么……"他还向郭沫若推荐鲁迅的《阿Q正传》等作品，认为很有一读的价值。鲁迅也始终关心郁达夫，可以说是拉着他的手，竭诚一道前进的。鲁迅和郁达夫交往密切是始于1927年鲁迅到上海定居以后。从1928年6月起，鲁迅和郁达夫合编《奔流》月刊，郁达夫自称是挂名，仅本人或邀人供点稿件，其余一切工作"完全是鲁迅一个人效的劳"。

1932年12月31日，鲁迅为中外友人题诗写字，他兴致很高，一连写了五幅"皆自题诗"，五幅中有两幅是送郁达夫的。其中《答客问》系旧作，《无题》是专为郁达夫所作：

洞庭木落楚天高，

眉黛猩红浣战袍。

泽旁有人吟不得，

秋波渺渺失离骚。

这首诗曾受到人们高度赞赏，郁达夫最喜欢它，称是鲁迅七绝诗中"压卷之作"。这首诗感情沉郁，意境高远，文笔凝练，不同凡响。高度概括地揭露反革命"围剿"的严重罪行。在那战祸连绵、文网森森的苦难年代里，人身自由权利几乎被剥夺干净。屈原的命运够悲惨了，但他在颠簸流离中还可以泽畔行吟，写出了流传千古的作品《离骚》，而当代进步作家连这点自由都没有，他们"吟不得，无处写"，只能在友人面前倾吐自己的心声。这首诗概括了鲁迅的生活遭遇，抒发了他无比愤慨的心情。对郁达夫来说，有慰问和勉励之意。希望他认清形势，多做些有益之事。此时距郁达夫移居杭州只有4个月的时间，鲁迅也许已了解老友早有退隐之意。鲁迅赠郁达夫的两首诗于1933年1月10日寄出，并请回复。郁达夫接信后写了一首专门献给鲁迅的旧体诗，特地送上门：

> 醉眼朦胧上酒楼，
>
> 彷徨呐喊两悠悠。
>
> 群氓竭尽蚍蜉力，
>
> 不废江河万里流。

这首诗用风趣的笔调，飘逸的风格，对鲁迅的战斗精神做出热情的评价，衷心歌颂他在群氓围攻中的斗争精神，所谓群氓自然是指创造社中某些人，可见郁达夫是站在鲁迅一边反对某些同人对鲁迅的过火批评。这首诗充分显示了他的才华、个性和正义感。

郁达夫是创造社巨子，曾参加革命文艺运动，主编左翼联盟刊物《大众文艺》，为反动派所嫉恨。在残酷的斗争中，他为了避开迫害，离开斗争的漩涡上海，携妻子王映霞回杭州。后来与当地一些官员应酬往来，写了一些点缀太平似游记的文章。鲁迅为了帮助他，借给王映霞写字的机会，题诗一首给郁达夫：

> 钱王登假仍如在，
>
> 伍相随波不可寻。
>
> 平楚日和憎健羽，
>
> 小山香满蔽高岭。
>
> 坟坛冷落将军岳，
>
> 梅鹤凄凉处士林。
>
> 何似举家游旷达，
>
> 风波浩荡足行吟。

这首诗第一句写的是杭州历史和现实，坏人当权，好人遭殃，一片冷落凄凉景象。第二句写的是杭州自然环境，暗指有猛禽在侧，高山障蔽也不是好地方。前二句从历史和自然环境着笔，极言当时杭州的黑暗险恶，以破除郁达夫拟隐居杭州的念头。后两句是正面劝导，希望他举家迁离杭州，投身广阔天地。起码"风波浩荡"，也可仿效屈原泽畔行吟，抒发自己的才华和抱负。这首诗用旧典以喻今，融情于景，句句在理，事事动情，表现鲁迅对战友的深厚感情，又绝不限于私交而出于公心，站在无产阶级立场上对战友推心置腹地嘱托。

1938年8月，郁达夫在《回忆鲁迅》中说："这首诗的意思，他（鲁迅）曾同我说过，指的是杭州党政诸人的无理高压。我因不听他的忠告，终于搬到杭州去了，结果不出他之所料，被一位党部的先生弄得家破人亡。"郁达夫的解释被认为是最可靠的材料，其中所暴露的杭州的政治黑暗是符合实际的。

# 《新年梦》 蔡元培的理想国幻想

单滨新

蔡元培（1868—1940）一生著作等身，《蔡元培全集》（共18卷，中国蔡元培研究会编，浙江教育出版社出版）300余万字，但其创作的小说只有一篇——《新年梦》（《蔡元培全集》第1卷，P422—436）。该小说内容新鲜奇特，具有丰富的思想和政治价值，见证了110年前蔡元培的政治理想。

## 中国一民

《新年梦》共9000余字，1904年2月17日（光绪三十年正月初二日）开始在《俄事警闻》（笔者注：1904年2月26日改名为《警钟日报》）分六期连载。小说开头是这样的："公喜！公喜！新年了，到新世界了，真可喜！真可喜！这两句话，是一个支那人自号'中国一民'的，在甲辰年正月初一日午前六点钟，从床上跳起来对他的朋友说的。"甲辰年即1904年，"中国一民"是小说的主人公，全文以其梦游观感为主体展开叙述。

小说对"中国一民"有明确交代："原来那人是江南富家子弟，他自幼性情有点孤怪，读书之外，喜学工艺，内地的木工、铁工都是旧法，无所不学，一学就会"，"到十六岁时……跑到通商口岸作工度日，兼学英、法、德三国文字……他又学了点西人的普通学，学了点西人的工艺，就要游历外国"。"中国一民"先后游历美国、法国、德国和英吉利、意大利、瑞士等国，还到俄国考察，从西伯利亚回到东三省，由北到南，"循着几条河流，一处一处的考察过了，又回到从初次出发的通商场"。由此可见，"中国一民"是一位重视实学的读书人，对中国和西方有较深了解，懂得时代风气和时代潮流，如小说里所说："他是最爱平等、爱自由的人。"

蔡元培把小说主人公取名"中国一民"是有寓意的，他其实是蔡元培的代言人。"中国一民"典出《礼运》篇："故圣人耐以天下为一家，以中国为一人者，非意之也，必知其情，辟于其义。"1902年，蔡元培在爱国学社时，主张"劳工神圣"，曾自号"民友"。1904年主编《警钟日报》时，觉得"吾一民耳，何谓民友"，故取"周余黎民，靡有孑遗"（《诗经·大雅·云汉》）之义，号曰"孑民"，意为自己只是一位黎民百姓。《新年梦》写道，"那时此人已经三十多岁了"，这些梦想实现的那一天，"恰恰选着后一个甲辰年的正月初一，这位'中国一民'先生已经九十多岁了"。蔡元培写这篇小说时36岁，一个甲子之后，蔡元培也"九十多岁"，这与"中国一民"的年龄也完全相符。

## 新年梦

蔡元培的《新年梦》以"中国一民"为主人公，个中隐含着他自己的政治理想。那么，《新年梦》又是一个怎样的梦呢？

第一，"家人"要变为"国人"、"世界人"。"中国一民"认为人类不能胜自然，"是因为地球上一国一国的分了，各要贪自己国里的便宜。国与国的交涉，把人的力量都糜费掉了。……一国中，又是一家一家的分了，各要顾自己家里的便宜，把人的力量都糜费掉了"。由于国人尚无国民意识，"有家没有国"，"连那自己土地都送给别人作战场都不管"，"中国人真厚脸皮"！于是他"长吁短叹"，认为"要是有一天，从家人进一步到成了国人的资格，或者有一天，从国人再进一步成了世界人的资格，有一番新局面，才可以有个新纪念啊！"

第二，主张改造中国。如何由"家人"成为"国人"，进而成为"世界人"？首先必须"好好造起一个国来才好"。但是当时的政府"竟依着一两个人的主意，算做我们多数人的主意，这仿佛一个店铺，被一个冒充管账的人，私造印章，把货物盗卖给别人"。于是，"我们一定要有实力，把这冒充管账的逐了，还要与取货的评理。评理不下来，就要开战"。"中国一民"认为要"把冒充管账的逐了"，指的是要推翻对内专制、对外屈从的清政府；"与取货的评理"、"开战"，就是与列强进行斗争，实现民族独立。

第三，建立万国公法裁判所。侵略中国的各国海军被中国击败、租界收回以后，外国人"由俄、美两国介绍，与我们议和约"。"中国一民"认为："我们虽然战胜，但并不是借此占便宜，趁着各国军备零落的时候，就提出弭兵会的宗旨来。"为解决国际间纠纷，"请设一个万国公法裁判所，练世界军若干队。裁判员与军人皆按各国人口派定。国中除警察兵外，不得别设军备，两国有龃龉的事，悉由裁判所公断。有不从的，用世界军打他"，"从此各国竟没有战事了"。

第四，倡导世界大同。因为各国没有战事，"所以文明的事业达到极顶"，

"那中国人的康乐,自然更高几倍了"。"中国一民"提出废除姓氏、家庭、婚姻、法律,统一语言、文字,"那时候没有什么姓名,都用号数编的。没有君臣的名目,办事倒很有条理,没有推诿的模糊的。没有父子的名目,小的统统有人教他;老的统统有人养他;病的统统有人医他。没有夫妇的名目,两个人合意了,光明正大地在公园里订定,应着时候到配偶室去。……后来竟没有人犯的,竟把这种律例废掉了,裁判所也撤了。……一国的语言统统划一了;那时候造了一种新字,又可拼音,又可意会,一学就会,记的是顶新的学理,顶美的风俗"。这种景象真美,类似《礼运》中描绘的"大同世界":"大道之行,天下为公,选贤与能,讲信修睦。故人不独亲其亲,不独子其子,使老有所终、壮有所用、幼有所长,鳏寡孤独,废疾者皆有所养。男有分,女有归。货恶其弃于地也,不必藏诸己;力恶其不出于身也,不必为己。是故谋闭而不兴,盗窃乱贼而不作,故外户而不闭,是谓大同。"

第五,建立胜自然会。"中国一民"期望世界统一之后,"大家商量开一个大会,把这些国都消灭了,把那个虚设的万国公法裁判所、世界军也废掉了,立一个胜自然会"。"因为人类没有互相斗争的事了,大家协力的同自然斗争,要叫雨晴寒暑都听人类指使,更要排驭空气,到星球上去殖民,这才叫地球上人类竞争心的归宿呢"。其时,世界大同,人类转而改造自然、征服自然,进而开发其他星球。110年前,在古老帝国的黄昏时刻,蔡元培竟能作如此美好的想象,让人几乎不能相信!

## 一厢情愿的书斋浪漫

蔡元培《新年梦》里所揭示的这些理想,受无政府主义思想影响,具有理想国的幻想色彩,这在客观上也受制于当时深刻的民族危机和复杂的社会背景。

甲午战争的失败,洋务运动的破产,刺激着有志之士对社会改良的新认识。当时,从西方陆续传入各种资产阶级的新思想,其中包括空想社会主义理想,引起了中国知识分子尤其是思想敏锐者的注意。

蔡元培认为,各种思想当时之所以能在中国产生,是因为"吾人对现在国家之组织,断不能云满意,于是学者倡无政府主义,欲破坏政府之组织"。(蔡元培《在清华学校高等科演说词》)蔡元培出于反清革命、救亡图存的愿望,也学习研究西方各种社会主义学说和理论,受到无政府主义思潮、俄国无政府主义者克鲁泡特金的"共产主义互助论"以及中国古代大同理想等影响。他后来回忆说,

"是时西洋社会主义家，废财产、废婚姻之说，已流入中国。子民亦深信之，曾于《警钟》（笔者注：实是《俄事警闻》，系蔡元培记忆有误）中揭《新年梦》小说以见意。"（黄世晖《蔡子民先生传略》）蔡元培1906年曾写过《记绍兴志学会三大愿》一文，表示"愿天下无贫人"、"愿天下无病人"、"愿天下无恶人"的愿望，这也是其空想社会主义思想的体现。

因受无政府主义影响，蔡元培也一度指望用暴动和暗杀等激进方式，"自三十六岁以后，我已决意参加革命工作，觉得革命只有两途，一是暴动，一是暗杀。在爱国学社中竭力助成军事训练，算是下暴动的种子。又以暗杀于女子更为相宜，于爱国女学，预备下暗杀的种子"。（蔡元培《我在教育界的经验》）蔡元培说的"三十六岁以后"参加革命，指的是他1902年相继成立爱国学社、爱国女学，1904年组织成立光复会，次年加入同盟会。为表示对清政府不满，蔡元培在创办《俄事警闻》时，报纸就以干支纪年方法以取代清朝年号，下面再注西历。《新年梦》所采用的纪年法，用的也是干支"甲辰年"。

后来，蔡元培对于小说《新年梦》中所信仰的"废财产、废婚姻"的无政府社会主义和"西洋社会主义"，有过反思。蔡元培谈到，当年在上海与他一道信仰"西洋社会主义"的一些革命党人，自己没有一文钱的积蓄却不肯踏实工作，专门抢夺别人财产供自己挥霍，美其名曰"此本公物也"。蔡元培为此感慨道："此等主义，非世界大多数人承认后，决难实行，故传播此等主义者，万不可自失信用。……必有一介不苟取之义，而后可以言共产；必有坐怀不乱之操，而后可以言废婚姻。"（黄世晖《蔡子民先生传略》）可见，蔡元培后来也意识到，自己当时的这些思想是有明显局限性的。

在蔡元培《新年梦》发表前后，也有清末知识精英创作过一些"乌托邦"小说，把民族国家的重构倾注在对"新中国"和"新世界"的想象上。梁启超在1902年创作《新中国未来记》（只完成5回，未完篇），选择60年后的正月初一为叙述起点，以孔觉民回溯《中国近六十年史》拉开帷幕。陈天华于1905年创作《狮子吼》，时间节点是中国人民举行"光复五十年纪念会"，构拟了一个"世外的桃源、文明的雏本"的"民权村"，后因其是年投海自尽而停笔。1910年，陆士谔出版《新中国》（又名《立宪四十年后之中国》），以"宣统二年正月初一日"为起点，想象40年后新中国"非他邦人所及得上"。

这些小说与蔡元培的《新年梦》一样，都属一厢情愿的书斋浪漫，具有鲜明的时代局限性。然而，个中所折射的对民族兴衰的忧患意识，反帝反封建的革命精神，自由、平等、幸福等民主追求以及坚信"睡狮"定变"醒狮"，乃至成为世界强国的"中国梦想"，在当时具有重要的政治启蒙作用，也为我们留下了中国近代知识分子探索民主革命、祈盼民族复兴、追求人类和谐的思想轨迹。

# 胡愈之离开"商务"之真相

单滨新

商务印书馆是著名出版家、社会活动家胡愈之（1896—1986）成长的摇篮。1914年，18岁的胡愈之考入几乎与其同龄的商务印书馆时，商务已是中国最大出版商。胡愈之在那里当练习生，继而担任《东方杂志》编辑，在逃亡法国的3年间也全靠为《东方杂志》撰稿维持生计，回国后任《东方杂志》主编。然而担任主编不到半年，1933年3月，他却离开了学习、工作近20个春秋的商务印书馆。

是什么原因致使胡愈之离开曾给他施展才华以舞台的商务印书馆？事情得从80年前的"新年的梦想"事件说起。

## 率先提出"全民族团结抗日"主张

1924年"四一二"事变后，胡愈之联名郑振铎、章锡琛、吴觉农等6位正直知识分子发表抗议信后，国民党蓄意追究他们。迫于国内的白色恐怖，1928年1月，胡愈之凑足旅费后流亡法国，在巴黎大学国际法学院学习，也开始系统钻研马克思主义著作。1930年法郎升值，同白银的比值增加到1928年初的四倍，胡愈之依靠稿费和亲戚资助，仍无法维持在法国的生活，不得不离法回国。

胡愈之经莫斯科取道西伯利亚回到上海，已是1931年2月底。当时，日本开始疯狂侵略中国，而国民政府采取不抵抗主义，对革命志士进行政治、军事、文化的全面"围剿"，胡愈之对共产党领导下的中国革命充满向往。他在《我的回忆》中写道："我想找共产党，可是到哪里去找呢？我只能回到商务印书馆去，仍当《东方杂志》的编辑。"

当时《东方杂志》的主编钱智修年事已高，故把一切事务都交给胡愈之打理。胡愈之开始在《东方杂志》上发表介绍欧洲各国政治经济状况的文章。1931年"九一八"事变之后，胡愈之就在《东方杂志》发表《寇深矣！》《日本帝国主义的挑战》等文章，率先提出"全民族团结抗日"的主张，反映了他深刻的思想洞察力。

然而，商务的编辑方针由亲国民党的总经理王云五把持，《东方杂志》不能很明显地宣传抗日和民主。这时，《生活》周刊主编邹韬奋注意到胡愈之，邀其为《生活》撰稿。胡愈之对邹韬奋说："现在办刊物，首先应该宣传抗日，你要我写文章，我就写抗日的文章。"邹韬奋表示同意。胡愈之以"伏生"、"景观"等笔名，在《生活》周刊发表大量国际问题评论，受到广大关注国事的读者欢迎。

1932年1月28日，日军对上海发动进攻，战火使商务印书馆遭到灭顶之灾，所属东方图书馆近三十年来所藏的几十万中外图书善本全部化为灰烬。商务被迫停业，《东方杂志》也暂时停刊。这场战火也烧毁了胡愈之的家，加上他当时患病治疗久未好转，就索性回到故乡浙江上虞疗养，此年5月间才病愈返沪，继续为《生活》周刊撰写国际评论。

胡愈之深受祖国沉沦的刺激，感受到亡国灭种的灾难，多么希望有一块自己的舆论阵地，用自己手中的笔来回敬敌人手中的枪。

## 以《东方杂志》新生求"民族的新生"

1932年8月间，商务印书馆在废墟上重建复业。王云五决定取消馆内的杂志编辑机构，而改行杂志主编承包制，邀请胡愈之接任钱智修，主编复刊后的《东方杂志》。胡愈之提出条件，"每月领一笔钱，在外面租一个办公的地方"，请编辑、定内容，这一切商务均不得干涉。王云五答应了。1932年10月16日，《东方杂志》从总第29卷第4号起正式复刊。

胡愈之终于有了一块以为自己能支配的舆论阵地，他欣喜地为复刊号写了卷首语《本刊的新生》，表达宣传抗日救亡的主张。文中写道，"常言道：'多难兴邦'。国难不一定就算是灾害，……兵燹后的灰烬和瓦砾中，竭力挣扎，重新振作，创造本刊的新生，创造民族的新生，这是本志复刊的一点小小的——也许是过分夸大的——愿望"。"以文字作分析现实指导现实的工具，以文字作民族斗争社会斗争的利器，我们将以此求本刊的新生，更以此求中国知识者的新生。我们不敢相信一定可以达到我们的目标的，但是能做到几分，我们就做几分"。

在胡愈之主持下，《东方杂志》面目一新，趁当时民众抗日热情的高涨，在杂志上大登宣传抗日、揭露帝国主义实质的文章，刊物销量大增。据茅盾《商务印书馆编译所》一文回忆，"胡愈之想在商务这个顽固堡垒中辟出一块进步的阵地来，把《东方杂志》办成一个宣传进步思想的刊物。……胡愈之这样做，阻力很大。"

茅盾所说的"阻力很大"，主要来自两个方面。一方面，在"一·二八"淞沪会战失败之后，国民党政府继续推行不抵抗政策，加紧对思想文化"围剿"，整个中国万马齐喑。另一方面，王云五投靠当时的行政院院长汪精卫，准备拿《东方杂志》与汪精卫作政治交易，他很怕该馆出版的书刊"惹是生非"，一再强调，每出一书或一份刊物，必须先送样本给他备查。

郑振铎《忆愈之》一文这样写道："'九一八'事件后，他成了最热忱的抗日家。他主编着复刊后的《东方杂志》，使这古老的定期刊物放射出异常灿烂的光彩。然终于不为那古老的出版家所容，他不得不辞职以去。"导致胡愈之辞职的，就是《东方杂志》的"新年的梦想"征文活动。

## 发起"新年的梦想"征文

生存，还是死亡？在严重的民族危亡面前，胡愈之针对国民党的文化"围剿"，决定采用一种隐蔽、巧妙的斗争方式。1932 年 11 月 1 日，胡愈之策划了以"新年的梦想"为主题的征文活动，由他拟写的征稿信这样说明征文的目的：

"在这昏黑的年头，莫说东北三千万人民，在帝国主义的枪刺下活受罪，便是我们的整个国家、整个民族也都沦陷在苦海之中。

是我们真的没有出路了吗？我们绝不作如此想。固然，我们对现局不愉快，我们却还有将来。我们诅咒今日，我们却还有明日。假如白天的现实生活是紧张而闷气的，在这漫长的冬夜里，我们至少还可以做一二个甜蜜的舒适的梦。梦是我们所有的神圣权利啊！

虽然是梦，但如果想到梦代表'希望'于未来这一点，就可见不是全然无益的事，它或者竟是能够鼓舞我们前进的勇气的，我们想。"

于是，胡愈之为这次"新年的梦想"征文，设计了两个问题。一个是"先生梦想中的未来中国是怎样？（请描写一个轮廓或叙述未来中国的一方面）"；一个是"先生个人生活中有什么梦想？（这梦想当然不一定能实现的）"。

杂志发出"新年的梦想"征稿函约 400 份，到截止的 12 月 5 日，共收到 160 多份答案。据茅盾回忆，这次征文"盛况空前，七嘴八舌，煞是好看"。应征者几乎是清一色的知识分子，包括柳亚子、徐悲鸿、罗文干、郑振铎、巴金、郁达夫、老舍、叶圣陶、陈翰笙、邹韬奋、周谷城、俞平伯、章乃器、茅盾、顾颉刚、周作人、杨杏佛、洪深、林语堂、夏丏尊、孙伏园、范寿康等。

1933 年元旦，《东方杂志》以《新年的梦想》"新年特大号"（总第 30 卷第 1

号）如期出版，发表了140多位、244个关于中国的梦和关于个人生活的梦。胡愈之称其中"有甜梦，又有苦梦；有好梦，又有恶梦；有吉梦，又有噩梦；有奇梦，又有妖梦；有夜梦，又有白日梦"。如：

国民党中央监察委员柳亚子梦想未来中国是大同世界的一部分，"没有金钱，没有铁血，没有家庭，没有监狱，也没有宗教；各尽所能，各取所需；一切平等，一切自由"。

《生活》周刊主编邹韬奋说，"我所梦想的未来的中国，是一个共劳共享的平等的社会"。

开明书店编译所长夏丏尊："我常做关于中国的梦，我所做的都是恶梦，惊醒时总要遍身出冷汗……我梦见中国遍地都开着美丽的罂粟花……梦见中国捐税名目繁多，连撒屁都有捐。我梦见中国四万万人都叉麻雀，最旺盛的时候，有麻雀一万万桌。我梦见中国要人都生病。我梦见中国人用的都是外国货，本国工厂烟筒里不放烟……"

定县平民教育促进会孙伏园："我们解决当前的问题吧。快快夺取窝窝头，快快抓来破棉絮，快快扑杀虱子、跳蚤、刺客和强盗。既不冻了，又不饿了，又无妨碍我们生命的仇敌了，我们再做什么呢？做梦吧？是的，那时候我们爱做梦便做梦，不爱做梦便不做梦，由我们挑选了。"

北平社会调查所主任陶孟和："梦想是人类最危险的东西……我国人做梦的人很多，对于如何达到梦想，却是很少的计划实现，实在是最重要的。"

这些梦，有长有短，亦谐亦庄，借"梦想"这个话题，对未来中国进行展望，对国民党统治和社会现实暗寓讽刺之意。《东方杂志》作为一个具有全国影响的大型综合性刊物，竟然公开发表这样的梦，不啻在"昏暗的年代"里投下一个政治大炸弹。

鲁迅没有应征，却在大年初一得到这期杂志的当天，写了《听说梦》一文，表明对这次活动的看法。他说，"记者的苦心，我是明白的，想必以为言论不自由，不如来说梦，而且与其说真话之假，不如来谈谈梦中之真"，但在言论不自由的社会里，即使是说梦，也是不自由的，更不允许"越轨"的"梦想"，这次征文是"大大的失败"。

由于征文宣扬了如鲁迅所说的一些"越轨"的"梦想"，王云五在看到这期特辑后很生气，立马找胡愈之兴师问罪。王云五说，"你这些东西不得了呀，商务印书馆要封门的呀！你能不能少发这样的东西"？胡愈之说，"你不是把刊物包给我办的吗？编辑权在我，不在你”。王云五接着说，"那就只好取消合同了"。"你取消就取消"！胡愈之当时性子很急地说。

1933年3月，胡愈之在承包《东方杂志》半年之后，该刊第30卷第6期刊出了《胡愈之启事》，向读者告别："敝人与商务印书馆订约编辑《东方杂志》，至本期止，契约业已期满。自第三十卷第七号起不再由鄙人负责编辑。"这以后，王云五把《东方杂志》交给了汪精卫的亲信李圣五和陈协恭，由他们担任正副主编，接办后的第一期就登了汪精卫的文章。从此，有影响的《东方杂志》内容大变。

"新年的梦想"征文活动，揭露了国民党的反动统治，宣传了社会主义的理想和共产党的奋斗目标，在政治上产生了巨大影响。但从革命斗争战略和策略上考虑，是值得深思的。

胡愈之晚年在《我的回忆》一文中不无悔悟地说："在一些活动中也表现过'左'的倾向，如在负责《东方杂志》的编辑工作中，色彩过于鲜明，以致丢失了这一有利阵地"，"《东方杂志》是一个很有影响的刊物，失去这个阵地是可惜的，后来鲁迅先生也说没有必要搞这样一个'梦'的专栏，今天回过头来看，当时我们如果做得更策略一些，保持这块阵地，对革命文化工作的发展更有利。"

## "永远向着未来"

"永远向着未来，不要怀念过去；一切为了明日，不要迷恋昨日。"他的夫人沈兹九说胡愈之毕生最信奉的，就是他创作的《少年航空兵——祖国梦游记》里的这段话。

作为一个孜孜不倦地探求救国救民真理的革命文化战士，胡愈之因"新年的梦想"事件离开商务后，始终在时代的洪流中奋进。1933年9月，他在上海秘密加入正处于最低迷时期的中国共产党，同时又继续同邹韬奋合作，使《生活》周刊成为抗日救亡运动的重要舆论阵地。胡愈之在《我的回忆》中说，"自一九二七年底到一九三四年这个时期，是我在政治上、思想上发生根本转变的时期。我在斗争实践中认识了马克思列宁主义真理，由一个民主主义者转变为共产主义者。"

胡愈之在新闻出版战线为我国文化事业发展做出了卓越贡献，也是一名著名的民主爱国人士、社会活动家。1935年，他与沈钧儒、邹韬奋等在上海发起成立各界救国联合会。1936年鲁迅逝世后，又与全国各界救国会领导人一起策动了隆重的鲁迅葬礼，主持编印出版《鲁迅全集》。1938年和1939年，分别策划翻译出版当时产生重大影响的《西行漫记》和《续西行漫记》。1940年，奉命赴新加坡，开展群众性武装抗日斗争，在南洋发展建立民盟组织。1948年9月，回国后赴中共中央所在地西柏坡，参加新政协筹备工作，负责民盟的组织整顿和筹备《光明日报》的出版事宜。1949年6月16日《光明日报》诞生，胡愈之任总编辑。毛泽东为《光明日报》题词："团结起来，光明在望。"新中国成立后，胡愈之又创办《新华月报》，组织出版《知识丛书》，曾任新闻出版署署长、文化部副部长，担任中央民盟副主席、代主席和全国政协副主席、全国人大副委员长。

梦想体现了个体在特定时代的所思所求，也反映出时代的理想心声。1985年末，民盟主办刊物《群言》杂志为1986年的元月号组织了以"新年畅想"为题的征文。民盟第五届中央委员会代理主席胡愈之欣然应征，以《坚持改革、认真学习》为题，表达了他对新一年的两点希望：一是"改革是不可逆转的趋势"，"社会主义制度的发展就寄希望于改革，我们要在改革中探索一条建设有中国特色的社会主义的路子"；二是"认真学习马克思主义理论"，"加强我们工作中的原则性、系统性、预见性和创造性"。

沈兹九生前提到，这期《群言》杂志出版是1986年1月7日，胡愈之曾亲自再次阅读过这篇文章。然而，一个多星期后的1月16日，胡愈之在北京与世长辞。这个"新年的梦想"，竟成为这位著名社会活动家和革命学者的警世遗言。

# 何思源的教育厅长之路

叶　隽

何思源本乃留洋归来的知识分子，自然有自己的抱负。他之长期担任山东省教育厅长（1928—1942年），甚至日后由此而腾达，完全是因为其时特殊的政治格局使然。不过无论如何，他给我们树立起了一面民国时代教育厅长的镜子。

## 一

教育厅长，不同于副部长以上的高官，还算不上高层官僚，可在中级官僚中，它是独当一面的主官，意义极为重要。作为一省之部门行政长官，它可谓是要职，因为只有通过他的努力，才能够将一省之教育细加规划、形成事业、逐步推进。所以，在这样的位置上，是否能有自己独特之理念，且能与省府上下一体，外争发展之良好环境，内求事业之独立突破，乃是对一个知识精英的重要考验。何思源这个人在民国时代的发展，有其特殊性，他不像陈布雷那样是蒋氏嫡系，而山东省之不同，更在于长期任山东省府主席的韩复榘乃军阀出身，有着明确的"独霸山头"的想法。所以，何思源的处境颇为尴尬。

1924年何思源留学归来，初在广州中山大学致力学术，后经戴季陶引荐给蒋介石，1928年被任命为北伐军政治部副主任，旋即又出任国民党政府的首任山东省教育厅长。1930年韩复榘接任山东省主席之后，曾想将教育厅长换成自己人，甚至何思源也已准备辞职，但因蒋介石的干预而未果。所以，何思源"既非蒋的亲信，又非省主席的旧班底，他必须竭尽其力周旋于各派政治势力之间，既保护自己，又使工作正常进行"。

1924年，何思源撰文《德国民族及德国人之国家观念》，称："自来德后，仔细研究其国民之思想，观察其民族之精神及行动"，对德国人的国家观念有深切的认识。在他看来："德意志民族唯一超越为主之观念即其国家之观念，其他人生之伦理，社会之道德及一切之哲学思想，皆是在此种国家观念势力之下，而受其影响与支配，明白德国人国家之观念，即明白德国民族全体之精神及其一切行为动作之根源。"而具体表述中，则涉及文化与国家的关系："德国人的哲学乃是重国家之哲学,自康德、黑格尔、菲希德等以至俾斯麦时代,威廉第二时代,几乎无一个学者不是同其趋向。康德分为两个世界:一个是内部的世界,一个是外部的世界。内部世界是道德的,能思想自由;外部世界是政治的,须服从命令。他调和这两世界,而构成一个义务之观念。……进一步说,在国家之中,文化方能发展,在国家之中,公道方能实现。"强调只有在国家的具体环境之中,文化才能够得以发展。而从另一个角度来说,也只有在文化发展的促进之下,国家才能得到更好更充分地发展。

二

这样一种观念,显然也影响到何思源自身生命实践的具体历程。他在家乡山东18年,当了14年教育厅长,使山东教育有了长足发展。何思源的做法明显与曾三度担任浙江省教育厅长的陈布雷的短期过客型不同,至少这样几点值得勾勒:

一是任贤选能组建教育厅与规划事业的制度化能力。任何一个新官上任,都必须面临一个团队组建的问题,即便是像陈布雷那样轻车简从,但他还是会从熟人中略作简拔。对于何思源来说,同样是衣锦还乡,但他却是一派西洋作风,广招贤才。1929年8月山东省教育厅51人(公务员),其中绝大部分为留学生与大学毕业生,人才来源不同,素质效果自然也不同。其中核心人物,有秘书3人、科长5人,加厅长共9人,平均年龄才33岁,其中6人留美、1人留英、1人留日、1人毕业于北师大,且均有教育实践经验。这样的班子配备,自然决定了工作作风是一派朝气,工作业绩更看重制度化的东西。这一点充分表现在何思源主持制定的《山东省政府教育厅行政纲要》上,这份十七条的纲目纲举目张,条理清晰,不破不立,废者与兴者都很清楚,诸如取缔私塾、限令私立学校注册,大力发展各级各类教育,小学教育"力谋"普及、中学教育则"以职业教育与普遍教育并重",其他如师范教育、民众教育等各有所侧重。而何氏在任14年,正是按此纲要行事,具有很强的执行力,对山东基础教育的发展"卓有成效"。

二是充足经费与教育独立的经费制度化保障。办教育,最关键的是经费,教育是最花钱的,没有足够的经济支撑,想维持教育亦难,更遑论办好做大?何思源在这个方面确实下了大功夫,首先是尽可能与省府融洽关系,获得其大力支持,即便是在韩复榘这样强悍的军阀作风时代,山东省教育经费也未曾拖欠过。由此可见,何思源确实是有其政治活动能力的。同时,他并不仅仅停留在搞关系层面,而是主持制定教育经费使用方法,建立起保障教育经费独立的制度,这既包括在省、县层级从设立教育经费保管委员会、教育经费稽核委员会等，也包括对各县教育经费委员会会计人员的选用，甚至1933年2月主持制定了《该会会计员一职务须选委擅长簿记人员倘任用不当立即撤换并予主管人员相当惩戒》的教育厅训令。可以看出即便在具体的微小细节上，何思源也有着"事关大局"的宏观思考，同时能将其进行制度化的能力，这是特别难能可贵的。

三是教育理念与贯彻始终。如果说陈布雷只能以休养生息的方式维持教育厅的运作，那么何思源则提出了社会教育、求生教育的理念，颇有就地取材、理论与实际相结合的特点。譬如他特别解释其求生教育的概念："教育不是为的读书写字，乃是为的发展人民的生活能力。换言之教育是工具是方法，求生是目的。极而言之，读书识字之本身没有用处，读书识字所影响于受教育者本身之生活，才有用处，真正教育之作用有二：一曰发展生活能力，二曰扩大生活范围。"这段话若是别人说不难理解，可对于具有留学背景的何厅长来说，毋宁太过功利了些。但如果考察其时现实语境，又不得不佩服何厅长的入乡随俗、活学活用。毕竟，对于讲究现实生存的中国老百姓来说，它是非常合理和有说服力的。道理很简单，所谓"学成文武艺，货与帝王家"，中国本身就是有这样传统的。用老百姓能听懂的语言和直接的利益问题说事，很能获得他们的理解和呼应。当然在这个方面可以拓展的空间还大，教育行政官的理念意识与教育家的理念建构能力毕竟还是有所不同。比较一下晏阳初的"平民教育"就可以看出来了。

## 三

总体来说，无论是陈布雷，还是何思源，在教育厅长的事功方面，没有身在最高层的蒋介石的信任和支持都是不可能做到的。对于中国这么大的国家来说，省级行政是非常重要的，因为这是国家权力运作的主要区域，而浙江、山东二省都是相当重要的封疆地域。所谓"封疆大吏"，其意义在此。而对教育厅长来说，则是主政一方的教育主官，虽然上面还有省长、部长，但毕竟省长的关注重心不可能在此，而部长又天高皇帝远，故此厅长的级别不算很高，但作用很重要。如果说陈布雷对浙江教育还不过是短暂点缀的话，那么何思源对山东教育之影响是很深的，无论是其教育实践还是教育观念都对山东教育起到很大促进作用，有相当之贡献，值得充分肯定。

做过客，如陈布雷者，就应当学习其无为心态，做好"休养生息"的平淡政策。做事业，则应当参考何思源，以一种积极的心态入世，既要处理好政治层面的诸多关系，同时更要争取为教育争地位和发展的事业。其实，相比之下，何思源比陈布雷要困难得多，他既无蒋介石这样的绝对靠山，又无法完全地投靠到哪一种政治势力的庇护之下，但他还是在山东做出了偌大一番事业，不仅长期维持了教育厅长的位置，而且由此升任山东省长，在1946至1948年间任北平市长，获得了相当高的政治地位。

尽管如此，何思源仍然难免其书生本色的一面，他自己就以"读书人"自诩，自称"有些书呆子气，却又生性冲动，说话往往不善文饰，冲口顶人。初到官场，本来就有些'水土不服'。主席上司这样换来换去，更使我难以招架。况且'一朝天子一朝臣'，每换一个主席，就来一批新人，上自委员、厅长，下至护兵、马弁，往往都不认识。所以每次我都要打起精神，了解上，熟悉下，忍气吞声地四面磕头"。堂堂厅长在省里尚且如此，书生为官之难当可以想见。可无论如何，何思源是一个有行政能力的书生，他主政山东教育多年，虽然后段经历特殊（如抗战背景），可毕竟在教育方面给我们提供了一道"中层风景"，这和蔡元培、王世杰、朱家骅等人当部长的高层风景是不同的。在这个层次上，其实对教育的实质性发展更可能具有直接的、可操作的、有作为的影响。所以关键还在于，厅长如何确定自己的位置，如何作为。

# 鲁迅与北京高校的同事

陈 洁

郁达夫回忆与鲁迅的第一次见面，"不知是在哪一年哪一月哪一日"，他所能记得的是"一定是在我去北平，入北京大学教书的那一年冬天，时间仿佛是在下午的三四点钟。……那时候，鲁迅还在教育部里当金事，同时也在北京大学里教小说史略。我们谈的话，已经记不起来了，但只记得谈了些北大的教员中间的闲话，和学生的习气之类。"（郁达夫：《回忆鲁迅》）

鲁迅与郁达夫同任北大教员，因而相识。鲁迅在北京高校任职的同事，很多都是当时文坛上的活跃人物，他们之间产生思想的共鸣成为文友，或者在报刊交锋，成为论敌。在北京文坛这一城市空间中，他们是同事的这层社会关系常常被遮蔽了。

## 一

1920年8月，鲁迅受聘为北京大学讲师。12月开始，他在北大讲授"中国小说史"课程，自编讲义《中国小说史略》，并以厨川白村《苦闷的象征》为教材讲授文学理论，任教至1926年8月离京为止。

在鲁迅日记中记录下的北大同事就有50多位，多为当时文化界名流，包括：郁达夫、钱玄同、冯汉叔、马幼渔、马叔平、邓以蛰、朱遏先、朱蓬仙、伊法尔、刘子庚、刘半农、刘叔雅、江绍原、许季上、李大钊、李玄伯、吴虞、沈士远、沈尹默、沈兼士、张凤举、陈垣、陈大齐、陈独秀、陈慎之、邵次公、林语堂、罗庸、周作人、赵少侯、胡适、夏元瑮、顾孟余、顾颉刚、钱秣陵、徐以孙、徐旭生、徐祖正、徐悲鸿、爱罗先珂、高一涵、陶孟和、黄季刚、萧友梅、康心孚、章嶔、章廷谦、廖翠凤（林语堂夫人）、黎锦熙、北京大学图书馆职员何植三等。

北大英文系的陈源、徐志摩等教授，虽然没有在鲁迅日记中留下交往记录，但他们在文坛上屡次交手，成为论敌。

1923年许寿裳出任国立北京女子高等师范学校校长，聘请鲁迅任教职。经过调整的女师大师资很多来自北大等校以及教育部，多数教员是兼任教职。该校国文科教师阵容引人注目，以北京大学国文系教师为主体，包括"三沈"（沈士远、沈尹默、沈兼士），"二周"（鲁迅、周作人），钱玄同、马裕藻、朱希祖、林语堂、徐祖正、黎锦熙、郑奠等（陆晶清：《鲁迅先生在北师大》）。北大教员张凤举、冯汉叔、徐旭生、陈大齐、罗庸，英文系陈源等也受聘为女师大教员（参见《国立北京女子师范大学职教员通讯处一览》1926年4月、《女师大教职员通讯》1924年冬）。鲁迅在北京多所高校任职，与高校同事的交往主要集中于北京大学和国立北京女子高等师范学校。

对周氏兄弟与北大同事的交往，沈尹默有一段详细的回忆：

"五四"前后，有一个相当长的时期，每逢元日，八道湾周宅必定有一封信来，邀我去宴集，座中大部分是北大同人，每年必到的是：马二、马四、马九弟兄，以及玄同、柏年、遏先、半农诸人。……从清晨直到傍晚，边吃边谈，作竟日之乐。谈话涉及范围，极其广泛，有时也不免臧否当代人物，鲁迅每每冷不防地、要言不烦地刺中了所谈对象的要害，大家哄堂不已，附和一阵。当时大家觉得最为畅快的，即在于此。（沈尹默：《鲁迅生活中的一节》）

拜年的明信片，鲁迅总是以二弟周作人的名义发放。这样的宴集，也常常是由周作人出面邀请的。

顾颉刚在日记中，叙述过鲁迅与北大教授的交往情况：

鲁迅虽任教北大，且为《新青年》作文，而与北大诸教授不相往来，不赴宴会，虽曰高傲，而心理之沉郁可知。（《顾颉刚日记》，第1卷）

此段描述是顾颉刚1973年时，对1926年日记的补记，叙述中有过激情绪，但也从一个侧面描述鲁迅的交往情况。同任北京大学教授的沈兼士1936年写文章悼念鲁迅，两次提及鲁迅不好应酬："在民国初年，蔡元培先生任教育总长的时候，他任科长，在办公时间外，从不作无谓酬应，只作学术上的研究"；"先生是不好应酬的一个人，他在北平时也不大和人来往"。（沈兼士：《我所知道的鲁迅先生》，《鲁迅回忆录》（散篇上册））

民国时期北京高校师生思想活跃，新文化运动即以北京大学师生为主体展开。蔡元培任北大校长时，鲁迅在浙江两级师范学堂的同事冯汉叔、胡沅东、朱希祖均到北京大学任教（参见杨莘耜：《"木瓜之役"摄影题记》，收入《鲁迅在杭州》）。1913年，留日归国在教育界任职的包括鲁迅在内的六名章门弟子，在教育部召开的读音统一会中顺利通过议案，带动了章门弟子进入北京大学，其中包括钱玄同。

钱玄同和鲁迅有同乡之谊，并同为东京时期的章门弟子，熟知鲁迅思想、文学。钱玄同"认为周氏兄弟的思想，是国内数一数二的，所以竭力怂恿他们给《新青年》写文章"。（钱玄同：《我对周豫才君之追忆与略评》）在钱玄同的约稿下，鲁迅和二弟周作人加入了《新青年》的作者和编辑队伍，并得到了《新青年》同人的欣赏和认同，继而与北大教授陈独秀、胡适、刘半农等有了进一步的交往。

1930年代，鲁迅在《忆刘半农君》中回忆了《新青年》编辑会以及与《新青年》同人的交往。

《新青年》每出一期，就开一次编辑会，商定下一期的稿件。其时最惹我注意的是陈独秀和胡适之。假如将韬略比作一间仓库罢，独秀先生的是外面竖一面大旗，大书道："内皆武器，来者小心！"但那门却开着的，里面有几枝枪，几把刀，一目了然，用不着提防。适之先生的是紧紧的关着门，门上粘一条小纸条道："内无武器，请勿疑虑。"这自然可以是真的，但有些人——至少是我这样的人——有时总不免要侧着头想一想。半农却是令人不觉其有"武库"的一个人，所以我佩服陈胡，却亲近半农。

鲁迅和李大钊的相识也是在《新青年》编辑会上：

我最初看见守常先生的时候，是在独秀先生邀去商量怎样进行《新青年》的集会上，这样就算认识了。（鲁迅：《〈守常全集〉题记》）

鲁迅与北大同事交往的模式以书信、文稿为主要形式，并有宴饮、聚会、拜访等活动，交流的内容倾向于思想文化层面。

周作人当时在北大专职任教，在钱玄同向鲁迅约稿过程中，曾做过中间人。1923年，周作人致信钱玄同，除了谈及自己前往北大交稿事宜，还告诉钱玄同鲁迅近来所发的议论，也有意作文批评所谓国学家，请钱玄同去约稿："鲁君仿佛亦有借此破口大骂所谓辜倭合庶倭合几哑合之意，但敝人尚不能断定其何日下笔，足下如欲其早日做成，似可'侧闻……'云云之信催促之，并与以一截止之日期，则庶乎其告成之望也夫！特此告密，不宣。"（《周作人致钱玄同》，1923年1月1日）"辜倭合庶倭合几哑合"，即指国学家。周作人在信中提及交给钱玄同的文章应该是作于1922年12月31日的《汉字改革的我见》，刊于《国语月刊》第7期。这篇文章中，周作人批评了"所谓'国学家'"。

《语丝》创刊于1924年11月17日，同年12月13日《现代评论》在北京创刊。《语丝》和《现代评论》创刊后，鲁迅和他的很多高校同事都是这两个刊物的撰稿人。周作人作为专职的教员，与成员多为高校同事的现代评论派有较多交往。这在周作人的日记中有记载。周作人写有《志摩纪念》，登载于1932年3月《新月》第4卷第1期。1930年，为胡适四十岁生日祝寿的就有钱玄同、周作人。鲁迅和现代评论派则由疏离发展成为论敌。

1925年，林语堂在《给玄同的信》中借用刘半农描述钱玄同等人之语来描述三种周刊："温文尔雅，《语丝》也（此似乎近于自夸，故置之）；激昂慷慨，《猛进》也；穿大棉鞋与戴厚眼镜者，《现代评论》也。"这三种周刊形成了一个报刊环境。

周氏兄弟在1923年失和后，在北大任教的钱玄同、刘半农等教授，与专职任教的周作人接触更多。他们更多地聚集于苦雨斋，与鲁迅则较疏离了。1925年，在《语丝》第二十期登载了刘半农致周作人的《巴黎通信》，并附钱玄同《写在半农给启明的信底后面》。刘氏信中回忆了北京风物观音寺青云阁琉璃厂，忆及启明、玄同、尹诸位老友，却没有提及鲁迅。刘半农在信中称周作人寄来的《语丝》为"应时妙品"，述及近期刊载的文章：周作人和钱玄同议溥仪的文章、周作人与江绍原讨论的女裤问题——亦即"关于女子衣裳的礼"、周作人《林琴南与罗振玉》等。这几篇文章分别登载于《语丝》第一、三、四、五期，这几期中登有鲁迅的《论雷峰塔的倒掉》《"说不出"》《野草（一秋夜）》《野草（二至四）》《说胡须》《"音乐"？》《我来说"持中"的真相》，却未被提及。

1925年展开了对《语丝》文体的讨论，孙伏园（《语丝的文体》）、周作人（《答伏园论〈语丝的文体〉》）、林语堂（《插论语丝的文体——稳健骂人及费厄泼赖》）等都撰文讨论。林语堂在语丝谈话会上主张《语丝》扩大范围，评论政治社会种种大小问题；孙伏园则指出语丝同人所写的思想学术言论，其实是更深层的政治问题。周作人对林语堂此议也做出回应，指出《语丝》谈的是政治上的大事件，如溥仪出宫、孙中山去世等；对于小事件，如"那只大虫"在教育界跳踉，则只是个人在日报上发议论，不曾在《语丝》上提到；他并进一步提出《语丝》的"费厄泼赖"精神（《答伏园论〈语丝的文体〉》）。林语堂在继续讨论《语丝》题材范围时，终于涉及鲁迅的"胡须"与"牙齿"，但放在众话题之末："有时忽而谈《盘庚今译》，有时忽而谈'女裤心理'，忽又谈到孙中山主义，忽又谈到胡须与牙齿，各人要说什么便说什么。"（《插论语丝的文体——稳健骂人及费厄泼赖》）

针对林语堂的《插论语丝的文体——稳健骂人及费厄泼赖》，鲁迅写了《论

"费厄泼赖"应该缓行》，发表于1926年1月《莽原》半月刊第一期。鲁迅在这篇文章中，主要将笔锋指向"今之论者"——吴稚晖、周作人、林语堂等，但真正的论敌其实是《现代评论》派。此文虽以语堂先生"曾经讲起'费厄泼赖'（fairplay）"起笔，但费厄泼赖以及不打落水狗，在林文中都已指明是周作人之意："'费厄泼赖'原来是明的意思。"（林语堂《插论语丝的文体——稳健骂人及费厄泼赖》）

## 二

但在1925年的女师大风潮中，周作人、钱玄同和鲁迅一起站在了章士钊、杨荫榆的对立面，并批评钟鼓派、东吉祥胡同派，因为他们"捧之舐之"（《周作人为女师大风潮事致钱玄同函》，未刊书信）。1925年，杨荫榆担任校长期间发生的女师大风潮，在文坛上的表现就是《语丝》派与《现代评论》派的论战。1924年2月，许寿裳被段祺瑞政府无理革职，继任校长便是杨荫榆。1925年8月，周作人在《京报副刊》发表《与友人论章杨书》，批评章士钊、杨荫榆。《猛进》社参与了《语丝》社的聚会，在随后的一期《语丝》上，周作人的文中便引用了《猛进》的一段话。这一时期，鲁迅也参加《猛进》社的聚会。

1925年2月7日，在《现代评论》第一卷第九期中使用的"水平线"一词，此后被多次使用，成为《语丝》派与《现代评论》派论战中的一个利器。该期刊登的《〈现代丛书〉出版预告》中说："《现代丛书》中不会有一本无价值的书，一本读不懂的书，一本在水平线下的书。"

1925年10月，鲁迅在《从胡须说到牙齿》中便用了"水平线"这个典故："我现在虽然也弄弄笔墨做做白话文，但才气却仿佛早经注定是该在'水平线'之下似的，所以看见手帕或荒冢之类，倒无动于衷；只记得在解剖室里第一次要在女性的尸体上动刀的时候，可似乎略有做诗之意——但是，不过'之意'而已，并没有诗，读者幸勿误会，以为我有诗集将要精装行世，传之其人，先在此预告。"

1926年1月，鲁迅在《有趣的消息》中再次使用这个利器："归根结蒂，如果杨荫榆或章士钊可以比附到犹太人特莱孚斯去，则他的签片就可以等于左拉等辈了。这个时候，可怜的左拉要被中国人背出来；幸而杨荫榆或章士钊是否等于特莱孚斯，也还是一个大疑问。然而事情还没有这么简单，中国的坏人（如水平线下的文人和学棍学匪之类），似乎将来要大吃其苦了，虽然也许要在身后，像下地狱一般。"

1926年，《语丝》第六十三期登载了元月17日晚署名"爱管闲事"所编《刘博士订正中国现代文学史冤狱图表》，其中位于狄更斯水平线之上有段祺瑞、章士钊、徐志摩、陈西滢、凌叔华等，位于水平线之下者，仅有刘半农、周作人、鲁迅及未写明的"其他学匪"。《语丝》派与《现代评论》派展开笔战。《语丝》第六十四期登出鲁迅《学界的三魂》、刘复《奉答陈通伯先生（兼答SSS君及某前辈）》、岂明《陈源先生的来信》。随后，在《语丝》第六十五期，又登出鲁迅《不是信》。

《语丝》第86期，开始在《语丝》上公布《现代评论》社收受章士钊的一千元事件（周作人：《"现代评论主角"唐有壬致晶报书书后》）。并在《语丝》第90期做郑重声明，"《现代评论》社收受章士钊一千元一节全係事实。"（岂明：《我们的闲话》三〇）这是《语丝》对《现代评论》的有力一击。

鲁迅在与北京高校同事的交往中，写下了大量作品。除了高校同事交游和约稿有激发灵感和促进写作的作用，与论敌的论辩也是激发鲁迅写作的一个动力。在《〈坟〉的题记》中，谈及《坟》结集的第二个原因时，鲁迅写道："其次，自然因为还有人要看，但尤其是因为又有人厌恶我的文章。"在鲁迅手稿中，可以明显地看到"自然因为还有人要看，但尤其"、"又"这些字是后增加的，可见鲁迅写这句话时，先写下的是"是因为有人厌恶我的文章"。

# 参加北京市第一届文代会的孙敬修

李友唐

孙敬修，我国20世纪著名的儿童教育家、儿童故事艺术家。他1901年生于北京一个贫苦家庭。1922年京兆师范毕业做小学教师，后做教导主任。孙敬修1932年开始课余在北平广播电台为儿童讲故事。孙敬修的故事艺术，有它突出的风格和特点。他以一颗真诚的爱孩子的心，以他那雄浑、醇厚、慈祥的声调，以真善美的内容，以民族化的风格，像一个老爷爷在月光下娓娓动听地给孩子"讲"故事。他真的是"讲"，他一讲就讲了58年，几代人听过他讲故事。西班牙记者莫拉雷斯说"孙敬修先生是世界受崇拜的人中，崇拜者人数最多的人。"他的故事艺术已炉火纯青，至今仍后无来者。孙敬修的故事艺术给20世纪中国教育史、中国艺术史留下了一个光彩的亮点。他80高龄加入了中国共产党。

1984年，甘肃人民出版社出版了10卷本《孙敬修演讲故事大全》，胡耀邦同志为这部书题写了书名。2000年，天津教育出版社出版了10卷本《孙敬修全集》，王光美同志作了序。王光美同志在序言中说，孙敬修的儿童故事艺术："在中国历史上，他是第一个成就了这项事业的人，到目前为止，还没有一个人超过他的成就。"

孙敬修1990年3月5日逝世。北京市人民政府在北京市少年宫文体楼前为孙敬修塑了半身铜像。孙敬修的骨灰埋葬在北京西山万安公墓。墓碑上雕刻着孙敬修生前为少年儿童拟就的一段话：

亲爱的小朋友、少年朋友们！你们好！我祝福你们，愿你们都能珍惜时间，努力学习，使身体好、心灵美、知识丰富，学有专长，不受坏思想的污染，不受坏人的引诱，健康成长，早日成才！为祖国、为人民多做有益的事，成为受人民敬爱之人。

1950年，孙敬修曾参加了北京市第一届文代会，记得的人不多了，现略述如下：

1950年5月的一天，孙敬修收到了一封邀请他参加"北京市文联发起人大会"的信。他是非常高兴的。

1950年5月17日，他到了人民艺术厅。到会的有一百多人，其中有老舍、程砚秋、尚小云、齐白石、戴爱莲等人，他认识了许多文艺界知名的人。他们一起讨论了成立北京市文学艺术工作者联合会筹备委员会，并确定5月28日召开北京市第一届文代会。

这次发起人大会宣布，大会代表资格有四条，一是从事文学艺术工作有一定成绩的人；二是在文学艺术活动或创作上有贡献的人；三是北京市文学艺术机关的主要负责人；四是在本市的文学艺术专家对本市文学艺术工作有联系的人。

在会上，孙敬修除了对讨论的问题发表自己的意见以外，一直想借这个机会代表小朋友，向全社会呼吁一下，希望多给孩子们一些精神食粮，但没找到这个机会。

5月21日，他写了下面几句话，交给了大会："5月17日下午2时，在北京市人民艺术厅，举行北京文学艺术工作者联合会发起人大会，听到了主席李伯钊同志的开会词，周扬、邓拓、老舍等许多同志的讲话，同时看到所有文艺工作者的脸上，都是愉快的表情。朋友们，欢呼吧！多方面的文艺工作者，由政府领导，都团结起来啦！今后一定会发出了不起的力量来！哈！多么叫人痛快呀！这是当时我内心的呼声。此外，另有一个思想，想在自由讲话的时候说一下，但是时间不许可。就是：希望在大会成立以后，请求所有文艺工作者，能抽出小小的一部分时间，专为儿童写些东西！像苏联专为儿童创作电影一样。希望今后中国的小朋友们能看到专为他们创作的电影、戏剧、音乐、舞蹈、美术……市文联的成立，能够使他们得到更多的快乐、更多的教育。这个愿望，相信我们的政府和市文联的同志们，是不会不重视的。"

发起人大会以后，他收到了参加第一届文联大会的代表证，是一个胸章，上边的号数100号。1950年5月28日，他到了北京市劳动人民文化宫，参加了北京市第一届文代会。会场布置得庄严、欢乐，挂着"努力创作为首都生产建设服务"、"贯彻毛泽东文艺思想"等大标语。在大会上，他听到郭沫若、茅盾、丁玲、徐悲鸿、吴晗、李伯钊讲话，见到了更多的文艺界知名人士，如梅兰芳、赵树理、俞平伯、田汉、欧阳予倩、端木蕻良等。他被分在文学组，同组的有王冶秋、孔厥、田间、老舍、吴组湘、马烽等。

5月29日，大会刚开始，托儿所的几位小朋友捧着鲜花来到会场，大家都十分激动。下午，大会安排自由发言，孙敬修报了名。可是大会规定，每个人发言的时间，不得超过五分钟。

下午的大会上，孙敬修讲话："诸位同志，我看着表来说，决不把这五分钟的时间超过。诸位同志！请看桌上这两瓶美丽的花。大家一定不会忘了今天早晨献花的小娃娃。当时李伯钊同志恨不得一个个地抱起来亲一亲，主席、老舍，还有几位同志，一面接花，一面把娃娃的手来拉，音乐队的演奏，也显着调儿特别兴奋、特别大。那时候，诸位在座的同志们，全都笑着脸露着牙，两只手儿不住地呱呱呱！呱呱呱！"

他说到这儿，台底下观众轰地一声笑开了，还鼓了掌。孙敬修忘了紧张，看着表，又继续说：

"诸位想想吧！他们为什么来献花？当时主席说了这样的话：'敬祝小弟弟、小妹妹们身体健康！敬小朋友们前途和幸福无限量得大！'诸位，主席的敬祝是不是随随便便的一句空话？绝对不是的！

我是从事儿童教育工作的，我现在代表小娃娃、小朋友，向诸位说两句请求的话：请诸位同志们，在为成人写作以外，抽出一些时间来，专为儿童写些东西，会后叫小朋友们能看到专门为他们创作的电影、戏剧、音乐、歌舞、美术和更多的儿童读物。因为有诸位的照顾，使儿童们得到更多的教育，更多的幸福！

诸位！李伯钊同志说：文艺工作者的对象，其中是有学生的！学生当然不只是大学生、中学生，其中也有小学生啊！我想大家一定肯为小朋友想办法，为小朋友写作品。对不对呀？"

听了他这样一句问话，台下代表回答："对！"主席台上的同志带头鼓起掌来。孙敬修又抢着说了几句："好！我向诸位敬礼！敬祝诸位健康！请您别忘了献花的小娃娃！"台下的掌声又响起来了。

5月31日，总理周恩来同志来了，他向大家笑着。他希望北京市文学艺术界的同志要搞好团结，要更好地为人民服务，他说："我们的文艺工作，会给人民的首都增加无限的光辉的！"孙敬修和大家一起鼓掌。他说，鼓得手心都红了。

他参加了北京市第一届文代会，到老了，他还记得这件事。他说这是他难忘的！

# 罗信耀和他的北京旗俗书写

## 季剑青

　　1939至1940年间，沦陷时期北平的一份英文报纸《北平时事日报》（Peking Chronicle）上，连载了一部题为"小吴历险记"（the Adventures of Wu）的故事，通过虚构的主人公小吴的经历，生动地描述了北平市民的生活习俗，反响非常热烈。应读者的要求，作者很快将其修订汇编为《小吴历险记——一个北京人的生命周期》（The Adventures of Wu：the Life Cycle of a Peking Man）一书，分两卷由北平时事日报社分别于1940年和1941年出版。英文版之后，很快就出版了式场隆三郎翻译的日译本。1944年，周作人读了该书的日译本，给出了这样的评价："叙述北京岁时风俗婚丧礼节，很有趣味，自绘插图亦颇脱俗"。1987年，日本平凡社又推出了藤井省三等人译的第二个日译本，书名改作《北京风俗大全》。遗憾的是，这本书到现在还没有中译本。

　　这部书的作者署名H.Y. Lowe，从日译本中我们知道其中文名为罗信耀（1908—1992）。关于他生平经历的材料很少，目前所知道的是他是满族人，曾用名震寰，幼年家境贫寒，主要从事英语翻译工作。1932年曾去美国，后结识埃德加·斯诺（Edgar Snow）并协助其工作。他在《北平时事日报》上发表"小吴历险记"，也是受到斯诺的鼓励。新中国成立后罗信耀在中国科学院对外联络局工作，主要从事对外文件和科技论文的翻译。除了《小吴历险记》，1942年北平时事日报社还出版了他的另一本英文书《中国戏剧本事》（Stories from Chinese Drama），这大概是他仅有的两部著作。

　　罗信耀是满族人，"罗"这个汉姓大概是他后来改的，根据满族人的老姓和汉姓之间的对应规律，"罗"对应的满族老姓可能是伊尔根觉罗、呼伦觉罗、萨克达、索绰络等。语言学家罗常培即是满洲萨克达氏。无论他的满族老姓是什么，他出身于北京的满洲旗人家庭应该是没有什么疑问的。在《小吴历险记》初版的序言中，罗信耀称自己是一个北京人（Peking-jen），并为此而感到骄傲。1940年前后，八旗制度早已成为历史，旗人把自己当作北京人是很自然的，而在一部面向英文读者的介绍北京风俗的书中，作者似乎也没有必要提及自己的旗人出身。不过，书中所描写的北京市民的日常生活，和旗人风俗之间是否存在着某种联系呢？

《小吴历险记》的主人公小吴，是一个北京吴姓家庭里的小名"小秃儿"的男孩。作者从他的出生写起，一直写到他长大结婚妻子怀孕，仿佛完成了一个"生命周期"（life cycle）。这本书以他的成长为线索，穿插起北京的各种岁时风俗，如借小吴爷爷的去世写丧葬的习俗，借小吴奶奶去娘娘庙为小吴祈福，详细描绘妙峰山香会的盛况，诸如此类，故事中的人物只起到引子的作用，并不承担叙事功能。从书中间或提及的时代背景推断，小吴大概出生于1915年前后，差不多在1939年即作者动笔时结婚。这正是北京旗人开始放弃旗人身份逐渐与北京人融为一体的历史时期。

故事开篇提到吴家居住在东城礼士胡同，虽然清代实行旗民分城居住的制度，但嘉庆道光以降涌入内城的民人就开始不断增加，庚子以后基本上已形成旗民混居的态势。单从吴姓本身也很难判断其族群归属，旗人中的汉军以及满洲旗人冠姓后都可能姓吴。从《小吴历险记》整体的叙述来看，作者更像是把吴家看作汉族，书中除了吴家，只有少数地方提到了满族或旗人。小吴爷爷有一个旗人朋友住在同一条胡同里，是妙峰山进香团体中一个茶会的老都管，妙峰山的香会有文会和武会之别，许多参加武会的都是满族人，他们喜欢"耗财买脸"。小吴有一个小学同学姓金，出身于清朝宗室，即俗语所谓的"黄带子"，他对养鸽子情有独钟。书中还提到清末端午节满族王公贵族赛马的习俗。除此之外，书中几乎没有提到旗人或满族，这寥寥几笔更像是某种点缀。

考虑到民国初年以来北京旗人主动或被迫地融入一般市民阶层中的历史事实，不难理解作者作为"北京人"有意淡化北京风俗的满族色彩的用意。尽管如此，北京风俗中有一些明显属于旗俗的特征，在《小吴历险记》中仍有表现，也正是在这些地方，暴露出吴家属于旗人家庭的本来面目。

最能说明这一点的是第二卷最后两章对小吴订婚和结婚过程的描述，作者由此详尽地记述了20世纪30年代北平市民阶层的婚俗。吴家相中的是祁家的女孩，一开始是两家交换"门户帖"和"小帖儿"，了解各自的家世职业和男女双方的生辰信息，吴家还要去命馆勘定这桩婚姻是否吉利，接着两家互相到对方相看，均表示满意后，吴家给祁家送去定亲的礼物，亲事便算定下来了，即所谓"放小定"。接下来是"放大定"，吴家准备"通书"，即告知婚礼的正式通知，发通知前须正式通报祁家，即"过礼"，同时准备一系列物品送给女家，包括衣物床被首饰，一对家养的鹅，龙凤饼、酒和红糖等，有一些家庭还给大媒送火腿和羊腿，以示犒劳之意。接下来便是过嫁妆，包括家居生活物品，有的还送整套家具。到了结婚当天，吴家派出轿子和迎亲队伍去祁家迎娶新娘，迎亲的队伍中，有执事举着十二对"牛角灯"，以前娶亲都在晚上，这些灯能起到照明作用，现在它们只是一种装饰。新娘离家前须吃"离娘饭"。轿子到达吴家后，紧挨着门放下，新郎的父亲在门槛上放置一个金漆木制马鞍，并且让新郎向门的方向射三支空箭，以驱除邪气。喜宴中准备"子孙碗"，碗中盛着没有煮熟的饺子，新郎新娘吃后，有一些小孩就问"生不生"，新郎或新娘答曰"生"，取吉祥义。新娘还须行拜见夫家亲戚之礼，谓之"分大小"。休息前，新郎新娘坐在床边，肩并肩吃"长寿面"。吃完面条所有人离开洞房，整个婚礼便结束了。

就北京婚俗的大致情形而言，满族和汉族并没有太大的差异。清朝入关以后，在吸收汉俗纳采、问名、纳吉、纳征、请期、亲迎等婚娶六礼的基础上，旗人逐渐形成了自己的婚俗。换言之，旗人婚俗已经容纳了许多汉地的礼俗，但还是保留了很多自己的特点。如上文中"放小定"、"放大定"、"分大小"等皆是旗人婚俗特有的术语，过嫁妆时送家具、问新娘"生不生"也是旗人特有的习俗，直到30年代仍是如此。而新娘进门时"射三箭"，更是反映了满族除邪去祟方面的原始观念。其中最有意味的是迎亲队伍中执事举着的"牛角灯"，它是满族夜婚制习俗的遗留物。

满族的夜婚制由来已久。作为游猎民族，满族还残存着部落抢亲的遗迹。因为抢婚多在夜间举行，须高举灯球火把，后来便逐渐发展为夜婚制。清代北京旗人确实有夜间娶亲的习俗，直到清朝末年，那桐之子结婚时，仍是"丑刻迎娶新人过门"。不过这在当时已很少见，多数旗人娶亲都已改成白天，到了20世纪40年代，只有乡间还保留着夜间婚娶的习俗，北平城里都是白天了。尽管如此，迎亲队伍的仪仗中还保存着牛角灯的装饰，成为体现满族婚俗独特性的物件。

有趣的是，对旗人来说，夜婚制和牛角灯不仅不是某种野蛮习俗的残留，反而证明了满族婚俗合于古礼。清末震钧曾撰有《满洲婚祭礼合仪礼考》一文，证明满洲婚俗合于《仪礼》，如称"婚期以夜，日入三商为婚也"，《仪礼·士昏礼》郑玄注云："士娶妻之礼，以昏为期，因而名焉。必以昏者，阳往而阴来。日入三商为昏"，又云"其娶也，舆前导以角镫数十，《仪礼》之执烛前马也"，"角镫"即牛角灯，这是比附《仪礼·士昏礼》中"从车二乘，执烛前马"一语，郑玄注云："执烛前马，使徒役执炬火，居前道"。震钧进而发挥说，"《仪礼》古人传为殷礼，然则满洲礼固殷礼也"。

　　需要指出的是，视夜婚制为古礼并不只是震钧一个人的看法，40年代金受申也说"古礼婚娶都是夜间"，出身满族的当代民俗学家常人春亦持此种观点，他在《老北京的风俗》一书中写道："前清，十分讲究金灯执事等仪仗。民谣所谓'宫灯、戳灯十二对，'其实不止于此。因为当时满族人为了符合古代婚礼之意，多在夜间迎娶，所以，很重视灯笼火把，因为它有实用价值。当时，迎娶行列照例是以牛角透明质，上绘红双喜图案的高架灯十六对、二十四对、三十二对不等。这乃是从《仪礼》'执烛马前'的风俗演变而来的。"常人春把满族的夜婚制看作是为了符合古礼而创造出来的，实际情形可能恰恰相反，正是为了掩饰夜婚制属于部落习俗的残留这一点，才发明了这样一套将其元典化的叙述。虽然我们尚缺少直接的材料证明这一点，但不难想见，这种比附古礼的说法，把对久远旧俗的历史记忆，改装成对经典的直接验证，从而证明了满族风俗的典范性，对于满族人显然是具有很大的吸引力的，流传久远也就不足为奇了。

　　《小吴历险记》提到迎亲队伍仪仗中的牛角灯的地方，旁边有一幅作者手绘的插图，画的正是执事手举牛角灯的样子。图下方有作者的说明，其中云："这让人们想起夜间举行婚礼的古代风俗"。从这句话可以推断，罗信耀应当了解并且认同夜婚制为古礼的元典化叙述。然而，由于《小吴历险记》掩盖了吴家的旗人身份，这句话便产生了别样的修辞效果，它使读者不假思索地相信，这是属于北京人的古老风俗。对于西方语境中的英文读者来说，《小吴历险记》是对即将消逝的北京人"古老生活方式"的记录，书中记述的多姿多彩的北京风俗，正是这种"古老生活方式"的表现。关于夜婚制之"古老"的叙述，恰恰有意或无意地配合了西方人对北京的想象。由于罗信耀把旗俗作为普遍意义上的北京风俗来记述，于是一种旗人特有的习俗及其残留，便成为证明北京风俗之古老的绝佳材料，这或许是《小吴历险记》的作者和读者都始料未及的事。更具反讽意义的是，夜婚制和牛角灯所引发的对古代的想象，不过是满族自己的发明，它掩盖了满族婚俗自身的族群起源。从更宽广的视野来看，满族婚俗的曲折演变以及对它的叙述，正是一个少数民族在日常习俗和文化心理两个层面，融入北京乃至整个中国文化之中这一漫长历史过程的生动见证。

牛角灯

# 寂寞的西三条二十一号院

## ——朱安的晚年岁月

谢保杰

1926年8月26日，鲁迅携许广平南下，离开北京城，此时朱安47岁。自此至1947年去世，朱安在西三条二十一号院（现鲁迅博物馆）孤独地度过了20余年的岁月。

对于鲁迅携许广平南下，朱安没有表露出反抗的意思，但内心的落寞之情可以想象。当邻家女孩俞芳问及此事，朱安神情沮丧地告诉俞芳，这是意料中的事情。"过去大先生和我不好，我想好好地服侍他，一切顺着他，将来总会好的。"现在呢？"我好比是一只蜗牛，从墙底一点一点往上爬，爬的很慢，总有一天会爬到墙顶的。可是现在我没有办法了，我没有力气爬了。我待他再好，也是无用。"好像一只蜗牛落地跌伤了，朱安的这个比喻给人留下很深的印象，可以想象她内心的凄苦与无奈。

鲁迅南下以后，西三条二十一号院更加安静了。朱安由原来服侍两个人，现在变成服侍鲁老太太一个人了，照顾婆婆每日的生活起居是她晚年生活的第一要务。后来海婴出世，消息传到北京，朱安还是很高兴。原因不难理解，她曾考虑自己已经50多岁的人了，此生此世不可能有孩子了。按照绍兴的风俗，没有孩子也是一个妇女的"过错"。现在有了海婴，他是鲁迅的儿子，自然也是她的儿子。先前自己无端加给自己的"罪名"，现在也得到赫然"豁免"，她怎么能不高兴呢？而且，有了海婴，将来自己死后，有海婴给她烧纸，送庚饭，送寒衣，阎王也不会认为她是孤魂野鬼，罚她下地狱。于是她精神上得到安慰，所以很高兴。

1936年10月19日，鲁迅在上海去世。消息传到北京，朱安曾打算南下奔丧，在她心目中，理应由她这个"正室"亲自出面料理丧事，可事实上却不能够做到。"因阿姑（鲁迅的母亲）年逾八十，残年风烛，聆此消息，当更伤心，扶持之役，责无旁贷。"因此，南下奔丧之意，难以成行。朱安于是在西三条二十一号院设置灵堂，为丈夫守灵。西三条二十一号院并不大，三间北屋住着鲁迅的母亲与朱安，三间南屋是鲁迅在北平居住写作的地方，灵堂就设在三间南屋里，房间的四周都是书柜，里面装满了线装书和一些外文书。东边的墙壁上，挂着一幅鲁迅的画像，画像长约二尺，宽约一尺，是陶元庆在1926年给鲁迅画的炭画像。画像下面设置一长桌，长桌上摆满了祭品，整个房间充满了肃穆的气氛。朱安就在这里"穿着白鞋白袜，并用白带扎着腿，头上挽着一个小髻，也用白绳束着。"看见记者以及前来吊唁的亲友，"眼泪盈眶，哀痛之情流露无遗"。在鲁迅去世那几日，朱安悲戚的形象出现在北平各大报纸上，她也非常得体地接待记者，回答他们的提问，并向记者解释因为自己需要服侍婆婆不能南下奔丧。

人生突如其来的变故，也让朱安沉寂的内心陡生温厚的体恤与慈悲。在鲁迅去世的当月，她就给三弟周建人写信，央求周建人转告许广平，希望许广平与孩子搬来北平同住："许妹及海婴为堂上素所钟爱，倘肯莅平朝夕随侍，庶可上慰慈怀，亦即下安逝者。"信中还说许妹如能成行，她"当扫径相迓，决不能使稍受委曲。""倘许妹尚有踌躇，尽请提示条件，嫂无不接受"。朱安谦卑的好意许广平没有领受，不久，"七七事变"爆发，北平沦陷，许广平就是有北上的打算也无法前行。

鲁迅去世以后，朱安与婆婆相依为命，她们的生活费用主要是鲁迅著作的版税，由许广平每月从上海汇来，周作人也每月给母亲一部分零花钱。1943年4月，鲁迅的母亲去世。老太太临去世前，叮嘱周作人，把每月给自己的零花钱转送给终身服侍她的长媳，并叮嘱朱安一定收下。后来，由于战争原因，上海至北平邮路不通，再加上许广平被日本宪兵逮捕，导致汇款一度中断。生活困顿的朱安，在周作人的建议下，欲出售鲁迅藏书维持生计。得知鲁迅藏书有可能被出售，上海文化界反响很大，许广平立即写信劝阻，并推选唐弢、刘哲民去北平做疏通劝阻工作。1944年10月15日，黄昏时分，鲁迅的学生宋琳（宋紫佩）带着从上海赶来的唐弢与刘哲民，来到了北京西三条二十一号院拜访了朱安，当时朱安和侍候她的女工正在用餐，"碗里面是汤水似的稀粥，桌子上碟子里有几块酱萝卜。"当宋琳说明来意，朱安曾激动地说："你们总说鲁迅遗物，要保存，要保存！我也是鲁迅遗物，你们也得保存保存我呀！"接着，唐弢解释了许广平被捕以致汇款中断的情况并告知海婴的近况，朱安脸上才渐渐露出笑意。朱安的态度一变，出售藏书问题得到解决：朱安的生活费仍由上海家属负担，如有困难，朋友愿意凑起来代付，朱安不再出售鲁迅藏书。

出售藏书事件以后，由于新闻媒体的放大，朱安的生活境遇引起很多人的关注与同情，鲁迅的生前好友以及一些机关团体、社会人士纷纷送上钱款，给予资助。朱安深明大义，"为顾念鲁迅名誉起见"，除鲁迅生前旧交捐赠的以外，一概辞谢不受，并表示"宁自苦，不愿苟取"。朱安顾全大局的处理方式也得到了上海家属的认同与钦佩。有一次例外的是蒋介石送来的一笔馈赠。1946年春节，蒋介石委派中央党部秘书长郑彦芬来西三条二十一号院，送来法币十万元，朱安"辞不敢受"，来人劝道："别人的可以不收，委员长的意思，一定要领受的。"朱安只好收下，并写信告知上海家属许广平。

1946年10月24日，为了整理鲁迅的书籍，许广平从上海来到北平，独自一人走进了西三条二十一号院。自从她离开西三条，二十年过去了，鲁迅也去世了十年，一切恍如隔世。听到脚步声，朱安放下了吸了几十年的水烟袋，慌忙迎了上去。一位新时代的女性，一位旧式女子，两位"未亡人"，隔着二十年的人世沧桑、是非恩怨，因为这次相逢而再次联系起来，不能不让人生发无限的感慨。许广平此次北平之行，不善言辞的朱安很是感动。在许回沪后，朱安在信里写道："你走后我心里很难受，要跟你说的话很多，只当时一句也想不起来，承你美意，叫我买点吃食，补补身体，我现在正在照你的话办。"

自从嫁到周家就没有得到过爱与温暖的朱安，晚年非常看重名分，她曾多次重复："我生为周家人，死为周家鬼。"1947年春天，朱安病情日益加重，她意识到自己将不久于人世，于是就自己的后事安排致函许广平："自想若不能好，亦不欲住医院，身后所用寿材须好，亦无须在北平长留，至上海须与大先生合葬。"

1947年6月29日，朱安走完了她的人生之路，在西三条二十一号院孤独地去世，享年68岁。她临终前一日，神志清醒，请人把宋琳招至榻前，泪流满面地告诉宋琳：她想念大先生，想念许先生，想念海婴。并再三叮嘱宋琳转告许广平：希望死后葬在大先生之旁。当然，朱安这个愿望不能实现。经宋琳与周家后人商议，朱安葬于西直门外保福寺周作人家的一处私地，没有墓碑，也没有行状。

一年以后，许广平在一篇文章中写道："鲁迅原来有一位夫人朱氏……她名'安'，她的母家长辈叫她'安姑'……"据说，这是朱安第一次在文章中出现真名字。

# 非文学写作中的巴金

孙　郁

巴金之死，引起了青年人的争议。我在网上读到一篇指责的文章，大意是巴金的小说水平较低，与其名声不符。有的出语更重，以为其创作只不过青年读物，很会煽情而已。看到上述的观点，自然也觉得不无道理。但我隐隐觉得，现在的年轻人，大概与前辈十分隔膜了，指责巴金的，要么从纯文学的角度出发，要么在道德的层面着眼，这和先生的原貌，是有距离的。评价历史人物，有用象牙塔里的尺子，有用世俗的看法，有时惟独放弃了对象世界的还原，以己度人，在今天已成普遍的现象了。

我自己差不多读完了巴金发表的所有作品。知道有一些关于安那其主义的文字，尚未全部收入他的集子中去。从青年到晚年，他写了上千万字的东西。但从未自认是一名作家。刚刚出山的时候，还不过是个安那其主义的信仰者，写时评，研究社会学思想，才是他的目标。我读过他写过的许多抨击资本主义社会与专制社会的小册子，印象是个热血青年。模仿克鲁泡特金、巴枯宁的思路，然而情感是真挚的。年轻时代立志成为斗士，直到40年代末，对安那其主义依然情有独钟，大概是收藏这一社会理论著作最多的中国人。他反对传统，这是不错的。可他的思维，有时也像传统的士大夫，喜谈时弊，热衷清议。在思想的深处，并未把文学看得很重。有人会问，巴金难道不是靠文学成名的么？评价他自然只能用文学尺子了。我觉得这是个误解。文学之于他，不过是一种工具，安那其主义才是青年时追逐的目标。直到后来，整个的写作，是处于非文学化的状态的。如果从社会学的角度看其一生，当然得不出一些青年的结论。

年轻的时候，他留学法国。在那里没有学到什么，只对法国大革命的传统发生了兴趣。卢梭、马拉开始纠缠着自己，那些浪漫派与现代的艺术几乎未能引起注意。法国是现代艺术的交汇之地，各种流派在此碰撞，样式是纷繁的。巴金承认，他一开始就被卢梭的精神所俘虏，甚至到了晚年也是如此。后来又孜孜不倦研究克鲁泡特金、巴枯宁的理论。从法国的人文主义到俄国的安那其主义，是有着逻辑的必然的。此一思潮曾风靡一时，被许多激进青年所钟爱。巴金一开始就狂热地卷了进去，一些激情四溅的作品也随之产生了。老舍当年读到《雾》《雨》《电》时，就诧异地感到巴金小说天使般的纯洁。对其中的美丽深表敬意。他不知道作者是依据了安那其主义的梦想来编织艺术的，大同世界才是目的所在。巴金觉得，文艺未必能救国，但克鲁泡特金的献身意识及社会蓝图，则是可以改变世界的。所以在我看来，巴金的世界里，卢梭精神，安那其主义理论是占据着首要位置的存在，他一生大半精力用于此处。文学不过是个配角，他无数次重复地说自己不是文学家，决不是自谦之词。你看他在三四十年代，既不属于左联的人士，也非主流意识形态中人，文学社团、圈子都找不到他。至于新中国后加入了中国作家协会，那已是另一回事了。

自白话文学登上舞台，新的小说问世后，许多作家是有充分的精神准备的。茅盾的旧学根底，郁达夫的小说阅读训练，张爱玲的创作背景，都拖着唯美的，或艺术至上的影子。而他们也自觉将写作视为与艺术女神交流的过程。我们看巴金的一生，何尝有这样的动机呢？他不写旧诗，不玩笔墨，从不雕饰自己的文字。古玩，风水，沙龙等都与其无关。他只生活在自己的世界里，爱阳光、爱青年、爱心灵的女神。之所以写小说，乃是心灵的信仰受挫，有苦楚要倾诉的缘故。他说：

"我不是一个艺术家，我只是把写作当作我的生活的一部分。我在写作中所走的路径和我在生活中所走的路径是相同的。我的生活里充满了种种矛盾，我的作品里也是的。爱与憎的冲突，思想和行为的冲突，理智和感情的冲突……这些织成了一个网，掩盖了我的全部生活，全部作品。"

从一生的活动来看，巴金的思想靠近的是非现实的幻想，这个幻想的内容无非是法国与俄国激进主义传统的一部分，虽然拥护安那其主义，却将至美与至善放在首位，于是就和俄国人的恐怖主义很远了。我们在这一个层面上就能够理解为什么左联的文学和他有别，京派的主要作家也疏离着他。在他的世界里，学问、趣味已与象牙塔里的存在和士大夫式的悠然很远了。自己要做的，是行善的探索。离开此，将不得安宁。文学不过是自救的选择，在这个选择里，思想才可以畅通地行驶了。

当人们只以作家的尺度瞭望这位前辈的时候，自然会得到诸多不满的结论。其实他何尝是一个甘愿做作家的人呢！如若按纯文学的标准看他，许多人都在其前头。沈从文、废名、俞平伯、汪曾祺都有不朽的篇什传世。可上述诸人在思想史上，却没有什么分量。或说分量不重。巴金则不然了。他早年是个革命者，信仰了欧洲人的学说，晚年带头反省"文革"，创了说真话的先河。这一些，在思想的层面，可说意义不小，带动了一代的知识分子。《随想录》不是文学文本，文体上有粗糙的痕迹，行文亦无超人的智性。我把它看成是一个老人的独白，是先前人文之梦的延续。论随笔的技巧，高于此者甚众，我们随便就可以举出一大堆的名字。可是那么多的文人中，能及巴金的巨大影响力者，不是很多。这就不是文学上的事情，而是社会思想与理论的事情。作为一个有信仰的知识分子的巴金，比小说家的巴金更为重要。虽然我们可以深浅论之，看出其间的得失成败，以简单的否定的态度对待前人，显然有些鲁莽了。

中国文人有个致命的弱点，成名之后便自命风雅，或以学问耀人，或用名气欺世。弄弄风月，吟吟歌赋，是几千年来常有的事。我们看明清那代人的杂集，民国间的著作，近来的出版物，不乏此例。巴金是没有上述的旧习的，直到晚年，内心仍被焦虑的情感冲击着。我在他身上看到了一点托尔斯泰的影子，有的地方甚至与鲁迅相似。回望一生的道路，他觉得自己是个有过失的人，身上背的是沉重的十字架。翻读晚年的《随想录》，再对照他年轻时代的集子《生之忏悔》、《点滴》、《梦与醉》《短简》，一个深切的印象是，陷在苦闷的大泽中。使其陷入困苦的是，一直有着信仰的人，为什么还不能解决内心的冲突，对社会黑暗具有无力感？自称看到了光明，却被黑暗久久地包围，这是为什么？于是只剩下了梦，一切只能在梦中寻觅。创作便成了白日梦，日也写，夜也写，将生命熬干在寻梦的途中。1937年，在《梦》这篇短文里，流露出了作者自己的心迹：

"我常常把梦当作我惟一的安慰。只有在梦里我才得到片刻的安宁。我的生活里找不到'宁静'这个名词。烦忧和困难笼罩着我全个心灵，没有一刻离开我，然而我一进到梦的世界，它们马上远远地避开了。在梦的世界里我每每忘了自己。我不知道我过去是一个什么样的人，或者做过什么样的事。梦中的我常常是一个头脑单纯的青年，没有过去，也没有将来；没有烦忧，也没有困难。我只有一个现在，我只有一条简单的路，我只有一个单纯的信仰……"

类似的话在别的文章里好似也曾写过。人们毫不怀疑这里的真诚。有时偶然与这样的文本相遇，我就想，在这一百年间，知识分子以生命之躯承担着民族沉重之梦的人，是真正值得尊敬的。而一生之中一以贯之，从不动摇于此，且深切地叫出人间的苦楚者，那才是民族的良知。巴金应当说是这样的一个良知。在漫长的路上，不歇地走着，用血的暖意搏击着苦难，多么像列夫·托尔斯泰！他没有写出《安娜·卡列尼娜》《复活》，但我在《憩园》《寒夜》《随想录》里看到了一个中国思想者的一部精神史诗。那里延续了托尔斯泰的主题，且将一切都中国化了。我们对这样的老人，还能忍心苛求他什么呢？

政北
协京

第五辑

图寻：清清淡淡的悠远流长

# 北京城的中轴线

朱祖希

时至今日，"北京中轴线"已为人们所熟知。有关部门也正在积极筹划，申报列入世界遗产名录。然而很长一段时间以来，在讲述"北京中轴线"时，总有点"似是而非"的感觉。有人认为，"北京的中轴线在今天的旧鼓楼大街及其往南的延长线上，明初建北京城时才往东移到今天的位置的。"

其实，对于这种说法，早在数十年前，时任故宫博物院院长的单士元就在其《故宫札记》中这样写道："1964年中国科学院考古所徐苹芳同志，曾以考古科学钻探技术坚定元代大都中轴线的位置。他们从现存北京钟鼓楼大街西的旧鼓楼大街向南，越什刹海、地安门西恭俭胡同一带到景山西门至陟山门大街一线上，按东西方向由北向南排探过6条探沟，均未发现元代路基土。然后，他们往东在今地安门大街上钻探，结果在景山北墙外探出东西宽约28米的大街路路基一段。在景山寿皇殿前探出大型建筑物基址，又在景山北麓下探出元代路基，证实从鼓楼到景山的大街就是元大都南北中轴线大街，而与今天地安门南北大街是重合的。寿皇殿前的基址正是元宫城北门厚载门的基址。这就完全证实明代北京城的中轴线就是元大都中轴线，元大内就建在这条中轴线上，明宫紫禁城又建在元大内旧址上。"

## 一

自公元13世纪初，成吉思汗伐金起，至1264年忽必烈称"汗"，在建立元朝的半个世纪中，蒙古军不断向中亚、东欧发动战争，并建立起了地跨欧亚大陆的"大蒙古帝国"，但这时汗国的政治中心，仍然是蒙古草原上的哈剌和林（今蒙古国鄂尔浑河东岸）。燕京只是蒙古统治者控制华北、中原的一个重要战略据点。

元至元元年（1264年）忽必烈称汗。元初仍都开平（今内蒙古多伦附近），称上都。但随着政治、军事重心的南移，其都城南迁的决心也日益强盛，并于元至元三年（1266年）派谋臣刘秉忠来燕京相地。考虑到中都旧城的宫室已毁，蒙古人又有不愿在别人的废墟上营建新宫室的习俗。何况，作为原中都城水源地的莲花池水系"水流涓微"、"土泉疏恶",而忽必烈来燕京时曾驻跸的所在——琼华岛周围湖水浩淼,完全可以依傍高梁河水系修建大都城。

大都城于元至元四年(1267年)开始修建,十一年(1274年)宫城大内建成;十三年(1276年)大都城垣建成。这便是历史上赫赫有名的"大汗之城"——元大都城。

元大都是中国两千余年封建社会中最后一座按既定的规划,平地创建的都城,面积近51平方公里,而从规划的完整性和面积的宏大来说,它是当时世界上最突出的。

据中国社会科学院考古研究所对元大都曾进行的考古勘探和重点发掘,已经基本上探明了大都外城、皇城、宫城的轮廓,庙坛、官署的位置和主要街道的布局,并发表了大都城平面复原示意图。

据勘察报告和复原图可知,大都城东西宽约6.7公里,南北长约7.6公里,面积50.9平方公里,呈南北略长的矩形。若以元代1尺长合31.5厘米计,约合宽14.1里,长16里,周长62.2里。这与史书所载大都城方60里的数字相符。大城的东、南、西三面各开三门,北面开二门,共11门。皇城、宫城在大城的南半部,皇城北的钟鼓楼处集中了各种市;太庙和社稷坛分布在东西两城最南的城门——齐化门、平则门间大街的北侧。整个元大都城基本上比附了《周礼·考工记》营国制度中所规定的"旁三门""面朝后市,左祖右社",而其尺度则已远远超过"方九里"的规模。其北面只开二门,则又传承了汉魏洛阳城以来都城北垣正中不开门的传统。

全城有南北向的"经街"9条,除东西顺城街外,尚有7条街,分别通向南北城上的五座城门;另有6条东西向的"纬街",除南北顺城街外,尚有4街分别通向东西城上的各门。在由经、纬街划分成若干纵长的矩形地块内,等距离地辟有东西向的巷,即"胡同"。每条胡同的两端可直通大街,不再有封闭的坊墙。中国古代的城市由封闭的里坊制转变成开放的街巷制,虽始于唐末五代的江南,但在北宋中期于汴梁(开封)由里坊制改造为街巷制后成为定制。大都城却是第一个,也是唯一一个按照街巷制原则进行规划、在平地上创建的都城。

若将元大都城复原图的四角画对角线以求其几何中心,则可发现它正位于鼓楼(齐政楼)处,而在鼓楼正北方,恰当光熙门至崇仁门之间的中分点位置建有钟楼。在钟、鼓楼间连以南北大街,并向北延伸至北墙,形成了全城的几何中分线。这条中分线即是元大都城北半城的中轴线。今日的旧鼓楼大街,便是它的遗迹。而自大城正南门丽正门，宫城正门崇天门向北延伸，穿过主殿大明殿、延春阁，直抵北门的规划建设中轴线。上述南北半城的中轴线之间相距129米。

这种既遵循王城规划的古制，又结合大都城所在地的地理条件，把全城分成南北两个半城：在南半城的中轴线上建宫城，南起大城的正南门丽正门，北止于万宁寺中心阁；而在北半城的几何中分线（中轴线）的南端建鼓楼（齐政楼），在其正北建钟楼，形成一条南北向的街，甚至在全城的几何中心点建的"中心之台"。这种在城的南半部强调建设中轴线的同时，又在城的北半部强调几何中分线的处理手法，说明在规划大都城时由于地理条件的限制而不得不将中轴线东移。

## 二

明太祖洪武元年（1368年）八月，徐达、常遇春率军北上，突破大都城的齐北门，并占领了大都，改称"北平"，取"北方太平"之意。但是，为便于军事上的防守，遂把大都城北部曾因遭遇火灾而显得较为空旷、荒凉之地让出城外——在原北城的南五里，并借一条海子东流的小河作护城河，在其南侧砌筑新城垣。其西段正遇海子宽阔的水面，便不得不选择其最窄处与原西垣相接。这样，明北京城的西北角便成了一个斜角。正因于此，也把海子原有的一片水面隔在了城外（即后来的"太平湖"，现已消失）。明洪武十三年（1380年）燕王朱棣就藩北平。洪武三十一年（1398年）明太祖驾崩，其长孙朱允炆即位，是为建文帝。建文元年（1399年）燕王朱棣起兵南下，史称"靖难之役"，并于建文四年（1402年）正月升北平为北京，改北平府为顺天府，并作迁都的准备。永乐五年（1407年）五月开始兴建北京宫殿。永乐八年（1410年）朱棣至北京，在奉天殿接受朝贺。十七年（1419年）十一月展拓北京南城，即将原大都城南垣以今天的东西长安街一线，南移二里，重筑新城。永乐十八年（1420年）十一月，北京宫殿、城池告成，翌年正月初一日，便以北京为京师。

明北京城的规划建设完全继承了大都城南半城的中轴线，即自丽正门（后改正阳门）北上，经过承天门（天发门）、紫禁城、万岁山、北安门、海子桥（万宁桥）、鼓楼、钟楼。但有两个突出的变化：一是把全城的几何中心点移到了万岁山（景山）；二是把原先位于中心阁之西，位居大都城北半城中轴线上的标志性建筑鼓楼、钟楼东移，并把它们作为明北京城中轴线的北端点。

明嘉靖三十二年（1553年），为加强京师的防务，开始加筑外城，进而把北京中轴线的南起点也移到了永定门。这样，便最终完成了我们日后所见的南起永定门，北上经正阳门、大明门、紫禁城、地安门，北止于鼓楼、钟楼，全长7.8公里，贯通全城南北、统领全城规划建设的北京中轴线。

正是这条跌宕起伏、错落有致的北京中轴线，把很多重重封闭、自成空间格局的平面组织串成一体，形成了一条压倒一切的主轴，并通过它将整个北京城，无论是从空间组织上，还是体量的安排上都完全连贯了起来，使整个北京城呈现出一种既跌宕起伏，又有极为完整的节奏感，从而达到了完美的艺术效果。

我们可以自豪地说，明北京城的规划和中心建筑群的布局，不仅有其非常深厚的中华民族理念和文化渊源，而且也是都城中轴线运用的最高成就。这是当今世界上一条最长、最伟大，也是最壮丽的城市中轴线。

## 三

考古发掘证明，黄河流域最早的宫殿建筑，多是采取背北面南的。《周礼·天官》说的"惟王建国，辨方正位，面南为尊"就是这个。不仅如此，战国历代帝王自诩为天帝的"元子"，即天子。其所做的一切都是"奉天承运"。而中国封建社会的政体，又是一个以北天区为原型的文化物——中央集权于皇帝一身，郡县对中央形成拱极之势；帝王与群臣，犹如北极星，由群星拱卫着。孔子说："为政以德，譬如北辰，居其所而众星拱之。"正因如此，"象天设都，法天而治"也就成了中国封建社会亘古不变的原则，即模拟以北极为中心的天国秩序——皇帝所居的宫城，必定要效法天帝居于"天中"的紫微宫，而在与天相对应的"地中"（"土中"）修筑"紫禁城"，并在其正南方辟出一条通向皇帝宝座的御道，以供百官朝觐，万民敬仰，即"通天之路"。这个自周秦以来，尤其是隋唐以来长期延续的基本定式，即将主要的建筑物安排在中轴线上，左右取得均衡对称，辅之以高低起伏，构建出一个在空间布局上最大限度地突出"普天之下，唯我独尊"的大一统思想，面南为尊，则是我们位居北半球这一特殊的地理位置的先祖崇拜北辰的文化产物。

至于有关北京中轴线存在有偏离子午线的问题，并由此而演绎出许多揣测，我们是否可以这样去解释：罗盘中的指南针本身就存在有磁偏角问题。对此，战国时代的天文学家也早已有所察觉。宋初，曾供职于司天监的天文学家杨惟德，就曾在进献皇帝的《茔原总录》一书中这样说："取丙午、壬子之间是天地中，得南北之正也。"换而言之，北京中轴线存在有偏离子午线的现象，是很正常的。所以，也毋须去附会什么，以至于弄得很神秘。

# 皇城道观大高玄殿

刘文丰

大高玄殿是我国现存规模最大的一座皇家御用道观，始建于明嘉靖二十一年（1542年），至今历400余年风雨。大高玄殿位于今西城区景山西街21、23号，南临景山前街，北至陟山门街，东西两侧分别与景山、北海公园毗邻，东南与故宫博物院相望。大高玄殿建筑群坐北朝南，南北长244米，东西宽57米，占地约14000平方米，是皇城以内最大的道教宫观，整个建筑布局严谨，气势雄伟，精巧细致。

在明朝前期，这一带分布着专为皇家服务的各种匠作机构，其周边至今还保留着明代的地名如油漆作、石作、花炮局等，统由宫廷二十四衙门之一的内官监管辖。至明代中叶，因明世宗朱厚熜崇信道教，遂于嘉靖二十一年（1542年）兴建大高玄殿，供其修炼道术。此后凡是宫中信奉道教的太监、宫女等人，也都在大高玄殿修习道教仪式。延至清代，雍正和乾隆帝都曾重修这座道观，乾隆皇帝还曾多次驾临行礼致意，并御书匾额。

## 历史沿革

大高玄殿是明清两代尊奉"三清"的皇家道观，始建于明嘉靖二十一年（1542年）。嘉靖皇帝朱厚熜是明代最崇信道教的君主，他以藩王身份入继大统，其父兴献王朱佑杬笃信道教。受乃父影响，嘉靖皇帝一生以修习道术为务，以致20多年不理朝政。据《明实录》记载，朱厚熜听从道士陶仲文的建议，于嘉靖二十一年四月初十日"于西苑建大高玄殿，奉事上玄，至是工完，将举安神大典。"然而仅仅过了五年，大高玄殿便罹于火患，后为工部修复。万历二十八年（1600年）又经重修。

大高玄殿建成后，成为皇室、内官、宫女演习道教科仪的场所。《万历野获编》卷二载："今西苑斋宫，独大高玄殿以有三清像设，至今崇奉尊严，内官宫婢习道者，但于其中演唱科仪。"明末的《酌中志》一书亦记其制度："北上西门之西，大高玄殿也。其前门曰始青道境。左右有牌坊二：曰先天明境，太极仙林；曰孔绥皇祚，宏天民。又有二阁，左曰炅（音阳）真阁，右曰炚（音阴）灵轩。内曰福静门，曰康生门，曰高元（本作玄）门，苍精门，黄华门。殿之东北曰无上阁，其下曰龙章凤篆，曰始阳斋，曰象一宫，所供象一帝君，范金为之，高尺许，乃世庙玄修之御容也。"嘉靖帝按照自己的道装形象，竟然仿铸象一帝君金像一尊。因此在嘉靖之后道教式微的情况下，大高玄殿仍得以延续，进而成为明代后期宫廷内最重要的道教殿堂。

到了清代，满族统治者信仰萨满和喇嘛教，而道教的地位有所下降，但为了笼络广大汉人，依然要在大高玄殿举办道场。到康熙朝，因避圣祖玄烨的名讳，将大高玄殿改称大高殿或大高元殿，由内务府直接管理，仍做皇家道观使用。但已不似明朝那般尊崇，只是照例在每月初一、十五日，拈香行礼，祭天祈雨。随后，雍正、乾隆、嘉庆、道光、光绪年间都曾进行过不同程度的修缮。

依乾隆十五年（1750年）《京城全图》所绘，大高玄殿建筑格局与明代略有变化。乾隆八年（1743年）在习礼亭南侧添建了一座三间四柱九楼的牌坊，匾额为乾隆帝御书的"乾元资始"、"大德曰生"。大高玄殿前东西配殿，为阐玄殿、演奥殿。北侧建造了一座九天应元雷坛，雷坛的东西配殿，为天乙之殿、涌明之殿，最后一进当中改建成了上圆下方的乾元阁、坤贞宇。两侧各有五间朵殿，名伏魔殿、北极殿。

到光绪二十六年（1900年），八国联军进北京后，法国军队进驻大高玄殿，殿内大量的造像、法器、经卷被盗。大高玄殿的建筑及陈设装饰等文物也遭受了严重破坏。当年内大高玄殿得以重修，但其保存的大量珍贵文物却惨遭劫掠，造成了永久损失。

1911年辛亥革命后，按照民国政府优待逊清皇室的条件，末代皇帝溥仪退居紫禁城的后寝部分，大高玄殿仍归逊清皇室所有，由小朝廷的内务府派人管理。民国初年，在大高玄殿南牌坊与筒子河之间开辟了马路。

《燕都丛考》记载"民国六年，以南向一坊，倾斜特甚，拆去之。今惟余东西两面。其题额，相传为严嵩所书。"1924年冯玉祥发动"北京政变"，将末代皇帝溥仪逐出紫禁城后，大高玄殿与太庙、景山一起统由清室善后委员会接管。1925年10月，大高玄殿交由故宫博物院管理，作为贮藏清代军机处档案的文献馆。1929年因山门前拓宽马路，将东西牌坊之木栅拆除，坊下之礓磋垫平，通行车马，形成最早的景山前街。新路通过大高玄殿前的东西二坊，习礼亭被隔于路南。

1900 年，被法军毁坏汉白玉栏杆的大高玄殿习礼亭

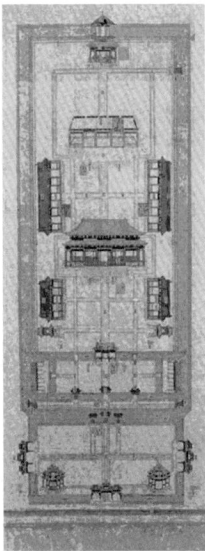

样式雷大高玄殿立样

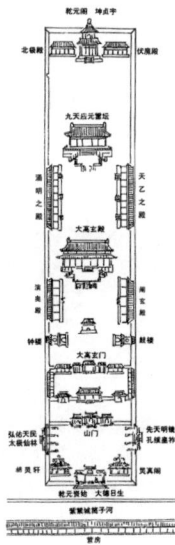

乾隆京城全图中的大高玄殿

大高玄殿现状平面图

民国初年大高玄殿前东牌坊原状

1929年东西牌坊改造后的街景

1937年6月—12月，市政恢复重建山门前南侧的牌坊，由恒茂木厂承建，坊柱用钢筋水泥浇筑。

抗日战争时期，大高玄殿为日军强占。1945年抗战胜利后，被国民党军队接管。

1949年1月北平和平解放，大高玄殿由故宫博物院收回管理，不久又为中央军委借用。1956年，因改建文津街至景山前街道路，将大高玄殿前的三座牌坊、两座习礼亭及围墙一并拆除，构件运到月坛公园保存。1960年中央党校为保存文物和美化校园，将东、西两牌坊之部件拼装改建，遂使"弘佑天民"坊于该校掠燕湖畔重新矗立。2004年开始实施"人文奥运"文物保护工程，大高玄殿南牌坊于原址复建，成为恢复故宫周边历史风貌的一项重要举措。大高玄殿1957年成为北京市首批文物保护单位，1996年提升为全国重点文物保护单位。

## 建筑形制

大高玄殿最前方原有三座牌坊、两座习礼亭。其中东西牌坊建于明嘉靖年间，东坊前额曰"孔绥皇祚"，后额曰"先天明境"；西坊前额曰"弘佑天民"，后额曰"太极仙林"，传为严嵩所书。其南向临河之牌坊，建于乾隆八年，为乾隆帝御书匾额，前额曰"乾元资始"，后额曰"大德曰生"。其东西牌坊稍南有两座习礼亭构造独特，十分精妙。据《北京宫阙图说》记载，这两座习礼亭"仿紫禁城角楼之制，重檐三层，第一层四角，第二层十二角，第三层十二角，合为二十八角，左曰炅真阁，右曰炯灵轩，中官以其纤巧，呼为九梁十八柱者是也。"

大高玄殿南牌坊位于景山前街南侧，故宫筒子河之北，正对大高玄殿南中轴线位置。牌坊为三间四柱九楼形式，现为钢筋混凝土结构。黄琉璃筒瓦屋面，明楼、次楼为七踩斗，边楼、夹楼为五踩斗。汉白玉夹杆石，青白石基础。梁架绘大点金龙锦枋心旋子彩画，雕龙贴金花板，柱间带雀替。该牌坊为2004年原址复建，中间的匾额为乾隆朝原物，20世纪50年代拆除后，匾额被保存在月坛公园。旧京有歇后语云"大高玄殿的牌坊——无依无靠"，乃言大高玄殿外这三座牌坊，坊柱埋入地下很深，不似他处木牌坊使用戗柱辅助支撑，故有此一说。

大高玄殿有山门（景山西街23号）三座，为砖石仿木结构券洞形式，两侧连接黄瓦高墙，门顶略低于院墙。单檐绿琉璃筒瓦庑殿顶，檐下为黄绿琉璃砖五踩斗栱、旋子彩画，青白石须弥座基础。明间大门前出御路踏跺，四周围以荷叶净瓶汉白玉石栏杆。第一进院内有二道门三座，亦为琉璃砖石仿木结构，形制与山门相似，两侧有红墙相连，门顶高于墙顶。

二道门后为过厅式的大高玄门三间，面阔18米，进深15米，单檐歇山调大脊，黄琉璃筒瓦屋面，檐下施以单翘单昂五踩斗栱，旋子彩画，明间带雀替。大高玄门坐落于青白石须弥座之上，前后出栏板踏跺，四周环以荷叶净瓶石栏杆，雕二十四气云纹柱头，带龙头排水口。大高玄门左右前方原有旗杆座，山墙两侧也有红墙、角门连接到东西院墙，现均已拆除。

大高玄门后东西两侧有钟鼓楼各一座，形制相同，平面呈方形，边长7.7米。为黄琉璃瓦重檐歇山顶，檐下置一斗三升栱，饰以旋子彩画。上层置障日板，四面开壶门，下层为砖石拱券门。

北侧正殿即为大高玄殿，是院内的主体建筑，规格最高。面阔七间41.5米，进深22.1米，重檐庑殿顶，黄琉璃筒瓦屋面，上檐施以单翘重昂七踩斗栱，下檐施以重昂五踩斗栱，梁枋彩绘等级最高的金龙和玺彩画。前檐装修明间、次间为四抹槅扇门四扇，梢间、尽间为槛窗，均为三交六椀菱花槅心。大高玄殿基座为青白石须弥座台基，四周围以荷叶净瓶石栏杆，龙凤望柱头。殿前有月台，正面三出陛，中间为御路踏跺八级，雕刻龙、凤、仙鹤图案，十分精美，为其他道观少有。殿内檐为鎏金斗栱，团龙井口天花，沥粉贴金盘龙藻井，方砖铺地，原供奉的三清造像已无。东西配殿各五间，前出廊。单檐歇山调大脊，绿琉璃筒瓦屋面，廊檐下施以一斗二升交麻叶斗栱，金柱为一斗三升斗栱，绘旋子彩画，砖石台基，前出垂带踏跺六级。

再往后（景山西街21号）为九天应元雷坛五间，面阔34米，进深16.5米，原为供奉雷部最高尊神九天应元雷声普化天尊之所。单檐庑殿顶调大脊，绿筒瓦黄剪边，檐下施以重昂五踩斗，旋子彩画。明间、次间装修为四抹扇门四扇，梢间为槛窗，均为三交六椀菱花格槅心。殿座为青白石须弥座台基，四周围以荷叶净瓶石栏杆，云鹤柱头。殿前有月台，明间前出御路踏跺六级，中间丹陛雕有祥云仙鹤图案。殿内团凤天花，贴金盘龙藻井。两旁配殿各九间，前出廊，面阔37米，进深9.6米，歇山顶调大脊，绿琉璃筒瓦屋面。檐柱施以一斗二升交麻叶斗栱，金柱为一斗三升斗栱，绘旋子彩画，砖石台基，前出垂带踏跺五级。

雷坛北侧最后一进的主要建筑为乾元阁，是象征天圆地方的两层楼阁，原供奉玉皇大帝，是清帝祈雨之所。乾元阁上檐为圆形攒尖顶，覆以蓝琉璃瓦，象征天。下为方形的"坤贞宇"，边长15米，覆以黄琉璃瓦，象征地。乾元阁一层平面呈方形，面阔三间，檐下施以单翘单昂五踩斗栱，绘金龙和玺彩画。明间上部悬挂满、汉两种文字书写的云龙斗匾"坤贞宇"，为乾隆御笔。下为四抹扇门四

民国初年大高玄殿前新辟的马路

大高玄殿南牌坊立面图

1937 年复建中的南牌坊

扇，次间为槛窗，装修已毁。基础为青白石须弥座，四周围以荷叶宝瓶栏杆，龙凤望柱头，明间前出御路踏跺，中间丹陛雕刻龙凤、仙鹤图案。内部井口天花，方砖铺地，有木楼梯转折通往二层的乾元阁。乾元阁平面呈圆形，设平座及周围廊，以八根圆柱分隔，环护以荷叶宝瓶杖栏杆。檐下施以重昂五踩斗栱，绘金龙和玺彩画。南面正中悬挂用满、汉两种文字书写的云龙斗匾"乾元阁"，为乾隆御笔。前面五槛每间以扇门窗装修，三交六椀菱花格棂心。北面三槛为木板墙。室内为团龙井口天花，顶部有盘龙藻井，披麻加漆木地板。阁内后部设有木质神龛一座，圆形八面，毗卢帽顶，后五面是木板，前有垂幔。龛内又置一圆形小亭，六面攒尖顶，有重昂七踩斗栱，每间四攒，四周置栏杆，下部为木须弥座，十分精美。

## 保护与利用

大高玄殿保存至今，对我们研究明清两代皇家文化、宗教信仰及建筑艺术起着非常重要的作用。作为皇城历史文化保护区的重要景观，大高玄殿同故宫、景山、北海等周边的文保单位形成共为一体的皇家建筑体系。七开间的大殿，覆以黄筒瓦重檐庑殿顶，梁枋遍施金龙和玺彩画，建筑规格极高。其蟠龙藻井、云鹤丹陛、木雕神龛等细部装修装饰，工艺精巧美观，令人叹为观止。北端的乾元阁，上圆下方，象天法地，外形酷似天坛祈年殿，高阁上层覆盖蓝琉璃瓦，下层覆以黄色琉璃瓦，有"小天坛"之称，四周环护石栏，前出御路踏跺，建筑级别之高，造型之精美，在全国的道教建筑中是独一无二的，具有很高的文物价值。

然而这座精美的殿宇却没有得到妥善的保护与利用，一直被部队单位占用。院内多有私搭乱建现象，严重影响了古建筑的和谐环境，与整体文物景观极不协调。木建筑年久失修，部分糟朽脱榫，彩画退色蒙尘，望柱、栏板、排水龙头等石构件缺失伤损。电路未按古建筑消防要求布线，一些古建筑被用做维修车间，内部堆放大量杂物、易燃品，烟感、避雷等消防设施又不完备，已极大威胁到文物建筑的本体安全。

文物古建是中华民族祖先的文化和艺术杰作，传递着丰富的历史信息。对文化遗产的重视程度已成为一个国家文明程度的重要标志，对文物不合理占用，不仅造成文物破损，也阻断了社会与文物之间的应有联系，其文物价值根本无从体现。

目前北京市文物古建的不合理占用率达60%。大高玄殿现象只是其中较为典型的一个实例。如何解决这一难题，不仅需要文物工作者的努力奋斗，科学论证，更需要政府职能部门的大力扶持和社会各界的广泛援助。建立从中央到地方解决腾退文物古建的有效机制，完善相关法律法规，吸引社会各种资源，加大文保投入，使得文物古建走上合理保护，永续利用的可持续发展之路，充分发挥首都历史文化名城的优势，加快北京迈向"世界城市"的步伐。

实践证明"如果不重视城市的历史和文化的延续性，必将导致丧失文化个性的'无国籍'城市的出现，即所有城市呈现相似的建筑模式和街道景观，使人们难以寻找区域的特性和固有魅力。如果城市丧失个性，就难以形成居民的共同体意识，同时也失去作为旅游资源的价值。"北京有着悠久的历史文化传承，丰厚的文化遗产资源，应当充分认识并利用这个优势，增强北京作为"世界城市"的文化旅游特色和城市魅力，占据全球文化高点，对人类生活产生更大的影响。

北京的城市个性赋予了大高玄殿独具魅力的建筑形式、社会功能和文化内涵。大高玄殿凝聚着古老时代的政治理念和哲学思想，是北京走向现代化、国际化过程中的宝贵资源。以此类传统建筑为代表的文化遗产，必然是建设"人文北京"的重要内涵。将这些丰富的传统资源和文化优势，与国际认可的技术条件相结合，既可满足现代人生活形态的需要，又能有效防止建筑的"世界大同"，形成城市的身份认同。在保持和维护传统的基础之上，引入新技术、新元素，融合成新的传统，造福子孙后代。

近闻大高玄殿年内将移交故宫，十分欣喜，衷心希望这座具有重要历史价值、文化价值的不可移动文物能够妥善保护，早日开放，遂作此文，以致敬意。

# 万泉河述往

岳升阳

海淀区正在进行"三山五园"历史文化景区建设,"三山五园"景区内有两条重要河流,一条是长河,另一条就是万泉河。

长河是由昆明湖至西直门外高梁桥的河流,它把京城与海淀园林联系起来,是京城通往"三山五园"的水路。万泉河则是海淀园林区内的一条小河,它蜿蜒于皇家园林之间,为园林提供水源。

## 万泉河的起源

长河形成于金代,金人为了把玉泉山泉水引入位于今天北海一带的大宁宫,开凿了金水河,元代在此基础上修建通惠河引水工程,长河于是形成。万泉河发源于三山五园景区南部,沿着海淀台地西缘北流,在朱房村南汇入清河。两条河流一个向南,一个往北,相向而流,错肩而过,形成在同一区域中河水对流的奇妙景观。北京地区的地势西北高,东南低,水多由西北流向东南,而万泉河却是向北流,人们称它为"倒流",这一现象在北京是比较少见的。

这样一条特色鲜明的万泉河是如何形成的?原来,它是一条成长于古清河故道中的河流。大约10000年前,永定河从石景山出山后没有走卢沟桥一线,而是流向东北,经过海淀、圆明园、清河后与温榆河汇合。大约5000年前,永定河向南摆动,最终离开了海淀地区,它在海淀附近留下一条宽广的河谷低地。由于后代在河谷低地中有清河存在,人们遂将这条永定河河道称为古清河。此后,古清河故道中的水流逐渐汇聚成一条小河,这就是万泉河。万泉河至迟在3000多年前就已形成,它沿着海淀台地西缘向北流淌,汇入清河。它是海淀附近现存最古老的河道之一。

早年的万泉河有两个源头,一个是玉泉山的泉水,一个是万泉庄一带的泉水。金元以前,玉泉山泉水汇入瓮山泊,再由瓮山泊东出,进入海淀附近的低地,与万泉庄一带的泉水汇合,形成万泉河的主流。金元时期修筑堤坝,引玉泉山水南流,使玉泉山泉水与万泉河分离开来,形成了历史地理学家侯仁之先生所说的玉泉山水系和万泉河水系。不过，明清时期万泉河仍可接收到来自玉泉山的泉水，尤其是清朝为了浇灌六郎庄一带的稻田，在昆明湖和长河东岸修筑了多座涵洞，将玉泉山水引入巴沟低地，这些水最后仍汇入万泉河。

万泉庄为何泉水丰沛？原来它位于永定河在北京平原上的泉水溢出带上。这条泉水溢出带的北端是昆明湖中南湖岛的龙王庙，庙旁曾有黑龙潭，是由泉水汇聚而成的。泉水溢出带的南端是丰台区的水头庄，那里有凉水河的源头凤泉。在两地之间，有万泉庄、紫竹院湖、玉渊潭和莲花池，它们都由泉水形成，构成一条南北走向的泉水溢出带。

万泉庄泉水主要来自于古清河故道的砂砾石层以及其下面年代更早的古河道砾石层。潜行于古河道砂砾石层中的水流，受到海淀台地的顶托，涌出地面形成泉水。因泉眼众多，遂有"万泉"之称。

清乾隆时，对万泉庄的泉流进行了整治，依泉建起泉宗庙。在庙外疏浚泉眼3口，庙内疏浚泉眼28口，并一一命名。这些泉水汇集为多片湖水，当地人称之为前泡子、后泡子、大泡子、小泡子、黑鱼坑等，它们构成清代万泉河的源头。

万泉河早年并没有统一的名字，明代人因其流经巴沟村而称之为"巴沟水"，经过海淀附近的河段又被称为"崂峋河"。明人王家谟在《丹记》中说，海淀"北斜临崂峋河"，即指此河。这一段万泉河上有两座石桥，南面的一座位于海淀村西，名为"西勾"，后称"沙子桥"。北边的一座称"娄兜"，或为"崂峋"的谐音，后称"漏斗桥"。桥址位于北京大学西校门附近，北京大学的门牌在改为圆明园路5号之前，曾是漏斗桥1号。漏斗桥的遗迹已无从查找，承传其名称的是一座名为漏斗桥的小村。

## 万泉河与古村落

万泉河形成后，为海淀附近的聚落发展提供了水源，沿河形成了多座村落。万泉河经过的第一个村庄是万泉庄。万泉庄坐落于万泉河旁的高地上，河水自南向北依着村西流过。万泉庄是一座有2000多年历史的古老村庄，1984年在万泉庄小学出土了一个西汉墓群、两口西汉陶井以及一处汉代房屋遗迹。1998年，在村旁万泉河的淤泥中出土了战国末期至西汉初年的长方形饕餮纹半瓦当以及大量绳纹陶片，它们都是万泉庄古聚落的遗物。

万泉河流经的第二个村庄是巴沟。巴沟村是一座东西长形的村落，由海淀倒座庙西行的道路贯穿全村。巴沟在明代《宛署杂记》中称为"八沟"。传说万泉河流经巴沟村东口时，分为8条水沟，村东道路由沟上经过，分别建有8座小桥，"巴沟"即是"八沟"的谐音。

由巴沟向北，万泉河流经今八一学校西。八一学校和乐家花园一带是海淀聚落的起源地，出土过许多战国西汉以来的遗物以及汉代墓葬群。海淀是临万泉河而建的古镇，有着2000多年的历史。到明代，海淀形成了南海淀和北海淀两个村落，南海淀就在乐家花园一带，北海淀在今北京大学校园内。南海淀村的北口有一条东西向大道，是连通海淀与西山的官道，它就是今天的港沟胡同。由港沟胡同西行就是万泉河，河上架有一座石桥，人称"沙子桥"。过桥西行，可以到达西堤和瓮山。

万泉河在海淀村北汇入丹。丹是海淀旁边的古湖泊，到清代已退缩为一个小的菱角泡子。清代，万泉河流过菱角泡子后打了一个小弯，由海淀通往六郎庄的道路两次经过万泉河，两座小桥跨越河上，于是有了"双桥"的地名。在双桥附近曾出土过辽代砖井，那里地处丹之阳，或许也有先民居住。

万泉河由双桥向北穿过畅春园，流经挂甲屯东门前。挂甲屯在明代称为华家屯，清初或因杨家将的故事而谐音称为"挂甲屯"。挂甲屯村东口临河架有石桥，桥头是挂甲屯村口的门楼。清代挂甲屯是一座有商业街的繁华村落，因皇帝驻跸圆明园，引来众多官宦聚居于此，别墅园林不下数十座。

万泉河流过挂甲屯后转而向东，流经朗润园北，在朗润园内，曾出土一条西汉时期的溪流遗迹，散落着西汉时期的陶片。那里或许也曾有汉代的居所。

万泉河又东流，经成府村北。成府是一座古老的村落，村中曾出土汉代遗址。成府之名据说与西山诸"府"相同，源于明代王坟。清代成府村也有商业街，是一座为园林服务的村落。民国年间，著名历史学家顾颉刚先生曾居住于此，在此办《禹贡》杂志和通俗读物编刊社，传播爱国精神。

万泉河由成府村北流，经过水磨村。康熙年间为建设海淀园林，增加运输能力，曾疏浚河道以通航运粮。《大清会典》记载，"康熙四十六年（1707年），开会清河，起水磨闸"。水磨闸是建在水磨村旁的万泉河水闸，闸建成后，小船可以进入万泉河。

万泉河由水磨村东流，进入清华大学校园。在清华大学东部万泉河旁的高地上，分布着汉代的聚落遗址和墓葬，出土多座汉墓以及绳纹陶罐和陶纺轮等遗物。

由清华大学北流，万泉河至朱房村南汇入清河。在两河相汇处的北岸，有一座汉代古城，城池约500米见方，有如当时县城的规模，扼守着蓟城通往居庸关的大道。

清代万泉河边还有两座旗营村落，一座是位于成府村东的内务府包衣三旗营房，另一座是位于水磨村北的镶白旗小营营房，它们都是依着清代开凿的万泉河护园河道兴建的。

## 万泉河与海淀

万泉河为海淀附近的园林建设提供了丰沛的水源。明代后期，海淀附近成为园林聚集之地，形成"京国园林趋海淀"的景象。这些园林中许多是依着万泉河建立起来的，由万泉河提供水源。明万历年间，海淀北面的万泉河畔有两座著名园林，一座是皇戚武清侯李伟的清华园，一座是著名文人米万钟的勺园。清华园的兴建早于勺园，规模宏大，"方广十里，中建挹海堂"。勺园位于清华园东侧，约建于万历四十年（1612年）至万历四十二年（1614年）之间。勺园"园仅百亩，一望尽水"。二园名声显赫，人称"李园壮丽，米园曲折。米园不俗，李园不酸"。两园都是以水景为主，"挹海堂"意为掬海淀一捧之水用以筑园，"勺园"则是舀海淀一勺之水用以建园，它们所引之水皆自万泉河。

清康熙年间，在清华园旧址上兴建了大型御园畅春园，万泉河不但是畅春园的主水源，而且分流为畅春园的护园河。当时万泉河在万泉庄北分为两股河道北流，在海淀镇西同汇入菱角泡子，然后在畅春园宫门前由菱角泡子分流出一支河道，绕行于畅春园东，作为东护园河。万泉河主流则在畅春园宫门西面由菱角泡子流出，于畅春园西南角外的关帝庙前分为两支。一支进入畅春园，成为畅春园的主水源；一支绕行于畅春园西墙外，成为畅春园的西护园河。

畅春园东面的万泉河道为集贤院、淑春园、鸣鹤园、朗润园、镜春园等提供水源，并与畅春园内流出的万泉河水汇合进入蔚秀园，成为蔚秀园的水源。我们至今仍能在北京大学西校门南面的围墙下，看到当年从万泉河引水的涵洞遗迹。西面的万泉河道为承泽园、圆明园前湖、澄怀园、万春园等提供水源。两股水流在万春园南逐步汇合，继续向东流淌。

万泉河水在成府村北又分为两支，一支东流成为近春园和熙春园的护园河，一支北流至水磨村。北流至水磨村的河道又分为两支，一支继续北流，成为万春园和长春园的东护园河，在长春园西北隅的七孔闸外与长春园流出之水汇合，流向清河；一支东流，进入近春园和熙春园，复由熙春园东北隅流出，与园东的护园河汇合后北流至公主坟西与长春园七孔闸东来之水汇合，最终流入清河。万泉河为"三山五园"地区东部的十多座御园、赐园及私园提供水源，并用作护园河道，成为"三山五园"不可分割的组成部分。

万泉河还是海淀水田的重要水源，海淀有宛若江南的水乡景色，主要得益于玉泉山和万泉庄的泉水。清代海淀附近开辟有上万亩稻田，稻田的水源来自于玉泉山泉水和万泉河，万泉河浇灌着巴沟、六郎庄东部以及下游大石桥一带的数千亩水田、荷塘。清乾隆皇帝在清理泉宗庙周围泉眼的同时，在泉宗庙周围开辟出数百亩稻田，这些稻田也是由泉宗庙一带的泉水浇灌的。万泉河两岸稻畦千亩，乾隆皇帝曾赋诗赞美其为"万泉十里水云乡"。行船河上，写下"两岸溪田一水通，维舟不断稻花香"的诗句。

## 近代以来的河道改造

清末为了训练军队，在圆明园阅武楼教场建起兵营，将畅春园旧址开辟为操场。为此把畅春园西面的护园河道填平，畅春园内的河湖也大多填平，万泉河河道被移至畅春园操场东侧，并绕行操场北侧，至挂甲屯东门外方与万泉河旧道汇合。这是近代以来对万泉河进行的第一次大改造。

万泉河本是一条清澈的小溪，河水不深，有的河段人可涉水而过。水中生长着各种水生植物，小鱼在水草间游弋，两岸植有垂柳，即便是炎炎夏日，走近河边也可感受到清凉的气息。海淀一带曾是北京鸭的产地，万泉河边可以看到鸭农赶着鸭群沿河放养。偶尔也有外地渔民划着一叶小舟，架上几只鱼鹰，在河中捕鱼。这番诗情画意的情景，让人联想到江南水乡的景象。

到了20世纪60年代，随着工农业用水的增加，海淀地区的泉水相继干涸，不但万泉庄泉水枯竭，就连玉泉山的泉水也因之断流，海淀的河流、湖泊不得不依赖京密引水渠供水，万泉河成为靠人工引水的河流。尽管如此，万泉河的水流仍然是比较清澈的，能够见到水中的鱼虾和螺蚌。

1952年和1970年，万泉河曾先后两次得到疏浚。然而，这些疏浚并没能阻止万泉河水质的变坏，周边的城市污水通过管道被直接排入河中，尤其是两座造纸厂和一座化工厂的污水更是严重影响了万泉河的水质。1970年以后，河水变得异常浑浊，呈现出黑红的颜色，散发出刺鼻的异味，鱼虾绝迹，水草不生，放鸭者也不再光顾。一条流淌了数千年的美丽河流，转眼间变成了排污的臭水沟。

1983至1984年，北京市对万泉河进行了大规模河道改造。这次改造主要包括两个方面，一是把自然的泥土河道改为水泥箱式河道，并实现清、污分流；二是对河道进行了裁弯取直，省略了巴沟村以南的上游河道，改用暗管由长河引水至海淀妇幼医院旁的万泉河河道。妇幼医院向北至双桥的河道加以裁弯取直，双桥至承泽园门前的河道由畅春园旧址东侧改至畅春园旧址西侧，原东侧河道变为暗沟，上面修建了道路。今天海淀体育馆东侧的圆明园路为双块板结构，其中西面的一条路就建在万泉河故道上。万春园宫门以东的河道也有较大改动，作为万春园和长春园东护园河的河道以及水磨村南的河道皆被废弃，原穿行于熙春园内的河道直接与原熙春园南护园河道相接。1985年底工程全部竣工，共整治主河道8.5公里，支河1.2公里，架设桥涵26座。为此，海淀区政府在万泉文化公园旁的绿地中矗立起《整治万泉河记》的石碣，纪念万泉河治理工程。

此次改造正值改革开放后国家快速发展的时期，人们对于现代化城市建设的向往直接体现到河道的设计上来。河道被设计成水泥箱式结构，既防渗又坚固，还可节约空间，防洪排水功能得到加强，而人文景观、生态环境和人们的内心感受却被忽略了。这种河流改造的做法在20世纪60年代日本经济高速发展时期也曾出现过，到了20世纪80年代，日本已开始检讨这种工业时代的做法，着手对城市河道进行亲水改造。而此时中国才改革开放不久，还不能吸取日本的教训，仍然走了相同的弯路。

万泉河整治工程也影响到沿河的文物古迹，河上的多座清代石桥或被废弃，或改为水泥结构。如101中学大门前的虹桥，曾是石桥，此次改成了水泥桥。蔚秀园北墙外的圆明园八旗及内务府三旗营房也被拆除，那组古建筑对河道并无影响，本来是可以保留下来的。

## 万泉河的未来

万泉河是一条承载着众多文化景观的河流。今天在它的沿岸分布有海淀区妇幼保健医院、八一学校、中央党史资料征集委员会、海淀体育场、海淀公园、海淀展览馆、万泉河文化公园、承泽园、吴家花园、蔚秀园、北达资源中学、达园、澄怀园旧址、101中学、圆明园遗址公园、北京大学、清华大学等文物古迹和文化单位，也有颐和园路、圆明园路、中关村大街等街道，并为圆明园遗址公园、北京大学校园和清华大学校园提供园林用水。它把历史气息与现代景观聚于一河，如果建设得好，将可发挥重要作用。

如今，海淀区政府将"三山五园"地区划定为"三山五园"历史文化景区，着手对"三山五园"周边环境进行大规模整治，万泉河由此迎来了新的改造机遇。

我的建议是将现存的万泉河完整地划入"三山五园"历史文化景区，即把四环路以南至妇幼医院的万泉河河段纳入到景区中来。为此应把四环路以南的巴沟绿地一并划入景区，为将来景区的发展留下余地。在条件许可的河段对水泥箱式的河道进行改造，使其具有亲水功能，展现出历史风貌和人文色彩，形成适宜于生态的河流环境以及优美的河道景观。恢复万泉河畔的圆明园八旗及内务府三旗营房，为当地增加一处文化景观，并可利用它来举办展览，展示万泉河的历史风貌。复建朗润园西门，为万泉河边增加一处调节景观的建筑。建设由万泉河至北京大学西门进水口的引水渠道。十几年前，侯仁之先生曾提出过这一引水设想，希望由万泉文化公园旁引万泉河水，使水穿过公园，进入北大西校门南面的涵洞，后因条件不成熟而未果。此次可以再做设计，或从万泉文化公园旁引水，或从蔚秀园西南引水，以恢复燕园昔日的水系。加强沿河流域雨洪蓄集设施建设，减少河道排洪压力，为河岸放坡创造条件，使河道更具亲近感。可以将河道改为双层，下层铺设管道，上层走水，以减小河道深度。

希望通过改造，这条承载着历史记忆和未来希望的小河，能成为景区内一道亮丽的风景线。

# 追溯南新仓

杨　波

　　一轮初升的朝阳映射在这片斑驳的古仓墙上，散发着600年的余晖，多少个时代的变迁，多少次风霜的洗礼，它就在那里，巍然不动，屹立不倒。站在古仓内，想象着那600年中经历的金戈铁马，盛世辉煌，依稀感受到那曲由沧桑谱写的乐章余音绕梁。而这就是其时与成祖定都同岁，其地处之百年京城之邦的南新仓。

　　南新仓，位于北京市东城区平安大街东端，东四十条桥西南，为明、清两代京都储藏粮米的皇家粮仓之一。它于明永乐七年（1409年）在元代北太仓的基础上始建，至今已有600多年历史。为全国仅有、北京现存规模最大、现状保存最为完好的古代储粮仓廒群落，具有很高的历史价值和文物价值。

　　以仓储粮在我国历史悠久。《管子·牧民》一义中便有"仓廪实而知礼节，衣食足而知荣辱"的论断，可见粮仓之于历朝历代的重要性。大规模地以仓储粮早在汉代，如：陕西华县的华仓。历代对粮仓的设置非常重视，一般根据等级高低将粮仓划分为"官仓"、"常平仓"和"义仓"三种。农村有"义仓"，主要是农民积贮余粮，以备荒年自赈；州县设"常平仓"，丰年时官府"籴入"，荒年时平价"粜出"，以调剂粮价，助民度荒；设在都城的"官仓"，则是供应皇室、王公、文武百官的俸禄及军队粮饷的，有时也放赈或设粥棚救济灾民。南新仓就是典型的"官仓"。

　　明初，明成祖朱棣为保证北方的安全，以天子之威守护中国北方的边界不受蒙古人的侵扰和践踏，毅然决定从南京迁都至北京，随后大量官员、军队和人民由南方迁至京城。据称明永乐时期，北运的漕粮常常近400万石，数倍于元代，所以大量激增的人口和大量漕粮的运达使得大规模兴建粮仓用以储备粮食，成为维护京师稳定和安全的重中之重。

　　明朝，京师共有包括南新仓在内的7座官仓，它们均集中在东城朝阳门附近。北侧有海运仓、北新仓；中部有南新仓、旧太仓、兴平仓和富新仓；南侧有禄米仓。明正统三年（1438年），在东城裱褙胡同设立总督仓场公署。它们共同担负着京师储粮的重任，在南粮北运的过程中起着重要的作用。将粮仓大部分建在城的东部，除基于地理方面的考虑，即依水而建外，还充分考虑到粮仓必须有较高的地势，这样才能在雨季来临时使粮食不致浸水；粮仓所处的位置必须通风透气，阳光充足，才能防粮食因潮湿而霉变，由此进一步印证了储粮之地为"风水"绝佳之所。

兵家云："兵马未到，粮草先行"，明代的南新仓的概念也不仅仅局限于现今东四十条附近的仓廒群落。明代北京设军卫，专司守卫仓储军粮，只供军需，纳入官仓（即中心仓）统一管理。南新仓为中心仓，管辖8个卫仓，分别是府军卫仓、燕山左卫仓、彭城卫仓、龙骧卫仓、龙虎卫仓、永清卫仓、今吾左卫仓、济州卫仓等，这些卫仓均归属南新仓统一调配。

明朝时期南新仓的仓廒，在构造上，以廒为贮藏单位，每3间为一廒，后改为一廒5间。廒门挂匾额，标明某卫某号。（现南新仓廒匾已不存）每廒面阔约23.8米，进深为17.6米，高约7.5米，前后出檐。由于是京师储粮重地，在外观上，南新仓与城墙一样按军事标准建造，全部用大城砖砌成，保证其坚固耐用。仓房亦为砖砌，五花山墙，围墙墙厚达1.3米至1.5米，廒架结构基本采用独棵圆木的中国传统木架结构，巨大而珍贵的木料产自四川、湖南、湖北、江西、浙江、山西等地，圆木直径在30—60厘米之间，结构十分稳固。屋顶悬山合瓦清水脊顶，前有罩门。廒砖产自山东临清县，大城砖每块长约45.5厘米，宽约22.5厘米，高约11.5厘米，重约25公斤。仓院墙砖要小，每块长约41.5厘米，宽约20.5厘米，高约8厘米，重约12公斤。瓦则产自山西。

时光飞逝，在袁崇焕死于冤案，李自成攻破北京，崇祯自缢于煤山，皇太极率军攻破宁锦，直驱入关……多少人死于乱世，多少物焚烧殆尽，在历史的舞台上，多少不同的角色来了又走，可南新仓却一直矗立在这里，并迎来了一个长达130余年的盛世时代——康乾盛世。

在2001年，有一部家喻户晓的电视剧《天下粮仓》，说的就是乾隆年间，粮仓、仓储之于国家大计的重要性。其中有一句"一座座粮仓天下人共享，一代代兴亡天下人担当"。南新仓作为仅存的古仓群，就是这一段段历史的鉴证。

说到南新仓，就不能不提及一条尽人皆知、凝聚着先人智慧的河流——京杭大运河。在古代，粮食的贮藏和运输有着非常密切的联系。特别是自元代开始，修浚南北大运河，在京都大规模地构建粮仓，把江南的漕米、物资大量运往京城的各个仓廒，并妥善贮存、管理、使用，不仅成为当时统治阶级巩固政权、确保资源供给的主要形式，而且成为其之后明、清两代王朝维系京师民生大计的关键。如果没有漕运，南新仓就失去了赖以生存的基础，失去了其历史价值和社会价值。

清朝对仓储和漕运十分重视，通惠河最为兴盛的时期是在康熙时期。康熙三十五年（1696年）疏浚通惠河，河道疏浚以后，通惠河水量充足，航运能力大增。当年，康熙皇帝甚至诏许民船往来于通惠河上。次年，为了使漕粮自大通桥（今东便门外）水运至东直门、朝阳门一带京师诸仓，复浚护城河。从此，入东直门、朝阳门一带南新仓、兴平仓、禄米仓、旧太仓等的漕粮，即可用驳船自大通桥向北沿内城东侧护城河直接浮运，大大方便了漕粮的运输。南新仓的历史作用又一次到达了顶峰。

清代的京仓都是在元、明旧物上改造而成的。清初，计有8京仓，南新仓为其中的一个。自元朝定都北京之后，经北运河运至北京的漕粮都是经过通州枢纽，然后转入通惠河抵达京师。（元与明清两代在运输形式上略有不同。元朝除漕船北运之外，另有海运。而明、清时期则专事漕运）所以，自金代就开始在京师内外和通州两地分设仓群，习惯上称京、通二仓，实际上都是京师太仓的一部分。到清代乾隆年间，京仓在明代7座官仓的基础上，又扩建了万安仓（今朝阳门外北护城河边）、太平仓（今朝阳门外南护城河边）、裕丰仓和储济仓（今东直门外通惠河北岸）、本裕仓和丰益仓（今德胜门外）6座仓，数量上达到13座，被称为"京师十三仓"。而通州还有中（通州旧城南门内）、西（通州新城南门内）两座仓。因此京、通二仓的总和达到了15仓。清代的京、通二仓是封建社会京师太仓制度最为成熟的典型，在规模上、技术上和制度上都达到了顶峰。

清代京通仓廒的建筑十分讲究，其技术较之元、明有较大改进。第一，为了防止水淹，每座仓廒所选地址都比较高，四周筑有高大围墙，地下修有排水管道。第二，为了防潮，每座仓廒的地基都是三合土夯筑的，然后均匀铺洒一层白灰，再用砖铺作地面，上加棱木，铺满松板；墙壁有护墙板，门有门罩。第三，为了通风以透泻汗蒸郁热之气，每座仓廒除有气楼、闸板外，还"用竹气通高出米顶之上"。并用竹篾编成隔孔，钉于窗上以防鸟。第四，廒的墙体很厚，底部厚约1.5米，顶部约为1米，墙体收分很大，建造如此之厚的墙体，可以使粮仓内部保持相对的恒温。以上的建筑方法和措施，既防潮又保证通风，使仓粮历久不坏。

为了贮存最大量的粮食，南新仓在构造上最大的特点就是仓廒的空间容量极为可观，按仓最少储粮100万石的储量来计算，南新仓可储存近1亿斤的粮谷。如果折成基本储量为10吨的集装箱的话，南新仓的总储藏量就相当于5000个左右的集装箱。

清朝沿袭元、明两代的漕运制度，每年平均从山东、河南、江苏、浙江、安徽、湖南、湖北等省征收米、麦、豆等粮食460多万石。不过，那时积水潭一带的码头已经废用，漕粮先运到通州运河的石、土两坝，用驳船将石坝漕粮经通惠河各闸口运到东便门外大通桥附近停靠卸粮，再用车辆运到各京仓；土坝漕粮则经通州护城河运到通州中、西两仓。除专司贮粮的仓廒外，另有许多附属建筑，其中龙门、官厅、科房、大堂等都是各级人员办公用房；警钟楼、更房为报警巡更人员所用；还建有仓神庙、土地祠、关帝庙等，为祭祀之用；另有多眼水井，为救火水源。

清中叶以后，政治腐败，财政陷入极度困难。贪污之风盛行，贮量日益减少，至道光年间，南新仓贮量比清初少了许多。岁月流逝，随着社会的发展，漕运制度也在不断地变化。到清光绪三十一年（1905年）漕运制度彻底废止，由征粮改为征银。京城和通州的官仓也就逐渐闲起来或改作他用。

民国时期，曾一度改为段祺瑞执政府的军火库。

1949年北京解放，人民政府为了保证城市的稳定和民生供给，成立了北京市百货公司。自此以后南新仓作为北京市百货公司的仓库一直为北京人民提供着生活必需品。多少代人用的搪瓷、衣服、化妆品、蜡烛等都有着南新仓的印记。1984年5月，南新仓公布为北京市文物保护单位。历经600年沧桑之后，现在的南新仓，仍保留有仓廒9座。

从南新仓的历史可以看出，南新仓是元、明、清时期南粮北运的产物，是南粮济京的重要代表性建筑，也是中国古代南北方生活资料调剂的见证；同时，它又是南北大运河的终点所在，对研究我国运河史有着重大价值。此外，南新仓是我国现存古建筑中的一个特殊类型的建筑，它巧妙的布局、结构和形式以及一套完整的运作方式和管理制度，代表了我国古代劳动人民高超的智慧，是研究古代仓储制度和仓房建筑的宝贵的实物资料。

现今的南新仓已经完成了历史所赋予它的重任，国家有新型的、先进的储粮设施，不再需要它来储粮备荒。但它却并没有退出历史的舞台，在转型为一条市级特色商业街后，南新仓更多地承载了当下人民对休闲、文化、美食的高层次需求，也承载了我们对历史的追忆和缅怀，又一次焕发出了勃勃的生机。

# 前门文保区的门联文化

蒋伟涛

对联是由古代的桃符发展而来的。远在周代，我国民间过年就有悬挂桃符以驱鬼压邪的习俗，这是对联的萌芽。不知从什么时候开始，我们的祖先又把一些具有教育意义的对联雕刻在门上，以期可以长久保存，激励后人保持祖辈的风尚，成为一种独特的宣传教育、感化后人的方式，这就是我国北方四合院宅门门上篆刻的门联。旧时雕刻在街门上的门联书法是很讲究的，有不少是名人字迹，而且雕刻工艺精湛，一般是采用粘附麻线，刮抹腻子，多次油漆，反反复复十几道手工后，才在长方形的门框上精心雕刻而成，堪称雕刻艺术品。

近年来，随着城市拆迁改造，北京胡同里的旧门联越来越少了。虽然这些旧门联经过日月风霜的侵蚀再加上人为的破坏，有的已斑斑驳驳，但仍不失其"本色"，是胡同文化最直接的体现，也是胡同文化的一个重要历史实物。目前在前门历史文化保护区内，还保存着很多这样的门联。

夏日周末，斜阳西下，我漫步前门文保区，追寻这一见证前门沧桑历史的门联文化。走在深深胡同之中，红漆或黑漆的古色古香的大门上，门联扑入眼帘，那种相见恨晚的感觉夹杂着对胡同的热爱愈加浓厚。一个个很小的门脸上，左右门扉各有一副浅浮深雕的门联，方正规矩的楷书或者端庄秀丽的隶书抑或洒脱飘逸的草书，表达了先人对后辈的寄托，透露出旧时读书人家的学养与人生理想。前门文保区中的门联，从内容上看，有激励子孙、期望后世发达、拓展光大门庭的，有清新雅致、淡泊明志的，有品位理想、寄托精神的，有立身持家、提倡忠义礼智信理念的。

这里最具特色的要数长巷上四条胡同里的门联。一条古朴的胡同里，景象和相邻的其他胡同明显不同，街貌不再是灰蒙蒙的冷色调，四合院的院墙全部用漆装饰成土红色，好像小家碧玉一样，一所所宅院的大门均漆成黑色，门板上的斑驳划痕诉说着历史的沧桑，而在这条胡同里最突出的特色是家家大门上用油漆书写的门联。有的在门联上面专门留出一个四方方的板块，上面雕刻具有深刻哲理的大字，从北到南依次是繁体的"仁、和、德、贤、长乐"，门上面写有"如意吉祥、欢乐祥和、诸事顺心"等四个字的门联，很有特色。胡同内整对工整的门联是最多的，如长巷四条3号的"闻鸡起舞，秉烛夜读"，长巷四条9号的"菩提寿百岁，幽兰香四时"，长巷四条18号的"马到功成，前程锦绣"，还有"楼高好望月，室雅宜读书"，"泽流九有，一脉相承"等。

前门地区除了长巷四条这一门联集中地之外，在纵横交错的百余条大大小小的胡同里面，还有许多格式对仗工整的门联，这些门联大多出自先贤经典著作，作为传统文化的积淀，将教诲庭训融汇于建筑之中，默默地为居住在四合院中的人们传递着祖辈的期望和梦想。西打磨厂45号的门联"居安享太平，家吉辉祥瑞"表达了主人对世事、对家人美好的祝愿。草厂横胡同33号的门联"忠厚留有余地步，和平养无限天机"，令人不免赞叹当年置业造屋主人的平常心。得丰东巷29号的"德心绵世泽，合志振家声"，表达了院主人修德、家庭和睦、教育后辈振兴家庭的愿望。群智巷胡同53号的门联是"圣代即今多雨露，人文从此会风云"，能够触摸得到当初主人的心底与胸怀，讲究忠孝仁义、德业和平的儒家传统。南芦草园胡同12号"忠厚培元气，诗书发异香"和草厂三条5号门联"诗书修德业，麟凤振家声"以及很多的"忠厚传家久，诗书继世长"门联，表达了对后人勤于学习、以学立志、以学兴家、以学继世的美好向往。也许这些院落里走出了达官贵人、文豪、学者、富商或者文字工作者，也不枉祖辈的深刻教诲和美好愿望。

要说最有意思的门联要数南芦草园胡同17号的"聿修厥德，长发其祥"，出自佛家著作《印光法师文钞》之复蔡章慎居士书，其原文是"俾各各聿修厥德，并笃修净业。庶可长发其祥，百世其昌"。同时也是福建石圳李氏字辈谱和福建漳州蓝姓的宗祠通用联。李氏字辈谱全文是："各敬尔仪，聿修厥德；长发其祥，子孙千亿。"福建省漳浦县赤岭乡石椅燕山蓝氏种玉堂宗祠联是"种义耕礼，念祖宗聿修厥德；玉笋兰芽，愿子孙长发其祥。"可见此门联的影响之深远。奋章胡同17号门联"松柏有本性，瑾瑜发奇光"，对仗工整，借"松柏"和"瑾瑜"比喻人具有纯洁高尚的品德，显示出先辈追求和勉励后人追求高贵的品质。草厂三条13号门联"林花经雨香犹在，芳草留人意自闲"，显示出主人对世事的乐观态度和"手捧鲜花，留有余香"的豁达胸怀。

前门文保区作为明清时期北京最繁华的商业区，其经商的理念也反映在门联之中，亦很有特色。东八角胡同12号据说原来住的是一位纸厂老板，其门联是"生财从大道，经营守中和"，虽直言不讳为的是经商发财，但是也不忘经营的根本、做人的中和，颇有君子之美。西打磨厂50号的门联"锦绣多财原善贾，章图集液便成裘"，看得出主人经商济世的情怀。长巷头条58号门联是"经营昭世界，事业振寰球"，表达了此位老板的勃勃雄心。西打磨厂同仁堂药店门前写有"炮制虽繁必不敢省人工，品位虽贵必不敢减物力"，表达了先人们对经商诚信之道的谆谆教诲。类似这样的门联在前门文保区还有很多。这些充满商业气息的门联见证了前门历史商业区曾经辉煌的历史和代代商人为此付出的大量心血，更多的是对古人经商严守道德的一种心灵体验。

从以上对联的内容看，北京四合院的对联文化可谓深厚，是北京传统文化的一部分，继承流传下来很是难得。对联系中国固有的文学形式，不仅对仗工整，言简意赅，且平仄和谐，音韵铿锵。古人说"诗言志"，对联亦如是也。胡同里的对联，其内容或修身齐家之道，或憧憬美好生活，或讴歌四时风光，反映了老北京居民修身、齐家、治国的情怀，衬托出北京古都文化的博大精深。

四合院的门联既是给别人看的，也是主人品位和理想的体现和精神的寄托。在这样一个充满现代化的都市里，走过修缮一新青砖灰瓦的四合院，在红漆门窗的大门上看到田园诗一般的门联，或者在这样的四合院里面生活、学习或者工作，都会给人以焕然一新、清风拂面的感觉，犹如在荒漠里看到一斛涌泉，一种或是小家碧玉、或是大家闺秀的红袖添香的意境袭袭拂来。

漫步长巷前门文保区胡同街巷之中，感受门联的艺术性和观赏性，感受传统文化的熏陶和感染，感慨万千，在前门地区能集中如此多的门联，并且保存相当完好，代表一种颇具感染力的历史文化氛围，代表一种特色鲜明的北京传统文化，代表着世世代代前门人一种遵循传统、礼拜传统的文化气息。

如今，前门地区已经被北京市划为文物保护区，东城区也在加快前门文化创意产业聚集区的建设步伐，我想作为几百年传统文化积淀的门联也应该成为文化创意产业的一部分。在新的时代，一座院落，一条胡同，加上三两条门联也就有了寄托，像是脚踩在了实地上，有了结实的依托，给居住在此的居民和游客带来新的启迪和新的寄托。

# 大栅栏轶事

袁家方

## 大栅栏的两个0.618

大栅栏在前门大街全长的0.618的位置上，同仁堂则在大栅栏全长的0.618的地界儿。我是用步测的方式发现的。此外，北京的老商街上，还有4处类似的地方：鼓楼大街的0.618在万宁桥，隆福寺街在隆福大厦，王府井大街在东安市场西门，西单商业街在堂子胡同西口。这几处"黄金漩涡点"往往是逛街的人流最畅旺的地界儿，自然是财源辐辏、寸土寸金之地，历来为商家格外看重。

美国小说《达·芬奇密码》中有句话说："我们每个人都是离不开黄金分割的生物。"

15世纪，意大利数学家帕契奥里称："黄金分割对我们的作用是：一、实质性的；二、特殊的；三、无法表达的；四、无法解释的……最后，是宝贵的。"

谁能想到，在老商业街上，也有黄金分割率的体现。它们是怎么形成的？我想，是人们用脚走出来的，也可能有的是规划出来的。地安门外大街的万宁桥，怎么就恰恰在这条街的0.618位置上，这会是偶然、巧合？

老北京城是经过缜密规划后建成的，它又是集中国古代都城规划建设之大成。北京的老商业街及胡同民居或也对黄金分割有相关的应用——大栅栏就给我们这样的启发。

## 瑞蚨祥——天棚的奥妙

北京的老商家曾有"明茶暗布"之说。

"明茶"，是说茶庄的店堂讲究高大豁亮，空气流通，便于茶叶的保护。记得20世纪90年代，炎夏酷暑，我曾路过老"张一元茶庄"，茶香从那店里散发出来，突然把人包围，顿时暑气全消，全身清爽。

"暗布"，是说绸布店的店堂，光线要比室外略低一些，这样，顾客挑选布料，对颜色、质地等的判断，才能真实、确当。

瑞蚨祥的店堂，纵深近40米，如果店内高度不变，会给人一种压抑感。就在店堂中部，建了个四面玻璃窗，约8米高的天棚，既给人豁然开朗的舒畅，又为室内补充了自然光，还有通风换气的效用。走到天棚下，人们会不由自主地环顾四周，上下打量，自然而然地发现瑞蚨祥还有二楼另一片天地。所有这些——不能不说是其在商业建筑上的一大创造。

瑞蚨祥现存建筑是20世纪初建成的。1900年义和团运动中，一把火烧了前门数千家铺户，瑞蚨祥也在其中。重建的瑞蚨祥，在建筑和设施上，构造了就地防火的三道防线。第一，门面墙壁厚实高峭，木制的大门包覆着铁皮，如遇火险，大门关闭，能隔火于墙外。第二，大门内是个天井，遇火灾，它就是隔火带。第三，店后小院里有个地下室，一遇灾害，将货品抢运进去，就是房子全没了，商品也会安然无恙。小院的后门，又是员工的逃生通道。在拥挤狭窄的商业街区里防灾自卫，瑞蚨祥有"绝招"。可惜，"文革"中，那地下室被拆除了。

瑞蚨祥建筑的整体，已名列国家重点文物保护单位。

## 内联陞、步瀛斋——字号上的市场细分

大栅栏街上有两家鞋店，都是名家字号：内联陞、步瀛斋。二者是否有区别？

"内联陞"——恭祝您在大内连陞官阶，这是一个坦率直白的字号名称。同时，它又暗含着——本店背景不一般。尤其是坊间传称内联有本"履中备载"，记录着京师高官靴鞋尺码及偏好等等，更为内联陞三个字增添了许多神秘。不用见人，只要说出人名，内联陞保证能做出可脚、舒适的鞋来。据说外省官员进京，要给京官送礼，到内联陞定做双官靴，那一定是很别致的殷勤周到。

"步瀛斋"的店名，典故出自"登瀛"。据《汉语大词典》：登瀛，比喻士人得到荣宠，如登仙界。唐李肇《翰林志》："唐兴，太宗始于秦王府开文学馆，擢房玄龄、杜如晦一十八人，皆以本官兼学士，给五品珍膳，分为三番更直，宿于阁下，讨论坟典，时人谓之'登瀛洲'"。《资治通鉴·唐高宗武德四年》："士大夫得预其选者，时人谓之'登瀛洲'。"胡三省注："自来相传海中有三神山：蓬莱、方丈、瀛洲，人不能至，至则成仙矣，故以为喻。亦省作'登瀛'。"在古代一些绘画、瓷器、木雕、竹刻等艺术品中，还能看到"十八学士登瀛洲"的画面。

以"步瀛"为店名，提示人们，步瀛斋的目标顾客是文人学士。这倒和内联陞官靴店有了市场细分的区别。看到店名，往来顾客思忖自己的身份，就知道该进哪家店去选购脚下的风光了。

附带提及，无论内联陞还是步瀛斋，都是只能京城才有的字号名称。外省市可能有联店，不会有"内联"。"步瀛"，在清代是新进士及第授官仪式之一，步瀛斋的字号名称也只能出现在北京。

## 六必居——店名出自《礼记》

六必居，从它的始创年代到店名含义，再到严嵩题匾故事的真伪，时不时的，媒体上就会有新闻冒出来。若是从20世纪初算起，"六必居现象"持续小一百年了。近年来，随着粮食店街源号博物馆的开馆，六必居与源号的历史渊源，让人们从北京二锅头的起源和源号的角度，再看六必居。

中国商报《红星二锅头寻根"源昇号"》（2013年11月8日）一文中，六必居老员工后人宋家基说："六必"是"黍稻必齐，糵蘖必实，湛炽必洁，陶瓷必良，火候必得，水泉必香"，通俗的解释就是："用料必须齐全，下料必须充足，制作过程必须清洁，火候必须掌握适当，设备必须优良，泉水必须纯香。"这是"六必居"一直坚持的原则……也是"源昇号"酿酒坚持的原则……"六必居"和"源昇号"可谓一脉相传。

如果我们再追问：六必居和源昇号的"六必"又是从哪儿一脉相传而来？

原来——"六必"出自《礼记·月令》。其原文是："仲冬之月……乃命大酋，秫稻必齐，曲必时，湛炽必絜，水泉必香，陶器必良，火齐必得，兼用六物。大酋监之，毋有差贷"。译为白话，即：冬季的第二个月（农历十一月），命令掌管酿酒的大酋：秫米必须纯净，酒曲必须适度，浸泡和烧蒸过程必须清洁，泉水必须甘甜，装贮的陶器必须完好，酿造的火候必须充分。以上六点，由大酋监督实施，不可有差错。《逸周书·卷六》及宋朝朱翼中的《北山酒经》等，也都有"六必"的记载。

据此可见，六必居最初的确是一家酒坊。它以《礼记·月令》等经典中酿酒的"六必"为店名，强调的是对气候与物候以及对绵延两千余年酿酒古训的遵从。当它转为酱菜的经营，仍然沿用"六必"的字号，其实是在讲述制售酱菜亦如当年酿酒一样一丝不苟。只是六必居和源号博物馆所展示的"六必"，其文字需对照《礼记·月令》作差误纠正。

## 同仁堂老铺与"米田共"的轶事

老同仁堂是个"下洼子"门面。进同仁堂得下好几个台阶。换句话说，就是同仁堂老铺比大栅栏街面要低一米多。我小的时候，听大栅栏附近的老人说，当年公共厕所稀缺，左邻右舍及路过的人，每到夜深人静，总将同仁堂门前当作方便之处，以至于每天清晨起床，老铺伙计们第一件事，就是去清理门前的粪便。后来，他们发现，哪天铲除的粪便多，那天的生意就一定好。

夏仁虎先生所著《旧京琐记》中提到这件事："大栅栏之同仁堂生意最盛，然其门前为街人聚而便溺之所，主人不为忤，但清晨命人泛扫而已。盖惑于堪舆家言，谓其地为百鸟朝凤，最发旺云。"

唐鲁孙先生的《老古董》书中，有《西鹤年同仁堂——三百年的老中药铺》一文，也有这个"逸事"的记述：

谈到同仁堂乐家，据乐咏西说："虽然是三间门脸颇够气派，因为地势低凹变成倒下台阶，显得有欠堂皇了。老年间大家都不懂什么叫空气污染环境卫生，同时大栅栏商店鳞次栉比，十家倒有八家没有厕所，于是各铺眼儿掌柜徒弟清晨起来遛早，同仁堂门口变成最佳的方便处所。你走过来方便一下，我走过去小解一番，开张不久的同仁堂门口就变成尿骚窝子了。

乐掌柜的凡事不与人争，虽然坚此百忍，可是门堂之间骚气烘烘的，实在对买卖有绝大影响，打算把门堂垫高，豁亮通风，也就不至于引来方便大众了。于是请来一位堪舆先生来摆摆罗盘，看看风水。哪知堪舆先生一看之下，认定同仁堂正坐在财源辐辏、百鸟朝阳的旺地，气脉长达两三百年，要是一垫高地基就破坏龙脉了。"所以同仁堂从康熙到民国两百多年，始终是倒下台阶的门面。

有夏、唐两先生所言，才知民间老人家所说同仁堂故事，还真的是有所本源。

如果换个角度看，既然同仁堂以悬壶济世为业，做医生的，就绝不会嫌弃任何人的"脏乱差"。伺候病人如此，便是一般人等，也一体对待。于是，虽有街坊、路人在门前遗洒"污秽"也安之若素。于是，黎明即起便清理粪便之类，也就成了每天必做的功课。这倒也是一种"忍受"，一种"牺牲"，也是一种"担当"了。这——就是"同仁堂"。

## 大栅栏——店从何处来？

大栅栏全长297米，南北宽约5米。就是这个狭窄的街巷，据说在清末的全盛时期曾有店铺80余家，且多有名家字号。如果把其中部分名家字号与其创始人籍贯开列，又会有怎样的发现？

这10家字号存续时间都在百年以上。

它们的开办人基本为各省市来京人员。其中，步瀛斋的创办人为籍贯不详的在朝官员，或可称之为"老北漂"。由此联想到延寿寺街的王致和酱园和琉璃厂的一得阁墨汁店都是科考落第举子创办，大栅栏及附近的店铺，也还有不少是这些"老北漂"创办。据此，可以说大栅栏、琉璃厂，扩展开来说，北京的老字号绝大多数是"农民工"或"老北漂"创办的。

正是这些老年间的农民工和北漂，他们带来了各地的文化，并使这些地方文化（包括民族文化）"入境随俗"，与京城文化交相融汇，形成了北京城特有的一种京味商文化。

# 北京园记

罗哲文　柴福善

我国古典园林有着悠久的造园历史和精湛的造园艺术，在世界园林史上占有极其重要的地位，被誉为造园之母。现存的古典园林，遍布全国各地，类型丰富，数量众多。许多优秀古典林现在仍然向社会开放，在传承我国传统文化、促进经济发展和社会进步中，发挥着重要作用。

## 醇亲王府花园

醇亲王府花园，位于北京市西城区后海北沿，与什刹海仅一墙之隔。

醇亲王府原为清康熙朝大学士兼太子太傅纳兰明珠宅第，至今府内还有一方"五峰挺秀"的康熙帝御笔题额。明珠长子即是清代杰出词人纳兰性德。乾隆时这里成为皇十一子成亲王永瑆王府花园。嘉庆即位初，成亲王任领班军机大臣，协理政务。为表恩眷，皇帝特许其府园引用玉河之水，府内"恩波亭"之名由此而来。光绪十四年（1888年），醇亲王府从太平湖迁此，俗称北府，宣统皇帝溥仪即诞生于此。溥仪即位后，其父载沣被封为监国摄政王，故又称摄政王府。民国十三年（1924年），溥仪被赶出皇宫，移居天津前曾暂住府内。1949年以后，多次进行维修。

醇亲王府坐北朝南，东部为府邸，西部为花园。

府邸建筑分中、东、西三路，中路建筑由南往北依次为府门、宫门、银安殿、神殿、遗念殿（后罩楼）。东、西两路各有六进院，东路建筑主要有排房四进，为家祠、佛堂等；西路是日常起居的主要区域。府邸东部原有王府马号，分东、西两个院落，院内仍存有旧马槽。

西部花园现状大体可分为南北两部分。北部是在旧有戏台、建筑基础上改建的宋庆龄故居。宋庆龄故居庭院，由两进传统四合院和一座二层小楼组成。当时，经周恩来总理亲自安排，这里作为孙中山先生夫人宋庆龄的居所，并由梁思成负责设计，在花园中心建起一幢仿古二层楼房。这幢小楼，灰墙，顶覆绿琉璃瓦，与旧时宅园建筑有机结合在一起。这里芳草铺茵，海棠夹径，园居气氛浓郁。宋庆龄自1963年迁入，直至1981年去世，一直在这里生活、居住。现在，这里已辟为宋庆龄纪念馆。

南部基本保持着昔日王府园林风貌，南部山池以南楼为中心。南楼是花园南岸主体建筑，面阔五间，卷棚悬山顶，所临南墙下一带土岭绵延，多植古榆，秋来菊花绽放，野趣横生。岭畔山间，自东而西是亭、南楼、听雨屋三座式样不同、用途各异的园林建筑。如亭，即扇面亭之意，形似一柄张开的折扇，朝向后海，此亭为花园旧物。这些建筑或据山巅，或倚山麓，或临山脚，在峭石峰峦、古榆高柳间或隐或显，极富诗情画意。清代王府南面的围墙没有现在这样高，形式为起伏的云墙，颇为新异。如果伫立南楼或亭或听雨屋内南望，后海柳影波光扑面而来，境界开阔。南楼以北是园林内湖，清漪倒影，一派澄澈。池边叠石嶙峋，古木繁花掩映，其中凤凰槐、子抱母等是北京城内著名古木，也是宋庆龄生前心爱之树。池东岸长廊回抱，恩波亭翼然临水。尤其恩波亭南部过水游廊，是北京城内外园林中的罕见孤例。池西水随山转，林木荟郁。水道至此形成幽深的溪涧，绵延北去。涧边怪石耸立，其中一峰太湖石上刻有"岁岁平安"4个大字，苍劲挺秀，传为成亲王永手笔。永为清中期著名书法家，这也许是他在府园中留下的惟一遗迹。

醇亲王府园林建筑部分，虽有改建，但原来精华部分基本保持了较好原貌，是现存王府中保存比较完整的一处，是研究清代王府历史和建筑的典型实物资料。

## 可园

可园，位于北京市东城区地安门外帽儿胡同，是清光绪年间（1875—1908年）大学士文煜的宅第花园。

文煜，字星岩，满洲正蓝旗人，咸丰七年（1857年）为江苏布政使，咸丰九年（1859年）升任山东巡抚，曾镇压农民军捻军起义。光绪七年（1881年）为协办大学士，光绪九年（1883年）任总管内务府大臣。光绪十年（1884年）卒，赠太子太保。可园创建于咸丰十一年（1861年），是文煜出任外官回京后，仿苏州拙政园和狮子林所建造。文煜认为："凫渚鹤洲，以小为贵；云巢花坞，惟曲斯幽。"意为园林要讲求曲折宛转，小巧玲珑，"但可供游钓，备栖迟，足矣"。所谓园虽小，但极可人意，故园主将其名为"可园"，建成后文煜命其侄兵部尚书志和撰文勒碑以记其事。文煜去世后，后人将宅园分割出售，花园与住宅已不相通，又从南边单辟一门，自成一宅。其间此园几度转手，曾授予冯国璋、张兰峰等人。新中国成立后，这里曾经是朝鲜驻华大使馆所在地。

　　可园平面呈不规则长方形，占地仅2600多平方米，是一座小型宅园，建筑分东、中、西三路。东路和中路以园林为主，西路以建筑为主。而西路是可园建筑最多、格局最完整和保存最好的建筑群体，由多组四合院式建筑组成。每进院由正房、配房、耳房和游廊等建筑组成，垂花门、倒座房、后罩房等建筑一应俱全。中路花园部分是其西部住宅的延伸，西部垂花门以内的第一进和第三进院落的东厢均为后出抱厦的两卷房。当年，园主人多由此进园，宅、园本为一体。由此也使可园的空间递进由南北而转为东西，别有佳趣。园内依东墙设置了方亭、敞厅、八角半亭、山半小阁四座坐东面西的对景建筑作为呼应。其间贯以游廊，培植果木，点缀山石，饶有园林风致。可园各建筑群体既相对独立，又紧密联系，成为一个和谐舒朗紧凑的整体。

　　中路花园是可园的重要部分，共为两进院。第一进院是全园的核心部分，建有亭、台、阁、榭、游廊等建筑。蜿蜒曲折的水池，玲珑小巧的石拱桥，以及山上的六角亭，都具有江南园林风韵。北部为正房，面阔五间，前后带廊，是园主人起居、读书的居室，其外檐装修均为透雕彩漆松竹梅岁寒三友图案，十分精雅别致。正房南部空间开朗，为园林主景。这里山池相映，林木萧森。山在园南，高约3米，是北面正房的对景。为增加山势，于山顶偏东建一座六角亭，左右高槐老榆，藤蔓丛生，颇具山林野趣。而假山正面是太湖石，背面则全用青石，一山两面，南北景观顿殊。若从南面临街门入园，首先见这一溜青石山，山上小亭半掩，竹树繁密，令人生发此地山林别有天之感。庭院东西两侧建有游廊，游廊随地势高低起伏盘旋，可通向东西两院。院内满园花草，簇拥着卵石甬路，松槐浓荫之间，点缀着玲珑透石、日晷、剑石等小品。刻有"可园"园名及志和园记的碑文，就镶砌在剑石座下。

　　第二进院，也就是前院正房迤北，假山屏列，是幽深宁静的后园。转过竹林环护的湖石山径，北为闲斋数楹，东有小阁据山而立，斋阁之间以曲廊相接，上下随宜。后园假山叠石颇见功力，以太湖石、青石等堆砌而成，形态各异，在茂密的翠竹掩映下，成为可园独特一景。循斋前游廊西转即达于内宅，东出则上至小阁，阁下有洞。自阁南沿磴而下，过八角半亭，南行又回至前院。廊于主院假山小亭东侧向东折而达于东部别院的山半轩，今已被围墙隔断于园外。这一切布置精巧，错落有致。

　　可园是北京为数不多、保存较好的小园之一，也是我国北方私家宅园中保存较好的实例，具有一定的艺术价值和历史价值。

# 北京郊区的古桥

### 罗哲文　柴福善

　　桥，又称桥梁，为我国古代传统建筑中的一类。桥梁，是随着人类的出现而出现的。在中华大地上，几乎人迹所至之处，就会有桥。自古以来我国建造的各类大小桥梁，何止成千上万，简直难以计数，大致可分为梁桥、拱桥、索桥、浮桥等种类。就北京地区而言，也是桥梁众多，如著名的丰台卢沟桥、故宫金水桥、颐和园十七孔桥等等。在北京郊区还有一些不太为人所熟知的古桥，其在建筑艺术上也颇有特色。

## 昌平朝宗桥

　　昌平朝宗桥，位于北京市昌平区沙河镇北沙河上。

　　朝宗桥横跨北沙河，又称沙河北大桥，与横跨南沙河的安济桥（又名沙河南大桥）相距2.5公里。朝宗桥为京北现存最大的一座古代拱券式石桥，过去，是帝、后和大臣谒陵北巡必经之路，又是京北交通要道。现在，虽然朝宗桥两侧分别建有铁路和高速公路桥，但朝宗桥依然是北京北部的一条重要交通要道。

　　公元15世纪初，明成祖朱棣将首都从南京迁至北京，京城北60余公里处的居庸关就成为保卫首都的重要关口。离居庸关不远的天寿山麓，选定为埋葬皇帝和后妃的陵区。北沙河为温榆河上游，河面虽不甚宽，却是从京城到明皇陵和居庸关的一道障碍。到明英宗朱祁镇时，天寿山下已有长陵（明成祖朱棣）、献陵（明仁宗朱高炽）和景陵（明宣宗朱瞻基）三座皇陵。每年春秋两季，都要在皇陵区举行盛大祭祖活动。届时，皇氏家族和王公大臣就从京城来参加祭祖大典。为方便交通，明英宗决定在沙河上建造石桥。建桥处在辽、金时期建有两座木桥，常遭水毁。明正统十二年（1447年），先后拆掉木桥再建石桥，北曰"朝宗"，南曰"安济"。嘉靖十七年（1538年），在安济桥南侧接6孔合成为9孔大桥，全长114.7米，宽13.8米，高7米，全部用花岗石建成。1958年，将安济桥拆除另建新桥。

朝宗桥距今已有500余年历史，是一座拱券式石桥，有7个桥孔。桥全长130米，桥面宽13.3米，中间高7.5米。石桥左右两侧，有53对实心板护栏，异常坚固。大桥北端东侧一通汉白玉石碑，为明神宗朱翊钧于万历四年（1576年）所立《大明朝宗桥碑》。碑通高4.08米，宽1.1米，厚0.39米，阴阳碑额俱篆书"大明"二字，两面碑身都刻有"朝宗桥"三字。

昌平朝宗桥造型典雅古朴。现在，与明十三陵、银山塔林、居庸关和八达岭长城一起，成为首都北部重要的名胜古迹。

## 通州永通桥

通州永通桥，位于北京市东郊，距通州西门八里，横跨通惠河上，俗称八里桥。这是北京东部地区一座著名的古代联拱石桥。现在，永通桥仍可通行，且得到有效保护。

永通桥跨越的通惠河，是北京地区一条著名的古代运河，开凿于元世祖忽必烈至元二十九至三十年（1292—1293年），距今已有700余年历史。当时，元朝定都北京，时称大都城。为解决北京水上交通及物资供应事宜，我国古代著名水利学家、时任元朝都水监的郭守敬，受命开凿通惠河，北起昌平温榆河源头，南至通州高丽庄，全长160余里。郭守敬将温榆河源头泉水截而往西，顺西山山麓汇集玉泉山一带大小泉流，共入颐和园昆明湖。再挖河渠，引昆明湖水东南流，从北京古城西北角流入城内，注入北海、中海和南海，穿城而过，流入通州境，在高丽庄注入白河。这样，就保证了通惠河的水量，从南方装载大米、茶叶、丝绸、食盐等货物的船只，便从大运河经通惠河直接运抵元大都。

时隔100年后，至明成祖朱棣时，永乐初年设置天津卫，使天津从此成为首都北京通过运河联系南方的重要漕运口岸，也是守卫北京的重要门户。而处于京津之间的通州，为两地间必经之地。永通桥就是在这种境况下建造的。

永通桥建于明英宗正统十一年（1446年），英宗朱祁镇赐名"永通"。桥全长50米，桥面宽16米。其长度虽然比河北赵州桥短约14米，但桥面宽几乎是赵州桥的两倍。可见，当初修建永通桥已充分考虑到今后人流车流的繁忙了。

永通桥共3个桥洞，为联拱式。全桥以石料建成，桥面左右两侧有33对望柱，望柱顶端雕有石狮，大小相望相依，神态各不相同。有32副石栏板，板面刻有精美图案，刀法娴熟流畅，技艺高妙。桥头还置以石雕犰兽，独角挺胸，昂首而视。中券高8.05米，阔6.7米。两侧洞孔对称，略小，高仅3.5米，阔5.5米。桥面以花岗岩铺就，每块桥石之间，以铁相互连嵌，使桥面浑然一体。桥身以灰土填实夯固，土外为砖墙。在桥中一个洞孔的东西两侧石泊岸上，有4只石雕蹲兽，为镇水兽，密鳞长尾，扭颈倾头，直视河水。人们祈望镇水兽镇住洪水，以保桥梁安全，使永通桥永远畅通。

永通桥东面，立一通石碑，为清雍正十一年（1733年）《御制通州石道碑》。碑文记述了当时京师东部通州一带筑路情况，是研究清代前期京师公路建设的重要史料，同时也是研究那时社会经济、政治和军事情况的重要资料。

在近代，永通桥是外国侵略者入侵我国和我国人民英勇抵抗的历史见证。

清咸丰十年（1860年），英法联军发动第二次鸦片战争。清军3万余人在永通桥（八里桥）阻击英法联军，打死入侵者1000余人。史称"八里桥大战"。战斗中，虽然由于主将僧格林沁临阵逃脱而失败，却证实了中国人民具有强大的抗敌力量，增强了人们抵抗侵略者的勇气和信心。光绪二十六年（1900年），英、法、俄、日、德、美等八国联军入侵北京，年逾七旬的巡阅长江水师大臣李秉衡奉命率师抵抗。尽管他在孤立无援的境况下失败了，并在退出永通桥后愤怒自杀，但其英雄气概和爱国精神却受到世人传颂，且激励着后人。

永通桥作为京津水路咽喉，与丰台卢沟桥、昌平朝宗桥，共为拱卫京师的三大桥，前人写有"湖溯昆明引玉泉，虹桥八里卧晴川"等诗句加以赞颂。"长桥映月"旧为通州八景之一。

## 房山琉璃河石桥

房山琉璃河石桥，位于北京市房山区西南部与河北省交界处的琉璃河镇，是北京地区著名的古代桥梁之一。

琉璃河镇镇北有一道河流，古称圣水，今名大石河，发源于房山区与门头沟区交界的百花山小寒岭，下游从窦店镇到琉璃河镇一段当地称琉璃河，镇也由此得名。琉璃河石桥即横跨于琉璃河道上。

琉璃河石桥地处交通要冲，衔南北交通于一线，自古以来就是北京地区通往中原、江南以及晋陕地区的门户。据文献记载，金代琉璃河上就架有桥梁，南宋著名诗人范成大出使金国时途经琉璃河，曾作有《琉璃河》诗。金元之际桥毁于兵燹，元定都北京后曾再度修建。

现存琉璃河石桥，始建于明嘉靖十八年（1539年），至嘉靖三十二年（1553年）竣工。由于石桥两岸地势低洼，夏季南北两岸洪水上涨，石桥难以渡越。世宗于嘉靖四十年（1561年）拨帑银8万两，在石桥两岸各修筑一道石堤，与石桥相接，在堤上增建一座小石桥，堤间建8道水沟，以便于泄水，减轻洪水对石桥的冲击。石堤全长1660米，宽19.8米，平地起3.4米，俗称"五里长街"。石桥自始建至嘉靖四十一年（1562年）路堤竣工，前后历时23年。后几经维修，至今保存完好。

琉璃河石桥是一座多孔联拱石桥，桥身长165.5米，桥面宽10.3米，高8米，有11个桥孔，中拱最大。拱券正中雕饰精美的兽头。桥基以"巨石砌至水底，其下柏桩枋比"，以防石基下陷。桥身也全部以巨大的方石砌筑，结构严谨，气势宏伟。桥面两侧有88对石望柱，178块石栏板。每块栏板长1.65米，宽0.80米，厚0.28米。望柱和栏板上雕饰着海棠线等纹饰，古朴简洁，碰实大方。至今仍保持着原有风貌。桥面以条石平铺，条石衔接处嵌以"银锭扣"，异常坚固。四百余年来，直到今天还在使用。

## 平谷烈虎桥

平谷烈虎桥，位于北京市平谷区峪口镇东樊各庄村西北1.5公里处。

烈虎桥始建于明代，为明清时期京城通往京东道教圣地丫髻山必经之路，清康熙、乾隆、道光三位皇帝朝拜丫髻山，皆从此桥经过。

据志书记载："烈虎桥，在樊各庄北，石渠木面，跨山涧水。"记载烈虎桥初为石桥墩，木桥面。后改建为石梁桥，通行至今。

烈虎桥南北走向，建在山间一条河道（即涧水）上，尤其夏季山水涌下，由此流泻而去。烈虎桥为三孔石梁桥，整体为花岗岩石质。桥面长12.5米，宽3.91米。桥面两侧各有6根方形望柱，桃形柱头。两侧望柱间各有5块石栏板。望柱与栏板均素无雕饰。桥两端各有一只石虎，倚着望柱，呈蹲踞状，以充抱鼓。石虎通高89厘米，底座高17厘米，底座长59厘米，宽39厘米。桥也由此而得名。

桥面纵列三组石梁，每组7块，共21块大条石，组成整座桥面。每块条石长在2.5至2.88米之间，宽在37至54厘米之间。两块条石间的缝隙，各有两个腰铁，又称银锭榫，当地称之为"锁"，以衔接条石，使之连成一体。桥面两边各有一条石，撑托望柱与栏板。桥面下有两座桥墩，每座桥墩由8层条石砌筑，桥墩高

3.1米，两桥墩间距1.6米。桥墩东侧迎水面有分水尖，以斩劈山水，减弱激流对桥的冲击。桥两端建有桥台。桥南北建有引桥，八字形，石垒砌。引桥各长约5米，承接南北通道。

　　桥北原有石碑一通，记载建桥年代、工匠及监造者姓名，现为平谷文物管理所收藏。烈虎桥造型古朴，保存完好，是京东较为重要的古桥之一。

# 阅尽沧桑大红门

郭　耕

　　翻开北京地图，你会发现京南有很多叫"门"的地名，什么大红门、小红门、西红门、南大红门、角门……其中一个最响亮的名字——大红门，为什么叫大红门？那是当年南郊皇家猎苑的一个门，北京城是坐北朝南，正阳门（前门）是北京的正门，而南苑为皇家苑囿，面对京城，坐南朝北，大红门为皇家猎苑的正门。

## 南海子与大红门

　　作为位于北京城南的古代皇家猎苑——南海子，这是明代的名称，已有600年的历史了，而早在1000年前，即辽代就有帝王（938年）经常在此进行"放禽鹅活动"。金朝定都北京后（1153年），海陵王经常骑马"猎于南郊"。元代帝王更是把南海子作为皇家猎场来经营，时称"下马飞放泊"，面积四十顷，形成了皇家猎苑的雏形。明成祖朱棣迁都北京后，开始对南海子皇家猎苑进行真正的建设，于永乐十二年，在城南二十里，建起一座有120里围墙的猎苑，为与紫禁城之北的海子（积水潭）相区别，而名南海子。以后，他每年都来此狩猎，成祖"永乐中，岁猎以时"（据《帝京景物略》记载）。

　　当年，朱棣决定从南京大举迁都北京，其劳民伤财的程度，可想而知。为什么他还要在京城之南，建设这样一座猎苑呢？如果说，在这百废待举之际，皇上仅仅是为了游猎去兴师动众建造猎苑，那就太难解释了。

　　实际上，南海子皇家猎苑的兴建，既有历史的原因，更是现实的需要。一则这里是前朝天子渔猎之所，有沿袭之故；二则当地南有凤河，北有龙河，可谓龙飞凤舞的风水宝地；三则在此地筑墙，以"断南脉"，这才是朱棣大兴土木兴建南海子皇家猎苑的真实用意。为何？因为，朱棣是朱元璋的第四子，先王驾崩，根据"传长不传幼"的帝制，皇位应传给长子，但朱元璋的长子朱标早逝，便传给了朱标的儿子、长孙朱允炆，即建文皇帝，但朱允炆对他几位皇叔的"削藩"之举，惹怒了朱棣，与其坐以待毙，不如取而代之，经四年征战，朱棣攻入南京，推翻了建文皇帝，从侄子手中夺权即位，年号永乐。但是，这种抢班夺权之举，多少有些名不正言不顺。当时建文皇帝仓皇逃窜，活不见人，死不见尸，不知所终，始终是朱棣的一块心病。由此，朱棣在皇城之南建起这么一座偌大的带围墙的猎苑，大有"阻断南方下落不明的朱允炆皇脉"的寓意。而南海子皇家猎苑的主门——大红门的历史，便从这600年前的永乐年开始了。

明代永乐十二年（1414年），成祖朱棣以元代小海子的四十顷猎场为核心"增扩其地，建周垣百六十里土墙，设海户千人守视"，把元代皇家猎场扩大十倍，扩建为明代的皇家苑囿南海子，四周筑土墙。据《明一统志》，南海子在京城南二十里，旧为下马飞放泊，内有按鹰台。永乐十二年增广其地，周围凡一万八千六百六十丈。中有海子三，以禁城北有海子，故别名南海子。可见明时已将这里改称"南海子"了。皇家猎苑，时辟四门：东红门、西红门、南红门、北红门，北红门即为正门。猎苑围墙内称海子里，以太监总领经营海子事务，署上林苑管辖。从此，这里真正成为了皇家苑囿。

清入主中原，重视骑射，继续经营南海子这座皇家苑囿，更名为南苑。清康熙二十四年（1685年），康熙奏准新辟的五座海子门竣工，即黄村门、镇国寺门、小红门、双桥门、回城门，实现了与京城对应的九门之尊。基本上是每隔15里设一门，回城门是最南端的一座门。在北红门东边建的一门，称小红门，原北红门便改称北大红门，后简称大红门，这是皇家猎苑的正门。

事实上，南北两座大红门都是正门，其规制同为一大两小三座门，规模最大。镇国寺门、双桥门因时常过皇车，也是三门洞，只是规模略小些。西红门、黄村门、回城门为一大一小两个门洞，东红门和小红门则为一个门洞。

《钦定日下旧闻考·国朝苑囿·南苑》对南苑的门有详细描述：南苑缭垣为门凡九，正南曰南红门，东南曰回城门，西南曰黄村，正北曰大红门，稍东曰小红门，正东曰东红门，西北曰镇国寺门。九座海子墙的门内，各设十甲，另设正黄、镶黄、正白三旗管事人，以分别管辖海子地面，日久便形成各个海子门附近的村落，如西红门村、双桥门村、大红门村、小红门村。

清乾隆年间，花费三十八万两白银将土墙改为砖墙，所谓："土墙砖以易，海户沐恩宽。"改建的苑墙长达"一万九千二百九十二丈"，折合今天的尺度为59.81公里。同时辟出十三座角门：栅子口角门、马道口角门、羊坊角门、毕家湾角门、辛屯角门、房辛店角门、大屯角门、北店角门、三间房角门、刘村角门、高米店角门、潘家庙角门、马家堡角门。

　　在所有海子墙的各门中，大红门是最重要的门。大红门始建于明永乐十二年（1414年），重建于清康熙三年（1738年），拆毁于1955年。它是帝王赴南苑行围狩猎的必经之所和歇憩之地，也是各地信使及给皇宫运送粮米、副食等所经之地。大红门有三座方形门洞，中间的大，两边的小些，飞檐斗拱的门楼，上覆黄色琉璃瓦，大门漆红色。大红门两侧建有东门房、西门房，住有军门负责南苑九门的门军联络。门内建有奉宸苑、更衣殿、地藏庵、龙神庙等。

　　设于康熙二十三年（1684年）的奉宸苑是管理整个南苑事务，包括行宫、寺庙的行政机关，相当于明朝的上林苑，其官署旧址在今大红门东后街156号院内，现为北京磁性材料厂的宿舍院。据《清史稿》，南苑奉宸苑的职能为"卿掌苑囿禁令，以时修葺，备临幸"。清末，奉宸苑被废除后，这里就成了民国的大兴县南苑区警察分所驻地。1935年3月大兴县署由北京城内迁至此地，1937年9月移于南苑镇营市街。新中国成立后曾为市农场管理局驻地。

　　大红门内的更衣殿是帝王进入南苑后更换衣服的地方，更衣殿与奉宸苑相邻。帝王身穿朝服，乘辇坐轿，出紫禁城，沿南中轴线南行，进入大红门，需要在更衣殿换上运动装即骑射服。《日下旧闻考》记载："南苑官署房三层，共十有八间。更衣殿，乾隆三年（1738年）建，殿内恭悬御书额曰：'郊原在望'，联曰：'旧题在壁几行绿，晓日横窗一抹殷'。"官署房清时所建，进门有影壁，坐北朝南，分前厅和后厅。前厅十间，后厅两处，各三间。更衣殿南向，门二层，大殿三间。

## 帝京直望近红门

　　大红门曾经是北京一处难得的景观，弯弯曲曲的凉水河和高低起伏的海子苑墙，交相辉映，在大红门北边由西向东延伸。清澈的水河映照着南岸红色的苑墙和北岸的九龙山。凉水河、九龙山、苑墙宛如三条欲飞的巨龙。凉水河里鱼群畅游，河畔稻田碧绿，九龙山上桃红柳绿，苇塘里水鸟鸣叫，形成一条独特的风景线。凉水河上有一座石桥，名永胜桥、大红门桥。凉水河北岸有九龙山，共三座土山，高十余米，长约1.5公里。九龙山北边有一座碧霞元君庙，俗称南顶，是北京"五顶"之一。庙前有两座牌楼，为四柱三卷门式，楼顶为筒瓦大歇山顶，五彩重昂斗拱。

　　据史料记载，仅明清两代的460多年里，至少有十二位皇帝游幸过南海子，累计次数达130余次。顺治皇帝有三分之一时间是在南海子度过的，乾隆皇帝在位时更是对南海子情有独钟，仅做有关南海子的诗歌就达400余首。如今在北京麋鹿苑的乾隆诗碑上，便能看到四面镌刻的乾隆诗。

大清皇帝、官员、诗人多有诗文赞颂大红门或描述周边环境。清代吴长元《宸垣识略》载："九龙山在南顶永胜桥北岸，乾隆间疏浚凉水河土堆成。自西至东，约长三里，高二三丈不等。委蛇起伏，宛如游龙，环植桃柳万株。开庙时，游人挈榼敷席群饮。夏木阴阴，水田漠漠，不减江乡风景也。"清翰林院编修查慎行作有《南海子》，第一句就是"红门草长少飞埃，万顷平畴掌上开。一道修眉浓似画，近南遥识晾鹰台。"乾隆的四子爱新觉罗·永珹《南海子行》："红门四辟通苑路，苑中极目皆平原。略无高山与流水，长林迤逦丰草繁。"

清嘉庆帝有诗《海子较猎即事》："帝京直望近红门，讲武欣来春正暄。云路当年怀雁序，天家此日集鳞孙。"《南苑》："十里郊南路，红门启上林。岁时搜狩礼，田亩豫游心。羽仗连花影，帷宫接柳阴。凤城回首望，缥缈五云深。"都对红门即大红门附近发生的事件和景观做了描述。

1900年，八国联军洗劫南苑，焚烧南红门，之后，南苑各处又屡遭兵燹。至1949年新中国成立时，各门都已经荡然无存，仅剩的大红门，由于妨碍交通，经报请北京市政府批准后拆除。1955年8月，在北京通往南苑的要道上，一座三门洞的、朱红门窗、金黄屋顶、飞檐斗拱的门楼，被拆除了。这是南苑皇家猎苑九座大门中的最后一座。从此，这些皇家猎苑原址上的诸门，彻底消失了，从此，南苑便有名而无门了。

## 阅尽沧桑的大红门

大红门可谓阅尽沧桑，历史上一些著名事件和故事，就发生在大红门的周边和这一地区。康熙皇帝于康熙十四年闰五月在大红门举行过隆重的郊劳礼，迎接平叛凯旋的将军。是年三月，内蒙古察哈尔部首领布尼尔趁北京清军赴前线围剿三藩之机，在东蒙辽西一带发动叛乱，起兵反清，康熙帝派大将军鄂札、副将军图海率数万人出兵追剿。出师两个月的大军迅速平定布尼尔的叛乱，解除清朝在三藩之乱时的后顾之忧，清军凯旋回京，康熙甚为高兴，亲率诸王贝勒大臣于南苑大红门举行隆重的郊劳礼。

清代南海子鼎盛时期，每年春季都会举行一场"殪虎之典"，有八旗士兵与虎搏斗，最后由皇上亲自杀虎，众人喝彩，山呼万岁。

据《彭公案》记载，黄三太祖籍台湾永和，自幼喜爱舞枪弄棒，江湖人称金镖黄三太。三月初九，康熙皇帝的仪仗浩浩荡荡自北向南而来，仪表不凡的黄三太得九门提督飞天豹武七之助，于康熙出猎时假充武弁随行，从北大红门进到南苑，一直来到晾鹰台。随着皇上一声令下，殪虎开始。虎枪营士兵将猛虎团团围住，你刺我戳，不久，老虎奄奄一息了。这时，康熙皇帝催马前来，欲刺虎最后一枪，忽然，猛虎腾起，向皇帝扑来，康熙拨马便走，老虎紧追不舍，跑出一里有余，在这紧要时刻，骑着黄骠马的黄三太及时赶到，掏出飞镖一抖手就是一镖，老虎一声大啸转身扑向黄三太，黄三太手疾眼快又是一镖，正中虎的面门，顿时毙命。待众侍卫赶到，救驾已毕。皇帝脱下身上的黄马褂赏给了黄三太，黄三太得钦赐黄马褂，飞身上马，春风得意跑出北大红门。

清末以来的南海子，于清光绪三十一年（1905年），清政府设立练兵处，将北洋陆军第六镇派驻南苑，在今南苑镇南修筑驻兵营房，驻有北洋陆军第六镇二十一标、二十二标、二十三标、二十四标、马标、炮标各三营及辎重营、工程营、执法处等。

清光绪三十二年（1906年），练兵处呈请修筑北京城到南苑营盘的小铁道，以便陆军第六镇派拨兵队负责保卫京城和协助巡查。京苑轻便铁道的修建，促进了南苑镇地区的开发和建设。

清末，今南苑镇一带名万字地，又作卍字地，尚未形成村镇，北洋陆军第六镇在此驻扎期间，修筑了营房、壕墙，开辟了营门6座。营房北面陆续建有茶馆、饭馆、澡堂等生活服务设施，逐渐发展成营市街、粮食市、带子市、柴禾市等几条街道，形成了南苑镇的雏形。南苑镇内有商会、水会、电话局、电报局，有永兴和、同裕厚、忠厚居、华宾楼等商号、饭庄，已基本上形成现在镇内街道格局。

辛亥革命以后，随着南苑镇的发展，原来的"万字地"旧名逐渐被"南苑"取代，"南苑"才不再是清朝皇家苑囿的专称，而作为一个村镇名称出现在北京地图上。

1913年，当时的北京政府在南苑陆军驻扎所西南隅建立了航空学校。这是我国的首座航空学校。南苑有我国第一个航空基地，又有京苑轻便铁道、公路与北京相通，其战略地位日显重要，已成为北京城南的重要门户。

民国时期，直奉战争爆发，直鲁联军攻打北京，连年军阀混战，给南苑地区人民群众造成巨大的灾难。

1922年，冯玉祥任陆军检阅使，秋末，率部进驻南苑，司令部就设在南苑机场内的原神机营都统署旧址"七营房",驻军三年,办学校,重绿化,修水坝,德政利民。在北天堂村还留有一块《冯检阅使德政碑》,为当年京兆永定河河务局局长孔祥榕等恭立。更为值得称道的是,日寇侵华,将军在南苑为表抗日心情,在大红门的门洞上题了三条大字标语,在东小门洞上题写"努力奋斗",在西小门洞上题写"救我国家",在中间门洞上题写的是"亡国奴,不如丧家犬"。

1937年"七七事变"时,大红门是二十九军与日军激战最烈的地方。大战前夕,冯玉祥去庐山开会在南苑乘飞机,还赠剑给南苑军训团,上书"誓杀倭寇,尽忠报国",以激励将士们的斗志。1937年7月28日,日本侵略军出动飞机数十架,向驻扎在南苑营房的国民党二十九军轮番轰炸,二十九军官兵奋勇抗敌,一名学员还用步枪击落一架日机。副军长佟麟阁、一三二师师长赵登禹在战斗中壮烈殉国,就都牺牲在大红门附近。据记载,当天黄昏,在北大红门的南侧,日军河边旅团黑本联队以为驻守南苑的二十九军守军只是军部首脑和后勤人员,没有重兵把守,不料激战一天未能拿下。傍晚,二十九军军训团在佟麟阁将军最后发出撤退指令后,黑本日军前堵后围,把守卫东侧防线的二十九军军训团团团包围在大红门外的芦苇地,前来增援的赵登禹部守卫南苑西侧防线,与日军二十师团对峙,在团河失守后,且战且退,意图与大红门佟麟阁部会合。在黄亭子,赵将军遭日机机枪扫射,中弹身亡,余部突围,终于与佟麟阁部会合,先已受伤的佟将军孤守在大红门附近的砖窑内,不久也殉国了。剩余部队在地下党、副参谋长张克侠率领下经久敬庄突围回到北平时,已不足百人。

大红门是前朝皇家猎苑的大门,也是当时北平的门户,此后,门户顿开,北平沦陷。大红门就此见证了历史上极其惨烈的南苑抗战的沉重一页。如今,实在有必要设立雕塑和纪念碑以铭记。

北平失守后,1937年9月敌伪组织将大兴县政府迁至南苑镇营市街(今南苑路新华旅店)。抗日战争胜利后,以清朝皇家苑囿南苑的范围划分为南苑区,为大兴县6个辖区之一。

1948年12月,中国人民解放军先后攻克丰台、南苑等外围据点。

1949年1月31日,北平宣告和平解放。从此,揭开了南苑地区开发历史上崭新的一页。

# 西山的中法情缘

常　华

2014年适值中法建交50周年。从北京西山追溯中法民间交流情缘，人们可以看到这里的旧式建筑依然屹立，感受到百年中法情在这里深深扎根。北京市第四十七中学，这座占地388亩的寄宿制中学，其前身是北京中法大学附属温泉中学。在它的周边还保存着一片记录了中法文化交流和中法友情的遗址群。

20世纪初这里曾聚集和居住了一批法国精英和民国名人，其中不仅有法国著名医师贝熙业、1960年诺贝尔文学奖获得者法国诗人圣琼·佩斯，还有法国传教士沈蕴璞、汉学家铎尔孟、谢阁兰等。他们与曾经留法的中国人一道，为中法文化交流做出了重要贡献。

## 李石曾与勤工俭学

20世纪初，中国青年知识分子成批赴法勤工俭学，并于1919年形成全国热潮。留法勤工俭学活动的发起者们希望把西方文明，特别是欧洲先进的科学技术和文化知识传入中国。他们想让中国青年通过勤工俭学，掌握知识和技术，实现科学救国、实业救国、教育救国的理想。其倡导者和力行者，便是中法大学及其附属中学、如今北京市第四十七中学的创办人李石曾。

1902年，李石曾以随员身份，随同清驻法钦差大臣孙宝琦赴法。到法国后，他起初想学军事，实现强国理想，但因身体条件差，便改入蒙达尼农业实用学校学习，特别注重研究大豆。1909年，李石曾在巴黎西郊创办"巴黎中国豆腐工厂"，并在工厂内开设夜校。工人白天做工，夜间学习中文、法文和科学知识。他还亲自为学校编写教材，并到课堂为工人讲课。

为鼓励更多青年学生以低廉的费用和苦学的精神赴法深造，以达普及教育、改良社会、振兴实业的目的，李石曾与吴稚晖、蔡元培、汪精卫等人于1912年在北京发起组织了"留法俭学会"，口号是"尚俭乐学"。

豆腐工厂工人的业余求学活动超出李石曾的始愿。1915年6月，李石曾与蔡元培等人在巴黎发起成立"勤工俭学会"，开设留法高等工艺预备班，简称"留法班"，帮助青年培养树立"勤于做工、俭以求学、以进劳动者之智识"的志向。这便是"勤工俭学"的由来。

中法文化和民间交流，造就了很多中国当代史上大名鼎鼎的人物。周恩来、邓小平、刘少奇、李维汉、李富春、许德珩、李立三、陈毅、聂荣臻、王若飞、蔡畅、向警予、马志远、袁子贞……这些中共历史上德高望重的领导人，都曾参加过留法勤工俭学活动。

## 中法大学影响深远

1920年，位于西山碧云寺的法文预备学校扩充为文理两科，在李石曾与蔡元培的创办下，成立中法大学。后几经扩充，发展成闻名一时的综合性大学。中法大学的机构有相当一部分设在北京西山一带的温泉村，即如今北京市海淀区温泉镇和苏家坨镇所属范围内。

中法大学成立后依据中国学制，学习期为四年，学生在北京学习两年后，如成绩合格，则可以被选送到法国，继续学习后两年的课程，而不用再参加留学考试。同时也取法国所长，参照法国大学区的概念设置，例如法国大学包含大、中、小各校，具有相互衔接的效果。北京中法大学的大、中、小学各校并立，远及数十里。

新中国成立后，由于中法大学的海外关系，国家将中法大学拆分成三个部分，一部分理工科并入北京理工大学，另一部分理工科并入天津南开大学。而文科部分，则全部并入北京大学。当时的北大校长汤用彤独具慧眼，认识到中法大学的重要性，一再向教育部写信，要求尽快接收，以免造成书籍档案的损失。当时的教育部也积极回应，最终中法大学文学院的14名教师以及155名学生全部转入了北京大学。

历史证明，这批从中法大学并入北大的教师和学生，成为了新中国法语和法国文化传授的中坚力量。正所谓十年树木，百年树人，中法大学虽然只办了短短二十余年，可这支学派却为中法文化的传播和交流播下了种子，遇到文化的春天，就会蓬勃发展。

## 人才辈出的四十七中

1923年，李石曾先生选中京西鹫峰之麓的北安河皇姑园，经多方筹资，用9400元购置，并改名为环谷园，作为中法大学附属中学的校址。

由于学校初创，很多基础设施需要完善。1924年底，国民军总司令兼第一军军长冯玉祥、副司令兼第二军军长胡景翼，第三军军长孙岳慷慨解囊，向温泉中学各捐大洋1万元，共3万元。该款项建设最大项目是学校礼堂和进校必经之路的石桥。

1949年1月，北平和平解放。6月，温泉中学由华北人民政府企业部接管，改名为"国立北平中法大学附属西山温泉中学"。1950年归属重工业部管理，改名为"中央重工业部职工子弟温泉中学"。1953年划归北京市教育局管理，改称"北京市第四十七中学"。

90余年过去，学校培养了大批人才。其中不乏当代著名作家杨沫和中国科学院院士闫逊初、王圩。还有全国劳模、人大代表、政协委员等各行业精英。

走进现在的北京市第四十七中学，塑胶跑道、电子屏幕等现代化设施一应俱全，而从校园内的李石曾雕像、颇有古韵的六角凉亭以及刻有"中法大学附属温泉中学"字样的旧时牌匾中，依稀可以看到昔日的景致。

在四十七中建校90周年时，校方修建了长约200米的校史墙。他们把先驱们的建校宗旨"民主、科学的精神，教学与育人并重，艰苦创业，勤工俭学"，继续发扬光大，与时俱进地浓缩成"勤、诚、平、恒"四个字，即勤以治学、诚以待人、平以静心、恒以励志。

## 贝熙业与贝家花园

那年3月27日，国家主席习近平在法国访问时说："我们不会忘记，无数法国友人为中国各项事业发展做出了重要贡献。他们中有冒着生命危险开辟一条自行车'驼峰航线'、把宝贵的药品运往中国抗日根据地的法国医生贝熙业。"

贝家花园位于北京西郊苏家坨镇北安河村西、四十七中学的南侧，是民国时期法籍医生贝熙业的别墅花园。贝熙业于1912年来华，任法国驻华公使馆医师，后在东交民巷开设法国医院，之后又历任北堂医院院长、燕京大学校医、震旦大学医学院院长、中法大学董事会董事等职，1954年返回法国。回国前，他还给周恩来总理写了一封信，表达了自己希望继续留在中国的愿望。

贝熙业先生是一位著名的医学家，品德高尚，医术高超，在华期间为中国的医学事业做出卓越贡献，深受中国人民爱戴，被尊称为"贝大夫"。20世纪20年代，贝熙业在西山修建了一座别墅花园，作为消夏避暑的场所，当地百姓称之为"贝家花园"。

贝熙业全家在此居住时，经常为乡民免费诊疗，还捐资在温泉村至北安河村之间修建了一座小石桥，广受赞誉。更重要的是，在抗日战争期间，富有正义感的贝熙业先生经常给附近活动的八路军战士疗伤，并以贝家花园为中转站，多次协助敌后根据地移送人员和转运药材。20世纪40年代，在燕京大学执教的英国籍教授林迈可先生在其回忆录《八路军抗日根据地见闻录》中记载了1941年12月他为了躲避日寇的搜捕，取道贝家花园辗转来到敌后根据地的经过。

贝家花园建筑数量不多，充分利用阳台山东麓的自然山坡，自东向西沿着山径逐次铺展几层台地，构成了丰富的山地园林景象。

东侧山脚下修建了一座三层碉楼（局部四层），居于大平台之上，东、南两侧均设有磴道踏步，东陡而西缓。主楼为正方形平面，底边长约5米，总高约12米，另向西延伸出一间单层的门厅，南设大门，其屋顶辟为二楼的平台。

碉楼东面另设铁质大门，门上嵌有一块红褐色石板，上镌行书题额"济世之医"，其后小字刻曰："贝熙业先生医学精深，名满中外，乐待吾人为之介绍；先生更热心社会，此或非人所尽知，但温泉一带，则多能道出。《温泉颂》有云'济世之医，救民之命'，遂为断章取义，适奉贝先生。民国二十五年春日刻于温泉姚同宜、李煜瀛题赠。"此题刻为1936年李石曾先生与夫人姚同宜赠予，是贝熙业大夫医德人品的重要见证。

碉楼内设木质楼梯，可登上二楼平台和楼顶平台，眺望周围风光，两处平台的女儿墙四角均饰以红色锥形石块。碉楼造型简洁，向上逐渐收分，墙体以黄青两色的石块砌筑，效果类似虎皮石墙，各层另以红褐色花岗岩横围一圈腰线。每层四面各辟有两窗，且中央位置都增设了一扇假窗，外观似有三窗；每窗四边以一圈石窗框凸出于墙面，洞口外大而内小。据说此楼当年曾用作贝大夫的诊所，底层为候诊室，二层为诊疗室，三层为药品储存室兼休息室。

这是一座典型的中国传统风格的碉楼，与清代所建的香山健锐营碉楼十分相似，其源头可远溯到西南川滇地区的少数民族碉楼民居，与欧洲中世纪的城堡并无关系。

一个外国人，因何会不远万里来到中国，又选择西山之麓居住几十年，并谱写出救死扶伤、乐善好施的佳话？

一是这里风景优美，自然条件宜人。小西山一带历来泉水充沛，金章宗在京郊建了八大水院，其中有五个在这一带。贝家花园的地理位置正处著名的清水院（大觉寺）和香水院（七王坟）中间。此地上方鹫峰有汩汩不断的泉水保证这里饮用。春天山花烂漫，夏天水碧山青，秋天红叶遍山，风景秀丽。贝熙业当初找此地不仅是为自己休闲之用，还有为自己患肺病的女儿找疗养地之目的，这里条件完全能满足要求。

二是当时的社会条件和中法大学高层的影响和帮衬。从贝熙业的简历可以看出，他与民国文化界的名人，如蔡元培、李石曾、吴稚晖等早有来往。正是有这些人的影响以及牵线搭桥，才使贝熙业一度成为西山一带的"居民"。

三是贝熙业具有甘为中国人奉献的高尚品德。贝熙业医术高明，内外科均通。当年袁世凯病重时，专门请贝大夫上门会诊。而贝熙业为平民治病也是既热心又尽全力。在当地70岁以上的老人有不少患病经过贝熙业诊治的，或看见过他为人治病的情景。

## 圣琼·佩斯在桃峪观

1960年诺贝尔文学奖得主、法国诗人圣琼·佩斯的长篇杰作《远征》就是他在北京西郊的一座道观中完成的。时任法国总统希拉克也非常欣赏圣琼·佩斯的一句话："如果没有到过远东，就不能称之为受过完整的人类文明的熏陶。"

多年来有关这座道观具体在何处，众说纷纭，以讹传讹，一直是个未解之谜。北京史地民俗学会将此作为课题组织力量考察调研，经张文大等学者长期实地踏查访问，2006年最终得以确定：这座道观位于海淀区苏家坨镇管家岭村西北的一片林木葱郁的山冈之上，名为桃峪观。

法国诗人圣琼·佩斯在他的日记和文章里，曾几次提到西山的这座已经破落没有香火的道观，据他的记载，道观在北京城的西北角，距北京城骑马约有一天的路程。他还特别指出，"它建在一座小山丘上，从这个小山丘可以俯瞰那通往西北边陲的丝绸之路"。也正是沿着这条路，圣琼·佩斯和他的同伴踏上了远征戈壁滩寻找古老陆上丝绸之路的艰辛历程。

桃峪观建在一座海拔高250米的小山冈上，创建年代待考。山冈上用石头垒起一座七八米高的高台，呈长方形，四周围以矮墙构成院落。站在院中视野十分开阔，可见山下棋盘般的田畦和村落，玉带般的京密运河和公路。院落南北宽约10米，东西长约20米，正门东向。院西北角高高的岩石上生长着一棵青松，向东南倾斜。据老人说，院中曾有三间带拐角廊子的殿堂，朱漆门窗，椽檩彩画。新中国成立后还有人居住，1980年房屋失火烧毁。为重现中法文化交流旧景，现在桃峪观正在重修之中。

圣琼·佩斯在华出使期间，正是中国近代史上风云激荡的时期，他以诗人敏锐的直觉和外交官的远见卓识，对中国做了多方面的考察，以一个西方人的身份，为中国这一时期的历史留下了一份珍贵的记录。

## 铎尔孟校译《红楼梦》

从西山樱桃沟通往白家疃有条蜿蜒盘旋的幽静小路，这便是著名的"曹雪芹小道"。这里不仅是当年曹雪芹用足迹辟出的山路，也是法国人铎尔孟往来西山的必经之地。

李石曾在法留学时与铎尔孟相识，结成莫逆之交。他把铎尔孟介绍到中国。通过铎尔孟，李石曾与当时法国在京精英团体保持密切联系。1912年春，铎尔孟为勤工俭学会创办的北京留法预备学校义务教授法文。

铎尔孟是一位颇具传奇色彩的法国汉学家，翻译过大量的中国典籍和戏剧。他在北京居住生活长达48年，家在朝阳门内大街新鲜胡同，经常活跃于京城和西山之间。1954年，铎尔孟被驱逐回国，1965年去世。

曹雪芹在西山用其人生最后的十年写出字字泣血的《红楼梦》，而整整两百年后，铎尔孟亦用他生命最后的十年痴迷地校审他的弟子李治华所译的《红楼梦》，尤其是诗词部分，按照原意用法文古体诗重新创作，让法国读者能够更深地理解这部伟大的著作。

这部译作同样耗尽了铎尔孟的心血，翻译工作未完他就溘然长逝。法文版《红楼梦》在他死后出版，在法国引起轰动而反复再版。"十年辛苦不寻常"，道尽了曹雪芹和铎尔孟两人为《红楼梦》呕心沥血的人生历程，也为世间留下了一段"双梦奇缘"的佳话。

## 法国教堂与葡萄酒

中国最早的香槟酒于1912年产自北京西山，创始人是法国人沈蕴璞修士。同样，中国最早的金酒，又名杜松子酒，也是产自北京西山，于1938年，创始人也是法国传教士。

1910年，法国圣母天主教会沈蕴璞修士在北京黑山扈教堂附近建立葡萄园，引进法国葡萄品种福勒多、塞必尔、法国兰等十余个品种。创办了教会酒厂——北京上义葡萄酒厂，并将酒窖设在马尾沟教堂（今北京行政学院）山字楼地下室内，聘请法国人里格拉为酿酒师，工人由中国教徒担任，生产法国风格的红、白葡萄酒，用于教会弥撒、祭祀和教徒饮酒。同时外销全国各大教堂、租界、饭店、使馆、西餐馆、食品罐头洋行等。又经过外轮公司代理，出口到暹罗（泰国）。该酒厂成为最早向国外出口的中国葡萄酒生产商，是如今北京龙徽酿酒有限公司的前身。

金酒是世界五大烈性酒之一。它具有芳芬诱人的香气，无色透明的液体，味道清新爽口，可单独饮用，也可调配鸡尾酒，并且是调配鸡尾酒中唯一不可缺少的酒种。当年，上义葡萄酒厂采用的松子是从北京西山八大处一带古老的坟地中采来的，上义葡萄酒厂的生产管理、技术工艺由法国人吉善执掌，酒厂与教堂共占地近百亩，厂内有葡萄园几十亩，建有工房、地下储酒室，地上与地下有发酵储酒水泥池16个，橡木桶500余个。当时的设备有破碎机、压榨机、蒸馏塔、香槟机等。

在近一百年的历史中，这座教堂所经历的风霜雨雪见证着北京的历史变迁，也见证着中西方文化在这块沃土上的碰撞与交融。传教士们所倡导的酒文化丰富了北京历史文化的宝库，推动了中西方文化的交流与融合。

中法文化交流跨山涉水，历久弥新。西山的中法文化遗存是两国文化交融的结晶，也是两国人民友好的见证。据悉，北京正在西山地域打造集文化、旅游、商贸等于一体的法国园亦将成为中法文化交流的新地标。

# 房山石经与历代王朝

郑永华

房山云居寺的石刻佛经，是世界上规模巨大、历史最为悠久的佛教文化珍品，在佛教传承、社会历史、书法艺术各方面都有重大的文化价值。总计达一万四千余块经碑的房山石经，自隋唐肇始以来，经辽、金、元、明诸代僧俗的持续努力，绵延千年。而其兴起与发展，则与历代王朝的关注与资助密切相关。

## 高僧静琬刻石经

房山石经创始于隋唐高僧静琬。静琬（？—639年），是北齐名僧慧思的弟子。慧思鉴于北魏太武帝和北周武帝两次灭佛产生的严重后果，为了防止佛法在今后大规模的灾难中遭到毁灭，有意刻石藏经，却始终未能实现夙愿。静琬秉承师意，立下宏志，决定将镌刻石经的重任付于行动。隋大业年间（605—617年），他来到涿州白带山，开始开凿石室，刻造石经。此事一开始就受到隋代皇室的支持。白带山智泉寺以隋文帝谕命修建的舍利塔著名。静琬来此镌石藏经后，又得到隋炀帝皇后萧氏的支持。当时因东征高丽，隋炀帝举驾来到涿州，随行的有内弟萧瑀等人。萧瑀平生笃信佛法，听到静琬刻经的非凡举动与远大志向后，很受感动，并告知于其姐萧皇后。萧皇后即施绢千匹以嘉其志，萧瑀也随同施绢五百匹，"朝野闻之，争共舍施"。由于隋室皇廷亲贵的显赫身份，萧氏姐弟的捐施之举，大大增加了静琬的声望，刻经也逐渐有了可靠的经济基础。

静琬刻石一直持续到唐初贞观年间。经过三十来年的努力，到唐贞观十三年（639年）静琬辞世之前，完成了《维摩经》《胜经》以及《华严经》《涅槃经》等经石146块，计佛经12部。静琬在《贞观八年题记》中嘱咐后人："此经为未来佛法难时拟充经本，世若有经，愿勿辄开。"表明刻经目的旨在法难佛经无存后，能再次发掘出来作为底本，使佛法重传于世。为了妥善保存，静琬将刻好的石版均密藏在开凿的石室之内，"每一室满，即以石塞门，用铁锢之"。同时又在其地构建云居寺，既便于刻经持续相传，亦利于随时弘扬佛法。

## 后世流传续不穷

静琬圆寂之后，其徒玄导、僧仪、惠迁、玄法等人依次相承，在云居寺继续石经刻造，"凡五代焉，不绝其志"。这也得到唐代统治者的认可与支持。唐代中期，唐玄宗之妹金仙长公主嘉叹于静琬师徒的事迹，再次予房山刻经以大力资助。开元十八年（730年），金仙长公主奏请赐给云居寺新旧译经4000余卷，作为僧俗刻造石经的蓝本，又将寺旁的麦田、果园、林木等，皆赐给云居寺作为寺产。随后，金仙长公主又捐资重修、扩建云居寺。由于受到皇亲贵戚的重视，唐代云居寺的影响随之增大。唐末幽州节度使刘济，也捐出自己的俸禄，助刻了《大般若经》等佛经。燕地百姓则结为邑社，常年集资刻石。据粗略统计，隋、唐两代云居寺共完成经碑4978块，分藏于9个洞窟中，占到房山全部石经的三分之一。

五代战乱时代，云居寺多有损毁，刻经工作也陷于停顿。辽统一北方后，刻经又渐有起色。辽穆宗应历年间（951—968年），僧人谦讽立志重兴。他一方面努力吸纳宗教信众的捐助，更重要的是，他又设法争取到当朝契丹贵族的参与，包括"前燕主侍中兰陵公"以及"某公主"等权贵。在官宦信众的支持下，谦讽修葺破败，"见风雨之坏者，及兵火之残者，请以经金，遂有次序"，又增建大量佛寺建筑，其中由兰陵公化助建讲堂一座五间七架，公主则化助建造碑楼五间六架等。寺庙的整修复建、信众的聚集，为恢复刻经做了很好的准备。

辽代石经的正式续造，始于辽圣宗太平七年（1027年）前后。辽中后期，统治者奉佛之风日盛，石经刻造也在皇室的支持下复兴，并很快达到新的高潮。在辽圣宗、兴宗、道宗三帝的持续资助下，云居寺续刻了《般若经》后80卷和《大宝积经》等大量佛典。先是辽圣宗"赐普度坛利钱，续而又造"，继由辽兴宗赐钱造经，随后又有相国杨遵、梁颖等经辽道宗奏准续刻，共完成刻石187帙。其中辽道宗尤"好佛法"，有"菩萨国王"之称。他曾撰《御制华严经赞》（即《大方广佛华严经随品赞》），鼓吹"圆融无碍"之道，于咸雍四年（1068年）颁行天下，后还刻入《契丹藏》中。辽道宗推崇佛经，撰有《发菩提心戒本》2卷，云居寺辽刻石经中的《发菩提心戒》可能就是其节本。由此一例，即可见辽道宗与房山石经的密切关系。在这种氛围的激励下，云居寺僧人通理"见今大藏仍未及半"，与雕刻全藏的宏愿相距甚远，于是发起大规模的石经续刻活动。辽道宗大安九年（1093年）正月初一日，通理在云居寺内大放戒坛，前来受戒者"叵以数知"，一直持续到暮春时节，共募集银钱万余镪，交其弟子僧录善定主持石经续刻。经一年多的努力，共刻"碑四千八十片，经四十四帙"。通理另一弟子善伏，又与善定募捐善款，将辽代所刻石碑，全部妥善秘藏于寺内地穴。至此，辽代石经刻造告一段落，取得了巨大成绩。总计辽代官方与僧俗续刻石经，数量多，内容丰富，总量几乎占云居寺全部石经的三分之一。这与辽历代帝王尤其是辽道宗的大力支持，是密不可分的。

金代以后，房山石经续刻数量不多，但仍在持续。金代僧俗四众在云居寺刻造佛经多种，如张企徵与其妻萧张氏出资助刻的《妙色王因缘经》《八部佛名经》等佛经十余种，又有皇伯赵王、汉王所刻《增一阿含经》与《杂阿含经》等。尤其是僧人玄英与俗家弟子史君庆、刘庆余，自天会十五年（1137年）至皇统九年（1149年）间，共刻造《金刚顶经瑜伽修习毗卢遮那三摩地法》《金刚顶一切如来真实摄大乘现证大教王经》等密宗经典39帙。玄英又刻造《藏经总经题字号目录》，为后人了解金天眷三年（1140年）之前辽、金二代云居寺续刻佛经的总体情况，提供了可靠资料。

### 明清之际更尊崇

明清时期房山石经刻造基本停止，但云居寺仍得到统治高层的关注，有利于石经的保存与传承。明朝建立后，行童出身的明太祖朱元璋听闻石经之事迹，特命人前去视察。洪武二十一年（1388年）正月二十一日，随侍燕王朱棣的高僧道衍禅师（即姚广孝）奉旨前去观瞻。道衍向朱元璋报告了有关情况，并撰诗纪事，称："竺坟五千卷，华言百师译。琬公惧变灭，铁笔写苍石……功非一代就，用籍万人力……不畏野火燎，讵愁藓苔蚀。兹山既无尽，是法宁有极。"并对静琬表达了崇敬与景慕之情："如何大业间，得此至人出。幽明获尔利，乾坤配其德。大哉弘法心，吾徒可为则。"高度推崇静琬法师的护法盛举。

明神宗万历年间（1573—1619年），又有高僧德清与达观发掘出云居寺秘藏一千余年的佛舍利，经皇太后虔心斋供后回藏，成为轰动一时的佛教界盛事。德清（1546—1623年），全椒（今属安徽省）人，俗姓蔡，字澄印，号憨山。达观（1543—1603年），祖籍江苏句容，幼年迁至吴县，俗姓沈，法名达观，中年后改名为真可，号紫柏老人。憨山德清、紫柏真可分别有《憨山老人梦游全集》《紫柏尊者全集》等传世，位列明末四大师，是明代德重一时的著名高僧。两人发现云居寺舍利，是在万历二十年（1592年）。当时德清访达观真可于房山上方山，久闻石经山盛名，遂邀结同游，巡礼静琬所刻佛经。他们在清理雷音洞时，发现了秘藏多年的石穴，其中藏有隋大业十二年（616年）静琬大师所置石函。请出细观，发现石函内套银函，银函内再套金函，金函中又有小金瓶，"中安佛舍利三颗，如黍米，颜红色，如金刚"。德清、真可请人奏于万历皇帝的生母慈圣皇太后，受到内廷高度重视，"太后欣然喜，斋宿三日，六月已丑朔，迎入慈宁宫，供养三日"。佛宝出世，轰动一时。太后"仍于小金函外加小玉函，玉函复加小金函……仍造大石函，总包藏之"，归还云居寺，回藏于雷音洞，"愿住持永劫，生生世世，缘会再睹"。又嘱德清撰文刻石，以纪其事。德清在文中，赞称："至我圣祖、神宗尊崇敬事，超越百代。"佛舍利是重要的佛教法物，云居寺在北方佛教界的名声，随之大振。时静琬塔院为寺僧所卖，德清、真可等以皇太后所施斋供赎回，还得到中贵杨廷及其弟子法灯等人的鼎力相助。明末万历、天启、崇祯年间（1573—1644年），南方籍官员、居士集资刻经，由著名书法家董其昌书额"宝藏"，藏于雷音洞新开洞窟中，最终结束了石经刻造事业。明亡清兴之后，房山石经仍得到朝廷的关注与重视。清初经超古、僧广二位大师的住持修复，继续保持香火鼎盛的繁荣局面。广大信众施舍钱粮，买山置地。乾隆二十一年（1756年），进士出身的翰林院编修博明撰文，书于碑石，为寺庙的传承与石经的保护提供了稳定可靠的保障。后来嘉庆帝又两次游幸云居寺，御题《云居寺瞻礼二十韵》和《再游云居寺》两诗，立碑于寺内弥陀殿院。

延续千年的云居寺刻经，既是中国佛教史上的奇迹，也是中国文化史上珍贵而稀有的奇葩，有"北京的敦煌"、"世界之最"等美誉。云居寺现已成为佛教经籍的荟萃之地，寺内珍藏着石经、纸经、木版经，号称"三绝"。经历代王朝支持刻造而成的云居寺石经，迄今得到妥善保护和珍藏，焕发新的生机，展示出历史悠久、丰富多彩的宗教文化。

# 北海公园：现代美育空间的建构

林 峥

民国初年北京都市格局重组，北海所处的内城中心区域，公园、图书馆、博物院、高等学府林立，崛起为新文化的中心。而1925年开放的北海公园，引入茶座、图书馆、公共体育场、溜冰与划船等一系列设施，构成了辅助与补充学校教育的现代美育空间。

一

1931年5月，蔡元培发表《二十五年来中国之美育》一文，开篇谈道："美育的名词，是民国元年我从德文的Asthetische Eriziehung译出，为从前所未有。"作为民国首任教育总长、新文化运动时期的北京大学校长、著名的教育家，蔡元培自民国元年（1912年）起便坚持提倡和推行"美育"的教育理念。在蔡元培看来，美育"便是使人类能在音乐、雕刻、图画、文学里又找见他们遗失了的情感。我们每每在听了一支歌，看了一张画、一件雕刻，或是读了一首诗、一篇文章以后，常会有一种说不出的感觉：四周的空气会变得更温柔，眼前的对象会变得更甜蜜，似乎觉得自身在这个世界上有一种伟大的使命。这种使命不仅要使人人有饭吃，有衣裳穿，有房子住，他同时还要使人人能在保持生存以外，还能去享受人生。知道了享受人生的乐趣，同时便知道了人生的可爱，人与人的感情便不期然而然地更加浓厚起来"，从而达到"陶养吾人之感情，使有高尚纯洁之习惯，而使人我之见，利己损人之思念，渐消沮也"的作用。

蔡元培的美育理想，期望通过家庭教育、学校教育和社会教育三个途径达成，社会教育既包括美术馆、音乐会、博物馆、剧院一类现代市政机构，也包括市政的美化。就在《二十五年来中国之美育》一文中，蔡元培指出：美育的基础，立在学校；而美育的推行，归宿于都市的美化。……首都大市，虽有建设计划，一时均未能实现；未有计划的，更无从说起。我们所认为都市美化的一部分，止有公园了。

自1925年8月1日起正式对外开放的北海公园，正是以物质空间的方式，最具代表性地诠释了蔡元培的美育理念。公园是一个多功能的空间，它除了提供娱乐设施外，还兼有商业、教育、文化、社会、政治等多种作用，像北海这样新起的公共空间，各种机构、设施都有意愿占据一席之地，其选择什么、排斥什么，体现了对于公园的设想和定位。北海特别典型地体现了民国公园对于教育（包括德育、智育、体育），尤其是美育功能的关注，作为新兴的美育空间，陶养和教化民国理想的现代公民。

首先，北海的茶座、咖啡馆应有尽有，且皆设于北海内风景幽雅的名胜景点，从上午八九点一直营业到深夜12点钟，可供游人在品茗就餐之时，观景怡情，相得益彰。根据邓云乡的回忆，"几十年前北海的茶座有十几家之多"，其中最有特色的几家，当属漪澜堂、道宁斋、濠濮间、五龙亭、仿膳等。漪澜堂和道宁斋坐落于琼岛上，雕廊画栋的楼阁呈扇面形沿北海水边展开，与对岸的小西天与五龙亭遥相呼应，是当时北海最大的茶座，"有最好的座位，最好的茶食，最好的点心"。沿栏杆和长廊，上下两层，约一百二三十张桌子，每张桌子配四张大藤椅，可以同时招待近五百人喝茶。

每到春夏之交，一到下午三四点钟，太阳偏西之后，是漪澜堂、道宁斋最热闹的时候。坐在水边，喝着香片茶，嗑着瓜子，吃着玫瑰枣等茶食，闲谈着，望着龙楼凤阙边特有的蓝天和变幻的白云，听着划小船的人的笑声、桨声，在大蓝布遮阳下面水中阳光闪动着金波，小燕子像穿梭一样飞来飞去……这时你会自然想起王子安的"滕王高阁临江者，佩玉鸣鸾罢歌舞，画栋朝飞南浦云，朱帘暮卷西山雨"的诗句。虽然这里不是滕王阁，而艺术的意境会促使你产生共鸣。

东岸的濠濮间是北海最安静的茶社，这里环境幽邃，"是作家写作的好地方，也是情侣海誓山盟的好地方。有个时期，曾经有几位老诗人定期在这里雅集，分韵刻烛"。五龙亭与仿膳位于北岸，五龙亭只中间三座大亭子摆茶座，四面轩窗大开，临窗设座位，"离水面近，接受南风吹拂，视野又开扩，琼华岛的塔影波光，齐收眼底，在这里喝茶是别有情趣的"。仿膳依山面水，搭着高大的舒卷自如的天棚，也摆有很多茶座，以仿制清宫御膳房的菜肴点心为特色。由上观之，北海茶座的设置，深得借景之妙意，充分利用其得天独厚的开阔水景和园林情趣，营造出一种诗意的氛围。正如邓云乡所言，这种"艺术的意境"会使品茗观景的游客产生共鸣，联想起"画栋朝飞南浦云，朱帘暮卷西山雨"一类充满古典情致的诗句，受到美学的熏陶。而相应地，北海也成为能够激发游人诗情和灵感的审美空间，甚至在想象的层面上成为一种象征性的美学符号。

## 二

除茶座外，北海公园另一个显著特点便是其丰富而权威的图书馆资源。早在1923年北海尚未正式开放时，梁启超即动用他与北洋高层的关系，由总统黎元洪亲自批示，在快雪堂设立了松坡图书馆，以纪念护国有功的蔡锷，期待"'高山仰止，景行行止'，入斯室者，百世之后，犹当想见蔡公为人也"，以蔡锷的精神与人格感化和教育公众。松坡图书馆肇始于1916年蔡锷病逝，梁启超撰文《创设松坡图书馆缘起》发起倡议，在文中振聋发聩地强调中国开设图书馆的必要性：

同人翕然同声曰：今世各文明国图书馆之设，遍于都邑，盖欧美诸国虽百数十家村落，犹必有一图书馆。其大都会之图书馆，规模宏敞，收藏浩富，古代帝室之天禄石渠，视之犹瞠乎若其后也。然皆廓然任人借观流览，使寒士之好学者，得以尽窥秘籍。夫岂惟寒士，虽素封之家，亦岂能于书无所不蓄？我有图书馆，然后学问普及之效，乃可得而睹也。今以中国之大，而私立图书馆，竟无一焉。即京师及各省间有公立之馆，亦皆规模不备，不能收裨益公众之功用。昔美国豪绅卡匿奇氏，尝云一国图书馆之有无多寡，可以觇其国文野之程度。此言若信，则我国民与世界相见，其惭汗为何如哉！

在当时，图书馆与公园一样，都是新兴的舶来品，是西方现代市政文明的代表，任公终其一生都致力于中国图书馆事业的建设，且与北海有莫大渊源。在其运作下，1923年6月20日，松坡图书馆终于择定馆址，在北海快雪堂；11月4日正式成立，梁启超亲任馆长。彼时北海尚处于军阀势力盘踞之下，松坡图书馆得以落成北海，端赖任公与北洋高层的渊源，从中斡旋。松坡图书馆位于北海北岸的一个斜坡上，四周环绕着蓊郁的槐林，内分三进，分别为阅览室、藏书室和蔡公祠，环境雅洁肃穆。其藏书主要来自梁启超搜求的十万余册中外书籍（其中包括梁启超创建的"图书俱乐部"所收尚志学会、亚洲学会捐赠的2000多册日文图书和其他外文图书约6000多册），《四库全书》复本以及政府拨给的杨守敬藏书24000余册。由于松坡图书馆属于纪念性质的私立图书馆，另行售票，因此环境清幽，读者不多，以从事研究的学者为主。

据梁启超致长女的家书，他当时执教于清华国学院。因此每到暑假前夕，他都会邀集清华学生同游北海，并延请名师在松坡图书馆讲学，如1926年夏邀请张君劢讲宋代理学。而梁启超本人亦于1927年5月间亲自为同学演讲，即由周传儒、吴其昌笔录成文的《北海谈话记》。这是梁启超晚年非常重要的一篇论述，在勉励清华学子"做人"、"做学问"之外，亦与其"党前运动"的政治理念相呼应。而我所致意的是，梁启超的"北海谈话"与北海、松坡图书馆的内在联系。梁启超的演讲以松坡图书馆与蔡锷的因缘入题，由蔡锷师从他求学的长沙时务学堂谈起，反思现代教育的弊病，批评"现在的学校，多变成整套的机械作用"；但同时，他也深谙传统教育之不足，希望"斟酌于两者之间"，以人格的修养纠补智识之偏弊："现世的学校，完全偏在智识一方面，而老先生又统统偏在修养一边，又不免失之太空了；所以要斟酌于两者之间。"遂以曾国藩、胡林翼诸人为典范，倡导人格的砥砺和相互感化："不怕难，不偷巧，最先从自己做起，立个标准，扩充下去，渐次应声气求，扩充到一班朋友，久而久之，便造成一种风气，到时局不可收拾的时候，就只好让他们这班人出来收拾了。"

而梁启超对清华学生的教育，便是身体力行他自身的这种教育理念。这种实践，包括他所提到的清华研究院近于学院式（college）的教育制度："诸同学天天看我的起居，谈笑，各种琐屑的生活，或者也可以供我同学们相当的暗示或模范。"而最为典型的，即每年初夏带领清华学生"作北海之游"，观当时国学院学生吴其昌的记述："俯仰咏啸于快雪浴兰之堂"，颇有孔子所称许的"浴乎沂，风乎舞雩，咏而归"的境界；以及延请张君劢等名师于北海讲宋贤名理，"穆然有鹅湖、鹿洞之遗风"，私淑传统书院的精神。种种手段，皆是希望以这种方式补现代教育之弊，而北海，即承载梁启超教育理念的试验场。北海的文化氛围与名师的言传身教、人格的耳濡目染相辅相成，于潜移默化中影响和感染着青年学子，从而形成对于现代学校教育的辅助与补充。"北海之游"对于清华国学院学子具有特殊的意义，1927年吴其昌编纂《清华学校研究院同学录》，将《梁先生北海谈话记》排在篇首，总领全书，其后才是国学院"四大导师"等教师的相片以及每位学生的小传等。这种安排本身即意味深长，暗示了吴其昌等清华国学院学子对于国学院教育的理解，在他们看来，"北海之游"及其所象征的精神的感召和人格的砥砺，才是清华国学院的灵魂所在。在这个意义上，梁启超的"北海之游"与蔡元培的美育理念有异曲同工之妙。

松坡图书馆而外，1925年5月，位于方家胡同的京师图书馆闻悉北海即将开放为公园的消息后，亦呈请教育部饬拨北海场地，意欲在北海公园内设立总馆，其方家胡同原址则作为第一分馆。京师图书馆主任在上呈教育部的文件中陈述选址的缘由：

本馆僻在京城东北一隅，年来阅览人数虽亦逐渐增加，而现在馆址究嫌偏僻。西南城一带学者纵有志观光，辄以相隔远，有裹足不前之慨。查北京各图书馆所藏典籍，以本馆为最多，又为钧部直辖机关，处首都所在之地，观瞻所系，似宜力事振作，迁移交通便利之所，以慰人民之望。从前屡有斯议，辄以无适宜地点而止。今幸阁议通过，将北海改作公园。北海处四城之中，地方辽阔，官房綦多，乘兹改创之时，允宜首先指定图书馆所在地，以示国家右文主旨。拟请提出阁议，择规模闳大足敷图书馆应用之官房酌拨一所，将本馆旧籍悉数迁往，作为图书总馆。其方家胡同现在馆址，则留馆中所藏新书及就书中重复之本，作为第一分馆，以供东北城一带人民浏览。社会教育原足以辅助学校教育之不足，图书馆尤为社会教育中主要事业，愈多愈妙。

京师图书馆嫌方家胡同原址偏于东北一隅，看中"北海处四城之中，地方辽阔，官房綦多"，且指出图书馆系社会教育的主要事业，可以辅助学校教育的不足。民国北京公园的一大特色，就是图书馆多附设于公园之内，公园与图书馆合二为一，共同发挥美育（教育）的功能，与学校教育相互补益，北海公园即此中的集大成者。此前于1924年9月，中华教育文化基金会董事会成立，负责保管和处置美国第二次退还的庚子赔款；1925年6月，中基会董事会决议以庚款促进永久性的文化事业，先从图书馆入手。因此，同年11月3日，中基会与教育部协商订约，合办"国立京师图书馆"，决定由中基会与教育部共同支出年费，租用北海公园内庆霄楼、悦心殿、静憩轩、普安殿一带房屋为馆址，并聘请梁启超与李四光为正副馆长。可惜，由于当时北京政府国库空虚，无法履约拨给费用，中基会只好中止与教育部的契约，转为独立筹办，馆址沿用此前选定的北海庆霄楼、悦心殿等处，改名为"北京图书馆"，仍以梁启超、李四光为正副馆长。所以，最终在北海成立的，是中基会创办的北京图书馆。1928年，北伐成功，北京改为北平，北京图书馆也相应更名为北海图书馆。北海图书馆十分鼓励公众养成阅读的习惯，不仅规定阅览人随意取书，不收费用，甚至出图书馆时，可获赠公园门票一张。此例典型地体现了当时公园与图书馆相辅相成，共同推进社会教育、启迪民智的特点。

与此同时，1928年国立京师图书馆亦改名为北平图书馆。1928年8月7日，国民政府电拨中海居仁堂归北平图书馆使用；1929年2月10日，北平图书馆在居仁堂开馆。在梁启超的促成下，1929年8月，教育部正式决定将北平图书馆与北海图书馆合并为"国立北平图书馆"，原居仁堂部分为第一馆，原北海部分为第二馆。由于梁启超彼时已因手术意外辞世，遂聘请蔡元培与袁同礼任正副馆长，并且选定北海西岸御马圈旧地及公府操场建造新馆。1931年6月12日，国立北平图书馆新馆在北海落成，7月正式开馆。根据时人的回忆，国立北平图书馆是当时远东最现代化的图书馆，其"外观是十分华美的，它的内部更为精美。外部完全是中国宫殿式的，而内部则完全是西方式的，在20世纪30年代初，它的内部设备，比之于大洋彼岸的美国国会图书馆毫不逊色"。图书馆藏书分为旧藏、新增与寄存三部分，藏有各类中文、满蒙文、藏文、西文、日文书籍，以及《文津阁四库全书》、善本书、经卷舆图、金石拓本、文物等等，蔚为大观。想任公于1916年筚路蓝缕草创松坡图书馆之时，尚感慨："我国民与世界相见，其惭汗为何如哉"，而1931年北海已落成此"比之于大洋彼岸的美国国会图书馆毫不逊色"的国立北平图书馆，虽然任公不逮亲眼目睹，庶几可慰藉其于九泉之下。身处这样的图书馆里阅读学习，本身就是一种审美体验，给人以文明的熏陶，正如当年作为青年学生的读者邓云乡的感受："大阅览室为了保持安静，连地板也是咖啡色橡皮砖铺成，走起路来一点声音也没有，即使坐了很多人，那偌大的阅览室也像没有一个人一样，那真是一个肃穆的读书环境，那气氛正是显示了高度的文明"，令人不由发自内心地感叹："当年能够在这里读读书，真是三生有幸啊！"

　　总而言之，北海公园先后设有松坡图书馆、北京图书馆（北海图书馆）和国立北平图书馆，毗邻的中海还一度设有北平图书馆，且其前身京师图书馆本亦欲选址于北海。如此丰富的图书馆资源为北海增添了浓郁的书卷气和文化底蕴。

三

　　除了智育功能外，北海还十分重视提倡体育事业。首先，鉴于"公园为公共游乐之所，寓有提倡体育之意，运动器械亟应设备"，1926年，北海在公园内建成大型公共体育场与儿童体育场，布置完备，应有尽有。每日自上午7时至下午7时开放，不设门票，可见其奖掖公众运动之意。场内并设有指导员，指导健身者的行为，要求他们遵守运动场制定的各项规则，甚至包括运动的方式。这是民国公园的普遍特点，即以精英主义的姿态自居，认为自己负有教育、指导游人行为规范的职责。除运动场外，公园内还设有多处球房，如漪澜堂西餐球房、翠雅球房、大西天球房等等。

　　其次，北海充分利用其得天独厚的广阔湖面，冬季可溜冰，夏季能划船。民国时期，北海的冰场享誉京城。由于溜冰这项运动对于身体素质有特殊的要求，因此，除了个别高手如曾为慈禧表演的"老供奉"吴桐轩之外，冰场的常客大多为青年男女。如北海的三大冰场双虹榭、道宁斋和漪澜堂，也像公园茶座一样，各有受众——双虹榭多为一群学生与初学滑冰的人；道宁斋与漪澜堂大半是一对对的情侣，或滑冰技术特别好的人。1934年，《时事汇报》以"北海青年男女溜冰热"为标题，报道北海冬日冰场的盛况：

> 二日晨九时起，男女青年，肩负冰鞋，群奔北海。十二时，漪澜堂前，已集有冰上健儿百余人，茶座中乱成一片，其中各校学生占大多数。汇文中学冰球健将欧阳可宏等十余人，以球棍代步枪，在冰上作"毙人"之剧，其一举一动，滑稽突梯，颇饶兴趣。童子军教练马永春，戎装登场，大耍花枪。北大冰迷若干人，因本校冰场尚未开幕，故多来此间赶早，各着军训制服，颇引人注目。场中女将约达四十人，多属慕贞等校学生，成群结队，笑语喧天，兴趣浓厚异常。萧淑芳女士偕乃妹并三友人飞舞场上，日暮始归。

活跃于北海冰面的青年男女中，"各校学生占大多数"，包括北京大学、汇文中学、慕贞女校的学生等等。其中特别点名的萧淑芳女士，是音乐家萧友梅的侄女，萧家姊妹乃当时北平备受瞩目的溜冰明星，报刊上常见她们的倩影。

而一年一度的化妆溜冰大会，更是万众期待的盛事。此举滥觞于1925年冬，先是游船商人于12月1日呈请在北海北段设立溜冰场，同月5日，漪澜堂餐馆也提出在漪澜堂码头附近开设溜冰场。1926年1月9日，漪澜堂餐馆申请于当月31日开办化妆溜冰会，将原冰场展宽，四周围上芦席，里面再围一圈短席墙，中央是溜冰场，短墙外是参观席，南面设评委席及化妆室、更衣室数间，北面设乐台。《晨报星期画报》特辟专号报道了这一盛会：

> 前星期日，北海漪澜堂前，举行化妆溜冰大会，观者数千人，比赛人数达一百三十余人。中外男女各半，怪装异饰，无奇不有，或捉襟见肘，或腰大盈丈，更有西妇九人饰马牛羊兔之属，观者无不捧腹。最奇者，饰火锅、白菜、莲花、蝴蝶、汽船、印度妇人等等，使人绝倒。是日先举行跳舞，次为各项竞走，三时开会，至五时半分，则给予奖品尽欢而散。如斯盛会，实为北京历年来冬令所未有，本报特为刊行专号，以供未与会者览观焉。

此后北海每年都举行化妆溜冰大会，参赛者与观众络绎不绝，中外兼有，"实北平冬令一种特别娱乐也"。从民国时期的老照片，略可窥得当年盛况，民国时人的时尚嗅觉和想象力，即使在一个世纪后仍令人惊叹。

其余的季节里，泛舟北海更是游人钟爱的消遣。道宁斋、双虹榭、五龙亭码头均有小船可供租用，根据邓云乡的回忆，"北海划船，在春日宜于午前，暖日熏人，波平浪静，最为舒畅"；"夏秋两季则宜于清晨和夜晚，在夏夜把小船放在黑黝黝的水中央，不用划，任其飘荡，望着夏空繁星与琼华岛之明灭灯火交相辉映，蛙声、语声、水香、荷香、衣衫鬓影香，那真是'仲夏夜之梦'境了"。这种浪漫的意境尤受青年人的青睐，正如谢冰莹《北平之恋》中的描写：

年轻的男女们，老喜欢驾一叶扁舟，漫游于北海之上；微风轻摇着荷叶，发出索索的响声，小鱼在碧绿的水里跳跃着；有时，小舟驶进了莲花丛里，人像在画图中，多么绮丽的风景！

有时风起了，绿波激荡着游艇，发出"的冻""的冻"的响声，年轻的男女有的对着绿波微笑；有的轻吟低唱；有的吹奏口琴；或者哼着自己心爱的调子，他们真像天上的安琪儿那么无忧无虑，快乐非常。

综上所述，北海公园的美育功能十分突出，一切设施皆出自美术的匠心，希望给予游人审美的享受。一方面，北海特别重视对于公众进行智育的熏陶，公园内先后设立有松坡图书馆、北京图书馆（北海图书馆）和国立北平图书馆，这种盛状即使是在民国时期图书馆与公园普遍共存的前提下，也是十分罕见的。梁启超带领清华国学院学生在松坡图书馆优游讲学的佳话，北京图书馆（北海图书馆）尤其是国立北平图书馆权威而丰富的藏书，都为民国北京的精神生活与文化生态增添了一抹亮色。而另一方面，北海也很注重对于民众体育爱好的养成，公共体育场、儿童体育场的设立以及最富特色的化妆溜冰及泛舟，利用北海得天独厚的资源，青年男女飞驰冰面或泛舟湖心的身影，不啻为北海最为动人的风景。这一切遂造就了北海成为独一无二的美育空间，在民国北京的教育史和文化史上成就自身不可替代的影响。

# "到北海去"

## ——民国时期"新青年"的美育乌托邦

### 林　峥

　　民国之后，内城封闭的格局被打破，文化中心、商业中心都呈现由外城向内城转移的趋势。尤其是北海所处的以紫禁城为核心的内城中心地带，在昔日皇家禁苑、坛庙的基础上，开辟了各式公园、博物院，除北海外，还有中央公园（社稷坛）、和平公园（太庙）、景山、中南海、古物陈列所、故宫博物院等等，且公园内大多兼有图书馆、讲演厅、陈列所、音乐堂、体育场等文化设施，这片区域遂形成新式公共文化空间的集大成者。同时，中国现代教育的最高学府、新文化运动的发源地——北京大学也位于这一带。时任北大校长的蔡元培曾于1919年新文化运动方兴未艾之际，发表《文化运动不要忘了美育》一文，呼吁致力新文化者不要忽略美育，在文中勾勒其理想的美育乌托邦，应既有专门的美术教育学校，又在高等学府中设立相关的讲座与研究所；面向社会还有美术馆、博物院、展览会、剧院等设施；市中大道着意美化，并多设有公园，一切建筑陈设，事无巨细"都是从美术家的意匠构成"。而北海所处的地带，正是蔡元培这种美育乌托邦一个具体而微的实现，从而取代清时作为文化中心的宣南，成为北京新型的文化空间。

## 一

　　蔡元培掌校期间，除了身体力行推行其美育理念外，还为北大奠定了兼容并包的学风，因此这片区域除了北大正式的学生外，还会聚了无数有志于新文化、新文学的青年，"他们被北大开放的校风、自由旁听的制度以及周边浓郁的文化氛围所吸引，游走于课堂、图书馆、街道和公寓之间，彼此联系，互通声息，构成了独特的文化生态，沙滩一带甚至有了北京'拉丁区'的美名。"这些年轻人栖身于北大附近沙滩、北河沿一带大大小小的公寓中，如沙滩附近银闸胡同的公寓中居住着沈从文、黎锦明、陈炜谟、赵其文、陈翔鹤等，北河沿附近著名的汉园公寓中寄寓有张采真、焦菊隐、于赓虞、王鲁彦、顾千里、王三辛、蹇先艾、朱湘、刘梦苇、丁玲、胡也频等。正如沈从文晚年的回忆，"就中一部分是北大正式学生，一部分和我情形相近，受了点'五四'影响，来到北京，为继续接受文学革命熏陶，引起了一点幻想童心，有所探索有所期待而来的。当时这种年轻人在红楼附近地区住下，比住在东西二斋的正规学生大致还多数倍。有短短时期就失望离开的，也有一住三年五载的，有的对于文学社团发生兴趣，有的始终是单干户。共同影响到30年代中国新文学，各有不同成就……以红楼为中心，几十个大小公寓，所形成的活泼文化学术空气，不仅国内少有，即使在北京别的学校也希见"。这片区域遂成为青年学子的乌托邦。

由此可见，20世纪20年代，随着"新文化"运动越发深入，北海所在的内城中心区崛起为新文化的中心，而与此同时，五四运动下成长起来的一代"新青年"也已经成熟。由于同一区域的中央公园早已为上一代际的新文化人所占据，他们遂选择1925年新兴开放、且与自身气质相投的北海作为自己的领地。借用当时居于北河沿寓所的青年作家沈从文一篇自叙传小说的题目，"到北海去"成了这些青年学子的日常功课。

<h2 style="text-align:center">二</h2>

北海自辟为公园伊始，即对学生特别优待，规定学校及公益团体可以免票入园。加诸北海地处内城中心，交通便利，因此，自开放之后，组织前来参观的北京各大、中、小学校及教育机构便络绎不绝。如根据第一届北海公园事务报告书，1925年至1926年间来北海参观的团体几乎全是学生，共六十一次，计有清华学校、国立北京师范大学、北京协和医科大学、孔德学校、崇实中学、北京艺文中学、慕贞学校、北京育英学校、北京基督教青年会等，约四十个团体，四千余人，其中甚至包括外省的学校。有些中小学校（以小学为主）还会组织学生在归来后写作北海游记，并挑选优秀作品刊登在校刊上。此外，北海公园内广设茶座、餐厅，环境幽雅，即便如董事会办公的画舫斋，只要董事会不需用时，皆可得租用，因此为青年学生团体的各种集会，提供了充裕的公共空间。如近在咫尺的北京大学，查《北京大学日刊》，北大各学生社团、组织常于北海濠濮间、五龙亭、漪澜堂等处举行茶会、联欢会等。

同时，青年学生、艺术家的气质、性情以及自我定位，也与北海最为相契。青年作家高长虹在《北海漫写》一文中以诗意的笔触描写、赞美北海：

平庸的游人们当然是最好到那平庸的中山公园去写意了！因为一切都是对

的，所以三海留给诗人和艺术家以不少的清净。我在北海停了两点钟，没有看见五十个人，所以她做了我的最好的工作室了！荷花的芬芳，你试也夹在风中一息，吹送入我的文字中吧！（长虹周刊，1929年）

在高长虹看来，城南公园（先农坛）太低俗，中山公园太平庸，唯有三海充满了艺术气息，"留给诗人和艺术家以不少的清净"。北海游人越少，越清静，越能标榜自己品位的不俗："我在北海停了两点钟，没有看见五十个人，所以她做了我的最好的工作室了！"这不是高长虹个别的见解，而是在当时的年轻人中颇具普遍性。如青年作家沈从文在自叙传小说《老实人》中，亦借主人公自宽君之口道："人少一点则公园中所有的佳处全现出"，"在自宽君意思中，北海是越美，就因为人少！"且他一听到附近茶座的女学生表示不愿（或曰不屑）去中央公园那样人多的地方，立即引为同调。

三

一方面，北海越是少人问津，越是能凸显自我与众不同的格调，唯有自己能欣赏北海的佳处；而另一方面，寂寞的北海，正与孤芳自赏、自命不随波逐流的文学青年惺惺相惜，如同他们的精神镜像。他们欣赏北海的寂寞，同时也以这种寂寞自许。因此，青年学生、艺术家们喜欢在此阅读、创作、进行文学探讨和批评，北海诗意的审美氛围滋养着他们的灵感，而同时，他们的创作也进一步渲染了北海浪漫的艺术气息。

以沈从文为例，初到北京的湘西青年沈从文原本住在前门外杨梅竹斜街的西西会馆，其表弟却很快为他重新找了沙滩附近银闸胡同的公寓，"用意是让我在新环境里多接近些文化和文化人，减少一点寂寞"。于是，沈从文搬到了这片新兴的新文化中心区。此处距离北海公园相当近，步行可及。沈从文有一篇小说就直接题为《到北海去》，作品发表于1925年8月25日，而北海公园同年8月1日才正式向公众开放，可见他对于北海高度的关注和兴趣。在另一篇自叙传小说《老实人》中，自叙传主人公自宽君的爱好便是"每日到北海去溜"，作者让自宽君的脚步追随邂逅的女学生，从琼岛—五龙亭—九龙碑—静心斋—濠濮间—船坞—白塔，勾勒出一条烂熟于心的游览路线。

北海为沈从文这样的初学写作者提供了构思和阅读的场所。《老实人》谈到自宽君"有时他却一个人坐到众人来去的大土路旁木凳上，就看着这来去的男女为乐。每一个男女全能给他以一种幻想，从装饰同年龄貌上，感出这人回到家中时节的情形，且胡猜测日常命运所给这人的工作是一些什么"。这其实也是作者切身的经验之谈，沈从文素有"看人"的喜好，在公园中这样观察往来的游客，可以激发构思的灵感，搜集写作的素材，"把每一类人每一个人的生活，收缩到心头，在这观察所及的生活上加以同情与注意"，以之作为自己的"日常工作"，是作家进行自我训练的有效手段。

去北海，除了看人以外，"还有一件事，自宽君，看人还不是理由，他是去看书"。"北海的图书馆阅览室中，每天照例有一个座位上有近乎'革命家式'的平常人物，便是自宽君。"此"北海的图书馆阅览室"，即为1926年落成的北京图书馆，沈从文此文作于1927年，从叙述中对于图书馆之书刊种类、作息时间的熟稔程度看来，作者早已是北京图书馆的常客了。公共图书馆对于沈从文自身的人生轨迹具有重要意义。据他自己回忆，到京后最初住在酉西会馆的那段时期内，他由于报考大学失败，不再作升学打算，代以每日到京师图书馆分馆去看书自学，许多新旧杂书都是在这阶段读到的。而迁到沙滩一带的公寓后，想必沈从文也是同小说的自叙传主人公一样，每日到藏书更为丰富、也更为权威的北京图书馆报到。这种习惯即使到他成名后也未曾改变，巴金在回忆沈从文时就谈到："北京图书馆和北海公园都在附近，我们经常去这两处。"这种在公共图书馆涵泳、自学的经历，为沈从文这样一个来自湘西边城、不曾受过现代高等教育的"边缘知识分子"，日后成长为知名的新文学作家，打下了最初的基础。

待到20世纪30年代，已成为京派文坛领袖的沈从文执掌《大公报·文艺副刊》，亦不忘再续与北海的因缘，定期邀请在《文艺副刊》上崭露头角的新秀作者们到北海公园的漪澜堂和五龙亭，或是中山公园的来今雨轩聚会。如曾经的文学青年严文井晚年时回忆："从文先生大约每隔一两个月就要邀约这批年轻人在北海或中山公园聚集一次，喝茶并交谈。用今天的话，也可以说是开座谈会。不过每次座谈都没有主席和议题。如果说有一个核心人物，那就是从文先生。"

沈从文曾经作为一个文学青年，深受北海及其周边美育氛围的惠泽；而当他主持京派文坛之时，又不遗余力地发掘、提携新人。北海遂成为沈从文延续新文学代际之间的薪火、扶植青年作家的基地。

而与沈从文同时期的另一位青年作家蹇先艾，更是与北海，尤其是北海的图书馆结有深厚的渊源。蹇先艾由于叔父蹇念益的关系，早在北海正式开放为公园之前，即能自由出入松坡图书馆。他经常利用节假日去松坡图书馆看望叔父，同时借阅图书，从中汲取养分。因此，早在1923年10月2日，北海公园远未开放，甚至连松坡图书馆都还没有正式成立之前，蹇先艾便于松坡图书馆作诗《北海夜游》，发表在《晨报副镌·文学旬刊》。全诗分三节，渲染北海秋夜一种神秘、诗意的气氛，在这样的氛围中，有一个孤独的"我"绕水滨彳亍独行，独自体悟自然的真谛："我感触一切的空洞虚伪／愿携手与此自然之神。"蹇先艾彼时虽是新诗的初学者，《北海夜游》却已崭露其后所探索的新格律诗的面目。

蹇先艾大学毕业之后，更是在北海快雪堂的松坡图书馆工作长达近十年的时间。据他自己回忆：

我看见春花怒发，春水绿波；我听见各种鸟类的歌喉的婉啭，知了不断的长吟，秋虫在古宫殿的石砌中，草堆里唧唧的悲鸣，他们好像凭吊着琼楼玉宇的荒凉；我有时和几个朋友泛着小舟，从五龙亭出发，用船桨拍打着残荷，经过"琼岛春阴"，往金鳌玉蝀桥下穿过，又缓缓地归来，只听见一船的轻碎的笑声与咿哑的桨声。冬天来到，我很喜欢孤独地踏过冰海，跨上白塔去俯瞰负雪的古城，故宫的红墙黄瓦，迤逦的西山，都换上了银装。雪慢慢的融化了，紫禁城的朱垣，松柏的青苍，琉璃屋顶的澄黄，和东一片西一片的皓雪交映着，更觉得眩目动心。我以前对于自然是比较淡漠的，从那个时期起，才开始知道自然的伟大，才开始领略自然的伟大！（蹇先艾，忆松坡图书馆，创作月刊，1942年）

北海能令诗人和作家领略自然的美，达到精神净化的作用，正如高长虹亦在《北海漫写》中写道："在那有树木和水的地方，风吹过我们身边的时候，就像是风吹过水和树木的身边，也像是水和树木吹过我们的身边。这种感觉，不但凉爽，而且润洁，的确像是女性的陶融，自然是一个最美的女子，而美的女子也是自然！"

## 四

文学青年们除了在北海汲取知识和灵感外，也可以直接在北海进行文学创作和批评。蹇先艾的好友，另一位青年诗人朱湘也喜欢在北海创作。朱湘在其名篇《北海纪游》开篇即提到自己打算去北海作完《洛神》："九日下午，去北海，想在那里作完我的《洛神》，呈给一位不认识的女郎，路上遇到刘兄梦苇，我就变更计划，邀他一同去逛一天北海。"那个时候早夭的诗人刘梦苇还健在。于是朱湘与刘梦苇一边游北海，一边畅谈对于新诗的主张和见解，他们在濠濮间对话，在槐路上漫步，在雨中泛舟，在漪澜堂用点心，在琉璃牌楼下听雨，北海的美景、诗意完美地与新诗批评融合在一起。因此，《北海纪游》既是一篇书写北海的优美游记，又被公认为朱湘早期诗论的代表作，以年轻人特有的意气风发，甚至不乏激进的方式，表达了他们充满鲜活恣肆的生命力与创造性的新诗主张。北海富有诗意的情致，似乎更能触动诗人的灵感和诗性，这篇新诗批评的经典之作，正是因北海才得以完成。由此可见，北海在象征层面的美学意蕴，与新诗的精神内质，具有某种一致性。

在富有诗情的环境中谈论诗，的确是相得益彰的风雅之举，尤其是雨中划船的情致与檐下听雨的趣味，被朱湘以诗人的笔致娓娓道来，委实饶有意味。于是诗人在泛舟北海之时引逗了诗意的灵感，作《棹歌》一首，分"水心"、"岸侧"、"风朝"、"雨天"、"春波"、"夏荷"、"秋月"、"冬雪"各节，每节皆以"仰身呀桨落水中，对长空；俯首呀双桨如翼，鸟凭风"总起，以严整对仗的格律，描摹不同情境下北海泛舟的种种情致。朱湘将《棹歌》全诗录于《北海纪游》中，这是他对于新格律诗的尝试，与其作于同时期的代表作《采莲曲》在格式、情致上非常相似。《棹歌》，尤其是《采莲曲》，都富有代表性地体现了朱湘对于新格律诗"音乐美"的追求。朱湘在《北海纪游》中曾讨论新诗与音乐的关系，认为"文学与音乐的关系，我国古代与在西方都是好的抒情诗差不多都已谱入了音乐，成了人民生活的一部分；新诗则尚未得到音乐上的人材来在这方面致力"。因此，当好友蹇先艾将其北大法学院同学闻国新专门为《采莲曲》创作的曲谱带给朱湘的时候，朱湘会那么高兴，这相当于对他诗歌理念的一种实践。朱湘请蹇先艾代为向闻国新转达谢意，并表示："要是我们能找几个年轻人来合唱一下《采莲曲》，那就太有意思了。"于是当蹇先艾将朱湘的意思转告之后，有一天，闻国新果然带了几个女孩子来找蹇先艾，一同约了朱湘到北海去划船。有趣的是，当朱湘等人设想吟唱《采莲曲》时，北海再一次成为了诗人的不二之选，北海在诗人心中所代表的诗学意象和美学符号，由此可窥得一斑。

实际上，朱湘与刘梦苇在北海探讨新诗创作的问题，以及与蹇先艾在北海泛舟吟唱《采莲曲》都并非个案，而是当时他们一班探索新格律诗的青年诗人的生活常态。这一群具有相近美学追求的文学青年，闻一多、刘梦苇、朱湘、蹇先艾、饶孟侃、于赓虞、朱大等人，除了时任教授的闻一多外，大多住在北河沿附近的公寓中。他们都不满于当时粗制滥造的诗风，都希望在新诗的形式与格律上作些有益的试验。暑假里，他们常在北海濠濮间聚会，有时也在刘梦苇、闻一多的寓所中，切磋诗艺，讨论作品。就是在这样的基础上，有了新格律诗派与《晨报诗镌》的诞生。经他们商议，由蹇先艾与闻一多出面，与当时主编《晨报副刊》的徐志摩交涉（蹇先艾正是由于松坡图书馆的因缘而与徐志摩相识），《诗刊》遂于1926年4月1日作为《晨报》的副刊面世，徐志摩亲自撰写发刊词并担任主要的编辑工作。《诗刊》是这一群青年诗人探索新诗变革的阵地，正如朱自清在《中国新文学大系·诗集导言》中的评价："他们要'创格'、要发见'新格式与新音节'……他们真研究，真实验；每周有诗会，或讨论，或诵读。梁实秋氏说，'这是第一次一伙人聚集起来诚心诚意的试验作新诗。'虽然只出了十一号，留下的影响却很大。"而北海对于《晨报诗镌》的诞生以及新格律诗的建设，也发挥了不可或缺的一份作用。

由上可见，北海公园与以"新青年"为主体的"新文学"存在相互建构的关系，一方面，北海赋予了文学青年养分、灵感和构思、书写、批评文学的空间；另一方面，他们的文学活动和书写也帮助建构了北海乌托邦的意象。

# 和平解放　古都新生

## ——1949年的北平都市图

宗绪盛

　　这是1949年4月由李庆祥绘编，由地处北平南新华街的科学印书馆印刷兼发行的《北平市街详图》。这可说是笔者所藏民国时期北平"最后"的一幅，也是北平和平解放后"最早"的一幅北京地图，是被收藏界称为"解放版"的一幅"新北京地图"。它以地图特有的形式，最早最快记载和反映了北平和平解放后的最初变化，描绘和揭示了一个"新北京"的开始。

一

　　《北平市街详图》为纸质，纵102厘米，横78厘米，五彩印刷。同1948年人民解放军东北军区司令部翻印的《北平城内全图》不同，虽然相隔只有几个月，北平这时已是"新桃换旧符"。它的印行主要不是为了军事的目的，为了"城外人"进来使用的需要，而是为了更多"新"的城里人，认识北平、了解北平，进行工作、生活、出行和开展各种活动的需要而绘制，它有着不同以往十分丰富的内容，透露出大量"新北京"的新信息。

　　《北平市街详图》的"图例"有25项，可谓不少。主要有街巷、马路、土路、铁路、城墙、土岗、土明沟、河流、土丘、洼坑、芦苇、树木、湿地、坟墓、马道、学校、庙宇、区界线、小径、桥梁、太湖石、古塔、砖墙等。

　　按"图例"查询，其中对街巷道路、医院学校、城墙马道、河流沟渠等各项，都做了尽可能详细的标示，而唯独缺少了民国北京地图惯有的"官衙"、"党部"和"警署"。原来民国政府、直隶、河北的驻京及北平市政府各部署办局的大小"衙门"，一概随着"天亮了"而变得无影无踪。能在图中见到的"官府"，那就是府右街北口的北平市政府、南公安街上的市公安局和分布在全市12个区的公安分局以及司法部街的北平人民法院、右安门后身的中国人民印刷厂等等。其时设在东交民巷御河桥的北平市军管会也并没有在图上标出，恐是当时出于安全保密的考虑。而当时北平市政府和军管会是否在门前挂出了"大牌子"，就不得而知了。

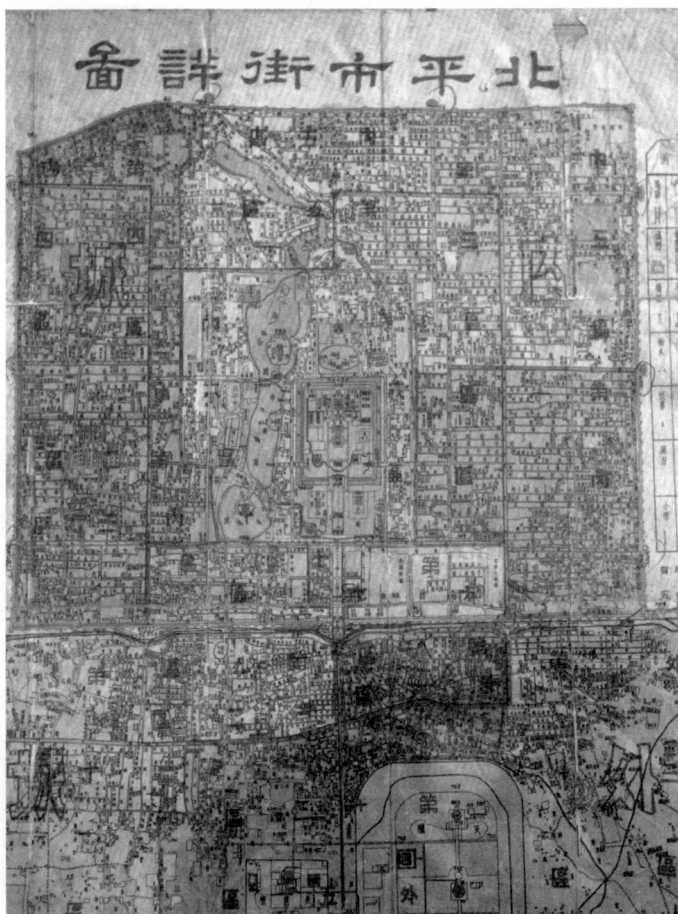

北平市街详图

　　图中这一看似并不显眼的变化，是经过北平市政府和军管会卓有成效的工作而实现的。据叶剑英《关于北平市接管工作初步总结向毛主席的报告》记载，自1949年1月31日（农历正月初三）人民解放军东野部队和北平市政府人员正式入城接收防务和市政，北平宣告和平解放，到2月3日上午中国人民解放军举行隆重的北平入城仪式之后至月底20多天的时间里，解放军和市政府共接管包括全部重要部门和首脑机关在内的物资、文化、市政等700多个单位，接收原有人员10余万人，显示出极高的工作效率，为使北平成为全国解放战争的军事指挥中心和建都于北平奠定了基础。

　　这时，图中也还没有党和国家办公地点的标示。1949年3月25日，中共中央、中央军委和解放军总部由河北平山西柏坡迁到北平，毛泽东、周恩来等人分驻香山双清别墅和香山饭店等处，直至6月中共中央逐步进驻中南海，到9月21日第一次全国人民政治协商会议召开及中央政府成立后，中南海才正式成为中共中央和政务院办公之处。

　　而过去被洋人长期盘踞的东交民巷"各国公使馆区"的各国公使馆的名录在图中也一概不见了踪影，正像歌词中所说的"帝国主义夹着尾巴逃跑了"。整个"租界"只留下了几条胡同的名字和六国饭店、花旗银行以及新建立的公安第七分局的新标示。

　　可以说，这是自1949年2月3日中国人民解放军在北平举行入城仪式，50多年来中国军队第一次全副武装列队通过东交民巷，踏上这片距离紫禁城咫尺之遥的土地，以示一段百年屈辱历史结束在地图上的最早体现。

　　《北平市街详图》还对实行了多年的"内七外五"的内外城城区区划重新统一进行了划分。把过去内城的内一至内七区改为了第一至第七区；把过去的外一区至外五区改为了第八区至第十二区，为使人们有一个习惯过程，图中对两种划分的两种序列同时做了标注。这种市区区域的划分以后略有数量的变化，直至1952年6月20日城内各区更名为东单区、西单区、东四区、西四区、前门区、宣武区、崇文区7个区之后，北京便没有了内外城及内外几区依照数字的划分。以后老城区又合并成东城、西城、崇文、宣武四个城区，一直到2010年，又被合成了2个，只剩下了"东西"，而没有了"文武"。

## 二

　　作为刚刚解放并准备在此召开新的政治协商会议的北平，其时中共及各民主党派代表纷纷进京，为满足住店的需要，《北平市街详图》在图的右侧刊印了仅有16家的《北平旅馆名称一览表》，主要有北京饭店、六国饭店、中国旅行社、北辰宫、华安饭店、长安饭店、国际饭店、中裕饭店、花园饭店、西湖饭店、聚仙旅社、永安饭店、天泰店、天福店、万福店、惠中饭店等，这些旅馆、饭店都是民国北平有名气的"馆子"，大多在城内中心区的长安街、王府井、东交民巷、西交民巷、前门、西单等交通便利、繁华热闹的地段，当中很多已被接管或军管使用，成为北平市政府、军管会以及党和国家进行活动的重要场所。

特别是名列第一家、地处东长安街的北京饭店和名列第二家、地处东交民巷的六国饭店以及前门内的华安饭店和西交民巷的中国旅行社，都是来京参加中国人民政治协商会议第一次全体代表会议代表的主要驻地和召开会议的场所。1949年4月1日中共首席代表周恩来与李宗仁南京政府首席代表张治中首次"和平谈判"的地点也是在位于东交民巷的六国饭店。北京饭店和六国饭店这两家"旅馆"今天依然享有盛名，其他的就鲜为人知了。而不知何故，地处香厂路，诞生于1918年、在民国初期与北京饭店、六国饭店齐名的京城"三大饭店"之一的东方饭店却图中无名。

作为被成功保护下来的文化古都，为了满足人们了解和进城游览的需要，"详图"特别在市街图的下边，分附了《北平近郊古迹名胜鸟瞰图》和《北平附近物产略图》，并刊有一篇《北平城郊景物纪略》，对"内外城文物"和"四郊风景"做了简明通俗的介绍。

"纪略"在"前言"中对北平做了极为简要的介绍："北平自唐虞时起，即为北方重镇，辽金以后，一直到清末民初，均建都于此，更成了世界的名都，文化的古城，无论是就文物上、建筑上哪方面来看，都能十足地表现出历史上的沧桑，和东方艺术的伟大。每当春秋佳日，不但各省前来观光的人数以万计，就是列邦人士也多联袂莅临，一睹前朝的遗迹。"这里没有关于北平和平解放的只言片语。

无论正图还是附图，图中显示的"景点"远比"纪略"要多得多。一段简介，也未见有关"政治"的语言，未见古都"新生"的介绍。从图中有关陶然亭赛金花墓的介绍，可知"纪略"应是从民国北平地图简介照抄而来。

三

上述图中所讲的北平，仅仅刚刚和平解放了4个月，人们就已经可以感受到一个"新北京"的出现。1949年8月9日至14日，北平市召开了各界代表会议，参加会议的有军管会和政府、各民主党派、各人民团体、工人、农民、解放军、少数民族以及教育、医务、文艺、新闻、工商、摊贩、宗教等各界代表332人；毛泽东、周恩来、朱德、董必武、李济深、沈钧儒、郭沫若等人出席大会，并致辞讲话。

据笔者所藏1949年8月《北平各界代表会议文献》一书记载，第一任北平市长叶剑英向各界代表报告《北平市半年来接管与施政工作》时讲道："建立人民民主革命的社会秩序，首先必须肃清潜伏的敌人……我公安机关半年来处理流散军人37000余名，破获各种案件14000多件。"除此之外，改革区街政权及公安局派出所；整理摊贩，建立交通秩序；收容乞丐；清洁卫生，在91天中清除垃圾20多万吨、市内粪便20多万斤；整修道路沟渠；建立恢复和发展国有和私营经济生产；改革和发展人民的文化教育事业；等等。副市长张友渔在《北平市半年来财经工作补充报告》中讲道，解放半年来北平财政共支出小米4275万斤（不包括军队、大学、军管会经费及地方款开支）；收入小米1869万斤，可谓"收支颇巨"。为平稳物价，"到7月底止，共计供应粮食5238万斤，连同供应市场及郊区等，则达13790万斤，供应布14万匹，纱113000捆，保证了劳动人民以公平价格获得生活必需品"。第一任北平市公安局长谭正文在《北平市半年来治安工作》中讲道，半年来，破获了特务匪徒的各种阴谋暴动案83起，逮捕首要特务分子562人；办理自首登记、管训改造及在押释放和送交法院的职业特务4309个；打碎旧警察机构，有步骤地处理了伪警察13000多人，其中有9000多员警分别留用；取消了原有的警察分驻所，建立起人民的公安派出所。总之，在不到半年的时间里，北平军管会、市政府就迅速完成了整个北平市的接管工作，"已使旧的北平开始变成人民的新北平"。正如彭真在北平市各界代表会议上做总结报告时所说，这种成绩的取得，由于中国共产党毛主席的领导，由于人民解放军的英勇奋斗，由于北平军管会、市政府全体工作人员和200万北平人民的共同努力，我们应该感谢他们。这如同北平的"和平"解放，同样是中国共产党人的一个了不起的历史功绩。

据《会议文献》记载，在8月13日下午的北平各界代表会议上，毛泽东发表了简短的讲演，除祝贺代表会议的召开外，毛泽东希望全国各城市都能速速召集同样的会议，为召集普选的人民代表大会准备条件。"一俟条件成熟，现在方式的各界人民代表会议即可执行人民代表大会的职权，成为全市的最高权力机关，选举市政府。以北平的情况看，大约几个月后就可以这样做了。"他号召北平人民"一致团结起来，为克服困难，建设人民的新首都而奋斗"。这恐怕是中共最高领导人最早说出北平将成为新中国的首都。据《大公报》北平8月19日专电报道，毛泽东主席在13日北平人民各界代表会闭幕上，向北平人民保证，当新政协会议开过以后，北平将成为首都，改名北京。这一保证得到了长时间的掌声。

在北平市各界代表会议结束5天后，8月19日，叶剑英奉调赴南方工作，中国人民革命军事委员会任命聂荣臻为北平市军管会主任兼市长。1949年9月21日至30日，中国人民政治协商会议第一届全体会议在北平中南海怀仁堂举行。在9月27日的全体代表会议上，一致通过中华人民共和国定都于北平，即日起北平改名为北京。10月1日下午3时，中华人民共和国中央人民政府成立典礼在天安门前隆重举行，中国和北京都开始进入一个新的"纪元"。11月20日至22日，北京市召开第二届第一次各界人民代表会议，自这次会议起代行人民代表大会的职权，选举聂荣臻为市长，张友渔、吴晗为副市长；选举彭真为市各界人民代表会议协商委员会主席，刘仁、钱瑞升、梁思成、余心清为副主席。由此至1952年，北京市各界人民代表会议共历四届，召开全体会议9次。1949年11月，为今人鲜知的曾任晋绥边区政府公安总局局长、中共中央社会部副部长，后任北平和平解放后第一任公安局长的谭正文，调任广东省公安厅副厅长。人们应该知道和永远记住这些为北京做出贡献的英雄和千百万老百姓。

这就是这幅1949年4月"解放版"的《北平市街详图》出版所给人们讲述的"老北京的故事"。

# 故宫的"双十纪念"特别开放

宗绪盛

一

这是一幅民国二十五年（1936年）10月10日《国立北平故宫博物院双十节特别开放路线图》，它是故宫博物院为纪念民国成立25周年，于"国庆"期间特别开放故宫中路及内外东路供游客参观所印制的路线图，这可以说是抗战前故宫博物院成立11年间，最后一次为纪念"双十节"国庆而举行特别开放活动，所留下的一个重要记载和见证。

该图为纸质，纵43厘米，横33厘米；线描，石印，正反两面，颜色已经发黄。图的正面为故宫中路东路及外东路参观路线图，背面为有关文字说明，包括参观指南、注意事项、参观人须知及附注说明等等。

《路线图》的最上面分三行印有"国立北平故宫博物院双十节特别开放路线图；中华民国二十五年十月十日；（中路东路及外东路）"。下面则是南起午门，北至神武门的"故宫"全图。此时的"故宫"虽统属"故宫博物院"管辖，但分别成立于民国元年（1912年）、民国三年（1914年）和民国十四年（1925年）的北京历史博物馆（1926年正式开馆）、古物陈列所和故宫博物院的"一馆一所一院"三家馆所，同时存在于"故宫"之内，因而故宫博物院特别开放的参观游览区域及路线也仅限于乾清门以北、神武门以南的区域。

据笔者所藏《民国十九年十二月故宫博物院报告》记载，这一年在故宫发展史上一件值得记载的大事是，过去分属于历史博物馆、古物陈列所和故宫博物院的紫禁城内外廷，统归于故宫博物院管辖。报告"绪言"写下了如下文字：

"紫禁城内，向有内廷外廷之分。午门以北乾清门外以南，所有三大殿，及各殿廷，均为外廷。乾清门以北，则称内廷。所谓故宫博物院者，从前只包括内廷一部分。本年十一月，经理事会之提议，政府之核准，自中华门（今注：此原为大清门，民国改称中华门；1959年扩建天安门广场时拆除；1976年在其原址修建了毛主席纪念堂）以内，均划归故宫博物院管辖。从此整个故宫，完全统一。此亦本年一宗大可纪念之事。"

虽然如此，据笔者所藏民国二十九年（1940年）《故宫博物院古物陈列所历史博物馆全图》所载，其时北京历史博物馆设在"午门"；古物陈列所设在太和、中和、保和三大殿区域；故宫博物院参观区域则仍在乾清门至神武门的范围。

循着图中所标特别开放的指示红线及中英文两种文字"参观指南"的介绍，可以清楚地知道"双十节"特别开放的路线及其游览景点和陈列的概貌，也可见与今日游览故宫路线及陈列内容的异同。有关文字介绍如下：

"（甲）由北上门往南至神武门购票，经顺贞门进集福门剪票。（乙）由古物陈列所往北至后右门购票，剪票往北进内右门，往北进苑西门。"

这是南北两条不同的参观路线，分别由紫禁城南的保和殿的后右门和北边的神武门进入。路线图以"甲"路线为"指南"，对特别开放的中路及内外东路作了介绍，即先经顺贞门入口走中路的御花园段，后走东路、中路的南段，再走外东路，经贞顺门出口完成游览，共参观景点33处（御花园算一处），其所介绍景点及路线具体如下：

先走中路之北段，主要参观御花园的12处景点，即：1. 御花园（以十二地支为序）：（子）延晖阁，明为望清阁；（丑）澄瑞亭，又称斗坛；（寅）千秋亭，供佛像；（卯）养性斋，明时为乐志斋，宣统时英人庄士敦曾住此；（辰）四神祠，祠后有台，台下为鹿苑；（巳）天一门，取天一生水之义，谓可放火；（午）钦安殿，奉玄天上帝，陈列青龙缸、龙皮鼓等；（未）堆秀山，明时观花殿旧址，万历间拆去，垒石为山，山巅有亭曰御景；（申）藻堂，向为收藏秘籍之所，乾隆时储四库会要，西有灵柏堂，东有凝香亭；（酉）浮碧亭；（戌）万春亭，供关帝画像；（亥）绛雪轩，乾隆时常与群臣吟咏于此，曾植海棠故有绛雪之名，轩前植有太平花。

后走内东路段，主要参观钟粹宫到斋宫等8处景点，即：2. 往东经苑东门，往南进大成左门（到）钟粹宫，为东六宫之一，德宗（光绪）后居此；陈列历代名画，新增有唐寅等画山水。3. 往东往北（到）钟粹宫后殿，历代法书陈列室，陈列历代名人墨迹。4. 退出往东经迎瑞门、昌祺门（到）景阳宫，为东六宫之一，向无人居；陈列宋元明瓷器，内多历代名窑精品。5. 退出往南向东经德阳门（到）永和宫，为东六宫之一，德宗时瑾妃居此；陈列钟表。6. 进后院，（到）

民国十九年十二月故宫博物院报告

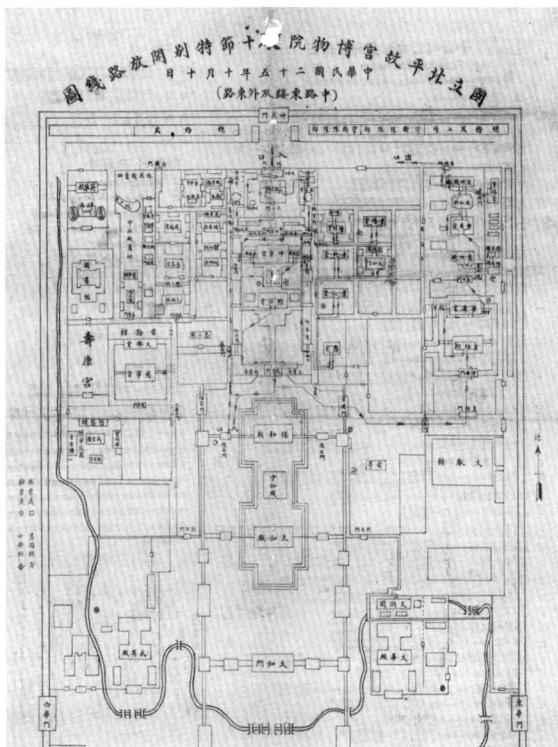

民国二十五年《国立北平故宫博物院双十节特别开放日路线图》

同顺斋，陈列钟表；原路退出往西。7. 经德阳门、履和门（到）承乾宫，为东六宫之一；陈列清代瓷器。8. 往西经广生左门，往南进咸和左门（到）景仁宫，为东六宫之一，系珍妃寝宫；陈列历代铜器。9. 往西出咸和左门，往南进仁祥门（到）斋宫，清康熙时建，凡南郊及祈常雩大祀致斋于此；陈列玉器。以上为内东路之路线和参观景点。

再转入中路南段，主要参观御茶房到南书房等12处景点，即：10. 往北往西进日精门往北（到）御茶房，陈列如意。11. 往北（到）坤宁宫东配殿，陈列本院所藏铜器、石刻及古砚、古镜等拓本。12. 往北（到）基化门南屋，陈列象牙等雕刻及月曼清游牙刻、美术品等。13. 往北（到）坤宁门东板房，即第一书画陈列室，陈列郎世宁、艾启蒙十骏图及成扇。14. 往西往南（到）坤宁宫西廊，陈列插屏。15. 往东（到）坤宁宫，在明为皇后寝室，清时东暖阁改为大婚时的洞房，中四间改为祭天跳神之处，宫前有神竿，于祭天时献颈骨于竿端。16. 往东（到）坤宁宫东暖殿，陈列剔红。17. 往西往南（到）交泰殿，陈列册宝、铜壶滴漏。18. 往西往南（到）正殿乾清宫，清代临轩听政，内廷受贺赐宴，召对臣工，引见庶僚，接觐外藩属国，陪臣咸御。此殿东西丹陛下有文石台二，上安设江山社稷金殿。19. 往东往北（到）昭仁殿，明崇祯帝曾手刃其女昭仁公主于此；陈列御制诗文集。20. 往西往南（到）批本处，清内阁批票本章俱由此处进呈；今作第二书画陈列室，新增明仇英人物通景屏十大幅。21. 往南乾清宫南廊（到）南书房，清为内廷词臣之值房；往东（到）上书房，明清两代皇子肄业于此。

最后走外东路段，主要参观九龙琉璃壁到珍妃井等11处景点，即：22. 出乾清门往东经景运门复往东进锡庆门验票，以下为外东路，如不愿游览，缴票往北经东筒子，即可往西往南经后右门为古物陈列所。23. 往东，九龙琉璃壁，往北进皇极门及宁寿门（到）皇极殿，陈列康熙、乾隆万寿图及大宝座、大自鸣钟、铜壶滴漏等。24. 往西往北（到）宁寿宫西北屋，陈列各种照片。25. 往东（到）宁寿宫，乾隆三十七年特葺，是宫以待归政尊养之用；陈列造办处舆图。26. 往东进穿堂门，往北进养性门往东（到）养性殿东配殿，陈列清军机处档案。27. 往北（到）养性殿正殿，陈列丹陛大乐；东西两暖殿陈列丝弦乐器。28. 往东进东墙门（到）畅音阁，陈列切末（不知"切末"何意）；向北（到）阅是楼，陈列戏衣盔头、戏本曲本。29. 原路退出往北（到）乐寿堂，陈列清宫中档案、内府档案、清钱等；西间为慈禧寝室及其用品。30. 往西往北（到）颐和轩，陈列盔甲兵器。31. 往东（到）景福宫，昔为康熙奉孝惠太后之所；陈列内阁大库档案物品等。32. 原路退出往西（到）景祺阁，陈列圆明园烫样。33. 往西往北（到）珍妃井，庚子之役，慈禧出走前推珍妃坠此井。34. 往北经顺贞门出口，收券。如愿至古物陈列所，可由东筒子往南至后右门购票游览。

　　这就是特别开放的参观路线及景点陈列介绍，除此之外，路线图还印有"三条注意事项"。有关内容如下：（1）"特别开放自十月十日起至十五日止，每逢双日开放中路及内外东路，单日开放中路及内外西路。"由此可知特别开放总共6天；分单双日开放不同的参观路线。这时故宫的参观游览共有中路、内外东路和内外西路。而在建院初期，由于故宫太大，加之没有那么多管理人员，就采取分区开放的形式。每逢周日、四开放中路，包括乾清宫、交泰殿、坤宁宫、钦安殿、御花园等；每逢周二、五开放内西路，包括寝宫重华宫、储秀宫、咸福宫、长春宫、养心殿等；每周三、六开放外东路的皇极殿、宁寿宫、养性殿等。（2）开放时间："售券每日上午九时起至下午三时半止，参观者须于下午五时前完全退出。"（3）券价："每张三角，军人一角，童仆一律。"比当时大洋五角的票价便宜了不少，相比建院开放之初的一块大洋更是便宜了很多，而在民国一些特别开放的日子里，故宫也有票价两角的时候。在今天的收藏市场上，一张不大的北平时期的"故宫参观券"，商家就会要价千元。可见故宫"纸片子"的珍贵。

　　除注意事项外，路线图还印有12条"参观人须知"，主要是安全、卫生、文保方面的要求，如"请勿携带军器及摄影器"、"请勿吸烟及随地吐痰"、"请勿攀折花木"、"请勿撕毁门窗隔扇及封条"、"请勿动院中原有器物"、"闭门时摇铃即退出"等等。而那时也有不花钱和少花钱的参观者，所以"须知"也专门作出了"持赠券、特种券者须由售票处加盖日期戳"的规定。

　　不仅如此，从"附注"还可知，故宫博物院当时管辖范围比今天要大得多。如故宫民国十九年（1930年）报告所说，自那时从中华门到整个紫禁城都在其"管辖"之内，即景山公园、太庙（今劳动人民文化宫）也都由其管理"经营"；其出版物发行也十分"繁荣"。如"附注"所说：1. "本院所辖景山，上午六时售票，下午六时止票，七时闭门，票价铜元二十文。"2. "本院所辖太庙，上午六时售票，下午六时止票，七时闭门，票价铜元二十文。"3. "本院北上门发行所备有各路详细图说及陈列室文物等印刷品多种，如月刊、周刊、历代名人书翰名画、影印书籍、金石拓片及诗文杂著史料、明信片等等。现为十一周年纪念双十节，发行特别刊物，如故宫名画梅集、元赵孟頫书黄庭经、明陆治写生册、明宣宗书画合璧、故宫俄文史料、升平署戈月令承应戏、故宫博物院年刊十一周年纪念文献论丛等多种，或属材料丰富、记载翔实；或为稀世珍品，向未刊印。至详细目录可向该所索取。"可见故宫当时所印出版物是相当丰富的，这些出版物在当今收藏市场上价格都是不菲的。

笔者不厌其烦地全文照抄"指南"、"须知"如上，只是想使人们了解国宝南迁后、抗战全面爆发前最后一次"双十节国庆"特别开放时的情景，以记住这一不同以往的时刻。也可了解当时故宫参观的路线和文物陈列的布局，以及各景点明清之时的用途。由此可见，《路线图》不失为"故宫史"上一份有关开放、陈列、出版方面很有参考价值的史料。

## 二

故宫，是明清两朝24位皇帝居住过的地方，是世界上绝无仅有的现存最完整的宫殿。它是中国人，尤其是北京人，再熟悉不过的地方了，它也是所有中外游客必到的地方。假如说"不到长城非好汉"，那没到过故宫，就是没到过北京。故宫的往事不仅专家，就是很多老百姓也都如数家珍。在今天的收藏市场上，凡是民国故宫的出版物、"纸片子"，价低了都是"拿"不动的。

民国十三年（1924年）冯玉祥发动"北京政变"后，逊帝溥仪被驱除出宫。民国十四年（1925年）10月10日，国立故宫博物院正式成立，乾清门前举行了隆重的开院典礼。其时，神武门门洞上嵌上了清室善后委员会委员长李煜瀛手书的"故宫博物院"青石匾额；门外搭起了花牌楼；顺贞门内竖起了大幅《全宫略图》。据刘北汜所著《故宫沧桑》记载，开幕式当天共发出请柬多达3500份，从临时执政段祺瑞，到北京市军、警、政、法、学、商、新闻各界名流，都在被邀之列。笔者多年前曾见到一册当时出席开幕式的人员名录，拥有者死活不愿出让，未能收入囊中。又据民国二十一年（1932年）吴瀛撰、北平故宫博物院出版的《故宫博物院前后五年经过记》记载："建院首日，故宫在万头攒动之中脱颖而出，是日万人空巷，人们都想一窥此数千年神秘之蕴藏。"为了庆祝开幕，故宫博物院特意将开幕当天及第二天票价从一元减为五角，参观范围不只可以参观御花园、后三宫及西六宫等处，还开放养心殿、寿安宫、文渊阁、乐寿堂等处，同时增辟了古物、图书、文献陈列室多处，任人参观。

# 三

从此到新中国成立的25年中，故宫经历了各种世事变迁的风风雨雨，有着说不完的"故事"，而其中民国时期由国民政府任命的两位故宫博物院院长是不能不提的。

一位是曾任湖南省立第一师范学校校长的易培基（1880—1937年）先生，他担任了故宫博物院的首任院长，前后将近八年（1925年10月10日至1933年7月22日）。不幸的是，因故宫盗宝案蒙遭冤屈，易培基被迫辞去院长之职。后先后移居天津和上海，晚年生活凄苦，1937年9月病故，终年57岁。

接替易培基的第二任故宫博物院院长是曾任北京大学研究所考古学研究室主任、著名的金石学家马衡先生（1881—1955年）。早在1924年11月"北京政变"后，马衡先生就受聘于"清室善后委员会"，参加点查清宫物品工作；1925年10月故宫博物院成立后，曾兼任临时理事会理事、古物馆副馆长，1926年12月任故宫博物院维持会常务委员；1928年6月南京政府接管故宫博物院时，受接管代表易培基的委派，参与接管故宫博物院的工作；1929年后，任故宫博物院理事会理事兼古物馆副馆长，1933年7月任故宫博物院代理院长，1934年4月任故宫博物院院长，直至1952年调任北京文物整理委员会主任委员；1955年3月在北京病逝，终年74岁。马衡先生几乎把自己的一生都献给了故宫博物院。其中最值得大书特书的就是组织故宫"国宝南迁"的壮举。

1931年"九一八事变"后，日寇占领中国东北，后进逼华北，形势危急。1933年，故宫博物院为使文物不致遭战火毁灭或被日本帝国主义掠夺，经国民政府批准，决定采取文物避敌南迁之策，择其精要装箱南迁，在南京建立文物库房，成立故宫博物院南京分院。在马衡院长的亲自领导下，自1933年2月至5月，先后检选出文物、图书、档案13427箱又64包，分五批先运抵上海，后又运至南京。1937年，抗日战争全面爆发，南迁文物又沿三路辗转迁徙至四川，分储于巴县、乐山、峨眉山等地。直至1945年抗日战争胜利，国民政府再度接收故宫博物院，马衡继任院长，将三处南迁文物集中于重庆，于1947年运回南京。1948年底至1949年初，南京国民政府从南京库房中挑选出2972箱文物运往台湾，其余留在了大陆。在长达十余年的战争期间，南迁文物没有一件丢失，这不能不说是"故宫人"创造的一个文化保护史上的奇迹，而马衡先生在其中的贡献则是不言而喻的。

　　在笔者多年"纸片子"的收藏中，有幸收藏了有关故宫国宝南迁途中在上海所进行全面"点收"时油印的十七册《国立北平故宫博物院存沪文物点收清册》，它记载了以马衡先生为代表的"故宫人"为保护文物所做的历史贡献。

　　今天，故宫早已成为中国人心中的"圣殿"。前些年，曾见有文章说，20世纪50年代，曾有人建议要把这个封建帝王的"象征"拆掉。假如当时这个"革命"倡议得以实施，那将会是一件多么可怕的事情，不知今天的北京还能叫北京吗？今天的故宫，虽然早已被钢筋水泥建筑包围，人们再也享受不到过去那种站在太和殿前俯览全城的宏大和那种天地合一的感觉。说句无奈之语，即使如此，只要故宫在，无论北京建设得多么"新"，北京的"味道"就永远也不会消失。北京的故宫是世界的故宫，是全人类的遗产，保护是唯一的选择。这就是这幅《故宫特别开放路线图》所告诉人们的。

# 求索于古今中西之间

——20世纪前30年的北京古建文物保护

王　煦

今天，在古都北京，保护城市中优秀的古代建筑文物，已经是社会各界的共识。但是，这一观念的形成并非一蹴而就。它与我们的现代化道路，对待民族传统的态度以及现实的需要紧密相连，是在对古今中西的长期探索和实践中不断形成的。20世纪的头30年，是北京古建文物保护事业开始起步并进行早期实践的阶段。虽然距今已过去近百年，但回头审视这一段历史，我们仍能从中发现古建保护领域的某些普遍性问题，以及它们背后深层次的社会文化因素。

## 西式建筑与皇城保护

北京三千年古城，八百载帝都，特别是经过元明清三朝大力营建，已成为中国传统政治型城市的典范。不过在古代社会，这种与今天现代生活相对的"传统"还未形成。宫殿寺观、胡同宅园，无非是老北京人世代居住之处，是日常生活的一部分，其文化的特殊意义还没有完全体现出来，人们也没有保存旧物的意识。清末，随着欧美列强的入侵，西方文化陆续传入中国，北京逐渐出现一些风格迥异的西式建筑。特别是20世纪初，清政府为应付八国联军侵华造成的统治危机，实行"新政"，公开向欧美列强学习，积极追逐西方"文明"。为了显示"开放"、"改良"的姿态，清政府在包括建筑在内的各个领域直接模仿、照抄欧洲。清末十年，北京城中一批洋房拔地而起，从中南海海晏堂、铁狮子胡同陆军部和海军部，到西直门外畅观楼，仿造的巨细靡遗，而且都采用了西方古典主义风格，装饰繁复，造型恢宏。民国建立后，北洋政府定都北京，城市建设的西化政策依旧。在"揖美追欧，旧邦新造"的氛围中，西式建筑进一步增加。国会会场，"新市区"和"新世界"商场，还有大陆、金城等银行的西式高层办公楼，在民初一二十年代陆续建成。这些高楼洋房的出现，明显冲击了北京既有的城市形象。

在大造西式楼宇的同时，政府也开始对城市中旧建筑进行现代化改造。首当其冲，就是环绕城市的城墙。老北京城墙"大圈圈套小圈圈，小圈圈套黄圈圈"，隔断了城市空间的联系，也限制了市民的流动、交往，显然不利于城市的发展，也不符合民国标榜共和、平等的政治理念。于是，1913年起，北洋政府开始对北京城墙，特别是内城中的皇城城墙进行改造，陆续拆除了天安门附近的宫墙和千步廊，并先后在南池子、南河沿等多地开辟了城墙豁口和便门。之后，为了便利城市改造，北洋政府索性大刀阔斧地拆除皇城。到20世纪20年代，北京皇城城墙大部已被拆毁，拆下的城砖被作价变卖，用来补充北洋政府捉襟见肘的财政。

皇城地区的改造和建设开始后不久，北洋政府又策划并实施了一项更引人瞩目的建设项目——正阳门（即前门）改造工程。前门在清代专供皇帝通行，市民只能经由瓮城东西的两座门洞出入。1900年铁路通车到京，前门两侧新建火车站，交通日益拥挤。民国初年，虽然出入禁令被打破，但依然经常阻塞，而且附近商民支棚架屋，杂乱无章，"于市政交通动多窒碍"，更于新生民国颜面无光。因此北洋政府决定整治前门及其周围环境。改造计划由政府聘请的德国建筑师罗克格设计方案，内务总长、京都市政公所督办朱启钤亲自主持。工程于当年年底完成，其间拆除了正阳门瓮城和东西月墙；在月墙与城墙东西交界处，各辟二门，并在月墙基址上修建马路，以改善内外城间的交通。同时，对前门与中华门之间的广场也进行了改造，依西式风格铺设石板，建造喷泉，种植行道树。对前门箭楼也按西方样式重新进行了装饰。今天我们看到前门箭楼楼窗上的白色窗檐，还有墙上的弧形装饰，都是当时的手笔。

前门改造计划在当时遭到了猛烈的批评。瑞典学者喜仁龙就认为改造后的前门"无论从哪方面看都是令人失望的。""箭楼……用一种与原来风格风马牛不相及的方式重新加以装饰……是最令人痛心的。"

虽然抨击如此激烈，但由于改造工程确实解决了市民出行中的困难，而且使前门地区风貌焕然一新，所以务实的北京人总体上对其持肯定态度。一位作家称赞改造前门的设计"既保留了一个古代北京辉煌灿烂的建筑奇迹，又满足了都市近代化发展的需要"。另外，值得欣慰的是，北洋政府官员主要是从清朝官僚转型而来，旧学比较深厚，对传统也多有眷念之情，故而各种改造比较有节制，也力求达到新旧和谐，而且当时的技术水平、资金实力也无法支持大规模的推倒重建，所以老北京的形象还不至于出现颠覆式的伤害。

## "中国营造学社"

到20世纪20年代前后，经过五四洗礼的中国知识界，对民族文化有了更为深刻的认识和反思。提倡保护、弘扬传统的文化保守主义逐渐形成。古代建筑也不再只是人们居住的"房子"，而被赋予了传统载体、国粹象征的特有的"文物"意义。早在1922年，就有一个名为"古物学会"的团体，力主防止中国古物流出国外，倡导国人要珍视古物、积极保护，并批评了当时北洋政府拆卖皇城城墙的行为。1925年，又有学者撰文称："北京之都市，曾费古人无数心血经营以成，一摞一埆，一砖一石，无不含有重大之历史、科学、美术意味。……不及今加以注意，恐岁久而澌灭无余，彼时悔益且无及也。"因此在北京城市建设、改造中，"必以保存其历史意味为要件，不得如今之当局所措置，为目前一孔之利益，牺牲千百年立国之文明精神"。

参与古建保护的还有当时的一些军政要人。1923年，北洋政府计划要把故宫太和殿改造成新的国会会场，并已经请瑞典建筑师施达克做好了方案。此议一出，自然引发社会上激烈争论。而引人注目的是，当时的大军阀吴佩孚也加入反对阵营。他给总理、部长们发电报，称："欧西……百国宫殿精美则有之，无有能比我国三殿之雄壮者……欧美各国无不以保存古物为重，有此号为文明，无此号为野蛮。……至若果拆毁，则中国永丧此巨工古物，重为万国所笑。"在巨大的社会舆论压力下，太和殿改造方案很快就取消了。吴佩孚的言论，虽然还不脱北洋军阀惯有的"崇洋"思维，但认识确也有不小的提升——文明已经不是西方的专利，保护自己的传统，同样是文明成熟的表现。

还有学者呼吁，要对民族传统建筑及其营造技艺做科学的研究，进而与西方展开平等对话，为传统寻求更新发展之道。当年主持北京改造的朱启钤，息影政坛后即投身文物保护事业，并于1925年发起成立了"营造学会"（1930年更名"中国营造学社"）。他在《中国营造学社缘起》中就说："中国营造学在历史上、在美术上皆有历劫不磨之价值。……年来东西学者项背相望，发皇国粹，靡然成风。方今世界大同，物质演进，兹事体大，非依科学之眼光，作有系统之研究，不能与世界学术名家公开讨论。"之后，中国营造学社及其麾下梁思成等学者，对北京古城保护作出了巨大贡献，而学社本身也成为我国早期古建研究史上的一个传奇。在具体的应用研究领域，针对当时社会上的老城墙拆、留之争，留美学者白敦庸于 1928 年提出《北京城墙改进计划》，主张选择"保守"与"急进"之间的折中路线，即保留北京城墙，而就其功能加以合理的改善，使之符合现代化城市的发展要求。作者的办法，是将北京城墙开放作为"公众游观场所"，使城墙充分发挥社会效益和经济效益。其最终目标是把北京城墙改造成为环境优美，花木繁茂，兼具通俗图书馆、音乐厅和电影放映场功能的环城立体公园，成为能够陶冶市民性情，培养高尚情操的新式娱乐休闲场所，使古迹获得新生。经过这样一系列的讨论，北京社会对古建文物保护必要性、重要性和实现形式的认识，都在不断深化。

## 建设"文化城"

到 20 世纪 30 年代，北京古建文物保护终于进入了大规模实施阶段。而能够达到这样的成果，除了之前在学理和观念上的积累外，实在与当时北京政治经济环境密切相关，甚至可说是形势所迫，不得不为。北京作为多年的政治中心，是典型的消费城市，其经济繁荣全靠庞大的官僚群体支撑。1928 年国民党北伐军占领北京，推翻北洋政府。首都迁往南京，丧失政治地位的北平（1928 年后北京改名）顿时失去了繁荣的根基，社会经济迅速衰退。如此危局之下，如何寻找城市经济新的增长点？一番争论之后，人们再次把目光投向了北平的历史文化资源。"（北）平市之构成，实基于历史文化之关系，此为平市之特质，政府应认明此特质，为特殊适当之措施。"于是"北平为文化中心"成了 1928 年以后"常听见的一句口头禅"。更现实的，北平丰富的文物古迹，每年能吸引大批中外游客，带来相当可观的收入，进而提振城市经济。于是，建设"文化城"成了 30 年代北平的主要发展思路。

"文化城"方案也符合国民党的意识形态和政治利益。1928 年国民党占领北平之初，一度颇为"革命"，试图破旧立新。当时，北平市当局"因皇（宫城）墙红砖黄瓦帝制遗物，不但有惹起帝王思想之危害，且阻碍党国主义之进行，拟改刷青白色以兴青天白日之观感"。但很快，标榜"民族主义"的国民党就转向了文化保守主义，强调在政治、文化、社会各领域"恢复与发展中华民族固有的道德和民族精神"。城市建设亦不例外。"建筑式样为一国文化精神之所寄"，故"建筑形式之选择……以采用中国固有之形式为最宜。""凡古代宫殿之优点，务当一一施用。""所以发扬光大本国固有之文化也。"北平维持并强化其古典形象，符合国民党的意识形态需要。而从现实政治考虑，国民政府以南京和江浙地区为根据地，明定北平为"文化城"，就扼杀了北平重新成为政治中心，甚至恢复为首都的可能，也打消了北方各政治势力的觊觎之望。因此，国民政府同样赞成把北平建为"文化中心"，并给予大力支持。

在这种情况下，作为"文化城"基础的文物古迹，也日益受到北平各界的珍视和保护，而且日益严峻的政治局势，更进一步助燃了社会上保护文物的激情。1933年初，日本侵略者步步紧逼，加紧入侵华北。国民政府为应付危局，计划将故宫大批珍贵文物南运。此举虽使国宝免于战火，但国民政府救文物不救国民的行为，极大地伤害了北平市民的感情。而且现实中，珍宝不在，北平吸引力大减，旅游业深受其害。鲁迅当时就曾作诗道："阔人已骑文化去，此地空余文化城。文化一去不复返，古城千载冷清清。"

## "西方骨干，中国外表"

在这种局面下，如何把北平"文化城"的事业延续下去，恢复经济，安抚人心，就成了地方政府面对的紧迫课题。1934年，北平市政府在"文化城"基础上，推出了"游览区建设计划"。鉴于古物南迁后北平"可以号召游人者……仅此古代帝王之建筑"，所以大规模修缮古建文物，就成了建设游览区的核心重点。北平市政府的思路，得到了南京中央的支持。1935年1月，国民政府批准成立"旧都文物整理委员会"，正式启动北平文物整理工程。该工程一直持续到抗战爆发，共进行两期，修缮了天坛、颐和园、十三陵以及北平城墙、牌楼、城门等近50处古建文物，在古建筑的材料更新、结构加固、彩绘修复等诸多方面，都取得了显著的成效，至今还多为专业界所称道。

对于文整工程的成绩，当时的舆论大多给予肯定。不过在面对修缮一新的文物古迹时，社会上也出现了一些争议。其中涉及的问题，很多在今天看来，都没有过时。比如，文整处在前门、东四等六处牌楼改建工程中，用混凝土结构替换了传统的木结构。此举当时颇引起市民的质疑。对此，主管工程的市工务局长谭炳训解释道："就古代建筑之价值而论，其可贵者，在形式之庄严，结构之伟大，油饰之华美。……（而内部材料）用木料或洋灰构成，则殊无分别。因此枋柱乃决意用铁筋混凝土修筑，而所有结构外表及油饰，一概保存原来式样。此种建筑方法，采用西方坚强合理之骨干，而保持我国壮严光华之外表，实属截短取长之策。""西方骨干，中国外表"，这样的做法，我们还会在日后很多"民族形式"建筑上看到。在这类建筑上，中国古典建筑在艺术因为有了西方结构的支撑，而更为宏伟富丽，动人心魄。但代价是我们放弃了传统建筑的实用性，将其抽象为艺术符号（如"大屋顶"）。这种做法，是否能代表中国传统建筑的现代化方向？与西方嫁接的传统是否还有生命力？古今中西的平衡点在哪里？都值得我们思考。

再如，当时工程中一些古建筑重新进行了油饰。对于这一做法，也有争议。梁思成后来就批评：当时各牌楼修缮"工作伊始，因市民对文整工作有等着看'金碧辉煌，焕然一新'的传统式期待……所以当时修葺的建筑……大都施以油漆彩画"。这同样有悖于"整旧如旧"原则。固然，如此做法确实带有急于展示市政建设成绩的实用性、功利性目的，但同时也应看到，在20世纪30年代北平外有日军侵略威胁，内部经济衰落的暗淡状况下，"除旧布新"符合当时的社会精神需求，有其合理性。而这些整修一新的传统建筑，也确实"予北平民众一种精神上之安慰"，"深得北方人民之无限同情"。再进一步讲，30年代北平实施文整工程的直接动力，就是发展旅游，就是为了最务实、最实用的经济利益。按今天的说法，就是"文物搭台，经济唱戏"。可话又说回来，没有发展经济的迫切需求，就没有"游览区"，没有"文化城"，也没有文物整理。所以，究竟是"修旧如旧"还是"修旧如新"？文物保护的学术价值与实用功能，公益追求与经济效益，该如何协调、兼顾？也都值得我们思考。

30年代的北平文整工程，在抗战爆发后逐渐沉寂。当年被整理的古建文物，后来也经历了多次修缮和变动。时过境迁，今天，除了从技术和工艺上总结20世纪前期北京古建文物保护的经验教训外，我们也会看到，文物古迹的命运，其实就是中国早期现代化进程的镜像和缩影，是社会文化变迁和各种现实因素共同作用下的产物。因此，保护好一座古建筑，实现历史的积极保护与传承，也需要在复杂、具体而深入的研讨、设计中来实现。在古今中西的均衡、和谐中，将民族的传统传递给我们的未来。

# 清末民初的北京皇城改造

## 王　敏

1900年的义和团运动招致八国联军侵占北京，慈禧太后与光绪皇帝以"西狩"为名，仓皇逃往西安。包括紫禁城在内的皇宫禁苑落入侵略军之手，遭到不同程度的劫掠和破坏。

1901年由于德国侵略军使用不慎，中南海仪鸾殿被烧毁。1902年"回銮"后，慈禧下令在仪鸾殿旧址上按照长春园西洋建筑，新建中南海海晏堂。"海晏"意为四海和平安宁。以此命名宫殿，反映出慈禧在国难之后粉饰太平的心理。同时，慈禧在中海西岸另建仪鸾殿，后改名佛照楼，袁世凯称帝前改称怀仁堂。清宣统元年（1909年），因延禧宫（故宫东六宫之一）屡遭火灾，隆裕太后欲以水镇之，乃斥资掘池蓄水，并在池中修建西式殿堂一座，隆裕自题匾额"灵沼轩"。"灵沼"之名取自《诗经·大雅·灵台》中"王在灵沼，于牣鱼跃"之句。据西汉时期研究《诗经》的著作《毛氏故训传》（简称《毛传》）："灵沼，言灵道行于沼也。"后喻指帝王的恩泽所及之处。1909年正当辛亥革命的前夜。此时全国上下改革帝制，甚至推翻帝制的呼声日益高涨。隆裕太后以"灵沼"命名宫殿之举又显示出她恢复皇室荣耀的企盼。灵沼轩柱为预制铸铁构件，梁为热轧工字钢，系采用当时国际流行的钢结构技术。建筑分为三层，每层九间，顶部正中及四周各置一亭，内壁贴彩色花砖。建筑材料以汉白玉石为主，外侧围廊及顶部小亭为铁制，门窗为西式拱券形式，细部装饰带有中国传统风格。但尚未及建成，清王朝即告覆亡。1917年张勋复辟，延禧宫被直系军阀炸弹毁坏。1931年在灵沼轩北、东、西三面建造文物库房，硬山黄琉璃瓦顶，钢筋水泥结构。

1912年2月，清末帝溥仪逊位，但根据南京临时政府提出的优待条件，依旧居于紫禁城北部的寝宫部分。1914年2月，北洋政府将故宫收归国有，并以其建筑和文物为基础，成立了古物陈列所，将前朝三大殿及文华殿和武英殿向社会开放。同年6月，古物陈列所在已毁的咸安宫基础上，兴建了中国近代博物馆史上第一座专门用于保存文物的大型现代文物库房——宝蕴楼。宝蕴楼由建筑师马荣设计，图纸经内务部批准，北京广利、天合两家厂商施工，1915年6月建成竣工。全部工程用款29695银元。

宝蕴楼采用三合院式布局，围绕咸安宫旧址的北、东、西三面各建一座二层砖木结构的楼房，楼下有带高窗的半地下室（semibasement）。北楼为主楼，体量稍大，外观也略显别致；东、西两楼左右对称。三座楼房均用大块的城砖砌筑墙身，外墙抹饰石膏砂浆（stucco），并划分出规整的矩形格，再刷红浆。墙上辟有纵向窄长窗，窗台、窗下墙及窗口，都设有白色装饰的线脚，与红墙形成对比。地下室的窗发砖券，上部呈弧形。所有窗扇都包有厚铁皮。楼房屋顶为四坡式，铺设绿灰两色的海狸尾式屋瓦，鳞状相叠，斑驳相间。北楼正中开门，门外有四柱式雨棚，上有女儿墙，构成二层的一个室外平台，女儿墙正面两端有一对卧狮。北楼屋顶的正中位置设有阁楼，阁楼为两坡顶，山墙朝向中庭，两侧轮廓原初呈圆弧形，后改造为直线，造型略仿荷兰山墙（Dutch Gable），但顶部不是半圆形而是三角形山花。山墙正中镶嵌竖刻"宝蕴楼"三字的石匾。东、西两侧的扶壁柱上有一对卧狮。东西两楼亦在正中开门，上有悬挑的门檐。北楼与东西二楼拐角处以二层的外廊相接。其栏杆、廊柱均为白色石膏砂浆抹面。

紫禁城外环护四周的皇城墙始建于明初，周长9公里。明代皇城以内是专为皇家服务的内府衙门及仓库、作坊、厨厩等。清朝内府机构缩减，皇城逐渐开放，居民及商铺入驻。至清末时期，皇城内外几无差别。清朝灭亡后，皇城由民国政府接管。由于此前"仅东西华门及地安门三面许人通行，而东西辽远，城阙阻阂，殊感不便。民国以来乃将中华门左右后门、西厂桥及翠花胡同等处开辟豁口，以通车马"。京都市政公所成立后，"复将辙迹交会地方，如南池子、南长街等处辟为通衢。于是内外交通始得畅行称便"。

1912年中南海改为总统府后，宝月楼被改建为总统府正门——新华门，楼下明间改为车道，并在两侧建八字影壁与皇城墙相连。之后大清门北侧的千步廊也被拆除。1912年2月29日袁世凯策划北京兵变，东安门被焚毁，仅三座门式的东安里门幸存。1913年，东、西长安街和景山、神武门之间的交通被打通。随后，南长街、南池子、南河沿、北箭亭、枣林豁子、菖蒲河、翠花胡同、灰厂、宽街、厂桥、五龙亭等处的皇城便门也先后开辟。1921年4月起，京都市政公所以修缮大明濠为由，开始拆卖皇城旧砖。至1927年，皇城墙除太庙以西至府右街一段外，其他全部拆完。

# 北京的近代新建筑

刘文丰 普 照

北京的西洋式建筑是随着基督教的东传，由意大利传教士孟特·高维奴（Giovanni di Monte Covino，1237—1328年）等人建立教堂开始的。他们先后于1299年和1305年在元大都建立起两座教堂。现在这两座教堂虽已不存，但却成为西洋式建筑进入北京的先声。

明末清初，利玛窦等传教士再次将基督教传入北京，他们去世后，葬在阜成门外滕公栅栏墓地，其墓制也体现出西洋风格。康熙至雍正年间，北京的基督教建筑完成了由中国传统形式向西洋风格的转化。乾隆十年（1745年）至乾隆二十四年（1759年），在西郊圆明园东北部建成了西洋楼建筑群，这组建筑由外国传教士郎世宁、蒋友仁、王致诚、利博明等人绘制图样，成为中国历史上第一次大规模兴建的西洋式建筑，对北京近代建筑史的发展，产生了极其深远的影响。

## "西洋楼式" 建筑变迁

从1840年起，近代中国逐渐沦为半殖民地半封建社会。随着西方资本主义文明的不断入侵，中国旧有的文化观念受到很大冲击，从"天朝上国"的自大心态转而变得盲目自卑，认为"凡是西方的都是好的"，这种影响反映到建筑式样上，就是大规模仿效"西洋楼式"建筑的兴起。

圆明园西洋楼建筑群总体上反映欧洲巴洛克建筑风格，局部体现了中国民族传统式样。它是西方传教士绘图，由中国匠师实际建造的，体现了他们卓越的创造性和高超的技术。随后上行下效，这一建筑式样传入民间，逐渐有商铺、民宅等仿照这一风格加以应用。到19世纪末，西风东渐，这种"西洋楼式"建筑在北京更是盛行一时。从皇家宫苑、政府机关到商户铺面、普通民宅等，这种风格都有所体现。

当时的中国工匠由于没有受过正规的西方建筑学教育，只是根据以往见过的西洋式建筑，结合自己的经验与理解，简单地加以模仿发挥来建造此类作品，因此这种所谓的"西洋楼式"建筑，只不过是基于我国传统的构造技术，在局部运用西方建筑手法（如拱券、柱式、装饰纹样等），建成的一种形似而质异的奇特作品。这类作品不中不西，非土非洋，是近代早期东西方建筑文化交流融合的产物。

这种建筑的官式代表作品包括颐和园清晏舫、万牲园畅观楼、六国饭店、中南海海晏堂、清陆军部衙署等。它们的共同特点是建于19世纪末20世纪初，外形仿欧式风格，但其建筑材料、施工水平与中国传统建筑相比没有根本变化，仍以中国传统木结构承重为主，坡面屋顶，建筑装修方面总体采用了西洋风格，但局部纹饰又掺入中式元素。

至于流入坊间的"西洋楼式"建筑类型，则如宅院西洋门、商铺门脸房等，大多是采用西洋拱券、柱式，面阔一至三间，在门楣处常置横匾题额，以挑檐承托三角山花，高大其体量，美观其装潢，给人赏心悦目之感。在细部上多用中西合璧图案纹样，或加高大罩棚、铁艺栏杆，或做线脚、堆塑、西洋徽志等，形式自由，变化多样，没有固定的程式，多是我国工匠自出机杼之作。这类建筑形式，以前门外大栅栏、王府井——东单商业区较为普遍，在清末民初颇为流行。

### "洋风式"建筑

19世纪末20世纪初，中国的建筑除了仍在延续传统理论方法之外，随着西学东渐，外来的西洋式建筑也逐渐增多，从而在中国近代建筑史上形成了以模仿或照搬西洋建筑为特征的一股"洋风"。这股"洋风"建筑类型，在北京的20世纪前20年里风靡一时，蔚为大观。上至国家机构、高门府邸，下至商铺作坊、平民小户，均以此类风格为尚。

"洋风式"建筑，一般专指移植到北京的西方古代建筑式样，多为外国建筑师创作，以清代中期四大天主教堂先后改建成西洋风格为萌芽，以20世纪初帝国主义列强在东交民巷地区大规模兴建使馆建筑群为肇始。整个20世纪前20年里，是"洋风式"建筑的鼎盛时期，成为北京当时多种建筑形式中的主流作品。

近代以来，中国饱受西方列强的欺凌压迫，东交民巷地区成为我国历史上第一处使馆聚集地。1860年，英、法、俄三国分别与清政府签订《北京条约》，最先在东交民巷地区设立使馆。其后美国、荷兰、比利时、西班牙、意大利、德国、日本、奥匈等国纷纷效仿，迫使清政府承认其权益，先后在东交民巷一带圈地占房，设立使馆。这些国家的使馆建筑杂处在东交民巷的衙署、公府、民房之间，尚不足该区域面积的二十分之一。但在1900年，东交民巷的大部分使馆在义和团运动中被摧毁，随后八国联军迫使清政府签订《辛丑条约》。该条约规定了东交民巷地区的使馆界限，各国列强在此范围内拥有行政管理、驻兵、司法审判等特权，不准中国人居住，使馆界内事务清政府无权干涉，俨然成为"国中之国"，并最终奠定了东交民巷使馆区的格局。此后这里建造了包括使馆、兵营、练兵场、海关、教堂、邮局、银行、医院、公司、会所等各类西洋建筑形式。它们多是二至三层洋房，长方形平面，斜面屋顶，砖石结构，拱券门窗。这些迥异于北京传统砖木结构房屋的西洋景，呈现出千姿百态的西方建筑风格类型，开北京大规模兴建"洋风式"建筑之先河。随后不久，北京的政府机关、学校、工商业、交通建筑等，莫不以"洋风"为尚，纷纷延请外国建筑师，参与北京城市的规划建设。

从1905年起，清政府实行"新政"，在北京兴建了一批颇具特色的"洋风式"建筑。其中，政府机关包括资政院、大理院、军谘府、外务部迎宾馆等；新式学校包括京师大学堂及其分科大学、京师女子师范学堂、顺天中学堂、陆军贵胄学堂、清华学堂等；工商业、交通建筑包括大清银行、北京饭店、京奉铁路正阳门东车站、京汉铁路长辛店机车厂、京师自来水公司、华商电灯公司、丹凤火柴公司、溥利呢革公司等。

进入民国以后，北洋政府掌控了国家政权。1913年在宣武门西的象房旧址建成国会议场，它沿用了清末京师法律学堂的旧有建筑，只在其西侧添建了众议院、总统休息室。这两栋建筑体现了德国文艺复兴风格，但形制简单，质量不高，与国家最高权力机关的身份很不相符，暴露了北洋政府虚假民主的本质。与此相对在其他领域，"洋风式"建筑却异彩纷呈，各具特色。如大陆银行、盐业银行、北大红楼、财政部印刷局等体现西洋古典风格，北京饭店中楼、潞河中学原教学楼、京华印书局体现折中主义风格，劝业场体现了巴洛克风格，北京水准原点、保商银行体现文艺复兴风格。

这些"洋风式"建筑多为外国建筑师任意模仿各种西洋风格流派，或以各种西洋建筑元素自由组合拼凑一起。它们不讲求固定的法式，只追求比例均衡，注重形式之美，从而在北京形成了西方不同历史时期，多种地域风格的建筑式样。

## "传统复兴式"建筑

然而随着时间进入20世纪20年代，北京的"传统复兴式"建筑逐渐取代了"洋风式"建筑，成为建筑行业的主流。一方面，这是由于经过第一次世界大战后欧美各国经济萧条，西方的文化价值观受到冲击，中国传统文化被重新关注，于是在中国的外国建筑师也受此风影响，将中国传统建筑元素添加到其设计的作品当中。另一方面，由于民族意识的自我觉醒，作为弘扬中华文化的表现形式，传统建筑风格也重新为建筑师青睐，并结合当时的新技术、新工艺，逐渐发展成为一种具有时代意义的近代建筑风格。随着这两方面因素的相互交织与影响，使得北京近代建筑的历史发展呈现出中与外、古与今多种风格体系的交融与杂糅，北京近代建筑便成为这种多元文化下的历史见证。

北京现存最早的"传统复兴式"建筑，是建于1907年的中华圣公会教堂，位于佟麟阁路85号，为市级文保单位。其平面呈拉丁双十字架形，灰砖清水墙，屋顶为中式两坡顶，灰筒瓦屋面。顶部有两个八角攒尖小亭作为天窗和钟楼，并向东西两侧伸出两道横翼，南侧较长，北侧较短。其内部结构以木柱、桁架支撑屋顶荷载，地面铺设木质地板。教堂四周围以中式红木围栏，雕有中式花草图案，圣坛摆设为中式传统家具、扇。教堂内设圣洗池，并且配备有完整的上下水装系统，这在当时是很少见的。

进入20年代，北京的"传统复兴式"建筑发展进入高潮。其中尤以北京协和医学院新校舍（1919—1921年）、燕京大学建筑（1919—1926年）、辅仁大学主楼（1928—1930年）、北平图书馆新馆（1929—1931年）最为典型。这些建筑均为砖墙承重的大屋顶中式风格。协和医学院延续了豫王府旧址的清代官式风格，而体量上远突破之。燕京大学依托西郊皇室园林背景，结合山形水势，建筑以庑殿、歇山顶为主，辅以青绿斗拱、红柱白墙，为外国建筑师运用中国传统建筑之比例权衡最为准确者。辅仁大学主楼将西方修道院与中国古代城堡的形式结合起来，四面围合，顶部设置城楼、角楼和雉堞，造型上的马头墙、雕花斗拱等又体现出南方祠庙的建筑特征。北平图书馆新馆则仿照了故宫文渊阁的造型，比例端庄，色调淡雅，延续了传统藏书楼的风格。

以上这些作品均出自外国来华的建筑事务所或建筑师。他们利用新型建筑材料（混凝土），摆脱了木材的束缚，突破了中式传统的建筑尺度，使此种建筑更加高大宏敞，灵活多样，反映出外国建筑师在近代北京多元文化的社会背景下，对本地传统文化的吸纳与应用。现在这些建筑均为市级、国家级文物保护单位，得到了较好的保护。

## 传统主义新建筑

20世纪20年代第一次世界大战留下的创伤，暴露了西方资本主义社会的各种矛盾。这种矛盾体现在建筑学领域，除了时代风格上的新旧之争，还包括政治、经济、审美等种种社会问题。于是一批具有强烈社会责任感、思想敏锐的青年建筑学者，面对千疮百孔的社会现实，提出了较为彻底的建筑改革主张，从而在世界上掀起了一场前所未有的现代建筑运动。

现代建筑运动的倡导者们更着眼于普通民众，提出"要使建筑帮助解决当时西欧社会由于政治、经济动荡而陷入的生活资料严重匮缺，特别是公众住房极端紧张的困境"。其方法就是运用新的工业技术与建筑功能相互统一，从而达到实用、美观、高效等目的。在设计上，他们发挥钢筋混凝土等新材料的性能，在较小的空间中解决功能性问题；在形制上，他们多采用高层平屋顶、素面抹灰墙、大玻璃窗等布置，建筑朴素清新，美观实用。这些突破以往模式的建筑被称为建筑中的"功能主义"、"理性主义"或"现代主义"。它特别适用于经济复兴后的新型住宅、厂房及公共设施建筑，从而在20世纪20年代中期逐渐流行于欧美各国。

从20世纪20年代末开始，随着西方现代主义建筑思潮的发展与传播，这种新建筑式样很快便传入中国。1930年前后，在上海、天津、武汉、青岛、大连、沈阳、长春、哈尔滨等地都出现了现代主义建筑作品。在这些城市中，现代建筑设计形成规模，明显改变了城市的整体风貌，也对周边地区产生影响。

然而，这种影响对北京来说是有限的。北京只有零星的"现代主义"建筑出现。如梁思成对王府井仁立公司铺面的改造（1932年），他主持设计的北京大学地质馆（1934年设计，1935年建成）、北京大学女生宿舍（1935年建成），杨廷宝设计的北京交通银行（1931年）等。梁思成、杨廷宝等人是我国接受西方正规建筑学教育的第一代建筑师，他们在留学欧美期间，正值"现代主义"建筑思潮盛行，受此影响，在他们的建筑设计中，"现代主义"元素均有所体现。但他们的"现代主义"作品并不是照搬欧美模式，而是与20世纪20年代的"传统复兴式"风格交流融合，从而产生了激发我国民族意识的所谓"传统主义新建筑"。

这种建筑普遍运用了先进的钢架、混凝土等新式材料，体量大小可随意变化，但外形美观大方，没有任何与结构无关的装饰，重视功能实用，注重环境卫生。这些都迥异于东西方传统的建筑理念，是一种更为高效、集约的建筑形式，体现了"现代主义"的本质特征，是科技进步、社会发展的必然结果。

"传统主义新建筑"与西洋式建筑相比，无论造型、构图以及装饰细部均有大幅度简化，给人以清新之感。与外国建筑师设计的"传统复兴式建筑"相比，"传统主义新建筑"在造型上更加朴素，内部空间分布更为合理，配套设施趋于现代，充分体现了形式为功能服务的设计思想。如杨廷宝设计的北京交通银行为砖混结构，外墙处理简洁，内部装修运用中国传统式样，并结合先进的技术材料，充分体现了银行建筑稳固、气派、诚信的功能气质。梁思成设计的北大女生宿舍则是小型公寓式的代表，建筑平面呈方正的曲尺形，内部每间以单元房排列，向外侧开方窗，比例协调，兼有对平素外立面的装饰作用，经济实用。

　　虽然北京的近代建筑中"现代主义"作品较少，但它们多是出自名家巨匠之手，在全国范围内都具有典型性，对后来的建筑创作产生了深远的影响，在中国建筑史上占有重要位置，也是北京城建史上的一笔宝贵财富。

# 法藏塔小记

蒋伟涛

北京正式作为皇都的历史，是从金中都开始的。1153年，金迁都燕京，改名中都，由此开创了北京作为国都的历史。遗憾的是，从历史学和考古学的角度看，作为北京建都历史见证的金代建筑遗存大多随历史化为灰烬。其中，作为南城重要建筑的法藏塔在新中国成立后的1965年被人为拆除，实为一大憾事。

说起法藏塔，不得不说起法藏寺，顾名思义，法藏塔因建在法藏寺而得名。法藏寺俗称法塔寺，是北京著名的大寺庙，位于今天的北京体育馆附近。法藏寺建于金大定年间（1161—1189年），原名弥陀寺。法藏塔建于金代，又名弥陀塔，距今已有800多年的历史，具体建设年份不详。法藏寺和法藏塔，以其独有的建筑艺术风格闻名于京城数百年，历史文献多有记载。《鸿雪因缘图记·夕照飞铙》载："塔为明沙门道孚建，道孚即飞钵禅师也。"明朝景泰二年（1451年）由太监裴善静重新修缮，改称法藏寺。与沈鲤、吕坤同被誉为万历年间天下"三大贤"的明朝政治家郭正域（1554—1612年）在《法藏寺诗》中云："古刹城南寺，莲花处处开。金轮平地转，香雨半天来。清话逢元度，论文有辩才。真知非幻境，云水两徘徊。"可见当时法藏寺周围的景观很是美丽。法藏寺在明代属崇南坊，当年法藏寺规模很大，后来因为年久失修，山门、大殿都已毁损，而其塔独存。《宸垣识略》记载"法藏寺在霍家桥，俗称白塔寺。"据《日下旧闻考》所记："北地多风，故塔不能空，无可登者。法藏寺弥陀塔独空其中，可登。塔崇十丈，窗八面。窗置一佛，凡五十八佛。佛设一灯。岁上元夜，僧燃灯绕塔奏乐，金光明空，乐作天上矣。"清光绪年间震钧著《天咫偶闻》记载："天坛之东有法藏寺，浮图十三级，登之所见甚远，都人以重九登高于此。寺已毁尽，惟浮图仅存，而往者如故。其中容人之地无多，登者蚁附至绝顶，则才容二客挨肩而过。斗室之中，喘息不得出，竟不知其何乐。"可见在光绪年间，法藏寺已经毁损严重，不存人间，只有法藏塔茕茕孑立。明万历至崇祯年间（1573—1644年）北京地图可以看到法藏寺和法藏塔的标示，表明两者同时存在。《日下旧闻考》是于敏中、英廉等人于乾隆年间奉旨编撰的，可见法藏寺在清乾隆年间尚存，清乾隆十五年（1750年）《京城全图》可以互相印证。但震钧在《天咫偶闻》中则说"寺已毁尽"，震钧生于咸丰年间，卒于民国初，清宣统年间（1909—1911年）北京城图只有法藏塔的标示而无法藏寺的标示，可见法藏寺当毁于20世纪初。

目前我国的古塔可以分为楼阁式、亭阁式、密檐式、花式塔、金刚宝座塔等样式，塔身平面有方形、六角形、八角形和圆形四种，唐代楼阁式塔均为方形，五代之后多为六角形和八角形。法藏塔是比较典型的楼阁式塔，共有七层，高约三十米，平面为八角形，各层每面设有明窗，内置一组佛像，共有五十八尊，佛像神态安详，近身而望，令人心静神宁，其雕刻精细、精美绝伦，显示出古人的非凡绝技。由于北京地区多风，为抵御凛冽北风，塔均为实心，近可拜，但不能登临。唯独法藏塔的结构为塔内中空，内设有砖石砌成的楼梯以供登临，可见此塔建筑风格与其他古塔不同。故明崇祯年间印制的《帝京景物略》一书中，将它和北京其他几座古塔做过这样一番比较："天宁寺，隋塔也；妙应寺，辽塔也；慈寿寺，明塔也。远可以望，近或礼之，无人登焉者……法藏寺弥陀塔，独空可登。"法藏塔由灰色青砖建造，塔基座敦实高大，支撑着整个法塔，使塔的整体有一种和谐之美。塔基中间有一拱形门，高度是塔基座的一半。塔身第一层有个坐北朝南的弥勒佛，佛的前边是一眼井。塔身层层逐级而收，直至塔顶攒尖。塔顶为青铜所铸，呈下圆上尖状，数百年不生锈，建塔时有金属条自塔顶暗通地下，故数百年未遭雷击。

法藏塔之所以出名，是因为此塔可攀登，所以过去每年农历九月初九日登高之时，京师的各界人士，络绎不绝来此塔登高望远，成为京城一大景观。《顺天府志》里说塔有七层，高余十丈："中空可登，天气晴时，北望宫阙，黄瓦参差，西观两坛（即天坛和先农坛），松桧郁茂，西山黛色，如在檐前。"同时《顺天府志》中还记载："岁上元夜，塔遍灯，僧遍绕，奏乐乐佛，金光明空，乐作天上矣。"可见当时法藏寺和法藏塔在节庆时期，僧人秉灯绕塔，影影绰绰，灯塔相映，人流攒动，登高望远，熙熙攘攘，好不热闹。目前，虽然古塔已不存在，但因附近建筑有限高要求，现在站在法藏塔的原址还可以想象当年游客登高望远的美景。夏日，天气晴朗时，透过塔窗，西眺郁郁葱葱、松柏环抱、青郁苍翠的天坛和先农坛；北望气势磅礴、红墙绿瓦的皇宫殿宇，气势恢宏。冬日法藏塔银装素裹，远眺西山，白雪皑皑，西山晴雪，美不胜收。史料载：窗面面，级盘盘，人蚁上而窥观，窗窗方望，九门之堞全焉。《登塔》诗如是说：古塔层城畔，秋毫万里看。登高携赋客，落日眺长安。天地玄相抱，江山郁自盘。谁能绝顶上，不避北风寒。可见此塔令游人流连忘返，乐此不疲，其乐无穷。

对于法藏塔的容貌，笔者在网上曾看到一组法藏塔不同时期的照片，很是珍贵。相传20世纪初法藏塔这里苇塘连片，坟包绵延，粪场遍布，环境卫生极差，沟、塘、坟、粪被人们称为当时的"四害"。一张近景照片可见塔前一座三开间硬山顶的寺庙，可见此张照片起码在1900年左右，估计也是最早的法藏塔照片。另外一张远景照片可见法藏塔周边土地不平，沟壑连连，植被茂密，绿树荫荫，建筑遗存还有不少，但是已经模糊不清，估计这张照片拍摄于1910年左右。还有一张民国时期近景照片可以清晰看出塔基和周围被平整过的土地，但是周围已经没有遗存，估计拍摄于1925年左右。

这些照片的作者现在已无从考证，但是有一位留下姓名的摄影师在此予以介绍。这就是近代法国铁路工程师普意雅先生，他曾于20世纪初拍摄了一组法藏寺的照片，现藏于国家图书馆。普意雅，1862年出生于法国，为法国当时的国立中央工艺学院工程师，1898年来华，任平汉铁路北段总工程师，1906年升任该铁路全路总工程师至1927年去职，1930年9月因病在北平逝世，享年68岁。普意雅对中国的地形、地质、矿产及古迹等颇有研究，曾受中国政府之委托测绘沿铁路详细地图，其中有多幅北平及四郊地图。他对汉学尤感兴趣，曾在本职工作以外，不辞辛苦地拍摄、收藏大量同时期以北京为主，以平汉线周边地区为辅，反映当时风土人情的照片。同时寺庙照片也是他收藏的重点。其中，潭柘寺、戒台寺、大钟寺、西峪寺、妙应寺、碧云寺、卧佛寺等都有照片和寺院平面图。还有许多现在已无存的寺庙的照片，如黄寺、天宁寺、法藏寺以及西郊五塔寺等。他的足迹几乎遍布了京城所有寺庙，为研究中国宗教建筑留下了宝贵的图像资料。也许是普意雅的原因，1908年法国发行了一张以法藏塔为主题的明信片，尤为珍贵。近时期法藏塔的照片就是1955年修建北京体育馆工地上的古塔，可以看到法藏塔孤零零地矗立在居民房之中，周围都是建筑工地，一片荒芜。

关于法塔寺和塔的来历，当地居民有两个民间传说。一个故事说北京的左安门，老北京人都叫"江塔门"或叫"将擦门"，说的是法塔是一个老和尚背来的，进城门的时候因为塔的个头太大很困难，费了好大劲，将将擦着城门洞才背进来，所以左安门又叫"将擦门"。进城之后老和尚乏了，就将塔放到一个苇塘边，塔就叫"乏塔"，寺就叫"法塔寺"，城门就叫"江塔门"，苇塘就是现在的龙潭湖，是老舍说的"龙须沟"的末尾。另一个传说是北京曾有"西五塔东无塔"之说，以天安门中轴线为界，西城有双塔寺、白塔寺白塔、万松老人塔、北海琼岛之白塔，共五座塔，可是东城这边却没有塔。住在北京西城的人一般会说："说北京吗，西城五塔，东城无塔啊！"后来人们传说，这塔是鲁班爷仿照杭州雷峰塔造的，并令它连夜赶进北京城的东城，结果这塔走乏了才停在这里，于是人们就叫它"乏塔"。无论传说怎样，法塔真真切切地矗立800多年，见证历史的风雨兴衰。

从这两个传说故事来看，民间都认为法塔是"乏塔"的谐音而来。虽说民间传说的历史大多渲染附会，只具备一个历史的影子，不能当史实来看，但对于民间传说要一分为二看，传说故事的确对历史起到一定的补充作用，它的存在并不在于准确记载历史，而在于真实地记录和反映民间对历史的想象和情感。通过民间"乏塔"的传说故事可以看出周边民众对于法藏塔和法塔寺的真实情感记忆。故事本身包含的真实信息成为次要，而历史情感和再创造成为一道永恒的记忆。

法藏塔建自金代，历经元、明、清、民国时期，矗立了八百多年，终因年久失修出现裂缝，并不断扩大，最终没有抵过北方的凛冽寒风，它的塔身渐渐倾斜。清末，京城的第一条铁路距法塔仅数米之遥，列车长鸣，风驰疾驶，每天从法藏塔身边呼啸而过，加剧了法藏塔的毁灭。自入民国后，庙院被辟为两半，法塔处于北院处。历经百年变迁，法藏寺所有殿堂均毁于战乱，遗踪全无，只有法塔保存。解放后，法藏塔塔身逐渐风化，裂痕甚深，危及铁路，为安全起见，于1965年被拆除。

上文所提到的展览照片可能是目前见到的法藏塔的最后身影，它记录了800多年的历史风云，见证了800多年的北京建都历史与东城变迁，现在虽然拆掉了，但依旧记在人们心目中。

# 蔚秀园的前生今世

陈　芳

2014年秋冬季开始，北京大学专门成立办公室，对西校门对面蔚秀园里中岛和东岛上原住居民大杂院进行了清理腾退，据说是有关部门计划投资修复现存古建筑，以备教学研究之用。这也让这座昔日"大观园"的保护利用再一次进入到人们的视野。

有关园史，燕京大学教授洪业（煨莲）先生1931年在《蔚秀园小史》一文中就有考证："按蔚秀园，旧为清宣宗第七子醇贤亲王奕譞赐园。此土人所以又呼之为七爷园也。"

1987年，洪先生弟子、北京大学教授侯仁之先生在《燕园史话》"蔚秀园"一节中写道："旧日的蔚秀园，介于南北两御园之间，南为畅春园，北为圆明园，位置相当重要，但它究竟创始于何时，史无明文可稽。只知道它原是载铨的赐园，名叫含芳园。"至2004年，海淀区政协原主席、《北京市海淀区志》主编张宝章根据他在国家图书馆所查样式雷档案，更进一步推断蔚秀园前身应该是彩霞园，为康熙帝第九子贝子允禟的赐园，始建于康熙四十六年（1707年）。

此园改赐雍正帝第五子和亲王弘昼，嘉庆、道光年间又成为肃亲王花园，道光中叶赐定郡王载铨，改名含芳园，也称定王园。咸丰九年（1859年）转赐道光帝第七子醇亲王奕譞，始称蔚秀园，俗称七爷园。

1931年，醇亲王后人将旧园售予燕京大学，作为教职工宿舍和生物实验田之用。1952年，院系调整后成为北京教工宿舍区直到今天。

"百啭黄莺当画槛，一双白鹭落芳洲。"多年来，蔚秀园作为一处以水景为主的清代名园，静静地隐身于万泉河南岸，遥对西山。

虽经岁月沧桑，物换星移，但路人从园东门往里望去，还能窥见南湖中岛上前所正房及西房遗存的华贵屋顶、湖西岸残丘上歇山式四方古亭和保持基本完好的整个山形水系。概言之，这座清代"三山五园"时期所建的皇亲园墅风韵犹存。

## 古今月色大观园

从康熙帝开始住畅春园"避暄听政"，到乾隆帝拓展圆明三园，随着"三山五园"的逐步建成，海淀地区成为清代最重要的皇家园林景区。此后历代皇帝一年中有过半时间是在圆明园里处理政务。而在御园周围，为上朝方便，星罗棋布王公大臣和皇子、皇女的赐园。如洪业先生所云："究之：圆明园邻近诸园，旧皆为入值退食之居。"

含芳园是载铨的赐园。载铨（1794—1854年），乾隆帝在世所见几位玄孙之一，为定安亲王爱新觉罗·永璜曾孙，爱新觉罗·绵恩孙，爱新觉罗·奕绍长子，道光十六年（1836年）袭定郡王。咸丰皇帝即位后，载铨备受重用，咸丰二年（1852年）加亲王衔，办理巡防事宜。

含芳园位于畅春园北侧。万泉河水从大门以西的南墙下进园，形成八九个形态各异的池塘湖泊，遍及全园互相连通，在园东北角又汇入万泉河东去。多年来，园墙东南角外一直立着一块正楷书"畅春园东北界"勒石界碑，直到20世纪90年代被文物部门收藏。北京大学学者岳升阳认为，从地貌特征看，蔚秀园的成园年代不应晚于畅春园，畅春园的北墙止于蔚秀园南墙外，万泉河在经过畅春园后，绕蔚秀园西、北两面流过，犹如护园之水。河水自园南垣水口流入园中，由园的东北侧流出。

含芳园园门坐北朝南，门前有东西值房各三间，上马石一对。进了园门，便看见宽阔的南湖，园内两组主要院落就建在南湖北边的中岛和北岛上。中岛上前所，为规模较大的三进四合院。正院建有垂花门一座，方石地基至今还在。两侧建有一道曲廊，正北房五间，前廊后厦，硬山式房顶铺筒瓦。东西厢房各三间，是主人会见宾客的厅堂。从西厢房南侧一间穿堂而过，便是西院，三间北房为书房。外面还有小花园，由瓶状门进入，花园的小围墙伸向水岸，在岸边以书卷状作为结束，相当别致有韵味。有人惑于围墙到了水边如何收剎，这里提供了一个有用的处理方式。西院西北两面由假山环绕。东院有正房三间，东北两面围以假山。

从前所北边跨桥而过，重峦叠嶂的太湖石假山迎面耸立。穿过山间小路，便是建在北岛上的后所前后四合院。北面是正房五间，精致气派。东西厢房各三间。后正房五间，东西各有顺山房两间，这里是原主人的寝居之所，前后院共有

53间走廊相互串联，来往非常方便。

前正房西侧为戏台院，院南部搭建一座三开间戏台，戏台屋顶为卷棚歇山式，檐下圆橡方飞，用的是比较高级的建筑材料，台阶是汉白玉阶条石。精美的苏式彩画，至今还有清晰印痕。北京大学古建专家方拥教授说，卷棚歇山式等级高，显示出园主人身份不一般。并认为，这座戏台应该是目前北大校园里留存价值最高的一处古建筑。院北部三间正房为看戏房。这里是载铨喜欢流连光顾的地方，因为他爱丝竹，善鼓琴。院里还有南北两棵高大的银杏树屹立至今，几人合抱，甚为壮观。

从后所跨桥渡水东南行，东园墙内半岛上还有东所，是一座宽阔的两进四合院。三面环水，清静优雅，是定郡王宴饮和休息的所在。正房为饭房，大小房间共23间。东北方建有四方亭一座。正房北面河边还立有一方青石刻碑"紫琳浸月"，为奕譞亲笔所书。

定郡王非常喜爱他这座建于御园之侧的水景园，经常在此休息、赏景、会友和吟诗。他写过一首五言诗《夏日园居二十二韵》，表达他的切身感受。他还写过一首《秋园寓兴》称赞蔚秀园"卷帘遥望西峰秀，苍霭浓青若画图"。载铨的诗词著作甚多，有手抄本《行有恒堂词集》流传于世。

## 奕譞的忧居岁月

载铨去世后，含芳园由内务府收回管理，并于咸丰五年（1855年）六月进行修缮。这次重修由第五代样式雷雷景修主持。基本是对损毁破旧建筑进行修缮和更新建筑构件，没有添建新的景点和房屋，工程用料多是从已废弃的泉宗庙行宫拆卸运来的，内务府用拆东墙补西墙的办法将含芳园修缮一新，在咸丰八年（1858年）便转赐给奕譞了。咸丰帝亲题园名"蔚秀园"，从此闻名。

奕譞（1839—1891年），爱新觉罗氏，号退潜居士，九思堂主人，道光皇帝第七子。咸丰元年（1851年）封为醇郡王。咸丰十一年（1861年）参加政变，深得慈禧信任。同治十一年（1872年）晋封醇亲王。同治十三年（1874年），其子载湉被慈禧太后立为皇帝。光绪十年（1884年）受命掌管军机处。光绪十一年（1885年），总理海军事务衙门，主持洋务活动。

奕譞是清代晚期政坛影响巨大的重要历史人物。咸丰皇帝是他的四兄，六哥是大名鼎鼎的恭亲王奕䜣。赏赐蔚秀园时，皇帝还长住圆明园。为了上朝方便，奕譞园居的日子也较多。他第一次入住蔚秀园是在咸丰九年（1859年）三月，在

《三月十五日初至赐园恭记》一诗中，他写下了最初的感受："蔚秀名园荷宠深，欣欣草木被春霖。"后来奕譞处在慈禧太后和光绪皇帝的政治夹缝之间如履薄冰，索性借山水遣怀，晨起看露，日落观云，先后写过几十首关于蔚秀园的诗作，抒发自己无可奈何的喜怒哀乐和无限感慨。

首次入住一年之后的咸丰十年（1860年），圆明园被英法联军焚毁，蔚秀园也受到严重破坏。奕譞离开了蔚秀园，常年居住在什刹海北岸的醇亲王府里，到紫禁城皇宫去朝见他的嫂子兼妻姐慈禧太后以及他的次子光绪皇帝载湉。

奕譞有时也来西郊办事，常借机探访蔚秀园旧址，园内那些残墙断壁和荒芜衰败更是引起他的无限伤感和愤慨，诗云："射圃久芜亭榭废，茫茫旧迹慨从头。"他曾登高西望，被毁的挂甲屯更使他感慨万端，又云："登台俯视挂甲屯一带街市，尽成瓦砾。"

光绪十二年（1886年）以后，奕譞遵从慈禧太后的旨意，动用巨额海军军费在清漪园废址修建新的御园颐和园，慈禧常年在此垂帘听政。奕譞也重新修缮蔚秀园，将各处建筑稍作恢复，权充退朝休息之所。在北岛南岸小山丘下至今还立有一块青石刻碑，大字"云根"，左下款还题小字满文，可能是奕譞重修蔚秀园时所立。面对荒废园景，又有诗句"扁舟闲久胶都解，老屋阴余术屡焚"的感慨。奕譞有诗集《九思堂诗稿》存世。奕譞于光绪十七年（1891年）去世，葬在妙高峰下，俗称七王坟。蔚秀园由内务府收回管理。到清朝覆亡前夕，又送给奕譞第五子、摄政王载沣（溥仪之父）作为私产。

## 难忘的燕大记忆

1920年，司徒雷登从支持办学的陕西督军陈树藩手里买下淑春园旧址和邻近明代勺园故址后，开始兴建燕京大学新校址，至1929年举行落成典礼。之后陆续买下附近诸园，如农园、镜春园、朗润园等，面积扩大了四倍，形成了一套完整的社区，统称燕园。据叶道纯先生2003年回忆，蔚秀园是1931年12月从载沣手里买下的，当时蔚秀园占地120余亩，房屋80余间，树木千余株，这在燕京大学档案里都有记录。稍加修整后作为教职员工的宿舍。

当年燕大教授待遇优厚，每月工资400元大洋，都有私家宅院或欧式小楼居住，在蔚秀园里居住的教职工并不多。燕大早期教授潘昌曦曾住过蔚秀园。潘先生是江苏吴县人，生于1873年6月。自幼聪敏好学，博览群籍，后进京赴考，是清代最末一次甲午（1894年）科翰林，与吴雷川同榜。戊戌变法时思想倾向维新，变法失败后入北京大学堂进士馆研习中外政治法律。1906年曾赴日本留学，1911年回国后任北京大理院刑庭庭长、院长，当时我国法律正粗具雏形，先生结合中西秉公执法，深受赞誉。至1928年时政日非，遂离开政坛，受聘于燕京大学讲授刑法原理。当时他先住过燕大达园三松堂，后迁居蔚秀园。先生对名园残色情有独钟，立即写《移寓蔚秀园》一首称赞之：

此适依然是乐郊，肯将书卷等闲抛。

浮名早悟鲇缘行，多事犹来鹊占巢。

烟水待寻南国梦，文章差免北山嘲。

解装未苦秋期短，坐看凉蟾挂树梢。

至1933年因年事已高，离开燕大返回故里，先生又作《鹧鸪天别蔚秀园》一首，有"商量著个闲身处，流水桃花入武陵"之句，对蔚秀园念念不舍。1937年抗战爆发后，先生协助同乡创办难民救济会，曾收容难民数万人。新中国成立后当选苏州市第一届人代会代表。于1958年1月逝世，享年86岁。1963年其家人收集整理他的遗作，出版了《芯庐遗集》一册，内含诗七卷、词一卷。

燕大资深教授陈芳芝先生居住在蔚秀园北岛上的后院。先生祖籍广东汕头，1914年生人，曾在香港女子英文书院读书，1931年秋入燕京大学政治学系学习。当时正是日本侵略中国东北三省，举国悲愤，陈芳芝关心国家命运，开始注意祖国边疆外交问题的研究。1936年获奖学金赴美从大师学习当代国际法，1939年冬获博士学位，毕业论文为《有关中国之若干国际法问题》。陈先生于1940年初返回燕园任教，主讲政治学概论与比较政府。1941年12月日寇关闭燕大后，先生积极参加燕大成都分校复课，继续在政治学系执教。1946年返回北平，陈先生出任政治系主任及研究院导师，主讲国际法、中国外交史、西洋政治思想史等课程，并在蔚秀园里埋头著述，揭露帝国主义侵占我国边疆领土的罪恶历史，1945年至1949年率先完成东北部分的五篇论著。1949年北平解放后，她继续主持政治系。1952年院系调整时燕大撤销，政治学系并入北京政法学院，陈先生前去任教，后又调回北京大学历史系任教。1962年发表的《九一八事变时期美国对日本的绥靖政策》是先生中年时代一篇力作，将东北问题研究的视角从清代延伸到当代。陈先生一直住在蔚秀园北岛的后院里，终生未婚，在自家院里精心喂养过多只流浪野猫，爱心可嘉，人所共知。

"文革"结束后，陈先生全心致力于东北史的研究探讨，选择过去在《燕京社会科学学报》用英文发表过的四篇论文以及《上古至秦汉时期的东北地区》等八篇论文结成文集《东北史探讨》一书，于1995年由中国社会科学出版社出版。其中第四篇论述沙俄步步向东扩张，不断掠夺我国领土，并以签订《瑷珲条约》等不平等条约迫使清朝割让约144万平方公里土地，谴责沙俄违反国际法的行径。谁知该书出版一个月后，陈先生竟久病不起，于1996年溘然长逝，享年82岁，留下的遗嘱是将骨灰撒在长城以北。爱国之心，天日可表。

雷洁琼先生于1931年在美国获社会学硕士学位后，回国任教于燕京大学社会学系。抗战爆发后，她曾赴前线参加工作，抗战胜利后1946年返回燕大社会学系继续执教。她和严景耀先生当时也住在蔚秀园北岛的四合院里，热心培养为社会服务的人才，先后开设了社会行政、社会法令与政策、社会服务与实践等课程。雷洁琼是著名的民主教授，一贯支持学生的爱国民主运动，1948年8月19日，国民党军警包围燕大校园后，她与丈夫严景耀、美国教授夏仁德掩护被国民党点名逮捕的学生，帮助他们撤离北平奔赴解放区。

侯仁之先生当年也住过蔚秀园，记得2001年9月，侯老曾向笔者讲过，1940年他在燕大研究生毕业后留校任教，曾住在旧园小岛上西跨院的西房里。当时他还兼任学生生活辅导委员会副主席，协助自愿赴解放区或大后方参加抗日工作的学生离校。先生忧国忧民，写就硕士论文《续〈天下郡国利病书〉山东之部》列为《燕京学报》专号之一，由哈佛燕京学社出版，从此开始了他对北京历史地理的实证研究工作。

燕大研究院毕业生林焘先生在抗战胜利后住过蔚秀园，在当时北平复校十分困难、师资严重不足的情况下，与卢念苏、徐绪典、高庆赐诸先生共同承担了全校大一年级国文教学的繁重任务。在教学同时主攻古代语音，进行传统音韵学研究。在陆志韦先生的指导下，师生合作于1950年著《〈经典释文〉异文分析》发表。燕大并入北大后，林先生继续执教北大中文系，改为现代汉语教学和研究，以语音为主，为我国现代语言学一代名家。

在蔚秀园东所遗址上还开办过海淀第一所高中——燕京大学高中部。当年海淀的高校只有燕京大学和清华大学两所，中学更是寥寥无几，而且都是初中。1940年春天，司徒雷登与英国教会创办的崇德中学校长协商，以该校教师为班底成立燕大高中部，9月在蔚秀园开学，收高一、高二两个年级四个班的学生150余人，至1941年暑假又招收新的高一班，成为具有三个年级的高中完全中学。

可惜1941年12月太平洋战争爆发后，侵华日军封闭燕大，燕大附中和燕大高中部同时被迫停办了。

2008年夏季，北大在蔚秀园小区西南角施工时发现清代旧园围墙墙基。为保留历史遗迹，特将部分墙砖移至燕园街道办事处院内垒墙一面并立碑纪念。方厚古朴的灰色砖墙无声地述说着旧园的百年寒暑和历史盛衰，近观云树，远溯沧桑，让我们不得不由衷感慨蔚秀园真是一座传承文脉的历史园林，在这里，不经意之间，你就走进了历史的皱褶。

# 风雨飘摇中的陈宝琛旧居

崔金泽

陈宝琛（1848—1935），字伯潜，号弢庵、陶庵，汉族，福建闽县（今福州市）螺洲人。溥仪在《我的前半生》中曾有这样的记载："陈在福建有才子之名，他是同治朝的进士，二十岁点翰林，入阁后以敢于上谏太后出名，与张之洞等有清流党之称。他后来不像张之洞那样会随风转舵，光绪十七年被借口南洋事务没有办好，降了五级，从此回家赋闲。一连二十年没出来。直到辛亥前夕才被起用，原放山西巡抚，未到任，就被留下做我的师傅，从此没离开我，一直到我去东北为止。"陈是中国历史上最后一位"帝师"。

陈宝琛18岁中举，21岁登科进士，一入仕便平步青云，与张之洞、张佩纶、宝廷同为清流的代表人物，被誉为"枢廷四谏官"，甚得宠信。然而清流一派在甲申中法战争中几乎全军覆没，陈宝琛因保荐失当被连降五级处分，返乡一待就是25年。在此期间，他认为救国必须首先发展实业和教育。1906年，陈宝琛出任当年成立的福建铁路公司总理，亲自到南洋募股，于1910年建成自厦门嵩屿至漳州江东桥的铁路28公里，这是福建历史上修建的第一条铁路，开福建铁路建设之先河。1907年创办福建优级师范学堂，后发展成为福建省立师范专科学校，是三明学院、福建师范大学的前身，开创了福建现代高等教育的先河。今天的福建师范大学旗山校区陈宝琛广场树有其铜像。

宣统元年（1909年），陈宝琛奉召入京，任总理礼学馆事宜，同时仍担任福铁公司驻京经理。1910年补授内阁学士兼礼部侍郎以及经筵讲官、资政院议员，并在同年冬资政院开会期间，首发昭雪戊戌六君子之议。1911年担任溥仪之师。民国元年清帝逊位，陈宝琛追随溥仪。1921年，修成《德宗本纪》，溥仪授予"太傅"衔。"九一八"事变后，陈冒死去东北劝谏溥仪，反对建立伪满洲国，溥仪不从。1935年，陈宝琛病逝于北京寓所，得逊清"文忠"特谥及"太师"觐赠。

## 旧居今址考证

查国家文物局编《中国文物地图集——北京分册》，"陈宝琛旧居"在灵境胡同19号，并言"……旧居坐北朝南，分东西两院，各有三进院落。东院已拆改，西院只存一进院落，有北房三间带左右耳房、东西厢房各三间、后罩房五间、西厢房三间。今已无存。"这与1935年4月15日《北平晨报》广告栏内刊登的陈宝琛去世讣闻中"丧居北平灵境胡同七号"等字样却不相符。

北京皇城西南角向内缩进，其西墙中段向东折，与西苑西墙相接。西皇城墙北段及中段于20世纪20年代拆除拓为道路，查民国二十四年（1935年）北平市《内二区平面图》，可见灵境胡同东段今西黄城根南街以东部分，与今西黄城根南街同标为"皇城根"，而西段则标为"灵境"。至陈宝琛去世时，今灵境胡同19号之所在仍叫"皇城根"，而非灵境胡同，故《中国文物地图集——北京分册》上判定的旧居位置明显错误。

新中国成立后，灵境胡同与原"皇城根"东西走向段合并，整合后全胡同宅院统一重新编号，路北为单号，自东向西递增，因此今天灵境胡同上的门牌号与民国二十四年完全不同。据北京市公安局西长安街派出所出具的《新旧门牌号码对照表》第119页显示，重新编号前的灵境胡同7号，为今灵境胡同33号。再查1951年北京市政府房地产管理局测绘地图，今灵境胡同33号院落被明确标注为7号。另据北京市档案馆藏1947年9月《北平市政府警察局内二分局户口调查表》，灵境胡同7号被登记为"官房"，为交通部平津铁路局宿舍，而今天的灵境胡同33号，其产权归属仍为铁路局宿舍。

综上所述，可知今灵境胡同33号即为末代帝师陈宝琛旧居。

另外，1935年3月7日《北平晨报》广告栏刊登陈氏讣告中，出现"灵境井儿胡同七号陈宅门房谨禀"落款，可知陈宝琛旧居并不直接向灵境胡同开门，而是位于一条连通灵境胡同的支路——井儿胡同中。经查，至新中国成立之前北京全城以"井儿"冠名的胡同共有十余处，无一处位于该地，可见此"井儿胡同"并非官方地名，推测其内宅院依灵境胡同顺序编号。另据《北平晨报》1935年3月8日第6版《陈宝琛之丧接三算空前——送者数百尽为知名之士，且有古稀老门生》报道，7日下午为陈"送三"的队伍"……全队出井儿胡同西行，经灵境，绕道甘石桥大街，进堂子胡同，至太仆寺街西口，焚化纸车马，而孝子孝孙十余人跪道哭送……"可见井儿胡同开口应在当时的灵境胡同中东段。

民国二十四年（1935年）北平市《内二区平面图》，灵境胡同北侧的支路胡同共有三条，自西向东分别为：东斜街（南口）、八宝坑及一条拐棒状未注名胡同。在其他胡同均明确非井儿胡同的情况下，该未注名胡同为"井儿胡同"的可能性最大。经实地踏查，今灵境胡同33号即位于这条胡同内正北侧尽端的位置。因此民国报纸中出现的"井儿胡同"这一模糊的概念，也与今灵境胡同33号院的地理位置特征相符。

据2011年9月现场调研，33号院内居民均表示此宅即为末代皇帝溥仪老师的旧居。其中家住东路南端院落北房中的门大妈，已在此居住50余年。她说33号院清代曾为皇帝老师的住宅，新中国成立前有"铁路上的头头儿"在此居住。

据她回忆，她婚后便搬进33号院，当时其西路为一组四合院，东路为花园，其中有假山、松树，并有游廊将北房及她所居住的南房连通，东路有旁门开向西黄城根南街。截至2011年采访时，除游廊及假山以外，门大妈所指认的旧居建筑及古树均完整存在。

现场居民回忆，与文献研究得出的33号院自陈宝琛旧居转而成为平津铁路局宿舍并一直沿用至今的历史沿革基本相符。

## 故居的建筑格局

今灵境胡同33号为该胡同以北最成规模的院落，保存完整，结构清晰。33号院大门面阔三间，正中一间开广亮大门，院内包含东西两路建筑。

西路为全院之主体，共四进院落，第二进南房面阔5间，其北为一殿一卷式垂花门，根据已有分期结论判断，应为清同治至民国初期古建筑遗存，再北为三开间正房，最后为五开间后罩房。经与1750年《乾隆京城全图》对比，其现存西路建筑之总体布局、单体建筑开间数等，均与清乾隆朝状态完全一致。

东路建筑布局较为宽松灵活，其南端贴近大门处为一进规整的院落，有南房及北房各三间，东西无配殿，而是直接由抄手游廊连接。此进院落以北存古松树一棵，再北为一规模庞大的三间正房。东路建筑东侧有三座红砖独栋单层住宅，再东南有33号后门，为单间广亮大门，向东开向西黄城根南街。据居住在东路南端院落中的门大妈介绍，东路原为花园，有假山一座，位于古松树下，后被挪至某机关大院，南端院落与松树北侧正房之间曾有游廊连接，东侧的三间红砖独栋住宅为日本人设计、建造，内部曾有厨房、卫生间等设施。另据院内其他居民介绍，该花园中曾有戏台一座，"文革"前即被拆除。东路现存的格局也在乾隆图中得到了明确的表现，为一带水池的花园。根据1935年3月8日《北平晨报》第6版《陈宝琛之丧接三算空前——送者数百尽为知名之士，且有古稀老门生》报道："……灵停东院大厅，为公生前集吟唱之所，前有山石，现则芦棚高搭，联幛满悬。已成肃穆之丧堂……"可见该花园一直沿用到1935年，是陈宝琛宴集朋友吟诗的地方，其死后亦先停灵于此。

今灵境胡同37号位于33号西侧，民国时期原为灵境胡同9号。大门为单间广亮大门，尚存清末民国式样雀替及凤鸟纹抱鼓石，象眼部分有灰塑"卍"、"寿"、铜钱等纹饰。门内院落三进，其中正房三开间前带卷棚顶抱厦，左右尚存抄手游廊，后房正中三开间前檐屋面向外推出一廊步，左右开门通向东西两开间之前，形成正房及两耳房结构上同为一五开间房屋之状，殊为奇特。

37号所在位置在乾隆图中表现为若干较杂乱的小型院落，说明现存建筑上限应不早于1750年，这也与其大门上的雀替等建筑构件表现出的清末民初时代特征相符。查北京市档案馆藏1947年9月《北平市政府警察局内二分局户口调查表》，此宅同33号院一样，被登记为"官房"，为交通部平津铁路局宿舍。今37号东夹道仍存有原向东开启的月亮门一道，查北京市档案馆藏1946年《北平市警察局侦缉大队关于查缉西城灵境胡同官房地毯被窃案的呈文》（编号J181-027-01744）所附《参考人询问笔录》，在对王俊德（时年24岁，住灵境胡同9号）的询问中，警察问："（灵境胡同）7号与9号两个住宅，何时通开的？"王答："在日本投降时，由日本人拆的。"可知今灵境胡同37号在1945年与33号打通，同归为交通部平津铁路局宿舍使用。

可见，灵境胡同33号应是真正的陈宝琛旧居所在，且保存尚完整，《中国文物地图集——北京分册》刊登的官方判断有误。33号院在陈宝琛过世后成为原交通部平津铁路局宿舍，并在1945年前后与37号院打通，此产权的转变是否与陈宝琛早年间在福建的铁路建设背景有关，尚待考证。

## 风雨飘摇中的33号院

33号与37号两座宅院建筑独特且保存完整，尤其是33号院西路主体与乾隆图完全吻合，除垂花门外，主体建筑下限或不晚于1750年，具有较高文物价值。而其所在的位置，也对廓清明清皇城西墙的走向及位置具有重大史料价值。

然而，灵境胡同33号及37号目前没有任何文保身份，也不在北京市第三次文物普查的登记名单中。为进行"西长安街街道办事处社区综合服务中心项目"的建设，西黄城根南街南口以西的建筑将被陆续拆除。目前，33号院东路花园也即陈宝琛生前吟诗、身后停灵处，包括原有保存完好的后门均已被拆除，大门门牌已丢失，屋顶被捅漏，东路南侧院落完全消失，彩绘游廊仅剩半壁，在风雨中飘摇。33号院西路的居民亦人心惶惶，称其连同37号院即将被整体铲平。

陈宝琛为中国近代历史名人，而陈家又因错综的闽台姻缘，在台湾同样颇有名望。台湾海基会前董事长辜振甫的夫人辜严倬云，是近代著名思想家严复的孙女，而她"同时又喊末代皇帝溥仪的老师陈宝琛叫舅公，2010年她回福州老家寻根谒祖并为洪涝灾区捐款……到严复墓前祭扫、去衣锦坊水榭戏台看戏、赴陈宝琛故居探访……"这里所说的陈宝琛故居乃其在福建的故宅，即"陈氏五楼"，位于福州市螺洲镇，该地早在1983年即被列为市级文物保护单位，1991年被列为"福州市名人故居"，并在2006年整体修复竣工向游人开放。位于福州市马尾区君竹村西登龙岭的陈宝琛墓也在1988年公布为区级文物保护单位。

在此笔者紧急呼吁整体保护北京灵境胡同33号、37号院，依据建筑本身的价值及其地理区位，对明清皇城西墙走向的重要地标性意义，及时认定并给予文物建筑身份。33号院作为陈宝琛身为帝师，尤其是舍身前往东北力阻溥仪称帝伪满洲国时期的居住地及其逝世地，具有重要纪念意义，且为北京内城难得保存完整且有据可查的"涉台文物"，建议以"陈宝琛旧居"名义设立文物保护单位，给予相适应的文保级别。

33号及37号现存的历史建筑大部保存完好，若将院内的违法建筑清除，外迁居民，将部分房屋辟为陈宝琛纪念室，则该历史建筑群完全可以改造成为一处集传统文化、爱国主义教育功能于一体，兼有统战意义的社区服务中心。这样的社区中心，要远比拆平历史建筑而建立起来的冰冷水泥大楼更具人文情怀和社区亲和力，它将是对"北京精神"的极好诠释，并在闽台地区为北京树立良好的人文形象，有助于促进两岸和平统一。

# 报恩楼的保护与利用

徐　新

历史上紫竹院有着"远山近水、塔影桥衍、荷塘鸟语、夹岸高柳"的胜景，具有"千年风景，百年竹韵，皇家禅院，人间福地"的美誉，虽历经沧桑，仍难隐其华。近500年来，伴随着福荫紫竹院从道院到禅院的数次变迁、修建，其意境渐次由"古寺境幽僻，小憩揽清趣"，到"山断溪曲通，林开塔半露。残荷尚有花，寒节未成絮"，如今成为"西风送晚凉，炎喜渐去"的幽静之所。

一

紫竹院的历史是通过有形的建筑来反映的。报恩楼是公园西北部的古庙福荫紫竹院的后罩楼，为上下各九开间的两层楼房，南向，砖木结构，墙体磨砖对缝，上为青瓦覆顶，建筑精美，雕梁画栋，典雅不俗。现存建筑为清代光绪九年（1883年）翻修全庙时重建的，距今已有131年历史。报恩楼北邻长河，是清代帝后由水路去颐和园的中途休息之所。报恩楼为皇家敕建北方庭院建筑风格，庭前植玉兰，风景秀丽，远眺西山，淡黛如画，建筑与自然融为一体，体现出情与景、形与神、意与象之间的高度统一，是公园最具代表性的历史建筑。

报恩楼始建于清乾隆十六年（1751年）。当时的紫竹院是一座供奉观音的禅院，禅院前有一座小山，树木葱郁，山脚下有几顷莲塘，满塘荷花香飘数里，禅院后有长河环绕，禅院左右各有一塔交相辉映。不远处隐隐可见广源桥，林麓苍黝，竹树深蔚；溪涧镂错，清泉常流，不啻绿天庵中，风水之宝地，世人所共赏，足称峦嶂翠峨之区，真可谓与名山争胜。又因为紧邻长河，所以被皇帝看中，为了给崇庆皇太后祝六十大寿，在紫竹院修建了码头和行宫。崇庆太后生日当天要乘龙舟游幸清漪园、万寿山。当时皇帝和太后到清漪园游幸都是沿长河坐船前往，为了烘托祥和的生日氛围，所以在长河两岸也是大兴土木，倚虹堂、紫竹院、万寿寺都进行了大规模的修建。太后在倚虹堂弃辇登舟，开始沿长河走水路，到了广源闸由于水位有高差，船不能通过，需要倒闸换船，所以要在广源闸东侧的紫竹院行宫码头下船，在行宫休息到紫竹禅院进香，然后乘轿辇到广源闸西侧万寿寺码头登船继续前往清漪园。自此长河沿岸每隔十年为了给崇庆太后庆生都要进行大规模的修缮，直至崇庆太后去世。

报恩楼虽是乾隆年间建成，但"报恩楼"的名字是在清光绪年间才出现的，光绪九年（1883年）七月，紫竹院进行了一次大规模的修建工程，竣工于光绪十一年（1885年）九月，历时三年。之所以命名"报恩楼"是要表示主持修建的人对皇太后慈禧及皇上光绪帝的崇拜之情，用于恭祝皇太后、皇上万岁万岁万万岁。那么是谁能够对皇帝、太后有如此非同一般的情感呢？主持并出资修建福荫紫竹道院的人叫刘素云，本名刘诚印，人称"印刘"，河北河间人，是慈禧太后最喜欢的太监。安德海获罪被杀后是刘诚印接任总管大太监一职，据说，此人办事机警，粗通文墨，于时局形势，颇有见解。李莲英、小德张之辈，不过曲意承旨，以供驱使而已，印刘则可帮慈禧太后拿大主意。刘诚印恪守历朝内监不得干预朝政之训，从不妄谈，遇有疑难，而是"说笑话"、"讲故事"谈笑间让慈禧豁然开朗。慈禧对其甚为倚重。后来，刘诚印患上石麻症，请西医割治得愈。再发时，竟一命归天。慈禧十分难过。在他病发期间，亲自送其出门，数度落泪。由此可见，慈禧与刘诚印主仆情深，刘诚印所受宠眷远在李莲英和小德张之上，而刘诚印修建报恩楼用以表达对慈禧的感恩之情也在情理之中了。

慈禧母亲去世时曾在白云观停灵，当时操办皇帝姥姥丧事的就是刘诚印，也就是那时刘诚印信奉了道教，并结识了白云观方丈高云溪、监院姚霭云。刘诚印自修行后，修建庙宇，济危救困，所行善事不可枚举。当万寿寺方丈德果找到白云观方丈高云溪、监院姚霭云商议重修庙宇之事时，他们二人就推荐了刘诚印。

刘诚印到紫竹院，看到寺周边美景，只可惜年久失修，部分殿堂坍塌，深感可惜，于是出资修建，修建后的紫竹院"亭廊相连，楼台掩映，树影婆娑，美轮美奂，远离闹市的喧嚣，静谧得像天边的山峦，广袤得如同观音的南海，令人仿佛置身西方天竺的鸡头寺。飞云袅袅显露福瑞之相，白雪皑皑更添一份庄严。一瞻一礼之间，万年冰雪为之消融，一赞一称之时，诸般妖邪随之消散。不只是因为工匠们有着祖传的高超技艺，大自然的赐予同样鬼斧神工，天人合一的杰作，使这座寺院有如神仙洞府一般……报恩楼大殿内檀香木打造的宝座，琉璃打造银色的屋脊，这些足以使这座寺庙无限荣耀。为了恭祝皇太后、皇上万万岁，给这座楼命名报恩楼"。

竣工之时由当时的工部尚书潘祖荫撰写了《福荫紫竹院碑》，记录下修葺的盛况，此次修建后紫竹院脱离了万寿寺，成为独立的行宫。

# 二

民国时期报恩楼先被皇室出租，后迫于形势又转让给军阀。辛亥革命以后，清朝灭亡，为示优待，给废帝溥仪保留了故宫后部的住处，"紫竹院"也仍属逊清皇室的财产。当时行宫有房134间，其中就包含报恩楼。1937年7月，日本侵华，占据北平。保安三队解散，日军进驻"紫竹院"，对外挂牌称"天然疗养院"。1945年，日本投降。随即国民党受降接管北平，"紫竹院"又进驻国民党的军队，称为"空军疗养院"。1949年北平新中国成立前夕，国民党军队撤走，"紫竹院"成了一座空庙，无人看管。

新中国成立后紫竹院庙宇建筑的遗存仅有报恩楼、前殿区以及东跨院尚属完好，据地近百间殿房均已无存。1949年解放后，被中国人民解放军军委二局（后改为总参三部）选定为办公地点。1952年，在总参三部办公室迁离后改为总参三部幼儿园用房。其中中殿用作幼儿园大班游戏房，报恩楼用作大二班。

1982年，总参三部迁出后由紫竹院公园接管。3月公园正式接管旧址后，对报恩楼进行了全面整修，屋顶捉节拿笼，外楼梯扶手栏板拆除，仿古建加腰线重做，楼上扶手栏杆补齐加固油饰见新。楼上前廊水磨石地面铲掉改作木地板并油饰见新。楼下改作展室，现有隔断全部拆除，后窗只留东西尽头各一个，其余堵死，前窗加梅花棂子。楼下吊顶去掉重做。台阶拆掉现有花台，恢复垂带，台阶归安见新。并请当代著名书法家为"报恩楼"题写了匾额，外悬之楼名大匾为赵朴初题写，内悬之楼名大匾为爱新觉罗·溥杰题写；楼外抱柱之楹联，为赵朴初在紫竹院公园初拟词句的基础上，细加润色而书写的：

佳气迓三山紫竹清风澄俗虑

烟波临一水杏花春雨启诗情

1992年9月，"紫竹院清代行宫"被海淀区人民政府确定为海淀区文物保护单位。2012年进行修缮复建，由于报恩楼从营建至现代经过了262年，其发展过程中数易其主，园主们会根据个人兴趣爱好、审美水平以及其他原因对园子进行修缮。园中很多现在能见到的景观，与初建时相比已大相径庭。并且各时代的建造工艺和审美观各有不同，不可避免地留下不同时代的美学印记。因此，公园在保护修缮前认真考虑主体建筑报恩楼重现民国时期的历史，对于部分珍贵的景物进行具体历史时期标注。

原建筑报恩楼有彩画。复建后福荫紫竹院行宫院落中作为彩画载体的主要建筑有报恩楼、二道门、前殿、倒座房、长廊等，建筑绘制彩画共计320幅，其中人物故事46幅，建筑画法12幅，写意山水121幅，花鸟鱼虫141幅，枋心彩画34幅。彩画严格按照苏式彩画的传统工艺技法，画面内容人物遴选了中国历史人物，如老子故事、成语典故、神话传说、中国四大名著等故事，建筑线法则突出写实性，每一幅均有实景范例可考。写意山水类以名山大川为题材，也有一些是临摹国画大家的作品，绘制成富贵白头、国色天香、红霞祥和、竹梅双喜等主题画作，绘画细腻、真实，寓意内涵丰富。

报恩楼的保护利用关乎免票历史名园的发展与传承，报恩楼向游客开放，是文化建园的成效体现，是保护、利用、传承传统文化的重要举措，通过图片展览和实物展览，通过身处古境，让游客从长河视角，了解北京，进而了解紫竹院。充分挖掘紫竹院的传统文化精髓，延续紫竹院深厚的文化底蕴，并与公园周边景观环境相协调、完善游园设施和提高公园服务质量，以满足游人游憩观赏的要求，把福荫紫竹院建设成具有深刻文化内涵的现代公园景区，更好地为社会和广大游客服务。

# 撩开晾鹰台的面纱

李丙鑫

2010年9月26日，经过8个月的紧张建设，位于大兴新城、亦庄新城与中心城区之间的北京南海子公园一期正式开门迎客，与位于北五环的奥林匹克森林公园遥相呼应，成为贯穿北京南北中轴线上的另一颗生态明珠。公园内，靠近北普陀影视城一侧的平地凸显一座方圆数十亩的高台，那是一座古堡城寨？还是古墓遗址？……

## 天子有三台：囿台以观鸟兽鱼鳖

双休日，我陪着朋友到郊外考察。在大兴区北普陀影视城北侧路西，见到在一片平地上，有一座高高的土台子，上面长满了杨树和一些灌木、杂草。带着疑问和好奇，经向当地百姓请教，原来这一带属于元明清皇家苑囿南海子的一部分，这座土台子是一座古代的晾鹰台，又叫作练兵台。

在我国古代，封建帝王为了游览和观赏风景的需要，常常要在皇家园林中设置一些四面高而顶部平的建筑物，这就是"臺"，今作台。汉许慎《五经异义》载："天子有三台：灵台以观天文，时台以观四时施化，囿台以观鸟兽鱼鳖。"南海子是元、明、清三代畜养禽兽，"因农隙而校田猎"的著名苑囿，因此，这座晾鹰台应归类于"囿台"。

据调查统计，南海子内一共有大小16座台。这些台均为黄土堆筑，其中比较重要的台有10座。在南海子西北隅、东北隅各有3座台，分称大台子、二台子、三台子。东北隅的3座台又合称为三台山。西红门东北部有杀虎台；东红门西部凉水河畔有单台子；南红门北部有晾鹰台；还有鹿圈村东的一座台，俗称土楼子。此外，清代在南苑南大红门的东侧还建有一座"望围楼"，是为皇太后、皇帝等观望八旗将士行围狩猎之所。南海子里的台主要作用是帝王、后妃来南苑行围狩猎时，以备登台观看围猎的壮观场面。《清实录》记载："（乾隆三年）八月丙午奉皇太后驻跸南苑。丁未……奉皇太后至晾鹰台阅射。己酉上奉皇太后幸三台阅围，上亲射。"此外，西红门内的杀虎台、南红门内的晾鹰台还具有阅兵的功能。自清康熙朝以后，清代举行大阅的场所多在南海子晾鹰台。《日下旧闻考》记载："凡大阅吉期，由钦天监选择。先期二日，武备院设御营帐殿于南苑晾鹰台。"

南海子内大部分台在清末的开发活动中即逐渐被夷为平地，或开垦成耕地，或在其旧址建成村庄。南海子西北部的大台子和东北部的三台山这两座村庄，使大台子和三台山作为地名一直流传到今天。如今，在南海子一带还保留下两座台，即南海子东北隅三台山的南台和南海子南红门北部的晾鹰台。其中晾鹰台在南海子的历史上最为著名，现在保护的也比较完整。

## 落雁远惊云外浦　飞鹰欲下水边台

晾鹰台建于元代，位于今大兴区南宫西北1.5公里处。明清时，晾鹰台"台高六丈，径十九丈有奇，周径百二十七丈"。据1956年9月实测，晾鹰台占地约60亩，顶部略平，约广15亩。由于后来在附近取土、造田，到1982年时，晾鹰台台高10余米，占地约40亩，较前略有缩小。晾鹰台是元、明、清封建统治者在南海子行围打猎的重要场所。明《帝京景物略》记载："（北京）城南二十里有囿，曰南海子。方一百六十里。海中殿，瓦为之……殿傍晾鹰台，鹰扑逐以汗，而劳之，犯霜雨露以濡，而煦之也。"在帝王纵鹰隼飞放捕猎活动中，猎鹰经过紧张、激烈的搏斗，周身汗下，有时又遭到风雨的侵袭，要让猎鹰在春天明媚的阳光下晒干毛羽，得到休息，因此得名晾鹰台。

元朝时，曾在此设鹰坊，由"昔宝赤"即养鹰人为宫廷驯养猎鹰。《元史·兵四·鹰房捕猎》记载："冬春之交，天子或亲幸近郊，纵鹰隼搏击以为游豫之度，谓之飞放。"所谓飞放，是指当时盛行的一种狩猎活动。严冬过后，大地回春，河湖解冻，天鹅、大雁陆续从南方飞回来了。因晾鹰台附近水泊很多，水草丰茂，这里便成为天鹅和大雁栖息的场所。每年这个季节，皇帝都要在文武百官的簇拥下到这里纵放一种叫"海东青"的名雕捕猎鹅雁。捕猎时，皇帝站在上风处观望，侍从们身穿墨绿色的衣服，携带刺鹅锥、锤等捕鹅工具和鹰食，各相距5至7步，分列在湖泊四周。一发现有天鹅便举旗示意，由骑兵飞马报告皇帝。然后擂鼓将天鹅惊起，侍从们骑马挥动旗帜把天鹅驱赶到皇帝所在位置上空，由皇帝亲自放出海东青追逐。海东青直冲云霄，与天鹅拼力厮杀，擒获天鹅后一同坠地。这时侍从要赶快上前用刺鹅锥刺破鹅脑喂海东青，以示慰劳。捕到第一只天鹅后，照例要举行"头鹅宴"。群臣各献酒果表示祝贺，并把这只天鹅的鹅毛插在头上以为乐趣。这种狩猎活动源于辽代的"春捺钵"，元、明时仍很盛行。明朝大学士、诗人李东阳在燕京十景《南囿秋风》诗中有"落雁远惊云外浦，飞鹰欲下水边台"的诗句，形象地再现了封建帝王在晾鹰台狩猎时的情景。

## 诈马宴开酒㤗香　割鲜夜饮仁虞院

元朝时，在晾鹰台还经常举行诈马活动。明吴伟业《海户曲》中有"诈马宴开酒㤗香，割鲜夜饮仁虞院"的诗句，描绘的是元朝时封建帝王在晾鹰台举行诈马之戏活动后，在晾鹰台仁虞院举办盛大的诈马宴，用酒，也就是马奶子酒款待王公大臣时的情景。酒"以马乳为酒，撞乃成也。"是一种别具风味的奶酒，自汉代以来就是国宴上款待达官贵人的名酒。什么是"诈马之戏"呢？诈马是元代的一种体育竞技游戏，"盖蒙古旧俗最所重也"。按汉族的说法就是跑等，赛马的意思，可是这种赛马非同一般。诈马活动要选几百名六七岁的幼童，身穿华丽的锦衣，骑在没有鞍具的马背上，衔尾腾骧，散鬃结鬃，从十多里外纵马飞奔，追风逐电，驰骋自如。在晾鹰台下树立一杆大旗，最先跑到大旗下的儿童和马匹为优胜者，并依次选出前三十六名，分别接受皇帝的奖赏。这种活动到清朝时仍很盛行。清朝皇帝到南海子行围，蒙古、哈萨克等少数民族首领随侍从围，也经常举行诈马活动。清钱大昕《潜研堂诗集》有"诈马诗"："名马数百皆龙媒，谁其骑者为婴孩。控之曾不施衔枚，神枪一声殷若雷。翻身上马宁徘徊，风雨骤至急箭催。二十里外往复回，如响斯应弹指才。就中卅六尤杰魁，观者咋舌惊且咍。诈马旧俗有是哉。"对诈马之戏做了详细的描绘。

还有一种说法，诈马之戏指的是蒙古族的套马。游戏活动开始时，千百匹没有调教驯服的生马，在武士们的驱赶下，四蹄生风，奔腾嘶鸣。这时一名剽悍的骑士手持套马杆冲入马群，马群顿时骚动起来。在头马的带领下，马群如风卷残云，疾如闪电。骑士看准头马，驱马奋力追逐，在马群中左冲右突，待接近头马时，手疾眼快，用套马杆将头马的马头牢牢套住。然后，骑士从自己的马上飞身抓住头马的鬃毛，用两条腿夹住马腹，就势紧紧地贴在头马背上。只见头马驮着骑士狂奔，又猛地折转身来，四蹄腾空，前扑后踢，妄图把骑士掀下马来。围观的人们屏住呼吸，场上的气氛紧张得可以听见人们的心跳。只见骑士顺势给头马套上缰索，勒住头马，迫使头马停止奔跑。头马被骑士勒得前腿腾空，后腿直立，昂首嘶鸣，最后不得不俯首帖耳，任凭骑士给自己带上鞍具。这时，围观的人们发出阵阵欢呼，骑士便在人们的欢笑声中驰马绕场一周，挥手致意。然后到皇帝观看处下马，接受皇帝的奖赏。这种游戏活动延续到清朝时，已经被赋予了较多的政治色彩。在皇帝宴请这些少数民族部落盟长时，便请他们观赏"诈马之戏"，还有蒙古族摔跤等活动。皇帝举办这种活动的寓意是很明显的，"驯而习之于驱策之中，意至深远也"。清朝皇帝长驾远驭，恩威并施，各少数民族部落在大清朝武力的威慑下，必须俯首帖耳，对中央政府表示臣服。

## 清代制度：三年一次大阅兵

清朝时，晾鹰台是帝王狩猎和训练兵马的重要场所。清朝统治者入关之初很重视骑射，经常在南海子举行阅兵活动。清顺治十三年（1656年）规定，每三年举行一次"大阅"。每次举行大阅时，由武备院提前两天在晾鹰台设置御营帐殿，供皇帝在此披挂盔甲和小憩。八旗将士在晾鹰台附近列好阵式后，由兵部堂官奏请皇帝检阅，自左至右，巡阅一周。然后吹蒙古画角、海螺。"举鹿角兵闻击鼓而进，鸣金而止；麾红旗则炮枪齐发，鸣金则止。"声势浩大，仪式隆重。据《大清会典》等史籍记载，清顺治、康熙、乾隆皇帝等都经常在晾鹰台举行盛大的阅兵活动。康熙十二年（1673年）正月二十日，康熙皇帝在晾鹰台大阅八旗禁旅，清晨7时许，康熙皇帝从旧衙门行宫，也就是今天的旧宫起驾来到晾鹰台，在黄幄内披挂好盔甲，命令上三旗内大臣、护军统领、前锋统领和诸王、贝勒等各领本旗护卫官员队伍在晾鹰台东侧排列整齐，纪律严明，军容甚盛。然后鸣枪发号，各队结成阵式纵马奔驰，在晾鹰台西边分两翼排列，接受康熙皇帝的检阅。康熙皇帝阅兵后，命令在晾鹰台下设立箭靶，张弓搭箭，"亲射五发，中三矢。"然后又命令诸大臣、侍卫依次较射。康熙皇帝检阅他们射箭后，又翻身上马飞驰，在马上搭箭张弓，猛回身，瞄准箭靶，"一发即中"，八旗将士山呼万岁。当时参加会阅的还有科尔沁、札萨克、巴林、鄂尔多斯等15个少数民族部落的首领，他们看到大清朝八旗将士军容整齐，号令严明，特别是亲眼见到康熙皇帝骑马射箭，骑术娴熟，箭法准确，"皆相视骇异"。乾隆帝在清乾隆四年（1739年）、乾隆二十三年（1758年），也在晾鹰台检阅八旗兵阵。"驾出，作铙歌大乐，奏壮军容章。"因此，晾鹰台又有练兵台之称。清嘉庆、道光、同治皇帝等都在晾鹰台举行过大阅之典。如今，晾鹰台虽然已成遗迹，但是有关清朝大阅的历史画卷仍然保存在北京故宫。在故宫博物院还珍藏着一幅清代宫廷画家郎世宁绘制的《清乾隆皇帝大阅图》，画中乾隆帝摎甲踞鞍，腰佩弓矢，威武雄壮，栩栩如生。这幅画是清乾隆二十三年（1758年）十一月，乾隆皇帝在晾鹰台举行大阅之典的真实写照。

　　清光绪二十六年（1900年），八国联军侵略北京，南海子行宫、寺庙亦未能幸免。侵略者的野蛮行径激起了中国人民的强烈仇恨。他们拿起刀枪，在晾鹰台设下埋伏，当骄横不可一世的侵略军进入埋伏圈后，几千名手持大刀长矛的农民奋勇冲杀，把侵略军杀得丢盔卸甲，狼狈而逃。大长了我国人民的志气，使帝国主义侵略军威风扫地。

　　新中国成立后，晾鹰台古迹受到保护。1985年公布为大兴第一批重点文物保护单位。晾鹰台上近万株杨树长势良好，郁郁葱葱。夏秋时节到此凭吊，这里林清水秀，风景优美，耳闻林涛涌啸，犹如战鼓齐鸣，仿佛可以听见刀剑的碰击声。晾鹰台不仅是一处著名的游览胜地，也是我们进行历史唯物主义和爱国主义教育的课堂。

政北
协京

第六辑

缅怀：北京，我心中的圣城

# 笑的哲人

——纪念老舍诞辰110周年随想

舒 展

　　1924年，老舍24岁时赴英国，在伦敦东方学院教汉语。想要教好汉语，必须下功夫学英语。于是，在教学之余他开始了刻苦攻读。但丁是他特别崇敬的作家，老舍成了一个"但丁迷"；可是，当他读到狄更斯的幽默原著，他觉得《匹克威克外传》才是他的知音，这对老舍可谓一拍即合。有趣！一拿到手就放不下。讽刺！大胆揭露社会肌体上的弊端。他感悟到：胆识过人，敢于笑骂而又善于笑骂，而后幽默生焉。讽刺与幽默理论上可分，但运用起来就很难分。老舍一动笔，发现自己原来是一个有（一点点）幽默天赋，很善于讲故事的能人。北京这片沃土，成了他独有的矿藏，他能把这一富矿中的幽默矿脉融于传奇之中。于是，幽默成了老舍写作灵感的喷泉。酣畅跳脱的文字落在练习簿上，写作原来是一件那么快活的事儿！《老张的哲学》诞生了。他很自信，先放着。这时的老舍，没作作家梦。

　　台湾省作家、文学研究会的发起人之一——许地山，即落华生来到伦敦，看了《老张的哲学》，怎么也憋不住乐，笑道："应该马上寄回国！"老舍把这部稿子寄给了郑振铎，连个号也没挂。不久《小说月刊》就发表了。老舍这个名字从此不胫而走。之后，《赵子曰》又出笼了。交给宁恩成，老宁看了，笑得不可开交，早餐时把盐当成糖吃了。国内广大读者的反应则是："真好笑！很生动！别开生面！"

　　到了写《二马》，结构有所变化：小说的腰眼儿变成了尾巴，但始终没法放弃幽默。幽默几乎成了老舍风格的同义词（绝非全部，以后他也写了大量例如《月牙儿》那样没法幽默的作品）。有朋友劝他不幽默行不行？他说："要放弃幽默，对我，就像一条狗要它变成一只猫。"直到他晚年最后未完成的巨著《正红旗下》，老舍胸中那淘不尽的幽默金矿，陪伴他度过了一生。

　　抗战八年，老舍一直担任全国文艺界抗敌协会的总务部长（类似今日的文联常务副主席兼秘书长）。在重庆，老舍成了各方都可以接受、深得人心的文坛领袖人物之一。那时举行过一个老舍创作20周年纪念会，郭沫若的祝词中有以下十个字很传神："寸楷含幽默，片言振聩聋。"道出了老舍风格之精髓。

我们不妨以大家熟悉的《茶馆》里的一个小混混来窥探一番：唐铁嘴经常以相面骗人，以后当了天师。王掌柜说："你要戒不了大烟，就永远交不了好运！"到了第二幕，唐铁嘴自我介绍："我改抽白面啦（指墙上的香烟广告）！你看哈德门烟是又长又松（抽出烟来表演），一顿就空出一大块，正好放'白面'。大英帝国的烟，日本的'白面'，两大强国伺候着一个人，这点福气还小吗？"

乍听这话，想乐！一咂摸，想哭。哭笑不得，欲哭无泪。这不就是《猫城记》里猫人国的国民吗？在这个国家里，万痛之源在于国民人格的丧失。人格都没了，还有什么士气、民气和国格？再瞅瞅另一个在善扑营当差的打手二德子，他狗仗人势，想要打正直的常四爷，正当闹得天翻地覆时，坐在旮旯儿暗角的马五爷走到前面来，喝道："二德子！你威风啊！"二德子定定神儿，立刻老实下来，乖乖地向马五爷请安："喝，马五爷！您在这哪！我可眼拙，没看见您！"恰在这时，外面传来教堂钟声，马五爷走到舞台中心，全场肃静……马五爷乃地方一小恶霸，二德子和全场立马被镇住了！马五爷满脸虔诚——划十字，就这么一个动作，说明了一个时代。原来他是吃洋教的特等国民，人家后台硬着呢。

这就是老舍的幽默！一言一动能勾画出一个时代，简直是整个中国处于半殖民地的残民媚外政权的缩影。用老舍自己的话来说："列强既抢掠你的钱财和宝物（诸如最近拍卖的兽首之类），还要夺走老百姓的命和魂儿。"

老舍说："幽默首要的是一种心态。"（《老舍论创作》上海文艺版69页，1980年）"文学要生动有趣，必须利用幽默。干燥，晦涩，无趣，是文艺的致命伤！滑稽，闹剧，劈刀见血，肤浅的打闹、穷逗，这些都与幽默无涉。他认为，所谓特具的心态就是'笑的哲人'的心态；和颜悦色，心宽气朗，怀揣善意，富有同情心。我喜欢充满奇趣的唐吉诃德那种人。"他喜爱的作家，除狄更斯，还有马克·吐温、欧亨利和果戈里。他还说："没有生活，就不可能有活的语言，幽默作家必须极会掌握语言，必须写得俏皮、活泼、精辟！"

让我们从微观角度，看看老舍如何用工笔式的漫画描写人物的眼睛：他大姐的婆婆——她长着一双何等毫无道理的眼睛啊！在风平浪静的时候，黑白分明，非常有神。有时候不知道为什么就来一阵风暴，风暴一来，她的有神的眼睛就变成有鬼，寒光四射，冷气逼人地瞪着。（《正红旗下》）

再看《老张的哲学》："张大哥有一双奇特的眼，这眼是阴阳眼，左眼皮特别长，眼珠被囚禁着一半；右眼正常且每日照常办公。其奇趣在于凡右眼看过的一切，皆由左眼筛一遍。这种凡事深思熟虑，处世为人万无一失的性格特质，从眼睛确切地传达给了人们。"

再看《二马》中伊太太——她的眼，在教堂祈祷时，一只看着上帝，一只盯着祈祷时不规矩的人。如此富有奇趣的幽默是老舍所独有的，他不同于鲁迅、钱钟书、赵树理和侯宝林。请原谅，篇幅不允许我将这些大家一一进行比较。

再让我们从宏观扫描的角度，来看看老舍是怎么用大写意的泼墨，以哲学家的眼光穿透时空的。《茶馆》上场人物近百，时间跨度50年，从戊戌变法，袁世凯下台，到国民党政权进京，没有大家手笔，怎能驾驭并组织成三幕大戏？据舒济统计，老舍在他的小说中塑造的人物500人，加上剧作至少有700多人。老舍著作就是一部形象的中国近、现代史。文学家的真本事就表现在数百个生命（其中典型以数十计）的大开大阖信手拈来的人物传记之中。《史记》的精华，不就在纪传么？爱默生说："严格地说，没有历史，只有传记。"（《论历史》）老舍先生站在云端，笑眯眯地向地球村的村民们说："谁上天堂，谁入地狱，请各位挨个儿点评吧！"

幽默感几乎是人皆有之的。契诃夫说："不会开玩笑的人是没有希望的人！"谁一辈子还不会说几句笑话，逗逗乐呢？日常人际关系中，幽默是润滑剂，每当僵持、对立、剑拔弩张时，一方突然来点幽默，哈哈一笑，干戈化为玉帛，气氛立即缓和。但在文学艺术这个行当，要想靠它吃饭，自己封或被徒弟们封为"幽默大师"，那就是另外一码事了。

老舍在写《老张的哲学》时，他就发现自己"有一点点幽默天赋"。这是他自谦。不是一点点，而是一位天才幽默家。由于当今的受众偏好戏剧、小品、相声，市场上有需求，于是，演艺圈里出了很多想从事幽默艺术的编剧、导演和演员。可惜，他们当中有些人所收获的，不过是粗制滥造"混了个脸熟"而已，效果适得其反："得人嫌处只缘多。"（陈标《蜀葵》全唐诗1283页）脸越熟，越招人讨厌。他说："死啃幽默，总会有失去幽默的时候；到了幽默论斤卖的地步，讨厌是不可免的。故意招笑与无病呻吟，罪过原是一样的。"（《论创作》40页）不会幽默硬挤的朋友，您愿意听听老舍先生的意见吗？

"人的才能不一样，有的人会幽默（笔者按：例如赵本山、赵丽蓉……），有的人不会。不会幽默的人，最好不要勉强耍俏去幽默……勉强耍几个字眼，企图取笑，反倒会弄巧成拙。"（1956年3月号《北京人艺》）侯宝林生前，坚持反对他宠爱的孙子说相声，让他去学厨艺，如今果然成了一位优秀的厨师，侯大师深知个中奥妙，幽默这碗饭，香是香，难吃着呢。那些以为"幽默细胞"可以靠基因遗传的人，奉劝您及早觉悟自省，还是让您的儿子或孙子干点别的，也许会更有出息吧。

研究老舍不是我的专业，值此纪念老舍先生诞辰110周年之际，我想到在中国文学艺术史上，老舍创造了三个"最"字：一是中国话剧史上，应邀出国出境巡演最多、时间最长的是北京人艺的《茶馆》；他们去了德国、法国、瑞士、日本、美国、加拿大，还有中国台湾和中国香港。第二个"最"，是他的作品被改编搬上银幕、荧屏的最多（尽管良莠不齐）。第三个"最"，是国际上研究老舍的人，从20世纪到21世纪，代代相传，被研究的范围、课题和深入程度，在我国和世界作家中，老舍是名列前茅的。特别是在日本的老舍研究，已经成为一门"显学"。

跨入21世纪，随着时间推移，地球村对老舍价值的认识，我相信，必将出现新进展和大突破。

# 华揽洪先生与北京城市建筑

顾孟潮

对于中国建筑界，梁思成先生是一个巨大的存在。相形之下，知道华揽洪先生的人可能不是很多。华揽洪先生生于一个建筑世家，其父华南圭是20世纪早期留法中国著名建筑师。华揽洪中学毕业后，于1928年赴法国，1936年从法国土木工程学院毕业后又考入法国国立美术大学建筑系，半工半读。1942年在美术大学里昂市分校获国家建筑师文凭，"二战"结束后在马赛市开设建筑师事务所。1951年回国后，在梁思成先生的推荐下，担任北京市都市计划委员会第二总建筑师，还任北京市建筑设计研究院总建筑师。他的规划设计与研究生涯有40多载。

2013年是华揽洪先生诞辰100周年，2012年12月12日华揽洪先生在巴黎逝世。从1951年华揽洪先生举家回国参加祖国建设，到1977年退休后回巴黎，前前后后在北京生活工作42年，他一生最好的年华都贡献给了他的祖国、他的故乡北京。但是，如今中国人，特别是成千上万受益于他的作品的北京人，很少有几位知道华揽洪先生的名字。

华揽洪先生的大名，我是从20世纪50年代他规划设计北京儿童医院和北京幸福村街坊时开始了解到的。1973年，他还创造性地设计了北京第一座为自行车使用者着想的，也是全球第一个让汽车和自行车分道顺畅行驶的三层立交桥——建国门桥。

关于幸福村，早年我去看过，感触很深，那些北外廊式单元住宅，用25平方米就解决了一家人"住得下、分得开"的问题，很了不起，终于使许多老少"几代同堂"的家庭"像个家"！而看看现在，许多建筑面积超过25平方米几倍的住宅设计，其经济适用的问题也未能解决得那么好。北京儿童医院是我国建筑界公认的新中国成立以来最成功的一项设计。1957年，梁思成先生曾说："这几年的新建筑，比较起来我认为最好的是北京儿童医院。这是因为建筑师华揽洪抓住了中国建筑的基本特征，不论开间、窗台都合乎中国建筑传统的比例。因此就表现出中国建筑的民族风格。"

1951年华揽洪先生毅然回国之前，已经完成如宠物医院、马赛港区改造等法国城市规划、建筑设计项目51项，事业如日中天，已有很好的发展基础。回国后，他主持做出了北京市城市总体规划甲方案，主张保留城墙、广开门洞、保存绝大多数胡同……虽多有可取之处，但因为与苏联专家的意见相左，和"梁、陈的北京市城市总体规划乙方案"的结局一样，被否定了。

正值事业成熟期的华揽洪先生，1957年被误定为右派分子。这个损失和遗憾太大了！否则说不定，华揽洪先生是另一位中国屹立于世界建筑界、规划界的梁思成、陈占祥、贝聿铭……

不久前，翻阅1957年的《建筑学报》，我看到了1957年前后华揽洪先生大起大落的过程。当时《建筑学报》每期只有60页，而第3期用了20页介绍北京幸福村街坊规划设计，占全期的三分之一，可见其设计的影响和示范作用。同年2月16日，华揽洪先生当选为中国建筑学会第二届理事会理事，这是众望所归。第6期刊登了他赞赏杨廷宝先生设计的北京和平宾馆，抨击了有人给这个设计戴"结构主义"的帽子。此前1956年10月25日《北京日报》刊登了华揽洪先生评议"沿街建房到底好不好？"的文章，引起北京建筑师的热烈讨论，《北京日报》收到讨论此问题的来稿有五六十篇之多，当时只发表了张开济、白德懋、陈占祥、戴念慈、周卜颐、张镈等8篇。多数文章基本同意华揽洪先生的看法。

不成想，风云突变。《建筑学报》1957年第9期，作为"反击北京建筑界右派分子陈占祥、华揽洪反党联盟专辑"，该期由60页扩版为120页，用40页篇幅刊登批判陈、华的文章和社论，文章作者包括学会理事长、规划设计院院长，建筑系主任到建筑工人、建筑系学生都上阵。第10期又用15页的篇幅刊登周荣鑫理事长的批判讲话和陈、华二人的书面检讨。另有8页戴念慈评华揽洪的文章，这类内容占全期五分之二的篇幅，来势凶猛，颇有泰山压顶之势。但此后的20年，华揽洪先生仍然认真坚持工作，直到1977年退休，移居法国。能做到像华揽洪先生这样，除非有高尚的爱国心、爱民心和坚强的事业心是不可能的。据有关数据统计，华揽洪先生在1951年至1977年，在中国独立完成、主持设计或参与的项目达36项之多。

华揽洪先生移居法国两年后才获平反，但他虽身居法国，心却与祖国一起跳动。他为中法建筑文化交流做了很多工作，如成功地协助中法两国在巴黎蓬皮杜文化中心举办"中国建筑、生活、环境发展展览"，展览盛况空前，每天参观人数近两万人，成为该中心参观人数最多、气氛最为热烈的一次展览。文化中心主任幽默地说，展览开展三天就把地毯踩坏了。后来该展到瑞士、奥地利、意大利巡展也获得成功，华揽洪先生在中外文化交流方面功不可没。

70多岁的华揽洪先生移居法国后，还作了5项规划和设计，包括为中国驻法大使馆文化处作的改造设计项目。1983年，他虽加入法国国籍，但还专门在我国《建筑学报》撰文，呼吁在城市化建设中要节约耕地、开发荒地建设新城镇。华揽洪先生贯彻终生的拳拳爱国之心令人感动！

而且，这种爱国心是华家三代一以贯之的。华揽洪先生的父亲华南圭在20世纪初赴法国留学后回国，在当时的北平都市委员会任总规划师；华揽洪先生的二女儿华新民是著名的散文作家，多年来，一直在为保护北京古都，包括文物、四合院等奔走疾呼，做了大量工作。知道这些更令人肃然起敬。

# 龙云断忆

## ——我所认识的剧作家李龙云

肖复兴

## 一

我和龙云是汇文中学同届同学。读高中的时候，彼此不熟，只知道那时他爱踢足球，个子矮小，却动作机敏。稍微熟悉一点，是在"文革"中，那时北京中学分成两派，我们同为一派，自然便亲切了许多。

我们汇文中学是男校，除了每年国庆为到天安门广场去跳集体舞，和临校女十五中的女生捉对练舞之外，和女同学接触有限。"文革"的运动一来，打破了男校女校之间的界限。那时，我们汇文的几个男同学和一街之隔的女十五中的几个女同学，兴致勃勃办起了一个小有影响的展览。展览为正处于青春期的男女同学提供了一个亲密接触的机会，每天不上课，就那么紧密接触一起，暗恋之中，香仁臭俩的多了起来。这在当时的我看来，颇有些30年代左翼小说家常常描写过的革命加爱情的意思。

后来的事实证明，我的判断是对的。办展览的几对男女同学都有了那种朦朦胧胧的感情。其中也包括龙云。我猜想，应该算作他的初恋。其实，只是一段还没有开始就结束的无花果之恋。其中最具有戏剧性的桥段是，龙云鼓足了勇气，给那位女同学写了一封信，收到的回信，却是一封无字书，只有他写给人家的那信，另外夹着两根火柴和一片涂磷纸。那意思很明确，让他自己把自己的信烧掉，同时，也烧掉自己的初恋。

我不知道这件事对于龙云日后的影响如何，我只是常拿这桩往事，开龙云的玩笑。后来，我看到龙云写过的唯一一篇短篇小说《记忆中的小河》，小说记述了这个戏剧性的桥段。小说用了那位女同学真实的名字（在龙云最初的创作中，他剧本中的人物爱用现实中的真人名姓），足见这件事对于他还是记忆犹深的。但是，在小说中，他处理得很宽厚，充满怀念与温情。不知别人对他的创作如何解读，我一直以为，这应该是他创作的起点。尽管，他真正的创作是在到北大荒后的第三年。但是，对于自己生活的记忆与处理，对于情感的细腻和沉淀，是他最初创作的基础和原动力。

# 二

1968年夏天，我和龙云坐同一辆火车北上，来到位于富锦县的大兴岛，叫作大兴农场二队，后叫五十七团二连。应该说，真正密切的接触，从这里开始。

从列车驶动，到北大荒，我发现他显得情绪格外波动，常见他泪眼婆娑。到达北大荒的第一个夜晚，他睡不着，跑到外面，月涌大江流，星垂平野阔。那时，天热睡不着，我也在外面，和他一样的情绪起伏。他对我坦诚地说自己是在"感情回潮"。

这个词，印象深刻，一直存活在我的脑海里47年。这是一个带有时代烙印的词，也是一个带有感情色彩的词。那时，时兴说"右倾回潮"，而他却别出心裁说是"感情回潮"。我发现，对于语言，他有格外敏感和变通的能力，又能够极其幽默地转化为眼面前的表述。

那时候，我和龙云真是非常地好笑，自以为是，急公好义，路见不平，拔刀相助。用当时东北老乡的话说，其实就是傻小子睡凉炕，全凭火力壮。

全因为看到队里的三个所谓的"反革命"，认为并不是真正的反革命，而绝对是好人。尤其是看着他们的脖子上用铁丝勒着挂三块拖拉机的链轨板挨批斗，更是于心不忍。要知道每一块链轨板17斤半重，每一次批斗下来，他们的脖子上都是鲜血淋淋，铁丝在肉里勒下深深的血痕。于是，我和龙云，还有另外汇文的七位同学，号称"九大员"出场了，要拯救那三个人于危难之中。

那一年冬天，踏雪迎风，我们一起走访老农家，身后甩下无边无际的荒原，心里充塞着小布尔乔亚的悲天悯人情怀。一连好几个夜晚，在知青的大食堂里摆下辩论会场，我们和那些坚决要把这三人打成"反革命"的人进行辩论。唇枪舌剑之间，龙云的口锋犀利又带有幽默，令人不容置辩，又常让人忍俊不禁。他让我第一次看到在重感情并易动感情的柔软甚至脆弱之外，那种正直与正义以及正气的一种刚毅。在以后我和他接触的40余年的岁月里，我一直以为这是他性格的两个侧面。

在此之后，上级派来工作组，把我们"九大员"打散，分到其他各生产队，龙云去了十九队。也就是从那时前后，他开始了他的文学创作，主要是写诗。他写的《二连的战旗在富锦码头上呼啦啦的飘》，颇有当年张万舒《黄山松》的气魄，很是昂扬，我和队友曾经在大兴岛的舞台上朗诵，为龙云赢得了最初的好评。以后，他写的《二连啊二连，我是如此的想念你》，写道我真想冬天去二连看望你，我曾经贴在东风上（指东风牌康拜因）的机标，是不是被寒风冻伤。这是诗中的一句大意，写得真的是好，充满感情，和那时我们都在写的、也和他的那首《二连的战旗在富锦码头上呼啦啦的飘》过于慷慨昂扬的诗风大异。他后来写的一组《风雨楼的歌》，被当时《中国文学》翻译成英文，不是没有原因的。

那时候，我被调到师部宣传队搞创作，因为当年在二连的政治风波中得罪了头头儿，档案压在他们的手里死活不放，在师部一年多之后，始终无法正式调去，我灰溜溜又回到大兴岛。临别前，宣传队负责人老余问我还有什么人能写东西。我说了龙云。后来，龙云去了师部宣传队。我们两人像上下半场交换位置的运动员，轮番上场，为建三江这块荒原留下了自己的青春篇章。

## 三

龙云临离开大兴岛到师部宣传队报到前，我们聚了一次。那时，我从北京带去了两个箱子，一箱子是被褥衣服，一箱子是书，在同学中，应该是带书最多的。他从我那里找了几本书，其中印象深的是萧平的一本小说集《三月雪》。他和我都非常喜欢。这几本书，他带到师部，再也没有还我，我当时很想跟他要书，但几次都不好意思开口。有一次，到师部宣传队看他，他先说起书的事，说都丢了。其实，我已经看见那本《三月雪》正压在他的枕头下面。他确实喜欢那本书，那样子，真的像个孩子。

他真正大量读书，应该是从这时候开始的。在师部宣传队，他偶然发现了一个书库，藏有不少古今中外的名著，当时被当作封资修封存在那里。他便开始一个人偷偷地跑到那里拿出书，回来偷偷地读。那里，是他的图书馆，是他的学校。青春季节读书，其中的感受力和吸收力，和其他时候完全不一样。这个时期，是他知识储备的关键，是他创作积淀的关键。他不再仅仅凭借情感与感性，而是有了古今中外名著更为宽阔知识与理论的借鉴和眼光。

在师部宣传队的那几年，应该是他愉快的几年。他读了那样多的书，又写了那样多的节目，其中还要在全兵团上演并颇有影响的多幕话剧。而且，他是在那里赢得了爱情，和当时演出样板戏《红灯记》里的李铁梅相爱结婚，算得上是才子佳人。仔细想来，他在北大荒10年整，在大兴岛只有不到4年，在师部却有6年，且是他最春风满怀的6年，他北大荒的生活，他北大荒的朋友，都是由大兴岛和师部两部分组成，在他的晚年，这些朋友成为了青春的回忆和精神的寄托。去世之前不久，他曾经把写过的一些草稿交给其中的一位朋友看，寻找知音，渴望回声。那些草稿写的是关于他自己的童年和北大荒生活的，有意思的是，他最后选择的是大兴岛的朋友。

他调到师部一年多，我就离开北大荒回到北京了。我们的联系很少了，他的那些剧目我也无从看到。粉碎"四人帮"之后，我们只知道彼此考入了中央戏剧学院和黑龙江大学，他后来又去南京大学读陈白尘先生的研究生。等我们再一次接上头，是1979年，他约请我去王府井的儿童剧院看他的话剧《有这样一个小院》。那天，他在忙着和这个戏的导演李丁联系。我们两人在儿童剧院门口见了一面，没说几句话，就匆匆分手了。

这是一部与当时《于无声处》类似的反"四人帮"的时代戏，当时，影响很大，我很为他高兴。我看得出他创作的进步，也看得出他钟情于时代，愿意紧密触摸现实的脉搏。从创作的风格而言，他走的基本是老舍《茶馆》的路子。可以说，这部戏是以后更有广泛影响也争执颇多的《小井胡同》的前奏，或是试验的草稿。如此与现实胶粘，并愿意为现实发声，对于当时还处于尚未转型的政治社会，受到不是来自艺术而完全是政治的非难，便在劫难逃。

《小井胡同》在1983年正式公演时，我没有看到。但是，后来读到他的剧本集前刊载了那样多与陈白尘的通信，我看到龙云深陷其中，并且痛苦不堪，深觉得在政治的挤压下艺术的脆弱，他耗费了太多的精力，有些无奈，又有些不大值得，很是惋惜。或许，这就是龙云的宿命。人常说，性格即命运。

## 四

在此后多年的时间里，各自奔忙，我们彼此疏于联系。现在想想，真的是非常的遗憾。因为，一晃，竟然是二十来年过去了，我们再一次联系密切，是2004年一起重返北大荒。

在重返北大荒之前，正好赶上他的话剧《正红旗下》从上海移师北京演出。他邀请我去看戏。这是自《有这样一个小院》之后，我看到他的第二部戏。戏在人艺演出，这是他的老窝。人艺是他的发祥地，也是他的伤心地。因种种不愉快，他已经离开人艺到国家话剧院。在此之前，除了《小井胡同》外，他写了好几部大戏，都无从上演。却在一年半之前的2002年上演了他专门为人艺写的《万家灯火》。这部戏，他邀请了很多北大荒的老友，但没有邀请我，大概他知道我并不大喜欢这部"命题作文"的戏。尽管这部戏上演百场，广受好评，后来又被拍成电影。我却相信音乐家肖斯塔科维奇说的"交响乐是不能够接受预订而写的"。可惜，我们没有进行过关于这部戏的交流。

我更喜欢他的《荒原与人》，可以看出他对奥尼尔，特别是阿瑟米勒《推销员之死》的学习和借鉴，有明显而可贵的探索试验。那种心理的跳跃时空和故事的线性时空交织，那种独白、旁白和对白的跳进跳出，纵横交错。特别是剧中的主人公"十五年前的马兆新"和"十五年后的马兆新"，同《推销员之死》里的主人公"威利"和"哥哥本"，其设计，同时镜像一般并置于舞台上，有着明显的相似之处，同样都是为了主人公的两种不同思想、感情以及心理的两种声音的交替出现与碰撞，写得那样努力去触及心灵，又那样有意识地洋溢诗性。应该说，在20世纪80年代，龙云的这部《荒原与人》在话剧创作的先锋实验方面，是走在前面的。

《荒原与人》，让他自己也格外钟情。这部戏，中央戏剧学院的院长徐晓钟和国家话剧院的副院长王小鹰，分别导演，在舞台上演绎上下两代人对北大荒和对龙云的理解。但是，都错过了演出该剧的最佳时机，我觉得他的心里其实还是非常希望人艺能够演出这部戏的。他不止一次感情极为复杂地对我讲起，他带领着导演林兆华和一群演员到北大荒体验生活的情景。只是，已经组建了演出班子的人艺，最后没有上演《荒原与人》，只给龙云留下了戏外戏这样的印象和想象。

2004年之夏的重返北大荒，让我们又回到青春时节。从北京站上了火车之后，龙云就急忙把啤酒和蒜肠、小肚和猪头肉拿出来，喝！喝！咱哥儿几个凑齐了，多不容易呀！到了大兴岛，到了二队，和老乡聚会的时候，龙云站了起来说：我们二队有个队歌，是肖复兴写的，后来由我们在内蒙古的一个同学谱的曲子。歌词是这样的。接着，他很富有感情地背诵了一遍：我们是劳动人民的儿子，我们是毛泽东时代的青年，今天我们像种子撒向北大荒，明天果实就会映红祖国的蓝天……他的记性真好，我都几乎忘记了，他居然一字不差。然后，他一把拽起了我，对大家说：下面就由我和肖复兴一起为大家把这首歌唱一遍。歌声忽然变得具有了奇妙的魔力一样，让往昔的日子纷至沓来，我们竟然为自己的歌声而感动。那一刻，歌声像是万能胶一样，弥合着现实和过去间隔的距离与撕裂的缝隙。

龙云这种激情外露的样子，是我很久没有见到的。听说，在北京的时候，他总爱提着一个大茶缸子，独自一人到天坛一转悠就是一天，有时候，他也爱到胡同里转悠，自己踩着自己的影子。偶尔碰见北大荒的荒友，他会非常高兴，站在马路牙子上，一聊聊到路灯亮了起来。我总觉得他的心里是孤独的，苦闷的，老来每恨无同学，梦里犹曾得异书。知音难觅，让他只有在孤独的散步中想象着他自己和他梦中的剧本。除了舞台的想象之外，北大荒是他能够尽情释放的唯一天地。

# 五

2008年春天，龙云邀请我到国家大剧院看他的话剧《天朝1900》。那天，长安街上堵车严重，我到后戏的第一幕演了一半了。他在剧场外等我，看我急忙忙的，对我说别急，也没有什么看的。我不知道他是谦逊还是宽慰我。但是，戏看完后，非常失望，满台花里胡哨，华而不实。第二天，龙云电话和我交流，我不知道该怎么对他讲。他见我欲言又止，对我说知道你肯定不满意，跟你说实在的，我意见大了去了！说着，他说你在家等我！然后，他打车来到我家，送给我一本2007年第二期的剧本杂志，上面全文刊载了他的《天朝上邦》三部曲。

当天，认真看了一遍，明白了演出为什么失败，导演背离剧本太多、太远。原剧本是龙云积十余年心血积淀而成，可以说是他一生最为重要的创作。它是由"家事"、"国事"、"天下事"三部戏组成，由家事走出而进入国事乃至融为天下事的，有着对历史与国民灵魂的宏观而深沉的思考和把握。将三部戏演成一出戏，删掉的内容，不仅伤了皮肉，更是断了筋骨，关键是失去了一剧之魂。这从剧名的改动就可以看出导演删改的基本思路，先改为《我杀死了德国公使》，后改为了现在的《天朝1900》，原剧本中诸如看到洋人的火车径直从城墙垛口开进天坛愤慨地说道"都快开到皇上家炕上去了"，然后撞火车殉身的汉人文瑞、以指血写就金刚经视为广陵散、用生前纷至沓来的订单作烧纸而慨然赴死的大书法家文子臣、被侵略者如同十字架绑在未来佛身上而活活烧死却决不屈服的报国寺方丈朗月大师……均悉数被删，将剧本演绎成一个特定历史事件的表述，删繁就简只牵出刺杀的一条情节线来，透露着迁就市场的媚俗信息，将一部壮观的大戏弄小了，弄俗了。

后来，我写了一则批评该剧的文章《谁糟蹋了〈天朝1900〉》，引起了一些争论。龙云很生气，又来我家找我，义愤填膺地说他一定要召开一个记者会，说说这出戏的来龙去脉，本来能够排三部戏的钱，怎么都砸在一部戏上了。可是当晚，他给我打来电话，说还是算了吧，时任国家话剧院的院长赵有亮找了他。他有些不好意思了，当初，是赵院长力主将他调到国家话剧院的。

不过，我可以看出，对于这部话剧，他真的很上心，也很伤心。他说他要找上海话剧院重拍这三部曲。不过，他和我都知道，一部剧和一部小说不一样，将剧本在舞台上呈现，不是一个人说了算的事情。但是，将这浸透他心血的三部曲完整地呈现在舞台上，该是他多么大的希望。他去世后，尽管在人艺和杨立新的努力下，将《小井胡同》重现舞台，我却知道，其实，他最希望的还是这三部曲能够完整地呈现在舞台上。只是，这成为他一生的遗憾。

读2007年这一期的剧本杂志，在《天朝上邦》剧本后附有龙云的一篇文章《〈天朝上邦〉写作的前前后后》，文中写有这样一段话："我一直想找个机会酣畅淋漓地表现我对那个时代、那些人物命运的理解；我一直想借用那片土壤写一写中国血液里的一些东西；我一直想写一部史诗性的巨作。"

可以说，这个"史诗性"，是龙云的戏剧梦，也可以说是他的戏剧抱负。这个梦，这个抱负，支撑着他后半个人生，却也让他折寿。他不大理会我劝他的"开轩面场圃，把酒话桑麻"；他渴望的是"研朱点周易，饮酒读离骚"。却是"离骚未尽灵均恨，志士千秋泪满裳"。

龙云愿意成为志士——起码是在梦中，在笔下，在戏里。

龙云病逝于2012年8月6日，一晃，竟然三年的时间过去了。谨以此文为龙云逝世三年祭。总想起他病逝的前两天的上午去医院看望，他已经处于昏迷状态，不会讲话了，居然一眼还认出了我，伸出他枯如树枝的手臂，让我坐在他的病床旁。病房外，夏日阳光正烈。

（2015年7月6日写毕于北京）

# 小红楼钟老访问记

陈 芳

在北京师范大学校园中心区附近，花园里散落着七座红砖红瓦坡屋顶两层小楼，里面曾住过不少北师大著名学者和人士，如陶大镛、浦安修等，其中就有国宝级学者、被海内外誉为"中国民俗学之父"的钟敬文先生。

小红楼属于花园洋房风格。建于20世纪50年代初，是当时苏联援建时期统一规划的建筑，规格比西式洋房稍简化一些。房子是钢筋混凝土砖混结构，阳台也是混凝土浇出来的。一栋小楼里有四套住房，每层各居两家。第一层楼道内有西式做法的高大水泥白灰拱券门。小红楼是典型的苏式建筑，因此墙壁厚重，门窗宽大，窗户幅度150厘米×90厘米，层高在3.2米左右，每套100多平方米，但使用面积不到80平方米，当年是北师大教工档次较高的住宅。

红楼洋房一直被北师大师生们称为"小红楼"，20世纪90年代后挂牌"励耘"几号楼，是借启功先生为捐献老校长陈垣励耘书屋藏书成立"励耘基金会"亲笔题词，寓勉励园丁学为人师，行为世范，"得天下英才而教育之"，辛勤耕耘之意。

钟敬文先生是我国民俗学和民间文艺学的创始人和奠基人之一。广东海丰人，生于1903年3月20日，1926年到中山大学任教，整理出版了第一册民间故事集《民间趣事》，并与顾颉刚教授等创建了我国民俗学史上第一个民俗协会。30年代，先生在杭州浙江大学任教时发表论文《中国民间故事型》，受到国内外同行注意。并编辑出版被誉为"我国民俗学界未有之大著"的、收集有诸多学者专论的两部论文集《民俗学专号》和《民俗学集镌》。1934年先生在东渡日本研修留学时，首次提出了构建中国自己的民间文艺理论体系的设想，创用了"民间文艺学"学科术语。1937年先生与同事在杭州举办民间图画展览会，在当时社会上影响很大，被先生自谓为我国这方面科学史上的创举。

1949年5月，先生应邀北上筹备并参加全国文联第一次代表大会，当时周恩来总理曾在先生的会议纪念册上题词"为建设人民文艺而努力"予以勖勉，先生随后任中国民间文艺研究会副理事长。1949年后先生一直在北京师范大学任教，当时与白寿彝、黄药眠等学者一起住在石驸马大街的老北师大文学院宿舍。在先生的主持下，1951年和许钰、张紫晨等同志组成北师大民间文学教研室，并出任主任，这是全国高等学府成立的第一个民间文学教研室。1952年先生第一批搬到北太平庄北师大校园刚刚落成的工一楼教工宿舍，这是单元式楼房，有房子几间。1957年初，先生夫人陈秋帆教授已经拿到了红2号楼201室的钥匙，但有感当时国内政治形势紧张没有入住。很快先生在"反右"中就遭到不白之冤，至"文革"爆发，更是倍受迫害，和那些已住上小红楼的教授们一样，被扫地出门，搬过好几次家。但先生仍然执着于他的民间文学研究，"即使在那冬天般肃杀的日子里，也硬是从艰难处境的夹缝中挣扎着写出了几篇晚清的大型论文，成为中国民间文学史的奠基之作"（陈子艾教授语）。粉碎"四人帮"使先生和他所钟爱的民间文艺事业一起迎来了春天，先生于1980年入住红2号楼，晚年在这里为民间文学建设殚精竭虑，培养人才，夕阳如火，老骥骋蹄，开始了新的驿程。

1979年，先生为恢复民俗学的学术地位而呼吁奔走，亲自邀约顾颉刚、容肇祖、杨堃、杨成志、白寿彝、罗致平等先生，七位著名学者联合倡议恢复民俗学的学术地位，建立中国民俗学学术机构。1981年国务院批准钟老为中国民间文学专业有权授予博士学位的教授，当时全国只先生一人，1983年，全国性民俗机构中国民俗学会在京成立，先生被推选为学会理事长，先生以此为晚年大事甚感欣慰。为了推动和协助各省市这类机构的建立和发展，从70年代末到80年代末，先生北至丹东，西至兰州、成都、贵阳，南至广州、桂林，东至上海、杭州、宁波，参加各分会成立大会参与学术讨论，进行学术演讲。至今日，中国民俗学研究工作花开遍地。在钟老等老一辈学者的共同努力下，1988年中国民俗学被列入国家二级学科目录，先生所领导的民间文学的学科点被列为国家重点学科。1994年北师大中国民间文化研究所建立，先生亲任所长。春华秋实，至今日该所已成为中国民俗学建设的重要基地。

先生钟情学术，老益弥坚。至80年代中期提出了"一粒麦子"和"很多粒麦子"的教育哲学思想，为培养新一代专业后续人才"不遗余力"，始终坚持在教学科研第一线。1979年钟老当选为北京市政协常委，是国务院学位委员会第一届评议组中国语言文学评议组成员，为我国学位与研究生教育做出了重要贡献。95岁以后还在写文章，带研究生。新时期以后，他培养硕士研究生59人，直接培养博士生43人。还不间断地举办讲习班、进修班，培养了一大批专业人才。特别是用8年时间出版专著《民俗学概论》，至晚年提出了创立中国民俗学派的学说。

2001年6月7日，先生最后一次在北师大给博士生讲了一个半小时的课，令人钦佩。以后先生一直住院，逝世前10天还在为北师大民俗学重点学科的建设问题，给教育部领导写信。

红2号楼201室（3号）是四室一厅。朝南有三间房子，最东边一间东墙上有窗，朝南有门，门外有一个混凝土基座铁栏杆阳台，此间一直是钟老和夫人的卧室兼工作室，里面各放一张单人床，一张两屉小书桌。屋内还有书柜。朝南正中一间是书房兼会客室，先生一生爱花，书房里四季鲜花不断。西南一间为儿子住房。还有两间东房，作饭厅和女儿住房。

钟老家给人印象最深的就是他的书房。书房面积只有10平方米多一点，房子中间还摆着一个冬天取暖的小火炉。房间两壁都是几乎高到房顶的木制书架，塞得满满当当，书架下面的地上也摆着好几排书，显得非常凌乱。在书架对面屋角里摆着一张只剩三条腿的老式两屉书桌，上面也堆满了书和资料。钟老家坐拥书城，他在桌前木椅上看书写作时，真可以说是全身埋在书堆里，外人看不见影儿。书架前有一张能容纳3人坐的长沙发，钟老待客时是坐在唯一一张单人布沙发上。

钟老的书刊实在是多得无处存放，多少学生、客人对此都印象良深，说进去之后总觉得"无地自容"。1988年钟老曾写过一篇随笔《始终没有一个"专职"的书斋》，自述藏书"数十年来，前后购置的书籍，总有两三万册吧。经过多次劫难之后，十年来添添补补，现在身边还有万把册"。慨叹历经磨难存下的书刊无处栖身。然而先生身穿宽松柔软的中式对襟布衣，衬出儒雅平和气度，在这里为人治学，深沉思考，大彻大悟力求化境，乐此不疲。狭小空间中挂满的各式泥塑玩具、风筝、纸风车、布老虎、刺绣等民间工艺品都可见先生不泯童心之一斑。

先生喜好散步，天气好时，早晨必和夫人相挽，二老在校园内散步，被历届学生称为一道风景，1984年陈秋帆教授去世后，先生依然不改初衷，独自策杖缓行。北师大中文系赵仁硅有《如梦令》二首赞钟老，相当写实传神：

常见校园清晓，一叟神扬步矫。借问是何人，如此神仙仪表？记了，记了，此即敬文钟老。

我亦久闻钟老，早是一级国宝。提起民俗学，谁不倾心拜倒？尚少，尚少，还有诗文更好。

钟老散步每每能遇上住在5号小楼的启功先生，两人并肩而行，亲切交谈。

钟老稍有空闲，还到启功先生家坐谈，笑说要请启功老教他写字，启功老亦诙谐回敬道：我的水平只能当你的学生。言对相当轻松。董晓萍老师曾告诉我启功先生总爱说钟老是"伟大的书呆子"。启功老每次出国，特别是从日本回来，常送小礼品如工艺绢人等博老友一乐。

我从1990年开始采访钟老，一直得到老先生的支持和关怀，《记著名民间文艺学家钟敬文先生》一文写出后，90年代中期全国政协文史委员会和中国文史出版社计划出版一套《当代名人自述》，钟老自然在被邀之列，出版社副社长吕长赋同志很希望我能协助钟老完成，认为笔者还有这个能力。1996年5月17日我骑自行车跑到北师大红2号楼去敲3号的门，正是敬爱的钟老开的门，真让我激动。我拥抱了钟老，93岁高龄的老先生乐呵呵地在我脑门上亲了一下，像拉着小孩子一样地拉着我的手走进了客厅，显得很高兴。我又送钟老几本《海淀名家》和《海淀文史选编》第5辑，还有《净友》杂志1994年第11期。钟老笑着问我："你这篇文章几个地方用过了？"我笑了，老先生也不追问我了，一乐，没法跟傻晚辈认真。我向钟老谈起征稿工作，钟老说他当时实在是太忙了，说他前一天上午参加了一个思想家传记征稿会，下午又去参加《群言》杂志社的座谈会，和金开诚老师还在会上相遇过。钟老说他要先看看出版社的征集提纲，了解一下要求，待暑假、寒假他到西山八大处疗养时，集中几天时间，再好好跟我谈一谈他一生的经历和追求。我不知深浅地提出自述想要模仿他的语气，老先生没有明确反对，只是说篇幅不用很长，有七八万字就行。还说"你忙不过来，可以找阿毛（指金舒年同学）帮助"。钟老介绍几本书让我看，有季羡林、钟敬文先生等著《我与中国20世纪》，山曼著《钟敬文驿路万里》，说这些书可以找"三味书屋"邮购。还有一篇是连载在当年《中华儿女》第4、5期上宋德明的文章《政治运动中的"半个政治家"钟敬文》，让我再熟悉熟悉情况。钟老又问起我爱人、孩子的情况，肯定晚辈很老实、踏实，我说自己比较傻，钟老还是语气十分肯定地说是"踏实"、"老实"，说我的家庭生活很好。可是因为晚辈的愚笨和不努力，合作后来并没有成功。但"文革"后钟老招的全国第一位民间文学专业博士学位研究生董晓萍老师却告诉我，说钟老还是很欣赏我的，有时念叨我，说"这孩子到底有北大打的底子，写东西走的是正路"。

钟老对教书育人真是终生充满热情。1993年秋天，为帮助海淀区广大青少年了解区情，进行生动具体的爱国主义和社会主义教育，时任海淀区政协主席张宝章和副区长张洪庆继《可爱的海淀》之后，又主编了《海淀名家》一书，收入60

余位家居海淀区或工作单位在海淀区范围之内的对国家和社会有重要贡献、知名度高，有广泛社会影响的杰出人物的生平资料和事迹报道，还特请被邀名家为该书题词。10月19日我跑到钟老家请求墨宝，老先生还是热情，说可以给《海淀名家》写字。第二天我再打电话，老人家说他正在想，让我周六再联系。10月27日我去小红楼取钟老题词，他出去了，让家人转交给我，大信封的封面上写着"即面交海淀区政协陈芳同志"，钟老的题词是："前辈的崇高理想、奋斗精神和光辉业绩，是今日青少年的学习好榜样！钟敬文时年九一"，让我十分感动。

1994年6月29日，我跟随张宝章主席去北师大看望钟老，当时老先生刚刚送走一拨请他指导录像片《江西民居》的客人。主席介绍了《海淀名家》的编辑过程，说到我写钟老的这篇在书中篇幅最长时，钟老肯定地说："小陈写的这篇不错。"谈到对中小学生加强教育，钟老强调老师的言传身教是很重要的。记得当时老先生翻阅着宝章主席刚送给他的与严宽同志合著的《曹雪芹在香山》一书，评价说："这个人伟大，人品也好，没有往上爬。但他要是真做了官，也就没有《红楼梦》了。"王和利同志在旁边给我们拍照、留影。主席送给钟老百元题词费表示海淀区政府的感谢，钟老谦虚地说自己的字写得不好，说启功先生从来不评价他的字，大概是说好说坏都不大方便吧，引起在座人士的轻松笑声，现在回想起都很愉快。

先生经常说："做学问是为了民众，做学问不是为了自己"，"我喜欢马克思的一句名言：为人类工作。"他生命不息，奋斗不止。2001年8月上旬，先生在友谊医院病房口授《拟百岁自省》一诗以铭志：

历经仄径与危滩，步履蹒跚到百年。

曾抱壮心奔国难，犹余微尚恋诗篇。

宏思峻想终何补，素食粗衣分自甘。

学艺事功都未了，发挥知有后来贤。

这是先生百年来为人治学大彻大悟之所得，可见人生与学问在钟老的生命历程中水乳交融，已达到"国瑞文宗"之境界。

2002年1月3日，启功先生等发起在友谊医院为钟老庆贺百岁华诞。钟老面对与会人士说，我要养好身体，回去讲课。最后先生用尽全身力气喊出了一生常激荡在怀的肺腑之音："人民的事业是最伟大的事业！"10日0时，先生驾鹤西去，临终前只留下两句话"我想回家"，"我还有许多工作没有做完"。

北京师范大学中文系全体师生于1月18日敬挽：

人民学者一生奉献田野采风调研社会醒民德业永存世死乎生乎无愧民俗之父。

文化大师百岁耕耘学派开新作育英才惊座鸿篇传宇内文也诗也允为钟鼎长垂。

巨星陨落，山河垂泪。道德文章，昭之日月。时任中共中央总书记江泽民于1月14日发唁电给"北京师范大学转钟敬文教授亲属"："惊悉钟敬文教授病逝，谨致哀悼，并向亲属表示慰问。"18日先生遗体在京火化，首都各界人士1000多人在八宝山革命公墓洒泪送别。

# 我记忆中的张瑞芳老师

解治秀

2012年6月28日21点38分，张瑞芳老师在上海华东医院仙逝，终年94岁。我作为晚生后辈写此短文，也算心香一瓣，以表示对她及对为中国电影事业的创建和发展"在泥泞中作战，在荆棘里潜行"的前辈们的深深怀念。

## 我们又见面了

我近距离地与瑞芳老师接触是从1994年的9月12日开始，我陪陈播老应邀到浙江宁波出席浙江省文化厅为纪念电影编剧、导演、电影事业家应云卫90诞辰主办的"应云卫电影、戏剧创作研讨会"。瑞芳老师、秦怡老师、李天济老师等一些老艺术家、电影史学工作者和浙江省文化厅费静波厅长等有关方面的领导、应云卫的子女出席了研讨会。当陈播老向瑞芳老师介绍我后，瑞芳老师亲切地叫我："小解！"我当时调侃地说："我已经不小了（当时已经52岁了）！"她马上反驳我说："你总比我们（指秦怡）小吧！"我无言以答了。自此以后，直到2005年5月27日，我们为录制中国电影博物馆第四厅"22大明星"播放带资料最后一次见面，中间我们每次见面时她都会说："哎呀！小解，我们又见面了！"

我记得在那次研讨会上，瑞芳老师做了饱含深情的发言。她对应老在"文革"中的不幸遭遇（1967年1月16日，在游斗中被从车上推下来惨死街头），表示出极大的愤慨！同时对她与应老一起共事的点点滴滴做了回忆，盛赞应老作为中国电影开拓者之一，一生的无私奉献和所做出的贡献。我为他们怀念战友的激情所感动！

研讨会结束时，全体起立高唱《毕业歌》（1934年由应云卫导演，电通影片公司摄制的影片《桃李劫》主题歌。田汉作词，聂耳作曲）。"同学们，大家起来，担负起天下的兴亡！听吧，满耳是大众的嗟伤；看吧，一年年国土的沦丧！我们是要选择战，还是降？我们要做主人去拼死在疆场！……"这激昂的歌声久久在会议厅回荡。我看到张张兴奋的脸和饱含热泪的双眼，仿佛他们又回到了那血雨腥风的年代……

## 瑞芳老师的家

1997年8月4日，为了编纂《中国电影编年纪事》"电影制片卷"中"上海电影制片厂编年纪事"，我到上海召开征求意见座谈会。瑞芳老师、刘琼老师、舒适老师、顾也鲁老师、上海文广局史志办姚国华和上海电影电视（集团）公司有关领导出席了座谈会。瑞芳老师以她的亲身经历对"纪事"的编写内容、方法，提出了许多建设性的意见。

经国家广电总局批准，拟于1998年5月21日，由电影局、田汉基金会联合在京举办纪念田汉诞辰100周年"田汉电影艺术研讨会"。4月，为落实出席会的代表，我专程去了上海邀请徐桑楚老师、瑞芳老师、秦怡老师和莎莉老师；在南京邀请田野（田汉的女儿、国家一级演员）、张辉（田汉的女婿、时任江苏省文化厅副厅长）、董健（南京大学教授、《田汉传》的作者）。

这是我第一次来到位于上海淮海中路瑞芳老师的家中。她热情地接待了我。她的家装饰古朴典雅、干净明亮，在客厅正面的墙上悬挂着刘海粟大师"瑞草芳华"的题词和几幅大照片。其中意大利记者拍摄的周恩来总理坐在沙发上的彩色照片十分抢眼。总理神情凝重，深邃的目光注视着远方……

于是我与瑞芳老师就由周总理聊起。我曾见到过一份周总理关注影片《李双双》的资料。瑞芳老师对我说，从抗战时期在重庆到新中国成立后在北京，从1963年获"百花奖"最佳女演员奖到为了拍摄影片《红色宣传员》，她曾多次受到总理的接见。但在"文革"期间，仅有一次，那是1973年4月14日，周总理在人民大会堂接见"文革"期间中国第一次派出的54人组成的庞大的中日友协访日代表团。她是电影界唯一的代表。她也是多年没有见到周总理本人了。这次看到总理明显消瘦显得有些憔悴，但精力依然那么旺盛，讲话的声音还是那样洪亮。在接见的过程中，总理谈到影片《李双双》。他很气愤地质问在座的时任国务院文化组负责人于会泳、浩亮："《李双双》影片有什么问题？是作者有问题？是工分挂帅？为什么要批判？它错在哪里？把我都搞糊涂了。"总理接着说："李双双做了很多好事情，都是为公嘛，只是她的丈夫思想有点中间，要历史地看这部影片。整个影片的倾向是好的嘛！"在"四人帮"文化专制猖狂的情况下，周总理第一次公开为影片《李双双》平反，恢复名誉。"因为当时正是'文革'的后期，我们仍然被审查、下放劳动，我回来将总理的讲话偷偷地告诉几个人。大家都十分激动，有人讲我们快要'解放'了……"

## 70余册工作笔记

1998年5月21日，"田汉电影艺术研讨会"顺利在京举行，徐桑楚老师、瑞芳老师、秦怡老师、莎莉老师如期到会。22日上午，瑞芳老师等4人在上海文广局史志办凌怡同志的护送下要返回上海，我到机场去送行。在候机时，瑞芳老师对我说起，多年来她有记笔记的习惯，在家里保存有包括反"右"斗争、"文革"等各个历史时期的工作笔记70多本。她说待整理后愿意有选择地捐赠给电影局党史办保存，以作为研究电影党史的参考。我当即表示感谢，并对她说有什么需要我们做的事情，我们一定全力以赴。

2006年5月27日，我到她家里去采访时，她告诉我，上海历史博物馆的同志多次到家里动员她，希望能把这些资料捐给他们，全部保存在上海。她经过再三考虑，还是决定将70余册笔记本和其他的资料共700余件全部捐赠给上海历史博物馆。现在不管上海也好，北京也罢，这些文物级的珍贵资料终于得以完整地保存下来了，是值得庆幸的！我为瑞芳老师的义举赞叹不已！

## 最后一次见面

1998年12月8日，我到江苏海门去参加30年代党的电影小组五位组成人员之一、杰出的电影评论家王尘无烈士的纪念座谈会。回来路过上海时，得知瑞芳老师因股骨头坏死，手术置换人工股骨头，前一天刚刚出院，于是我带着鲜花到她家中探望。家中只有瑞芳老师和老伴儿严励（曾任上美厂副厂长、上影厂文学部主任，是故事片《飞刀华》、《难忘的战斗》和美术片《长发妹》、《大萝卜》的编剧）。严老师身体瘦弱，行动不便。我这次去看瑞芳老师感觉她明显消瘦了许多，行动也不方便了，一直坐在沙发上，不能站立。当我问严老师瑞芳老师住院手术，你怎么生活？他高声自豪地回答："我是里里外外一把手！"他的回答立马惹得我们哄堂大笑！因为根据他的身体状况是不可能办到的。

稍后，偏巧仲星火老师和夫人也来探望。自然我们的话题就转移到影片《李双双》上了。他们回忆了当年拍片时的情景，桩桩件件如数家珍，仿佛一切都是发生在昨天。我看着影片《李双双》已拍摄完成36年后，年届80高龄的"李双双"和74岁的"喜旺"再度相逢，热情、童真般地攀谈，我完全被他们那种对事业的执着追求和战友深情所感动！

此后，2001年3月12日，为迎接建党八十周年拍摄大型电视专题片《中国共产党与中国早期电影》，我与摄制组采访了瑞芳老师。2005年12月29日，瑞芳老师坐在轮椅上为中国电影博物馆的建成和开幕剪彩，我们又一次相逢。

我们最后一次见面是在2006年5月27日。为了录制中国电影博物馆第四厅"22大明星"播放带资料，我和摄制组又一次去采访她。"回顾中国电影的百年历史，展望电影美好的未来，我对年青一代的电影工作者充满希望。我只是个听话的演员而已，谈不上有多大的成就，我感谢广大观众给予我的厚爱。"至今，瑞芳老师的讲话依然萦绕在我的耳边。现在，这次采访资料编辑成的播出带，每天在中国电影博物馆第四展厅循环播放。她的音容笑貌和殷切的希望，永远激励和宽慰着中国电影人和喜爱她的电影观众！

此后，我在电视的报道中看到，2007年瑞芳老师荣获第16届中国金鸡百花电影节"终身成就奖"。在颁奖台上，瑞芳老师挥泪哽咽地发表了获奖感言："很多人都应该来领这个奖，可他们都已经不在了……"看后，我也为之动容！

"瑞草芳华"是刘海粟大师为瑞芳老师题写的条幅，装裱后一直挂在瑞芳老师家客厅正中的墙上。"瑞草芳华"这四个大字是对瑞芳老师光辉一生真实贴切的写照。

瑞芳老师，我们永远怀念您！

# 心系北京的老人

## ——回忆晚年侯仁之

### 岳升阳

侯仁之先生是中国现代历史地理学的奠基人，中国科学院资深院士，北京大学教授。2013年10月22日侯先生在北京友谊医院与世长辞，享年102岁。侯先生在历史地理学理论、城市历史地理学研究和沙漠历史地理学研究方面都有很高的建树，而他花费心血最多的是北京历史地理的研究。在他晚年，由于体力和精力的限制，已不能远行，也无法开展大型课题的研究，于是他把精力更多地投入到对北京城市发展的关怀上来，发表了多篇论文，提出了许多宝贵建议。

## 从莲花池到后门桥

记得1998年元旦刚过，侯先生告诉我一个消息，北京市委邀请他在当年4月份给市领导讲北京历史。北京市委、市政府有一项制度，即定期请专家学者讲课，以加强领导班子建设。侯先生接受了这个任务之后，就陷入了长时间的思考之中，在一段时间里几乎每次去见他，他都要提及此事。他希望讲课能有针对性，而不是泛泛而谈，而且讲课内容还要符合自己学科的研究特点，发挥自己的专长。

侯先生那时已是87岁高龄的老人，体力和精力都不如从前，但他从事研究时的那种专注精神却一点儿也没有改变。有一次他对我说，为了思考讲课内容，他几个晚上都没有睡好。在2个多月的时间里，他始终在考虑如何讲好这一课。侯先生很注重讲课的针对性，希望能通过讲课解决一两个实际问题。他从水系与城市发展的关系想到了河湖水系的整治，他要从北京河湖水系变迁的角度来讲解北京城市发展的历史，同时提出北京河湖水系治理中存在的问题。

侯先生对北京历史地理的研究正是从河湖水系研究开始的。他认为，北京城的前身是蓟城，蓟城选址于莲花河水系，莲花池是它的水源。到了忽必烈建立元朝，兴建大都城的时候，莲花河水系已不复使用，于是新城改址于高梁河水系，从而解决了城市水源问题。大都城的中轴线沿海子东岸设置，正好穿过后门桥，即元代的大宁桥。元朝在开凿通惠河后，在大宁桥设置澄清闸，它是元大都城内海子出水口的闸涵，也是北京中轴线上的一个标志。莲花池和后门桥是北京城市发展的重要标志点，当时尚未治理。莲花池已成为倾倒垃圾的大沙坑，后门桥下的河道也被填死，两侧河道里建起了房屋。侯先生想要通过讲座提请市领导关注这两个结点，改变混乱的现状。

为了能准确掌握现存问题，侯先生提出要进行实地调查，于是付诸行动，我有幸参加了其中的一次调查。这次调查是在市文物研究所王武玉先生的帮助下实现的，先后调查了金中都鱼藻池遗址、菜市口和后门桥。那时的后门桥两边石栏杆外侧竖起两块巨大的寻呼机广告牌，用来遮挡两侧河道中建起的杂乱无章的房屋。见此情景，侯先生十分感慨，他走到广告牌的侧面，查看被广告牌遮挡的房屋。他提出要向当地人了解情况，这时在桥头走过来一位老人，侯先生迎上去和老人攀谈起来，拿出笔记本和笔，时而记录着。老人76岁了，对当地的变迁很了解，也知道侯先生。两位老人站在古老的石桥上，谈论起桥的未来。

后来，在给市政府的讲课中，侯先生通过水系的变化以及后门桥与城市中轴线关系的解说，巧妙地讲出了北京城市的历史，同时也提出有待改进的问题。他建议恢复莲花池，整治后门桥周边环境，实现桥下通水。北京市领导对侯先生的意见十分重视，立即在莲花池和后门桥召开现场办公会，限期整治。2年后，莲花池畔柳青岸绿，后门桥下水流畅通，侯先生的讲座收到了实效。他的讲座内容后来以《从莲花池到后门桥》的题目发表出来，成为他晚年的重要文章之一。

那时北京旧城正在进行大规模的旧城改造，由于一些施工单位对文物保护不够重视，致使考古工作者疲于奔命，常常处于被动。侯先生作为北京文物保护委员会的主任，在讲课时没有忘记为这些文物工作者说话。他在讲课的最后说："附带地提一个意见……特别是文物工作者、考古工作者，尽心竭力，想通过地下的发现更好地了解这个城市在过去建设上所取得的成就。现在，工程往往进行得很紧张，文物考古工作者常常反映，来不及做更详细的考察研究，我也希望替考古工作者做一个呼吁。"这在当时是很少有的声音，反映了侯先生对文物保护的关心。

## 海淀镇与北京城

在北京市政府的讲课之后，又有一件事牵动了侯先生的思绪，这就是海淀镇的改造。侯仁之先生对海淀有很深的感情，视海淀为故乡。从1932年他来燕京大学读书起直到去世，他在海淀生活了70年，期间只有短暂的离开。他对海淀一往情深，为之付出许多感情和精力，即使到晚年，海淀的变化仍时时引起他的关注。

1998年，有人向海淀区政府提出建议，利用中关村的品牌效益，将海淀古镇改造成为中关村西区。1999年，中关村西区建设受到市区两级政府的高度重视，拆迁改造工程随之上马，这件事深深地触动了侯先生。侯先生对海淀有着很深的感情，始终关心着海淀的规划建设，曾多次为海淀规划建设提出建议，如保护作为清代御路的海淀斜街就是他的建议之一。如今眼见海淀这座千年古镇就要消失了，自然依依不舍。那段时间他陷入深深的思考之中，萦绕于心头的几乎都是海淀。有一次我同他谈起海淀镇的改造，他说："我们能做些什么呢？"他想到了从自己专业角度提出建议。侯先生不论是提建议还是发呼吁，总是坚持一条原则，即它必须是自己研究领域内的事情，一件事如果超出自己的研究领域就没有发言权了。他想到了海淀的环境建设和历史承传，希望海淀镇上独具特色的自然景观能够在西区建设中得到继承和发展，期盼海淀历史的精神承传，不要让它在改造中消失。思考成熟之后，他决定写一篇文章，对海淀的未来发展提出自己的意见。

写作过程中他没有忘记实地调查，他想了解海淀的环境现状和存在的问题，以便有针对性地提出问题。他那时因腿痛行动不便，于是也征求我的意见，了解海淀现状。后来在海淀镇领导的协助下，他对海淀及海淀周边进行了调查。年底，他写成了《海淀镇与北京城——历史发展过程中的地理关系与文化发展》一文，从历史地理的角度全面论述了海淀镇的发展历程，希望今后的海淀仍能保存住"精神的家园"。这是侯先生晚年撰写的一篇重要文章，文章写好后，未及发表，他即寄给市领导汪光焘和林文漪，足见他对海淀未来发展的重视。我为文章画了10幅插图，画图过程中不断和他讨论，以使图的表达符合文意。

侯先生在2000年2月1日给林文漪写了一封信：

顷与助手岳升阳合作完成了《海淀镇与北京城》一文，文字部分由我执笔，早在一个多月前已脱稿，只是研究附图及绘图，最近才完成。该稿已送《北京规划建设》双月刊，即便得以发表，也是两三个月以后的事了。现将该文复印稿一份送上，或许您有兴趣一阅。另有一份已送汪光焘副市长。

我初到海淀就读于燕京大学，院系调整后转为北大，前后已是六十七八年时间，视海淀为故乡，现在看到它迅速发展的前景，极望在生态环境上也能大有改善。

从这封短信中可以感受到侯先生对海淀的感情，他早已把海淀当作自己的第二故乡，海淀的变化时刻牵动着他的心，面对即将消失的千年古镇，他所能做的是从自己专业的角度提出补救建议。

《海淀镇与北京城》一文得到海淀区领导的重视，2001年春节前夕，海淀区政协主席王珍明先生要来看望侯先生，感谢他对海淀区工作的支持。席间我向王主席提出对海淀古镇进行调查的建议，侯先生马上给予支持，认为这件事很必要。王主席当即决定由区政协负责开展这项工作。春节之后这项工作就正式启动了。这是一次多方位的调查，区政协文史委负责口述史料的收集，区广播局负责街道景观的摄像，区文物管理所负责收集拆迁中出现的文物，我则组织北大考古文博学院和清华建筑学院的15名研究生分成5组进行老建筑调查。随后我又约了北京大学城市与环境学院的夏正楷老师和徐海鹏老师，进行海淀镇的古环境调研。我常向侯先生汇报调查进展，也常得到他的鼓励。这次调查为海淀古镇留下了大量珍贵资料。

## 不待扬鞭自奋蹄

侯仁之先生在他的晚年仍然惦记着北京城的发展，希望用余热为北京的建设尽一份力。他关心北京的发展建设，不但先后撰写了多篇有关北京历史地理和北京发展建设的文章，而且多次参加有关北京文化遗产保护的会议，不辞辛劳地接受记者采访，宣传保护历史文化遗产的重要意义。他时时关心着圆明园遗址、什刹海历史风貌保护区和北京的河湖水系，关心着他所生活工作的燕园，希望这些地方能够得到很好的保护和利用。他在晚年患上了腿痛病，走路有些困难，但在他尚能走动的时候，仍进行了多次野外考察，北京旧城、海淀、西山等地都留下了他的足迹。

1999年，侯先生在撰写《海淀镇与北京城》期间，专门对圆明园遗址进行了实地调查。他在《海淀镇与北京城》一文中呼吁保护圆明园。他认为圆明园"福海"以西部分，是全园最初兴建也是最有重要意义的部分，这里的破坏状况不能再继续下去。他提出圆明园西部的整治"应'以水为纲，以木为本'，只需恢复其河湖水系，清理并保存其尚能确定的建筑遗址，因地制宜，加以绿化，并一一设法加以说明，就足以为人民群众提供一处可以进行爱国主义教育的基地"。2000年，北京市规划院完成了圆明园遗址保护规划，负责此项任务的市规划院领导拿着规划图登门拜访侯先生，征求侯先生的意见。侯先生听了规划的介绍后，称赞规划做得好，他提出圆明园西部是圆明园的主体，应该修缮开放。他再次表达了圆明园西部遗址整治的思路，即遗址的修缮不必大改大建，只要对山形水系做一些整治，疏浚河道，实现水清岸绿就可以了。他的圆明园治理思路对今天的圆明园遗址公园建设来说，仍具有十分重要的指导意义。

2000年，在侯先生90岁生日即将来临的时候，听说有台湾学者要来拜访，请他讲北京城。他为此克服身体的不适，花费了两个月的时间，专门为台湾学者准备了讲解北京城的报告。那次报告会十分成功，得到台湾学者的热烈反响，并开启了两岸学者对大学校园建设研究的兴趣。在台湾大学图书馆林光美副馆长的积极推动下，由此形成大学校园研究的年会，轮流在两岸举行，至今已举办了12届，为两岸的文化交流做出了贡献。

侯先生长期关心什刹海的建设，曾积极倡导编修《什刹海志》。在侯先生的积极支持下，《什刹海志》在2004年得以出版，他为该《志》撰写了序言，并向国外介绍该书。这一年，他还应邀为东城区出版的《东华图志》一书撰写了序言，赞扬东城区所做的这项工作。

后门桥环境改造之后，北京市在后门桥下的河道与什刹海相接的河口处修建了一座桥，以便连接起什刹海环湖道路。桥建好了要有个名字，时任副市长的汪光焘先生请侯先生命名并题字，侯先生于是冥思苦想，并向大家征求意见。一天他对我说，他想好了一个名字，就叫"金锭桥"。中国人有金银并称的习惯，什刹海上原有一座银锭桥，此处叫金锭桥，正好相互呼应。过了几天，他又高兴地说，他征求了徐苹芳先生的意见，徐先生说名字起得非常好。他于是给汪副市长写了封信，说明命名"金锭桥"的理由，并申明自己的字写得不好，希望能请书法家题字。没过多久，汪先生竟然亲自登门，拿来了侯先生题写的"金锭桥"桥栏板设计图样，请侯先生签名盖章。原来，他把侯先生信里的"金锭桥"三字摘出来，设计成图样，侯先生只好从命。

1995年，侯先生为当时的宣武区撰写了《北京建城记》，开篇即说："北京建城之始，其名曰蓟。"他认为北京城的源头是西周初年分封的蓟，而不是封于房山琉璃河的燕。然而当时的宣武区宣传部领导为了迎合市里的宣传口径，将这句话改为："北京地区建城，始于燕与蓟。"侯先生对这样的改动很不满意。2002年原宣武区准备重刻该碑，将碑文抄录给侯先生过目，侯先生又将这句话改回原样，并特意强调："燕在蓟之西南约百里。"他认为这座蓟城百里之外的燕，无论如何不能当作北京城的起源地。2003年北京市纪念建都850年，他又应邀撰写了《建都记》，以金迁都燕京，建立中都，为北京建都之始。《建都记》纪念阙矗立于《建城记》碑南不远的地方，成为《建城记》的姊妹篇。2005年，宣南博物馆开馆，他又为宣南博物馆题词："宣南史迹，源远流长。周封蓟城，金建中都。古都北京，始于斯地。"表达了对北京建城之始和建都之始的观点。

他也关注着北京植物园的建设。2003年他曾两次带学生考察植物园。在考察园内的梁启超墓时，他坐在墓前的台阶上，给同学们讲述了70年前带领燕大附中学生拜访梁启超墓的情景。他看到植物园修复了一段清代引水石渠十分高兴，于是坐在水渠的石槽上，打开地图，向学生们介绍石渠的历史以及60多年前他调查石渠的故事。1936年，侯先生在燕京大学读书时，就曾来此调查石渠。他那时坐在此地的石渠上，听四王府老人李二讲述有关石渠的前朝故事。他感慨石渠的命运，希望这些石渠遗址能得到妥善保护。

侯先生为北京的城市规划做出了重要贡献，在他的晚年仍然关心着北京的发展。2004年，北京规划展览馆落成，他两次前往参观。北京展览馆根据他的思想特意制作了北京小平原的铜质模型，侯先生来到模型前，兴致勃勃地给前来参观的市领导和友人讲述北京城起源的地理环境。

有许多次他忍着腿痛，亲自带着来访的客人或青年学生游览燕园。每当他走到燕园西门内的方池时，总会引用朱熹的《观书有感》诗："半亩方塘一鉴开，天光云影共徘徊。问渠哪得清如许，为有源头活水来。"他把教育看作决定人生命运、国家和民族命运的源头活水。他总希望燕园能恢复昔日的水源，从西门南面引万泉河水入校园，他不止一次将这一愿望写入文章，而且还向学校提出建议。为此他调查了燕园现有的引水状况，也考察了校园外面的万泉河。

在侯先生因病住进医院之前，他一直坚持着做研究工作。他有一个习惯，每天凌晨4点半起床，看书、写作和锻炼。他喜欢在清晨写作和思考问题，每当需要我帮忙时就会给我打来电话。我没有他起得早，所以他怕影响我休息，总要等到早晨6点才给我来电话。以至于每当早上6点电话响了，我就想到一定是侯先生打来的。

侯先生的勤奋精神贯穿一生，从不懈怠，年纪大了就更加珍惜时间。在他的案头摆放着一尊牛的塑像，牛头冲着书桌的主人。有一次我问到这只牛的来历，他却脱口而出："老牛自知黄昏晚，不待扬鞭自奋蹄。"他更在意的是老牛的精神，这是他的座右铭，也是他晚年心境的真实写照。侯仁之先生正是以不待扬鞭自奋蹄的精神度过了他的晚年，他怀着这样的精神为北京的发展呕心沥血，付出自己的余热。

# 知之愈深一代宗师 爱之弥深赤子之心

## ——湖畔敬忆侯仁之先生

陈 芳

深秋10月的北京，侯仁之先生走了。

老先生遗愿丧事从简，不举行遗体告别仪式。设在北大纪念讲堂的悼念仪式上，遗像里的侯老还是那副慈祥微笑的面容，很多并没有见过侯先生的80后、90后年轻学子，络绎走进大门，鞠躬致敬，追怀这位著名的历史地理学家、中国科学院资深院士。

西边不远处燕南园里的61号小楼是先生居住60余年的寓所，满树金叶，静聆秋声，好像还在诉说着百岁大儒洞明事理的学者春秋。

人们爱说先生是"活北京"，先生自己也多次讲过"我一生都在研究北京城"。但我更知道，侯先生从求学至教书、治学，都一直生活工作在海淀，对这块被历代文人誉为"神皋佳丽，郊居之选胜"的都下宝地有着十分深厚的感情。先生20世纪30年代在燕大教书时曾在海淀镇上军机处胡同10号院居住过，先生在专著《步芳集》、《奋蹄集》中有不少论述海淀地理的文章，如《北京城最早的水库——昆明湖》等，先生毕生研究探讨的专题之一就是海淀古地理环境和历史人文环境的演化和变迁、继承与开发。先生曾很感慨地说："正是在时代的动荡中，我又从明媚如画的燕园进入了一座富丽辉煌的科学殿堂。"

## 百年问道 理论奠基

"海淀台地"和"巴沟低地"的观点是侯先生最早提出来的。1951年，正在兼任北京市"都市计划委员会"委员的侯先生根据要在北京西北郊规划建设文化教育区的要求，怀着要为新中国服务的积极心态，开始了对海淀古镇历史地理的重点研究。

他通过实地考察，于6月份完成了一篇题为《北京海淀附近的地形水道与聚落——首都都市计划中新订文化教育区的地理条件和它的发展过程》的论文（发表于《地理学报》第18卷第1、3期合刊），详细介绍了"海淀台地"和"巴沟低地"的地形特点还有附近主要水系的总体情况，并进一步论证了人类活动在这里的开始与发展过程，强调"以风景论，自然首推旧日园林散布的低地；但是以建筑条件论，当以海淀台地为上选"，呼吁"人民首都文化教育区的初步建设业已兴工了，海淀镇的重新规划已是刻不容缓"。这可以说是侯先生第一次为首都建设规划高人指路。其后梁思成先生口头传达了周恩来总理的意见，认为圆明园废墟应作为遗址公园进行绿化，并纳入了城市总体规划的考虑之中。可以说，侯先生这篇文章按照现代历史地理学的理论与方法来进行实证研究，为北京市和海淀区的规划发展提供了重要的理论依据，同时在中国地理学术发展史上具体展示了现代地理学的研究范例，对后来研究者有着非常大的启发，被他们奉为圭臬。

1979年11月3日，侯先生应海淀区政府之邀，在海淀区地名普查工作会议上作了专题报告《海淀镇附近地区的开发过程与地名演变》，先生以历史地理学研究中地名常常提供重要线索为起点，讲到50年代海淀西大街外巴沟低地之秀丽旖旎风光留给他的深刻感触和"海淀"地名始于元代至今天的历史变迁。先生津津乐道地提到明代李伟的清华园和米万钟的勺园，提到清代皇家的"三山五园"，提到那些耳熟能详的海淀老地名挂甲屯、六郎庄、百望山、亮甲店、韩家川、黑龙潭、白家疃和魏公村……强调地名普查是一件很有意义的工作，对于了解自己的乡土、认识自己的乡土和建设自己的乡土都很有关系。侯先生还谦虚地说他的看法是抛砖引玉，希望海淀区地名办的同志们在工作中取得更丰富的成果，诚恳表示："回过头来，我再向同志们请教。"

1999年10月，站在千年世纪交替的新起点上，洞察历史规律，深挖文化底蕴，侯先生又拿出了一篇力作《海淀镇与北京城——历史发展过程中的地理关系与文化渊源》（载《北京规划建设》2000年第1—2期），论文强调海淀镇与北京城在地理上的相互关系源远流长。认为海淀镇曾是北京在早期发展过程中通往居庸关古道上的必经之地，元明时期官僚阶层营造私人别墅使其转变为近郊风景园林区，清代皇家兴建"三山五园"又使其成为京西重镇。近代圆明园惨遭帝国主义侵略者劫掠焚毁，导致海淀地区生态环境的破坏。民国时期清华和燕京两所大学校园的建设成为园林遗址利用的新起点。新中国人民首都的建立和文化教育区的创设，尤其是最近中关村科技园区迎来迅速发展的新机遇，同时也面临着亟待解决的生态环境问题，需要在继承景观风貌，特别是改造万泉河和整治圆明园遗址方面，及时着手解决。

## 圆明长卷 书写传奇

在海淀这一深蕴历史文化内涵的土壤上，有一块地方曾留下侯先生的无数脚印，这就是圆明园遗址。当年入燕大读书后，先生就经常到杂草丛生、荒无人烟的遗址散步，发思古之幽情。

那时先生正在研究古都北京城市建设中的河湖水系及其利用问题，十分留心园内水的来路问题。1936年和朋友曾拍摄多幅西山至玉泉山引水石槽的照片。经过认真勘察，先生找到了一条引水石槽，这是乾隆年间为供应圆明园等皇家园林和京城用水而修建的，可引西山山泉经广润庙东入玉泉山。据此侯先生推测还应该有另外一条水槽，是从广润庙直至碧云寺的。可是几经查访，总未见到实物。侯先生多年之后仍未忘却此事，一直在留心探寻。1987年8月，他在香山中国文化书院教学基地休养时，于散步中竟又发现了一段被当地偶然挖出弃置路旁的石槽，从而确证了他当年的推测，侯先生感慨不已，惊叹曰："我找了它50年了。"

我也跟随侯先生考察过圆明园。1999年10月21日，侯先生与著名化学家卢嘉锡先生共获当年何梁何利基金科学与技术成就奖，在看到新闻播出后的第一时间我立即打电话祝贺，侯老表示感谢，谦虚地说他没有做什么，也没有想到会获奖，还说他近期想再看看圆明园。第二天上午我和岳升阳博士就随同侯老考察了圆明园西区遗址，我们先经过多年来散落有不少圆明园石雕的福缘门村，到了"九州清晏"遗址，当时它的前湖是一个养鱼池，接着又去看了舍卫城、文渊阁等地方。在杂草丛生的废墟上，先生用"历史的眼光"四周张望，上下打量，十分感慨地说："变化太大了，都看不出来了。"他说福海迤西部分是圆明园最初兴建的部分，最重要和最富有政治意义的建筑群都在这里，如位于大宫门内前湖所在正前方用于临朝听政的"正大光明"殿，北面环绕后湖的以"九州清晏"为主的九座宫殿群，其命名来源于《禹贡》九州，富有一统天下的象征意义，在惨遭破坏之后现在又全部湮没在乱草丛中，此情此景如何能令其再继续下去。先生颔首沉思，没有说话。

先生白发飘着学识，眉宇锁着深重，他在岳博士和我捧着的《圆明、长春、绮春三园总平面图》（何重义、曾昭奋绘制，圆明园管理处1979年2月印制）上指点江山，规划未来，倾吐着对遗址保护建设的长者之思和智者之言。先生说："我这一辈子上过两个大学，一个是正式大学，一个就是圆明园大学，接受遗址的国耻教育。"先生并不主张恢复圆明园建筑原貌，"让大家看看当年的我们是什么样的"，认为应以遗址作为对人民群众进行爱国主义教育的基地。但先生一直力主恢复圆明园的河湖水系，对遗址的清理保护采取"以水为纲，以木为本"的原则，因为河湖水系是圆明园建筑的基本脉络，再由人工丘陵和多种建筑点缀其间，才构成一区巧夺天工的人间园林。所以要清理并保存其尚能确定的建筑遗址，在其周围因地制宜广植花木。"先围起来，恢复河湖水系，免得再受破坏"。先生还强调指出，对圆明园遗址的合理保护、利用不仅有利于"中国硅谷"之自然生态环境，对整个中关村科技园区的开发建设也赋予了一种新的历史文化内涵和时代风采，"它象征着祖国已经从多灾多难的过去，开始走向光辉向上的未来"。

## 回溯源头　传承命脉

2000年1月27日，当时的海淀区委副书记申建军和区政协主席王珍明到燕南园登门拜望侯老，先生力促抓紧中关村科技园区开发建设中继承景观风采，改造万泉河和进行地下文物、地上地下文化积存调查、保留资料等多项工作。岳升阳博士随后写出《配合中关村科技园区建设海淀镇历史风貌进行全面调查》的提案。区政协领导立即将提案上交区委、区政府领导，朱善璐书记、李进山区长、申建军副书记均作批示，请王珍明主席主持，区政府有关部门参加，区政协专门成立了调查小组，还邀请北大城市与环境学系、考古文博学院和清华大学建筑系的师生，开展了对海淀镇历史风貌、自然环境景观的调查和资料挖掘、整理工作。在调查过程中，区委多次听取汇报，并拨专款支持，调查为即将消失的千年古镇留下了大量珍贵资料。区政协将部分资料汇编成《海淀古镇风物志略》一书，于2000年12月由学苑出版社出版。全书装帧精美，图文并茂，由王珍明主席担任主编，特请侯先生担任总顾问。区委书记朱善璐主持书记会亲自决定，该书就以侯先生那篇论文《海淀镇与北京城——历史发展过程中的地理关系与文化渊源》为序言，以统领全军，壮大气势。

新世纪第一春，4月底的一天，王珍明主席请侯老夫妇再游海淀风光，在圆明园的福海南岸和西墙内的山房遗址处，听取了管理处主任关于重建畅春园大宫门、修复正觉寺、建设6000平方米圆明园博物馆的设想和计划。在经过中国农业大学正门外的古寺遗址时，先生还特地下车在仅存的老槐树前合影留念。在西山大觉寺，先生题词"西山名刹大觉寺，暮春观花喜不自胜"，为寺中明慧茶院题词"茶香溢西山"。在凤凰岭风景区，先生在龙泉寺外辽代所建的古石桥上扶杖而行，究天人通古今，思绪万千。中午在稻香湖培训中心，原海淀区副区长，第三、四届区政协主席，《海淀区地方志》主编张宝章同志郑重聘请侯仁之先生出任海淀区志顾问，高度评价侯先生的学术思想对进行海淀史志编撰工作的指导意义。2004年6月，海淀区第一部新方志《北京市海淀区志》出版后，侯老对上门送书的张宝章同志说："你们修志很辛苦，克服了许多困难，为我们共同的家乡海淀修成了一部高质量的区志，我很感谢你们。"

在海淀镇著名清代斜街东面的出口，路北面是那座有名的黄庄双关帝庙，斜街由庙前向西北通往南海淀，是当年皇室出西直门后去畅春园、圆明园和清漪园（后来的颐和园）的必经之路。侯老一直力主保护这条海淀特有的皇家道路，后来政府接受了他的意见，2000年海淀区建委在中关村西区开发时，保留了古街东口五六十米的路段，当作园区的步行街。虽然不能得见当年御路全貌了，但从路旁古槐展叶中也还能窥见一点历史风尘，我知道这里有侯先生的心血。

## 沧海明月　难忘时光

先生太爱他的海淀了。当年在燕大教书时，他住过海淀镇上的军机处胡同，先生晚年回忆起都很以为乐。

20世纪90年代，侯先生给海淀镇附近几处文化保护遗址题词以示支持。如"万柳园"、"畅春新园"等。先生很怀念畅春园，他一直强调畅春园是清代盛极一时的"三山五园"兴建过程中的起点，正是由于它的出现才使在东南一角的台地上，海淀镇的原始聚落迅速发展起来，"终于形成为皇家园林的服务中心"，带来了海淀镇的崛起和繁荣。我听先生讲过，他1932年来燕大读书时，已破旧的畅春园里还有一番美丽景象，而现在遗址只剩下立在路旁的"畅春园东北界"界碑和雍正年间修建恩佑寺、乾隆年间修建恩慕寺的两处庙门，还被周围杂乱无章的建筑围挤。先生用很专业的话说："这些遗迹遗物的存在，能使人联想到这里正是有清一代'三山五园'开始兴建的起点，同时又是导致历史上海淀原始聚落开始发迹的重要原因。"1987年3月先生应邀为畅春园饭店题记《畅春园的新篇章》一文，很称颂当年清代畅春园内"堤塍之间，万泉汇流，波光潋滟，风景佳丽，又胜于清华园"，感叹"比至咸丰十年，英法侵略军继鸦片战争之后，又乘机寻衅，进犯京郊，纵火焚烧圆明三园，畅春园同归于尽。昔日湖沼，亦渐堙废"。同时鼓励"而今喜逢盛世，万象更新。实行对外开放，迎来嘉宾如云"，先生还提到东面隔墙相望的北大勺园宾馆，赞许"同是名园故址，更为新时代增辉"，生动的文字体现出先生为社会建设热心服务的一贯积极心态。

20世纪末先生向北大校长和海淀区领导都提出过建议：在畅春园遗址中部新建的"万泉文化公园"内自西而东开渠引水，将治理后的万泉河水分流向东，经两座庙门旁一直到界碑南侧，然后依照旧址重建篓兜桥，在桥下引水流注北大校园。这样不仅有益于北大校园，也大有利于中关村西区生态环境的改善。先生亲笔题词的"畅春新园"岩石碑现在矗立于文化公园东南隅。先生一直讲，继承过去，展望未来，应该在这个小公园里建立一个历史性标志，作为永久的纪念，侯先生还曾向我说过，最好的景观当然还是恢复畅春古园原有湖面的款款清流。但以现实状况很难实现，能先把这些地方保存下来不被挤占已是一大进展，寄希望于后来的建设者，"风物长宜放眼量"吧。

1999年9月28日，先生对前来看望慰问的区政协主席王珍明同志抒发了肺腑之言："我把海淀当作家乡，从1932年来到后就没有搬动过。"先生再次提醒海淀区领导，海淀镇是台地，巴沟是低地，台地是最好的建筑区，巴沟是最好的园林区；台地从东到西，一下从海拔50米下降了4.5米左右，过去向西一看，水面清圆，风荷秀举远衬西山屏障，一派江南风光，可惜现在让稻香园、芙蓉里一带高层住宅楼全给破坏了，这一点已经无可挽救了，但愿今后不要再破坏了。所以颐和园东面的"万柳工程"建设十分必要，必将有利于中关村西区生态环境的改善。当时先生强调即使在高楼大厦之间，也要注意保护历史地理面貌，如北大校园东门外蒋家胡同几个保存较完整的四合院和胡同里当年燕京大学修建的那条精致水泥马路，侯先生都极力主张保存下来，作为园区中古香古色的一个盆景。

近几年来，先生因年寿已高，走路困难再加上视力衰退，再也不能像当年那样意气风发地勘察祖国的大好河山，像以往那样全身心地投入到工作中了。但侯老每天都要坐在轮椅上，去看看他心爱的未名湖。2008年夏季的一天，正在湖畔散步的我意外地遇见了侯老，虽然已经说不出话但仍精神矍铄的老先生微笑着向我点头致意，在我要求合影留念时，还特别示意晚辈别挡住当年燕京大学教工集体宿舍全斋大院的门口，要把它当作背景照下来。我再次深深地为大师身上那种坚定的最难放弃的社会愿望所感动。一生建树卓著、闻名中外的侯先生是从燕园走来的，是从海淀走来的。

# 侯仁之：北京，我心中的圣城

朱祖希

"北京，我心中的圣城"，这是已故历史地理学家、中科院院士、北京大学教授侯仁之先生的一句话。

这句话既是他对北京"知之愈深，爱之弥坚"最贴切的感情表达，也是他之所以穷毕生的精力、矢志不移去探索北京、研究北京的最大原动力，更是他对北京学术研究成果最充分的肯定。

作为老师，侯仁之先生在其70多年的教学生涯中，又像是一支坚毅挺拔的红烛，不知照亮了几多求知若渴的年轻的心灵，也不知引导了几多在科学道路上曾经迷茫过的年轻学子。

## 北京研究的巨擘

有人说，如果没有侯仁之，人们不可能像现在这样了解北京。

侯仁之先生说："我一生都在研究北京。"

1932年，当侯仁之先生还是一位中学生的时候，他就已对文化古都北平心怀向往。就在这一年，先生考入了燕京大学历史系，并拜在了著名学者顾颉刚、洪业（煨莲）先生的门下。而洪业先生的"择校不如投师，投师要投名师"让侯仁之如醍醐灌顶，如沐春风，并负笈英伦，投奔到了英国利物浦大学历史地理学家达比门下。1949年夏初，侯仁之先生的论文《北平历史地理》通过答辩，并获得博士学位。这篇论文就是在达比教授的直接指导下完成的。

《北平历史地理》是中国学者按照现代历史地理学的学科规范，独立完成的第一部系统研究北京的城市历史地理专著。他从城市发展不可或缺的水源问题入手，揭开了北京原始聚落的产生和城址变迁的轨迹，全面论述了自西周直至明清北京城的演进轨迹及其地理特色，并用手绘的45幅地图附于文端，使内容更为直观。这既是侯仁之先生求学历程的总结，也是他以后数十年研究工作的起点。它对侯仁之先生个人的学术发展，抑或是对北京城市历史地理的研究，都具有重要的标志性意义。

1949年9月，侯仁之先生辗转回到祖国，并任教于燕京大学。

先生的一生曾经担任过许多职务，但他始终把教员作为自己的本分，而且是第一位的，而他的《历史上的北京城》更为大家所熟知。开学时先是给地质地理系的新生讲，后来听的人多了，就给全校的新生讲；再后来，在北京人民广播电台给全市的百姓讲，而且每一次讲，又都是那么充满激情，那真是神采飞扬，深入人心。即或到了90岁高龄，也仍然在为大家做有关北京的报告。

20世纪90年代初，侯仁之先生提出了"北京城市规划建设的三个里程碑"的理论：

第一个里程碑是历史上北京城的中心建筑紫禁城。它的建成至今已有570多年，代表的是封建王朝统治时期北京城规划建设一大艺术杰作，且已列入"世界文化遗产名录"。

第二个里程碑是新中国成立之后，在北京城的空间结构上，突出地标志着一个新时代已到来的天安门广场的改造。它赋予了具有悠久传统的全城中轴线崭新的意义。"古为今用，推陈出新"，在文化上显示着承先启后的特殊意义。

第三个里程碑即是奥林匹克公园的建设，突出体现的是21世纪首都的新风貌，标志着北京走向国际大都市的时代已经到来。

这既是侯仁之先生在对北京的探索、研究中学术成果的高度升华，也是历史地理研究结合北京城市规划建设的重大成果。

## 北京生命印记的守望者

有人说，北京的许多古迹，因侯仁之而留存下来。侯仁之先生是北京生命印记的守望者。

和平解放后所接手的北平，虽然是满目疮痍、破败不堪，但却是一座凝聚了我国数千年封建帝都文化的历史古城，是中国历代都城的最后结晶，也是世界历史上规模最大、最完整的杰作。

明清北京城规划设计的重大成就，就在于它以非凡的手法来集中体现出封建帝王"普天之下，唯我独尊"主题。并通过"城墙"这样一种建筑形式，从宫城到皇城，又从皇城到内城、外城，这一层层逐次向外延展的整体，组成了一个互相呼应、互相映衬的城市格局。所以，它是一座保留了中国古代都城规划建设规制的，完整的艺术实物。这是任何一个其他的封建帝都所不及的。

所以，在北京旧城的保护上，侯仁之先生提出了应当从整体出发全面考虑，慎重处理好发展与保护的关系，并为此殚精竭虑，奔走呼号，积极建言。

卢沟桥是因横跨卢沟（今永定河）而得名的石桥，地处南北往来的交通要冲，建成于金明昌三年（1192年）距今已有800多年的历史。它不仅是北京地区现存最早的联拱石桥，而且雕刻精美，技艺精湛。

先生便在1985年7月的全国政协会议上提出建议，并撰文呼吁"保护卢沟桥刻不容缓"。他的建议被政府采纳，并决定自8月24日开始正式"退役"，不再会有机动车运行其上。

20世纪90年代初，为适应城市发展的需要，拟在原西便门火车站迤西的莲花池上新建"北京西站"。但是，侯仁之先生却认为，莲花池是北京的肇始之地——蓟城的水源地，是北京在自己成长过程中留下的生命印记……就是在他的呼吁下，有关部门改变了原有的规划建设方案，保留了莲花池，并把它建成为"莲花池公园"。

2001年1月，首都某报刊载了一篇题为《都市中有片"鬼楼"》，说的是在1993年被列入市级文物保护单位的金鱼藻池，被房地产商开发成为"别墅区"。当先生得知之后，便不顾91岁高龄，在夫人张玮瑛先生的陪同下，推着轮椅到现场作了实地考察，并建议有关部门把它开辟为"鱼藻池公园"。这样既保留下这处金代的遗址，也可供附近的居民观赏游览。

侯仁之先生认为，严格地讲元朝大都城规划建设的起点就是海子桥。因为，海子桥的选址决定了全城中轴线。保护中轴线是保护北京这座历史文化名城的重要内容之一。

先生语重心长的话，引起了北京市多位领导的高度重视，并很快将其列为市政府抢险修缮工程。竣工之日，侯仁之先生感慨万千，并建议把桥习惯称呼改回到原名——万宁桥，希望子孙后代万世安宁。

## "中国申遗第一人"

中国作为世界文明古国，不仅山河壮丽、生物类型多样，在文化遗产和自然遗产的保护中具有世界意义，而且应予以积极保管和保护的对象历历可数。但截止到1985年我国正式加入《世界遗产公约》之前，我们既不能享受签约国所应享受的一切权益，更无助于推动这项有益全人类的国际化合作事业。

1984年，侯仁之先生应邀去美国华盛顿康奈尔大学讲学，就在与外国同行的接触交谈中，第一次听到了在国际上还存在有一个《保护世界文化遗产和自然遗产公约》和"世界遗产委员会"。

这件事给侯仁之先生以很大的震动。

先生认为，中国历史文化渊源深厚，符合世界遗产条件的文化和自然遗产也有不少。我们应当放眼世界，更好地保存祖先留给我们的宝贵遗产。因之，先生回国后便以全国政协委员的身份起草了一份提案，并特别邀请了中国科学院《人与生物圈》负责人阳含熙、城市规划大师郑孝燮、古建专家罗哲文共同签名。这就是后来的"第六届全国政协提案第663号"（简称"663号提案"）。

当年（1985年）4月召开了第六届全国政协第三次会议，该提案即获通过，并呈交全国人大。1985年11月全国人大常委会批准了我国参加《保护世界文化和自然遗产公约》。1985年12月12日，经联合国教科文组织世界遗产委员会批准，我国终于成该公约的缔约国之一。1987年，我国开启了世界遗产的申报，并于当年12月在世界遗产委员会第十一届全体会议上，中国的故宫、周口店北京猿人遗址、泰山、长城、秦始皇陵（含兵马俑）、敦煌莫高窟等6处文化和自然遗产被列入《世界遗产名录》。1999年10月29日，中国又当选为"世界遗产委员会"委员。

由此开始直到2014年6月22日，在卡塔尔多哈召开的联合国教科文组织第39届世界委员会会议上，中国大运河和中国、哈萨克斯坦、吉尔吉斯斯坦跨国联合申报的"丝绸之路：长安—天山廊道的路网"先后被列入世界遗产名录，我国的世界遗产总数已达到47项，仅次于意大利，位居世界第二位。每想及此，我们自然不会忘记被人们称为"中国申遗第一人"的侯仁之先生。正是由于他拥有一股对祖国的历史文化和自然遗产的无限热爱，又有着历史地理学家独有的机敏和智慧，才会有如此大的贡献。

侯仁之先生已于2013年10月22日，以102岁的高龄驾鹤西去。这是中国地理学界的巨大损失，自然也是中国申遗和历史文化名城保护工作的巨大损失。对我们而言，则是永远地失去了一位可敬可爱的师长。我们感到无限的悲痛……

先生曾经这样表达他的心迹："我不是北京人，可是北京城从我的青年时代起，就已把我引进了一座宏伟瑰丽的科学殿堂。我一直为它深厚的蕴藏和探索不尽的奥秘所吸引着，终于使我对它产生了无限的爱，特别是当我眼看着它从历史的尘埃中卓然兴起，在一个崭新的时代里，使它那悠久而杰出的文化传统重放光芒的时候，我就不仅仅是对它的爱，我情不自禁地要为它欢呼，为它歌唱……"

首都北京正在迅速地发展着，侯仁之先生曾经穷毕生的精力所从事的事业，也正在由他的学生薪火相传，发扬光大，继续为侯仁之先生心中的"圣城"——北京，欢呼、歌唱！

# 于光远与中国灾害经济学

石 轩

9月26日凌晨，著名经济学家于光远先生（1915—2013年）永远地离开了我们。在我心中，于光远先生是位"百科全书式的学者"，他的去世，犹如一颗巨星陨落，令人不胜悲哀。几天来，翻阅报刊，已有多篇报道于光远先生的文章，但他们都只集中在经济学、体制改革等方面，对于光远先生在中国灾害经济学方面的贡献报道很少，因此我愿以亲身感受介绍一点情况，使先人的思想得以传承，因为灾害经济学对中国当下的防灾减灾事业意义太重大。

在中国灾害学研究的早期文献中有马宗晋院士主编的《灾害与社会》一书（地震出版社，1990年3月第一版），从该书中可读到20多年前于光远先生发表的《灾害经济学提出的根据和它的特点》一文，他坦诚地表示，"我对灾害经济学的认识处在一个比较肤浅的阶段"。他认为，灾害经济学属于"消极经济学"或"负经济学"的范畴，从辩证观点看，消极与积极、负与正两者间的界限，两者之间的对立不是绝对的。

20世纪90年代末及21世纪初，我在中国灾害防御协会秘书长许厚德的带领下，到于老家多次拜访，因为于光远先生是中国灾害防御协会的学术顾问。1998年，中国灾害防御协会为总结联合国"国际减灾十年"的中国成就，为记载下中国学者为防灾减灾事业的贡献，特组织编写《安全减灾学人写真》一书，该书从全国选择了30位各领域防灾专家，于光远先生就是其中一位。为了此书的撰写，1999年夏，在北京市东城区一个普通的"大杂院"内，我和李沉采访了于光远先生，话题自然集中在灾害经济学的提出上。1981年，长江上游地区连降暴雨，宝成等三条铁路被洪水冲毁1500多处，铁路中断长达两个多月，四川灾民已超过2000万。当时于光远先生在大连，当得知灾情比1980年还大、水情与1954年洪水相仿时，他再也坐不住了，每天给秘书打电话并收集资料，在大水未退之时，亲自赴四川、湖南考察，这成为他的灾害经济学提出的历史背景之一。在谈到面对灾害的客观性，中国如何向灾害挑战时，他话语平稳，但语调很坚决地表示，灾害对中国经济乃至城市化的影响，会在21世纪初显现，重在制定国民经济发展规划时，深入开展严谨的防灾减灾论证，坚决遏制不合理、不合法的建设与开发。现在看来，当前我国频发的自然灾害已经验证了于光远先生的论断。

于光远先生是一位可敬可佩的高产学者，已故中共中央党校原副校长龚育之称于老"学识渊博，学贯'两科'"。于老的秘书胡冀燕女士十分感慨于光远频繁下基层调研的工作研究方法，"90岁以前，他好像一刻也没有停过，平均一个月出差两三次，一次要跑好几个地方，始终充满热情"。是的，作为一位热衷于调研的实践家，他一生撰写出版的专著及文集有90多部。据于光远先生回忆，在1990年联合国开展"国际减灾十年"活动开始前，他已撰写发表过多篇灾害经济学的文章，如《关于水利经济问题》(《水利经济》，1984年1期)、《未来研究的几个问题》(《未来与发展》，1984年1期)、《灾害性的未来研究与灾害的现实》(《辽宁日报》，1985年9月12日)、《海城市的救灾与改革》(《经济研究考察资料》，1985年第183期)、在灾害经济学讨论会上的讲话（1988年10月）等。2000年1月《安全减灾学人写真》一书出版，在"研究灾害就是关心未来"的采访文中，于光远先生从科学与未来学的视角建言："人类发展不能只看顺利的一面，应该必须站在历史的高度，科学、公正地看待事件的全过程。现代人恐怕再也不会去铸一个大铁牛之类的在江河岸边镇水，最好的办法是在科学研究的前提下去创造无灾的建设环境，人类尤应保持清醒的头脑，正确对待自己，正确对待自己周边的环境。"研究灾害经济学不仅要求学者有创新思维，还要有过人的胆识，要敢于碰隐患，敢于在城市的"伤痕"上"撒盐"，敢于直言社会有悖于安全发展的"大事"、"小情"。

于光远先生是一位永驻我心的导师，每每想起与老人家不多的几次交流，头脑中挥之不去的是他的音容笑貌，他对我们不停地追问般的提问，轻轻地点头，报以会心的微笑……

# 沪人燕客记叶祖孚先生

周家望

这个名字珍藏在我的心里已经十多年了，就像歌里唱的那样：从来不用想起，也永远不会忘记。

叶祖孚先生，自称"沪人燕客"。叶老生于上海一个书香门第，其父与现代著名文史专家施蛰存先生为挚友。在上海中学毕业后，考入燕京大学北上读书，从此长居北京，成了一位比北京人还了解北京的人。他身上没有丁点儿"上海小男人"的味道，是个一肚子学问的可爱的北京老爷子。舒乙称叶老为北京的"市宝"，于我看确是名副其实。

我二十出头儿的时候，挺有老人缘儿，一些比我大四五十岁的老先生垂爱于我，令我感激无言，叶祖孚先生是其中的一位。初识叶老是1994年的春节前，当时我在《北京晚报》报社实习，叶老好像给晚报社会新闻部投了一篇谈腊八节的小稿，晚报政法部主任张明非同志就派我到他家去采访。大约是腊月初六的傍晚，我第一次走进了位于新文化街的叶宅。叶老和他的夫人周秀英都在，他们那特有的"一团和气"很快挥去了我的局促。叶老当时已经体态发福，满头银丝，大眼睛，双眼皮，脸上的皱纹很少，也是个鹤发童颜。说明了来意，叶老开始讲他的"腊八经"，从牧女献乳糜说到腊八粥源于佛教，到腊八蒜如何泡制、腊八酒如何酿造，娓娓道来，令我听得心驰神往。现在回想，这是我听到的关于史地民俗文化的第一课，也是我后来迷上史地民俗的发轫。

再到叶老家，是我在北京文联的《北京纪事》杂志社工作以后了，大约是1994年的秋天。从那时起，或是求教，或是约稿，或是送微薄的稿费，我成了叶家的常客。叶老在家里是典型的"书呆子"，除了读书、写作，家务事帮不了什么忙。里里外外一把手的是叶夫人周秀英，她说话直爽脆快，我每次造访，她都递过一杯香茶，然后热情地跟我聊家常，说当初她操持这个家多不容易，说这套房子是她如何"斗争"来的，问我准备结婚的事、向文联申请房子的事，说的很多，也很有的说。在她说的时候，叶老总是笑眯眯地坐在书桌前的老藤椅上陪听。这情景，常常是在午后的阳光下，屋子里暖融融的，虽无"醉里吴音"，却是"白发翁媪"。那时候，我23岁，叶老65岁，我称叶先生为"叶老"，称叶夫人为"师母"，尽管这两个称呼加在一起有点儿不搭调，我却叫得特别顺嘴儿。被我称为师母的，只有两位女士，一位是叶夫人周秀英，另一位是我的授业恩师陈建功的夫人隋丽君。

叶老书房里有一幅溥杰先生的书法立轴，好像是一首七言诗。叶老说，他从未向别人索取过书画，这是他与溥杰先生合作《溥杰自传》一书后，溥老为感谢叶老的巨大付出主动相赠的。叶老曾任前门区政府秘书长，后又在市政协文史资料委员会工作多年，所识书画名家甚广，却从不向人求墨，品格自重，是我做人的楷模。叶老藏书甚丰，当在两万册左右，满柜满墙皆是文史书，书柜下层都是用牛皮纸袋装着的史地民俗资料，就连楼道的小储物间里也塞满了成架成捆的图书，点滴积来，艰辛自见。叶老向不以藏书借人，且在书柜的玻璃门上还曾明示"免借牌"。只因有借无还者常有，而文史资料本就是难觅之物，借出去就等于丢了，对于嗜书如命的叶老来说，岂能将命根子借与他人。我这个后生晚辈却得以数借数还，足见叶老的厚爱了。

跟叶老请教学问，总能受益良多。记得有一次我看到一篇报道，说一个企业为末代皇帝溥仪建了一座皇陵，要从八宝山公墓拿出一半溥仪的骨灰葬在那里，据说溥仪生前曾告诉李淑贤，他死后还是愿意与列祖列宗葬在一起。我觉得这里面有文章可做，就找到叶老，问他这到底是有人借尸还魂，还是溥仪压根儿就没改造过来"阴魂不散"？叶老说，他写过《溥杰自传》，对溥仪家的事有所了解，溥仪愿意成为共和国公民的想法是真实的，况且他生前与李淑贤的关系并不好，在那个年代，溥仪根本不可能跟李淑贤说什么推心置腹的话，所以"阴魂不散"的说法是不切实际的。叶老还告诉我，李淑贤脾气比较怪，爱新觉罗家的人也跟她没什么来往，听说她接受记者采访时，每个问题要收300元。我听了一咂舌，我每个月的工资刚够提3个问题，只好作罢。1992年，华文出版社出版了一套《神州佚闻录》，作者署名是周简段，书中都是精短的史地民俗小文，内容却非常广博，天南海北，谈古说今，无所不知。此公到底是谁？直到1995年7月18日，我和叶老聊起此事，这个纳了几年的闷儿才彻底解开。原来这位周简段先生并无此真人，乃是一个化名，其实这一套6本书是个史地民俗短文的合集，编者是20世纪50年代定居香港的司徒云鹤，他曾是司徒美堂的秘书，后来成了香港的老记者。收录了大陆、香港共五六十位作者的文章，其中也有祖孚先生的文章多篇。司徒云鹤曾任这些短文的编辑，这本书是他背着诸多作者而出版的，稿费自然也没有别人的份儿。有趣的是，书的前面竟然有冰心老人、于若木老人、萧乾先生等诸多大名人的序言，果然书是好书，序是好序，只是让人想起了《左传》上的一句话："贪天之功，以为己力。"在叶老临去世的一年里，我听他多次跟我提到了《溥杰自传》日文版的事，他告诉我，《溥杰自传》中文版的作者署名是溥杰先生和叶祖孚先生两人，溥杰先生的女儿嫮生在日本出版了日文版的《溥杰自传》，作者名字却只有溥杰一人。此时通情达理的溥杰先生已经故去，东望扶桑，谁会为叶老鸣不平呢？要知道为了写这本书，60多岁的叶老奔长春、跑抚顺，多方搜集历史资料，多少个日子和溥杰先生长谈笔录，回到家后彻夜笔耕，这本文史价值极高的自传才得以问世。然而这份艰辛被大海彼岸的嫮生轻易而冰冷地抹掉了。

我迷恋北京史地民俗，叶老是指路人，也是领路人。1995年，他亲自给北京史地民俗学会秘书长常华先生写信，介绍我入会，使我对北京的民俗研究圈儿有了真正的接触。参加学会的第一次活动是在故宫玄武门内西侧的一个小院里，我发现民俗圈儿里的人，大都是一些"北京大爷"式的人物，比如张嘉鼎先生是位蒙古族人，一见面就跟我说，过去雍和宫是他们家的，吓了我一跳。以后见面又跟我说过两次，我就不再吓一跳了。比如供职于《中国工商报》的张双林先生，从里往外透着那么幽默，一张嘴就是个"包袱儿"，大伙儿坐在一起，没他不乐。张宝章先生和冯其利先生，前者是原海淀区政协主席，无人匹敌的"海淀通"，后者的文史研究单走一路，说起北京的王爷府、王爷坟，简直如掌上观纹一般。会中还有两位"道长"，一位是被赵书先生誉为"当代金受申"的常人春先生，常先生还真在白云观挂过单；一位是谈吐不俗、风流倜傥的白鹤群先生，据说后来也成了老聃的门生。白先生喜书画，1999年夏天，北京燕山出版社出版了一套老北京丛书，我们在骑河楼的出版社里等着取样书，白先生见我手中持一白折扇顿觉技痒，便从出版社总编辑赵珩先生处借来笔墨，一面写，一面画，画后还对我说："你看，有许麟庐的意思吧？"我接过来看了又看，不知怎么却想起了刘宝瑞。这个扇面儿到现在我还留着。叶老是北京史地民俗学会的副会长，在会里颇受人尊敬。按照他的行政级别，应该要得了专车，可他出门办事，主要是倚仗他那辆"二八"自行车，叶老的这辆坐骑又高又大，叶老身量不高，体态又胖，骑在上面给人一种挺滑稽的感觉，有一次，我从文化宫东门出来，走在东华门大街上，正巧看见叶老骑着这辆"大块头"嗖地从眼前驶过，我还没来得及打个招呼，他已经骑出好远了。这辆大自行车曾经陪着他跑遍了北京城，是这位考察研究史地民俗的六旬老人的重要代步工具。

1998年初，是个星期五的下午，我到新文化街叶老家送新出的一期《北京纪事》和新年台历。不凑巧，叶老家中没人，只好把东西放在了楼下的收发室。事隔4天，也就是星期二的傍晚，我正乘315路小公共下班回家，路上有很多黑色的积雪，车开得不快。走到清河的时候，数字寻呼机忽然响了。回到家往回一拨，是我的好友、民俗学者崔普权先生，他低沉着声音告诉我："家望，叶老没了。"我哪里肯信："上周五我给他送杂志，他还出门呢，晚上我们还通了电话。"崔先生告诉我，他也是刚得的信，是叶夫人周秀英打来的电话，说是星期天叶老洗了个澡，又吃了两块烧羊肉和一些年糕，晚上就觉得有点不舒服，随即送到了北京医院，星期一下午就因心脏病抢救无效与世长辞了。叶夫人还让崔先生通知我，叶老的追悼会过几天开。

叶老的追悼会我手捧鲜花去了，去得比较早，一会儿帮着换"向叶祖孚同志告别"的黑色横幅，一会儿帮着把送来的花篮摆好，把花圈上的挽带别好，一刻也不想闲下来。过了一阵，叶老的灵柩来了，叶老平躺在黄色的纸棺里，我抢着作为抬灵人之一，把叶老的遗体送到了鲜花丛中。我泪如雨下，哭得特别伤心，以至于同来的崔普权先生、冯建华等都过来劝我，我知道自己的身份，却真的无法控制自己的情绪，泪涌如泉。

和叶老交往的这4年，老人家给了我太多的知识和扶持，我无以为报，只得用涟涟泪水，在料峭的寒风中送他远行。这一幕，仍在眼前。

# 后记

古都北京"左环沧海，右拥太行，北枕居庸，南襟河济"，有着三千多年的建城史和八百多年的建都史。丰富的历史文化遗产是北京的一张金名片，传承保护好这份宝贵的历史文化遗产是北京的职责。

历史文化也是人民政协开展统战工作的灵魂和血液。文化认同是人民政协凝心聚力、加强团结、画出最大同心圆的核心力量，文化建设是汇集委员智慧力量、促进文化传承弘扬和经济社会发展的重要方式。

着眼首都文化中心建设、服务政协团结统战工作，北京市政协《北京观察》杂志通过开辟"走笔""文化""谈往"等历史文化类专栏，策划征集了大量名家名作、散文随笔、文史杂谈。2017年，为了更好地总结十二届北京市政协履职成果，我们将市政协工作和委员的有关新闻报道、《北京观察》历年来文化类专栏的精华篇目进行修订，作为北京市政协新闻宣传丛书出版发行。《古都溯往》是丛书中具有历史文化底蕴的一册，所辑文字侧重于对北京作为古都的历史、地理、人物、民俗的梳理、考察和忆往。

作为十二届市政协五年工作总结的一个重要内容、作为五年工作成果的一个重要反映，北京市政协新闻宣传丛书的编辑出版得到了市政协领导的高度重视和支持。丛书由宗朋同志主持编辑，刘墨非、任万霞、崔晓晖、徐飞、崔晨、郭隆、张涛、王硕、张斯伟参与编辑工作。受材料和编者水平所限，本书疏漏和不妥之处在所难免，敬请广大读者批评指正，以期提高。

北京市政协宣传中心

2017年12月

**图书在版编目（CIP）数据**

古都溯往 / 北京市政协宣传中心编 . — 北京：中
国文史出版社，2017.12

ISBN 978-7-5034-9711-7

Ⅰ . ①古… Ⅱ . ①北… Ⅲ . ①文化史—北京 Ⅳ .
①K291

中国版本图书馆CIP数据核字（2017）第264088号

**责任编辑：**张春霞

**出版发行：中国文史出版社**

网　　址：www.wenshipress.com

社　　址：北京市西城区太平桥大街23号　　邮编：100811

电　　话：010-66173572　66168268　66192736（发行部）

传　　真：010-66192703

印　　装：北京地大彩印有限公司

经　　销：全国新华书店

开　　本：710mm×1010mm　1/16

印　　张：27　　字数：480千字

版　　次：2018年4月第1版

印　　次：2018年4月第1次印刷

定　　价：79.80元